박영숙

29년 동안 주한 영국·호주 대사관 홍보실장, 수석보좌관 활동을 하면서 정부 미래예측기법을 접했다. 이후 세계 미래예측 전문가 집단에 합류, 현재 밀레니엄 프로젝트, WAAS, 세계미래회의 등 약 20여 개 미래연구 국제기구 한국 대표를 맡고 있다. 미국 등의 해외 기업 컨설팅을 하고 있으며 미래부상기술기업 라이트하우스코리아, GPC 한국 대표를 맡고 있다. 또한 레이 커즈와일Ray Kurzweil, 스티브 글릭맨Steve Glickman, 폴 워보스Paul Werbos, 피터 허시버그Peter Hirshberg, 페트리 프리드먼Patri Friedman, 토니 세바Tony Seba, 벤 고르첼Ben Goertzel, 브록 피어스Brock Pierce, 발레리 바빌로프Valery Vavilov, 알렉스 자보론코프Alex Zhavoronkov 등 미래학자와 기업인들과 교류하며 해외의 미래예측을 가장 발 빠르게 국내에 소개하고 있다.

"행동하지 않으면 미래학자가 아니다"라는 신념을 갖고 한국의 미래를 준비하는 각종 행동을 실천 중이기도 하다. 한국의 해수면 상승이 20년 안에 심각해진다는 미래예측을 접한 뒤 세계기후변화상황실, 솔라메이커스 태양광 발전소를 세워 온실가스를 줄이는 노력을 기울이고 있다. 인공지능이 최대 부상기술임을 알고 일반인공지능협회, 오픈코그 재단, 토다래리티의 한국 대표로 활동하며 IEEE 인공지능표준원의 한국 유치를 위해 노력하고 있다.

경북대학교 사범대학에서 불어를 전공했고 서던캘리포니아 대학교에서 교육학 석사를, 성균관대학교 사회복지학과 박사과정을 수료했다. 2006년부터 연세대학교 생활과학대학 실내건축학과에서 미래예측 강의를 하고 있으며, 서울대·고려대·서강대·한양대 등 전국 대학을 비롯해 다양한 정부부처, 정부기관, 국내외 기업에서 강연하고 있다.

《세계미래보고서》 시리즈를 비롯해 《주거혁명 2030》 《블록체인혁명 2030》 《일자리혁명 2030》 《인공지능혁명 2030》 《메이커의 시대》 《미래는 어떻게 변해가는가》 등 다수의 책을 펴냈다.

제롬 글렌 Jerome Glenn

미래학자이자 밀레니엄 프로젝트 회장. 유엔대학교 미국 위원회 이사를 역임했다. 정치·교육·과학·산업·정부 등의 미래를 연구하며 〈뉴욕 타임스〉와 〈리더스〉 〈퓨처리스트〉 등에 미래예측 관련 기고를 하고 있다. 한국을 여러 차례 방문해 급변하는 미래의 다양한 가능성을 정부와 기업인들에게 제시했다.

KB063086

세계미래보고서
2035-2055

세계미래보고서 2035-2055

박영숙·제롬 글렌 지음

교보문고

〈State of the Future〉를 만드는 사람들

밀레니엄 프로젝트

글로벌 미래연구 싱크탱크

미국 워싱턴 소재 밀레니엄 프로젝트The Millennium Project는 글로벌 미래를 연구하는 그룹으로, 유엔을 비롯해 유엔 산하의 각 연구기관 및 다양한 국제기구와 긴밀한 협조를 통해 인류의 지속 가능성을 위한 문제해결 방안을 연구하고 있다.

밀레니엄 프로젝트는 1988년 유엔의 새천년 미래예측 프로젝트를 기반으로 해 1996년 비정부기구NGO로 창립되었다. 1996~2007년 유엔대학교United Nations University, UNU 미국위원회의 후원을 받다가 2008년에는 유엔경제사회이사회 산하 유엔협회세계연맹World Federation of Nations Associations, WFUNA 소속으로 활동했으며, 2009년 독립적 국제 비영리기구로 전환되었다.

전 세계 64개 지부, 각 분야 3,500여 명의 학자 및 전문가를 이사로 두고 국제사회에 필요한 장기 비전을 제시하고 그에 따른 기회와 위기를 분석하며 필요한 정책 및 전략을 제안하고 보고함으로써, 과학적 미래예측을 통해 미래사회의 위험을 사전에 경고하는 일을 하고 있다.

〈세계미래보고서State of the Future〉는 밀레니엄 프로젝트 내 3,500여 명의 전문가들이 SOFI, RTD, 퓨처스 휠, 시나리오기법 등 다양한 미래예측기법을 활용해 10년 후 미래를 예측하며, 여기에 국제기구 선행연구들을 분석한 자료를 더해 제작하는 보고서로서, 전 세계 국가와 기업의 미래 길잡이가 되고 있다.

밀레니엄 프로젝트 네트워크 (알파벳순)

아르헨티나 Argentina
Miguel Angel Gutierrez
Latin American Center for Globalization & Prospective
Buenos Aires, Argentina

호주 Australia
Anita Kelleher
Designer Futures
Inglewood, Australia

아제르바이잔 Azerbaijan
Reyhan Huseynova
Azerbaijan Future Studies Society
Baku, Azerbaijan

Ali M. Abbasov
Minister of Comm. & IT
Baku, Azerbaijan

볼리비아 Bolivia
Veronica Agreda
Franz Tamayo University
La Paz and Santa Cruz, Bolivia

브라질 Brazil
Arnoldo Joséde Hoyos and Rosa Alegria
São Paulo Catholic University
São Paulo, Brazil

벨기에 Brussels-Area
Philippe Destatte
The Destree Institute
Namur, Belgium

캐나다 Canada
David Harries
Foresight Canada
Kingston, ON, Canada

중앙유럽 Central Europe
Pavel Novacek, Ivan Klinec, Norbert Kolos
Charles University
Prague, Czech Republic; Bratislava, Slovak Republic, Warsaw, Poland

칠레 Chile
Hèctor Casanueva
Vice President for Research and Development
Pedro de Valdivia University
Santiago de Chile, Chile

중국 China
Zhouying Jin
Chinese Academy of Social Sciences
Beijing, China

Rusong Wang
Chinese Academy of Sciences
Beijing, China

콜롬비아 Colombia
Francisco José Mojica
Universidad Externado de Colombia
Bogotá, Colombia

도미니카 공화국 Dominican Republic
Yarima Sosa
Fundación Global Democracia & Desarrollo, FUNGLODE
Santo Domingo, Dominican Republic

이집트 Egypt
Kamal Zaki Mahmoud Sheer
Egyptian-Arab Futures Research Association
Cairo, Egypt

핀란드 Finland
Juha Kaskinen
Finland Futures Academy, Futures Research Centre
Turku, Finland

프랑스 France
Saphia Richou
Prospective-Foresight Network
Paris, France

독일 Germany
Cornelia Daheim
Z_punkt GmbH The Foresight Company
Cologne, Germany

그리스 Greece
Stavros Mantzanakis
Emetris, SA
Thessaloniki, Greece

쿠웨이트 Gulf Region
Ali Ameen
Offi ce of the Prime Minister
Kuwait City, Kuwait

인도 India
Mohan K. Tikku
Futurist / Journalist
New Delhi, India

이란 Iran
Mohsen Bahrami
Amir Kabir University of Technology
Tehran, Iran

이스라엘 Israel
Yair Sharan and Aharon Hauptman
Interdisciplinary Center for Technological Analysis & Forecasting
Tel Aviv University
Tel Aviv, Israel

이탈리아 Italy
Enrico Todisco
Sapienza University of Rome
Rome, Italy

Antonio Pacinelli
University G. d'Annunzio
Pescara, Italy

일본 Japan
Shinji Matsumoto
CSP Corporation
Tokyo,Japan

케냐 Kenya
Katindi Sivi Njonjo
Institute of Economic Affairs
Nairobi, Kenya

말레이시아 Malaysia
Theva Nithy
Universiti Sains Malaysia
Penang,Malaysia

멕시코 Mexico
Concepción Olavarrieta
Nodo Mexicano. El Proyecto Del Milenio, A.C.
Mexico City, Mexico

몬테네그로 Montenegro
Milan Maric Director of S&T Montenegro
Podgorica, Montenegro

뉴질랜드 New Zealand
Wendy McGuinness
Sustainable Future Institute
Wellington, New Zealand

페루 Peru
Julio Paz
IPAE
Lima, Peru

Fernando Ortega
CONCYTEC
Lima, Peru

루마니아 Romania
Adrian Pop
National School of Political Studies and Public Administration
Faculty of Political Sciences
Bucharest, Romania

러시아 Russia
Nadezhda Gaponenko
Russian Institute for Economy, Policy and Law
Moscow, Russia

세르비아 Serbia
Miodrag Ivkoviá
Serbian Association for Information Society
Belgrade, Serbia

남아프리카공화국 South Africa
Geci Karuri-Sebina
Ministry of the Treasury
Pretoria, South Africa

동남부 유럽 Southeast Europe
Blaz Golob
Centre for e-Governance Development for South East Europe
Ljubljana, Slovenia

대한민국 South Korea
Youngsook Park
Seoul,South Korea

스페인 Spain
IbonZugasti
PROSPEKTIKER,S.A.
Donostia-San Sebastian, Spain

터키 Turkey
Ufuk Tarhan
All Futurists Association
Istanbul, Turkey
Istanbul, Turkey

아랍 에미리트 United Arab Emirates
Hind Almualla
Knowledge and Human Development Authority
Dubai, UAE

영국 United Kingdom
Martin Rhisiart
Centre for Research in Futures & Innovation
Wales, Pontypridd, United Kingdom

미국 USA
John J. Gottsman
Clarity Group
Silicon Valley, Palo Alto CA, USA

베네수엘라 Venezuela
José Cordeiro
Sociedad Mundial del Futuro Venezuela
Caracas,Venezuela

예술/미디어 네트워크 Arts/Media-Node
Kate McCallum
c3: Center for Conscious Creativity
Los Angeles, California

Joonmo 킬로와트on
Fourthirtythree Inc.
Seoul, South Korea

사이버 네트워크 Experimental Cyber-Node
Frank Catanzaro
Arcturus Research & Design Group
Maui, Hawaii

| 저자 서문 |

포스트 코로나 시대, 우리 스스로 미래학자가 되어야 하는 이유

미래예측은 대체로 강력한 신기술의 등장과 그로 인해 사회와 경제가 어떻게 변할지 각종 기법으로 예상하는 것으로, 공상과학 소설이나 영화를 통해 일반인도 어느 정도 접하고 있다고 할 수 있다. 우주선을 타고 새로운 별을 찾거나 인공지능artificial intelligence, AI 비서가 인간의 삶을 보조해주는 스마트홈 시스템, 세계를 일일생활권으로 만드는 엄청난 속도의 교통수단이나 공중을 도로 삼아 달리는 비행자동차 같은 미래는 예상 가능하다. 그런데 우리 중 어느 누구도 아주 작은 미지의 생명체(정확히는 '조건부 생명체')가 전 세계를 멈추게 하는 미래가 올 것이라고는 예상하지 못했다.

처음에는 지나가는 바람이라고 생각했다. 사스SARS: 중증 급성 호흡기 증후군도 메르스MERS: 중동 호흡기 증후군도 우리를 잠깐 긴장시키다가 지나간 것처럼 말이다. 그러나 코로나19는 미래예측기구, 미래연구기관, 국가기관들까지도 모두 포스트 코로나19의 사회 변화를 연구하게 만들 만큼 거대했다. 언젠가는 끝나겠지만 그게 언제인지 누구도 정확히 모른다. 한 나라가 진정되면 다른 나라가 또 혼란에 빠진다. 사람들은 전염병이 지나갈 때는 그 규모가 얼마나 큰지 모른다. 시간이 흘러서 역사가들에 의해 다른 전염병들과 비교되면서 비로소 그 영향력이 평가된다.

유럽 인구의 3분의 1을 죽음으로 몰고 간 흑사병은 1348~1352년에 약 2억 명의 사망자를 냈다. 1770~1772년 러시아에서 페스트로 10만 명이 죽었고, 1793년 필라델피아 황열병으로 5,000명이 죽었다. 19세기에 콜레라는 5회에 걸쳐 1,500만 명을 죽였다. 1889~1890년 독감으로 100만 명이 사망했으며, 1916년에는 소아마비로 6,000명이 사망했다. 1918년 스페인독감은 5억 명을 감염시키고 그중 5,000만 명을 죽음으로 몰고 갔으며, 1957년 아시아독감은 200만 명, 1968년 홍콩독감은 100만 명을 죽음에 이르게 했다. 1981년에 처음 보고된 이래 에이즈acquired immune deficiency syndrome, AIDS: 후천성 면역 결핍 증후군는 4,000만 명 이상의 생명을 앗아갔다. 21세기에 들어서도 2003년 사스에 의해 755명이, 2009년 신종플루에 의해 57만 명이, 2012년 메르스에 의해 673명이, 2013년 에볼라에 의해 1만 1,300여 명이 죽음에 이르렀다.

각 전염병의 특징에 따라 약간의 차이는 있지만, 전반적으로 팬데믹pandemic: 전염병의 대유행은 점점 더 자주, 더 빨리 퍼지면서 더 많은 사망자를 낸다. 그 이유는 전 세계가 초연결사회로 이동하고 있기 때문이다. 코로나19는 36시간 안에 전 세계로 퍼졌고 5월 중순까지 30만 명을 죽음에 이르게 했다.

불행 중 다행인 것은 인류의 대응도 신속했다는 점이다. 사실 코로나19가 이렇게 빨리 퍼진 것은 앞에서 언급했듯이 기술의 발전으로 전 세계를 하루에 이동할 수 있게 되면서 바이러스를 가진 사람들이 전 세계로 삽시간에 퍼져나갔기 때문이다.

발달한 기술이 이렇게 심각한 상황을 초래했다면, 이번에는 기술이 코로나19의 전파와 치명률을 낮추기 위해 나섰다. 특히 미래학자들은 코로나19로 인해 한창 부상하고 있는 신기술들의 도입이 5~10년씩 앞당겨졌다고 이야기한다. 나는 《세계미래보고서》를 통해 그동안 첨단 기술의 발달과 사회적 응용에 대해 반복해서 이야기해왔다. 하지만 우리 삶을 편리하게 해줄 첨단 기술과 이를 응용한 서비스는 규제의 문제 등으로 좀처럼 우리 삶에 뿌리내리지 못했다. 드론 역시 그 대표적인 사례다. 드론은 그동안 영상 촬영용이나 취미의 하나로 일부 사람들에게만 소비되었다. 그런데 코로나19 사태에서 드론은 제 몫을 톡톡히 했다. 하늘을 채운 드론이 확성기로 정보를 공유하고 소독제를 뿌리고 사람들의 체온을 확인하며, 식료품과 음식을 배달했다. 로봇 역시 격리가 필요한 코로나19 감염자들에게 생필품과 의약품 등을 전달했다.

성큼 다가온 미래는 로봇과 드론만이 아니다. 사회에서는 원격근무와 원격학습이 본격적으로 진행되었다. 쌍방향 원격작업을 위한 기술은 갖춰졌지만, 그동안 사회문화적인 장벽으로 인해 좀처럼 진행되지 않았다. 하지만 코로나19로 인해 세계가 어쩔 수 없이 원격교육을 실시하게 되면서 장점이 널리 퍼지고 비즈니스는 호황을 맞고 있다. 무인 소매점이 본격화되고 원격진료와 디지털 화폐, 보편적 기본소득에 대한 논의도 활발히 진행되고 있다.

우리는 지금 코로나19로 인해 일상의 생활에서 벗어난 '비상사태'를 살고 있지만 언젠가는 이 사태를 벗어날 것이다. 여기서 우리가 얻을 교훈과 기회를 잘 잡아야 한다. 즉 주목해야 할 것은 '포스트 코로나'의 시대다.

물론 이 책에 코로나 이후 다가올 미래 세계만 다룬 것은 아니다. 이 책은 제목처럼 지금으로부터 15~35년의 미래를 여러분이 직접 예측해볼 수 있도록 돕는다. 사람들은 현재를 살기에 급급해서 미래까지 살피기는 힘들다. 이번 코로나19 사태 때 방역을 포함해 우리나라의 대처는 매우 훌륭했지만, 미래 지향적이라고 말하기는 힘들 것이다. 중국처럼 방역과 대인 커뮤니케이션 등에 드론이나 로봇을 사용한 사례는 드물었다. 원격수업은 쌍방향 지원 플랫폼을 갖추지 못했을 뿐만 아니라 접속 폭주로 수업에 접근조차 못 해서 교사와 학생, 학부모 모두를 진땀 빼게 했다. 원격진료의 방식 역시 시스템을 갖추지 못해 전문가들의 반발을 샀다. 결국 신기술의 힘을 빌려 방역 전쟁을 치른 것이 아니라 의지와 집념으로 성공적인 결과를 냈다고 해도 과언이 아니다. 이것 역시 무시할 수 없지만, 여기에 신기술이 더해지면 우리는 훨씬 더 좋은 결과를 얻었을지도 모른다.

너무나 현재만 보고 살았던 우리에게 이번 코로나19 사태로 인해 성큼 다가온 미래 기술은 낯설지만 확실하게 각인되었다. 이를 단순히 해프닝으로 여기지 말고 우리는 이 기술들을 제대로 알고 미래 가능성을 살펴야 한다. 지금은 어설퍼 보이더라도 여기에 미래의 경쟁력과 일자리, 삶, 모든 것이 있다.

이 책에서 다루는 많은 기술과 그로 인한 사회와 경제, 환경의 변화는 그동안 내 책들과 비교해 10년 안팎의 미래들로 더 구체화되었다. 우리가 가까운 미래를 건너뛰고 먼 미래를 보기는 힘들다. 그것은 공상과학 소설을 읽는 것과 큰 차이가 없을지도 모른다. 하지만 가까운 미래의 기술과 사회 변화를 살펴봄으로써 더 먼 미래를 상상할 수 있다. 2020~2030년의 기술 발전 추이를 통해 2035~2055년의 사회와 우린 삶을 예측해보는 것이다. 이것은 내가 지금까지 《세계미래보고서》 시리즈를 통해 모두가 미래학자가 되어야 한다고 강조했던 내용의 실천이라 볼 수 있다.

미래는 점점 더 발전하고 우리의 삶은 더욱 편리해진다는 것이 미래예측의 기본 방향이겠만, 암울한 미래도 분명 찾아올 것이다. 이번의 코로나19 사태처럼 말이다. 미래의 돌발 상황에 지금보다 더 현명하게 대처하기 위해서는 다가오는 미래를 그저 받아들이기보다 우리가 적극적으로 만들어가야 한다. 이 책이 여러분의 생각을 바꾸고 한 걸음 내딛게 해주는 계기가 되길 바란다.

목차

| 저자 서문 |
포스트 코로나 시대, 우리 스스로 미래학자가 되어야 하는 이유 • 9

• FUTURE ISSUE
미래의 길을 만드는 주요 기술 변화 예측 • 20

PART 1 앞당겨진 미래

1. 전 세계 코로나19 대응의 중간 평가 및 점검 57
2. 과거 전염병이 사회를 어떻게 바꾸었나 71
3. 코로나19 이전으로 돌아갈 수 없다 79
4. 코로나19 이후 4가지 시나리오 87
5. 전염병의 대유행 끝에 보는 희망 103
6. 첨단 기술의 활약상 110
7. 다음 단계로 변화의 움직임은 이미 시작되었다 120
8. 집단지성이 전염병을 극복하는 7가지 방법 132
9. 코로나19 극복에 뛰어든 인공지능의 가능성과 한계 139
10. 디지털 학습은 여전히 차선책인가 146
11. 예상을 웃도는 자동화의 속도 152
12. 인간을 돌보는 로봇의 '티핑 포인트' 159
13. 5년 앞당겨진 로봇의 대중화 162

14. 다시 논의되는 보편적 기본소득 167
15. 재난 기본소득과 디지털 통화 173
16. 암호화폐가 다시 주목받는다 178
17. 전염병을 이기는 스마트 시티 기술 182
18. 능력을 아직 발휘하지 못하고 있는 드론 186
19. 전염병이 바꾼 쇼핑의 미래 191
20. 개인 데이터의 중요성과 활용법 194
21. 코로나19에 등장한 인기 아이템 10가지 197

PART 2 건강과 수명 연장

1. 장수1: 과학이 매년 1년씩 당신의 삶을 연장한다 209
2. 장수2: 노화는 치료 가능한 질병이다 214
3. 장수3: 고령화와 의료 트렌드 변화 218
4. 장수4: 마이크로바이옴이 이끄는 수명 연장 221
5. 의료1: 3세대 유전자 가위가 가져오는 의료 혁명 228
6. 의료2: 가상현실, 증강현실, 원격의료의 미래 235
7. 의료3: 예방적 의료가 주목받는다 242
8. 치매 극복1: 뇌의 비밀이 밝혀지다 249
9. 치매 극복2: 신경회로 고장을 수리하는 신기술 255
10. 치매 극복3: 뇌 기능 보완하는 인공 신경세포의 개발 261

11. 치매 극복4: 인간과 기계의 연결 265
12. 인간의 몸에서 전기가 할 수 있는 일 269
13. 미래 인류 최대의 적, 전염병 273
14. 코로나19 백신이 늦게 나오는 이유 278
15. 신약 개발까지 12년, 인공지능이 앞당긴다 284
16. 피부에서 장기까지, 줄기세포가 완성하는 이식의 미래 289

PART 3 스마트 시티 & 라이프

1. 새로운 녹색 트렌드 '스마트' 297
2. 스마트 시티를 미리 가보다 303
3. 식생활의 미래1: 첨단 기술로 변하는 음식의 미래 312
4. 식생활의 미래2: 환경 파괴하는 축산업의 종말 319
5. 식생활의 미래3: 유전자 변형에서 유전자 편집으로 324
6. 교통의 미래1: 전기차, 자율주행차, 비행자동차 330
7. 교통의 미래2: 항공운송이 더 가까워진다 337
8. 교통의 미래3: 자율주행차와 사생활 보호 342
9. 교통의 미래4: 대중교통의 진화 351
10. 교통의 미래5: 안전 운전의 가이드 스마트 로드 359

PART 4 경제와 일자리

1. 주 15시간 근무하는 미래? 367
2. 경험 경제와 구독 경제 372
3. 로봇이 일자리를 빼앗는가 382
4. 보편적 기본소득이 도입될 수밖에 없는 이유 386
5. 신기술이 만드는 10년 후 직업 391
6. 미래의 일자리 경쟁력 5 396
7. 일자리 500만 개 소멸, 1억 3,300만 개 탄생 401
8. 개발도상국에서 선진국으로 오는 혁신의 파도 406

PART 5 거버넌스

1. 초연결사회와 세계 시민권 415
2. 급변하는 세계와 그에 따른 거버넌스의 출현 422
3. 조직을 운영하는 시스템으로서 블록체인 427
4. 블록체인에 기반한 국가 거버넌스 2.0 시대 432
5. 인공지능이 의회에 입성하다 439
6. 인공지능이 국회의원보다 잘할 수 있다 445

PART 6 교육

1. 학위 대신 주목해야 할 성과 31 453
2. 가난한 나라의 교육이 중요해지는 이유 467
3. 첨단 기술이 교육의 약점을 공략한다 474
4. 지식을 뇌로 업로드하는 미래 479

PART 7 환경과 에너지

1. 기후 변화의 경고 메시지 487
2. 국가와 문화유산이 물속으로 사라진다 494
3. 제로의 시대가 다가온다 498
4. 2030 이후, 세상을 바꿀 순환 경제 507
5. 생물다양성을 복원하는 최신 기술들 511
6. 기후 변화를 해결할 7가지 키워드 517
7. 석유화학제품이 사라진다 525
8. 더 이상 미룰 수 없는 배양육 528
9. 밤에도 에너지 생산하는 태양광 532
10. 세계에서 가장 작은 원자력 발전소 535

PART 8 기술

1. 양자컴퓨팅, 이론에서 현실로 541
2. 양자컴퓨터의 상용화를 위한 온도 극복 과제 548
3. 나노제조기가 만드는 부족함 없는 미래 552
4. 인공지능의 주목해야 할 3년 556
5. 뇌를 번역하는 인공지능 561
6. 안드로이드에 더욱 가까워지는 로봇 565
7. 암호가 아닌 새로운 보안 기술 571

PART 9 우주

1. 제2의 지구를 찾는 모험 579
2. 점점 현실이 되어가는 우주여행 584
3. 시동을 거는 화성 식민지 프로젝트 587

FUTURE ISSUE

미래의 길을 만드는
주요 기술 변화 예측

미국의 미래학자 앨빈 토플러Alvin Toffler는 저서 《제3의 물결》에서
인류의 삶을 완전히 바꾼 세 가지 기술 혁신을 소개했다.
1만 년 전에 인류를 땅에 정착하게 한 농경기술의 발달,
계급사회를 무너뜨리고 자본주의를 가져온 18세기의 산업혁명에 이어
IT를 포함한 첨단 기술의 발달을 예측했다. 토플러가 예측한 제3의 물결은
지금도 사회와 경제에 계속 영향을 주고 있으며, 이제 우리는 4차 산업혁명이라
불리는 또 다른 첨단 기술의 폭발을 눈앞에 두고 있다.
특히 미래학자들은 앞으로의 변화는 기술의 기하급수적인 발전과
융합으로 엄청나게 빨라질 것이라고 입을 모아 말한다.
우리가 먼 미래를 보려면, 먼저 이런 기술들을 미리 살펴볼 필요가 있다.
최근에 발견된 엄청난 과학적 발견, 이론에서 막 현실이 된 아직은 실험실 속의
첨단 기술들 가운데 우리가 반드시 알아야 할 가장 중요한 성과들을 소개한다.
이 첨단 기술과 과학적 성과들이 우리의 미래를 어디로 이끌어갈지
간략하게나마 살펴보자.

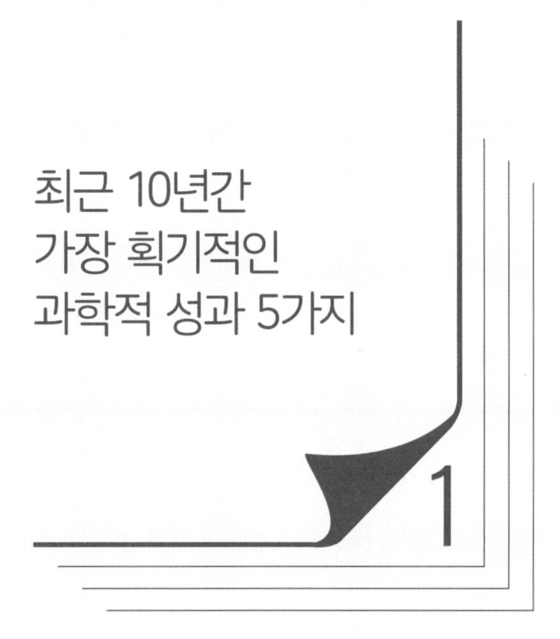

최근 10년간 가장 획기적인 과학적 성과 5가지

1

전문가들이 미래를 예견할 때는 19세기의 공상과학 소설처럼 막연하게 미래의 모습을 떠올리는 것이 아니다. 현재에 개발된 첨단 기술들이 미래에 어떤 가능성을 가지고 어떤 모습으로 발전할지, 그에 따라 사회가 어떤 변화를 겪을지 각 분야의 전문가들이 다양한 시나리오를 만들어보는 것이다. 따라서 우리가 앞으로 50년 후의 미래를 상상하고 이해하려면, 현재 막 실현된 새로운 기술들을 먼저 살펴보는 것이 가장 중요하다. 여기서는 최근 10년 동안 과학 분야에서 있었던 가장 획기적인 과학적 성과 다섯 가지를 소개한다.

1 —— 힉스 입자

유럽입자물리연구소Conseil Europeean Pour La Researehe Nucleaire, CERN가 2012년에 새로운 입자를 발견했다. 이 입자는 일반적으로 입자물리학 뉴스를 접할 수 없는 사람들에게조차 관심을 끌었다. 평범한 입자가 아니었기 때문이다. 그 주인공은 힉스 입자Higgs boson였다.

힉스 입자는 '신의 입자'라는 극적인 별칭으로 인해 대중의 상상력을 사로잡았는데, 그 밖에도 여러 가지 이유로 놀랍도록 흥미로운 발견이었다. 힉스 입자는 입자물리학의 표준 모델에 의해 예측된 최종 소립자로 다른 소립자들에 질량을 주는데, 과학자들은 거의 50년 동안 이것을 찾으려 노력했다.

1960년대 이전의 표준 모델에는 약간의 문제가 있었다. 예측에 따르면 보손boson이라고 불리는 기본 입자는 질량이 없어야 했지만, 관측 결과는 질량이 있다고 나왔다. 힉스 입자가 발견되기 48년 전인 1964년에 세 명의 과학자팀이 보손이 어떻게 질량을 얻는지 보여주는 유사한 메커니즘을 고안했다.

보편적인 아이디어에 따르면 양자장은 우주에 균일하게 퍼져 있다. 보손은 이 양자장을 느리게 하고 그 과정에서 질량을 부여받는다. 이 분야는 아직 발견되지 않은 새로운 보손에 의해 증명될 것이며, 증명까지 또다시 48년이나 걸리지는 않을 것이다.

예측된 분야, 메커니즘, 보손 모두 그것을 제안한 물리학자 중 한 명인 피터 힉스Peter Higgs의 이름을 따서 명명되었다. 그리고

2012년에 CERN의 과학자들이 강입자충돌기에서 마침내 힉스 입자의 예측된 특성과 일치하는 입자를 발견했다. 이후 추가적인 연구로 그것이 힉스임이 확인되었고, 피터 힉스와 프랑수아 앙글레르Francois Englert는 업적을 인정받아 2013년 노벨 물리학상을 수상했다.

힉스 입자는 입자물리학의 성배를 찾는 반세기의 여정을 마치면서 지난 10년간 가장 중요한 과학적 성과가 되었다.

2 —— 유전자 편집 기술

살아 있는 인간을 비롯한 유기체의 유전자를 편집하는 능력은 수십 년 동안 공상과학 소설과 영화의 주요 소재였고, 10년 사이에 현실이 되었다.

크리스퍼CRISPR, clustered regularly interspaced short palindromic repeats: 탈렌에 이은 3세대 유전자 가위로, 유전자 편집 기술는 의학에 혁명을 일으키고 암, HIVhuman immunodeficiency virus: 인간 면역 결핍 바이러스로 에이즈를 일으킨다와 같은 큰 질병과 싸우며 그 밖의 건강 문제를 해결하는 데 도움을 줄 것이다. 물론 논란의 여지도 있다.

크리스퍼는 박테리아가 자기방어 메커니즘으로 사용하는 DNAdeoxyribonucleic acid: 데옥시보리핵산. 살아 있는 모든 유기체 및 바이러스의 유전적 정보를 담은 실 모양의 핵산 사슬 시퀀스 계열이다. 최근 과학자들은 크리스퍼를 가이드 RNAribonucleic acid: 리보핵산. DNA와 함께 유전정보의 전달에 관여하는 핵산의 일종 염기서열 및 Cas9 효소와 결합함으로써 이 메커니즘을 유전공학 도구로 삼을 수 있다는 것을 깨달았다.

세포 또는 살아 있는 유기체에 사용될 때, 가이드 RNA는 도구를 원하는 DNA 섹션으로 향하게 하고, 여기서 크리스퍼-Cas9가 깔끔하게 절단한다. 이로써 질병을 일으키는 유전자를 제거하고 새롭고 유익한 유전자를 삽입하는 데 사용할 수 있다.

지금까지 이 기술은 암, HIV, 근육위축증, 유전병으로서의 실명 및 심장병 같은 까다로운 질병을 포함해 다양한 질병과 싸우는 데 도움이 되었다. 그러나 크리스퍼의 잠재력은 훨씬 더 크다. 우리는 작물의 영양소를 보완하고 수확량을 늘리기 위해 식물의 유전자를 편집할 수 있으며, 질병을 퍼뜨리는 것을 막기 위해 곤충의 DNA를 편집하고, 인간 이식용 장기를 키우기 위해 돼지의 유전자를 편집할 수 있다.

크리스퍼가 유망해 보이는 만큼 윤리적 문제 역시 제기된다. 연구에 따르면 크리스퍼가 세포의 암 발병 소지를 높이고 게놈 전체에 의도하지 않은 돌연변이를 일으킬 수 있다고 한다. 이러한 결과에 대한 논쟁은 뜨겁다.

2018년 11월 중국 과학자들이 세계 최초의 유전자 편집 인간 아기로 쌍둥이 여자아이의 탄생을 발표했을 때 이 모든 것이 시작되었다. 허지안쿠이 교수와 그의 팀은 크리스퍼 가위를 배아에 주입해 CCR5라는 유전자를 삭제했다. 이로써 아기들은 HIV에 대한 면역력이 높아졌을 것이다.

문제는 실험이 비밀리에 수행되어 수년간 윤리적 논쟁을 회피했다는 것이다. 일부 과학자들은 CCR5의 기능이 완전하게 밝혀진 것이 아니므로 그것을 삭제하면 아기들이 독감과 같은 흔한 질병에 더 취약해질 수 있다고 지적했다. 이 무모한 연구 이후, 이러한 윤리적 질문을 정리할 수 있을 때까지 인간 생식선 편집을 유예해야 한다는 요구가 제기되었다.

그럼에도 불구하고 인간의 유전자 편집 실험은 배아를 제외한 부분에서 여전히 진행되고 있다. 2016년 중국에서 폐암 퇴치를 위한 시도로 시작된 실험의 결과는 아직 발표되지 않았다. 2019년 미국에서도 두 건의 실험이 시작되었으며, 그중 한 건은 겸상 적혈구 질환(빈혈 유전병의 일종)을 대상으로 진행되었고 매우 긍정적인 초기 결과를 얻었다.

시작은 암울했지만, 크리스퍼 유전자 편집은 의학에서 가장 중요한 혁신 중 하나로 역사에 남을 가능성이 높다.

3 —— 중력파

2015년 물리학자들은 10억 광년 이상을 여행한 후 지구를 스쳐 지나가는 시공간 구조의 잔물결을 감지했다. 알베르트 아인슈타인Albert Einstein을 비롯한 과학자들이 한 세기 전에 한 예언을 확인

시켜 주는 순간이었다.

아인슈타인이 1916년에 일반 상대성 이론을 제시했을 때, 거대한 질량을 가진 물체와 관련된 어떤 사건들은 시공간 자체에서 충격파(중력파라고 불리는 현상)를 생성할 것임을 암시했다. 비록 우주에서 가장 활동적 사건에 의해 만들어지기는 하지만, 이 파도가 지구에 도달할 때는 원자의 핵보다 작은 수준으로 현실을 뒤틀 뿐이다. 이 때문에 그동안은 이 충격파를 탐지할 수 없었지만, 기술이 발전하면서 마침내 그 신호를 100년 만에 잡아냈다.

신호를 잡은 것은 루이지애나와 워싱턴에 있는 두 개의 거대한 시설 라이고Laser Interferometer Gravitational-wave Observatory, LIGO: 레이저 간섭계 중력파 관측소다. 2015년 9월 14일에 두 라이고가 최초의 신호를 포착했다. 파도는 약 13억 광년 떨어진 두 개의 블랙홀이 충돌하면서 만들어졌다.

라이고 외에도 2017년에 이탈리아의 또 다른 중력파 관측소인 비르고Virgo에서 중력파를 탐지하는 등 신호가 계속 잡혔다. 이들 신호 대부분 블랙홀이 충돌한 결과였지만, 두 개의 중성자별이 충돌하는 것과 중성자별을 삼키는 블랙홀도 포함되었다.

우리에게 가장 인상적인 불꽃 쇼를 제공한 것은 후자의 시나리오다. 2017년에 중력파를 한 번 감지한 직후, 전 세계의 관측소에서 광파, 감마선 폭발, X선 및 전파를 포함해 동일한 사건에서 파생된 전자기 신호를 감지했다.

한 세기 전의 미스터리를 해결한 물리학자 라이너 바이스Rainer

Weiss, 킵 손Kip Thorne, 배리 배리시Barry Barish는 중력파를 처음 탐지한 공로로 2017년에 노벨 물리학상을 받았다.

2019년 4월에 업그레이드된 라이고는 더 세심한 신호를 탐지할 계획이며, 그 밖의 다른 국가들도 중력파 탐지에 가담해 앞으로 더 조용하고 더 먼 곳의 신호를 포착해 더 많은 우주의 신비를 풀어낼 것으로 기대된다.

4 —— 외계 행성 유행

인류 역사를 통해 우리가 사는 세계의 의미는 계속 확장되어 왔다. 우리 세계는 한 대륙에서 지구 전체로 확장되었다. 그리고 지구가 모든 것의 중심이 아니라 태양 궤도를 도는 몇 개의 행성 가운데 하나일 뿐이라는 사실을 깨달았다. 결국 우리는 태양계조차도 특별하지 않다는 것을 알게 되었다. 그리고 이 10년 동안, 우리는 얼마나 많은 다른 존재들이 있는지에 대한 첫 번째 증거를 실제로 얻었다.

태양 이외의 별을 도는 행성인 최초의 외계 행성은 1990년대에 발견되었지만, 2009년 케플러Kepler 우주 망원경이 발사되기 전까지 실제로 관측되지는 않았다. 케플러 망원경은 9년 동안 2,600개가 넘는 외계 행성을 발견했다. 하프스HARPS, 와스프WASP 및 테스TESS와 같은 다른 프로젝트의 도움으로 이 숫자는 현재 약 4,100개로 증가했다. 그리고 우리는 대기, 구성, 질량, 궤도를 도는 별의 종류, 거리 등을 연구함으로써 그 세계가 어떤 곳인지 많은 것을 유추할 수 있다.

그 결과 우리는 공상과학 소설의 배경으로 적합한 모든 종류의 놀라운 행성에 대한 지식을 얻었다. 물로 이루어진 세계, 짙은 어둠으로 덮인 행성, 엄청나게 뜨거운 행성 등이 그렇다. 별 자체가 하나의 거대한 다이아몬드인 행성도 있고, 루비와 사파이어로 만든 구름이 있는 행성도 있다. 또 다른 행성에서는 돌비, 유리비, 햇빛을 완전히 차단하는 비가 내리기도 한다.

하지만 우리가 가장 흥미를 느끼는 부분은 외계에 지구와 유사한 행성이 있는가 하는 점이다. 결국 이것은 우리가 우주에서 외톨이인가 하는 질문에 마침내 대답할 수 있는 가장 좋은 기회가 되어줄 것이기 때문이다. 그리고 잠재적으로 거주 가능한 외계 행성이 상당히 많다는 점이 발견되었다.

트라피스트-1 TRAPPIST-1 궤도를 도는 지구 크기의 외계 행성 일곱 개를 발견한 것은 2017년의 가장 큰 수확이 되었다. 이 중 세 개는 차가운 적색왜성으로 상당한 양의 물이 존재할 수 있어 거주가 가능할 수 있다고 알려졌다. 이로써 이 세 행성은 태양계 외부의 거주 가능한 행성으로 가장 적합한 후보가 되었다.

이런 연구는 이제 막 시작되었다. 앞으로 몇 년 안에 더 많은 프로젝트가 시작되어 새로운 세계를 찾아 나서거나 알려진 세계를 더 자세히 연구할 것이다. 그 연구의 내용에 외계 생명체 감지 기능이 포함되는 것이 놀라운 일은 아니다.

5 —— 기후 위기

마지막으로 소개할 성과는 긍정적인 것은 아니다. 지난 10년 동안 인류 역사상 다른 어느 시점보다 더 많은 기후 신기록을 세웠다. 기후 변화의 영향이 갈수록 눈에 띄면서 최근 이 문제가 대중의 관심을 끌게 되었다. 새로운 연구가 상황의 심각성을 밝혀냈으며, 이를 해결하기 위한 계획이 수립되었다.

가장 강력한 증거는 약 1750년 이후 산업 혁명 시기에 대기 이산화탄소의 수치가 급격히 상승했다는 것이다. 그 직접적인 결과로, 전 세계의 표면 온도가 꾸준히 상승하고 있으며, 20세기 후반에 특히 급격히 증가했다. 이것이 다양한 현상으로 이어지고 있다.

기후 변화를 인지하기 시작한 것은 오래전이지만, 명백한 결과가 나타나기 시작하면서 기후 변화가 과학에서 최근 10년을 지배했다. NASANational Aeronautics and Space Administration: 미국 항공우주국와 NOAANational Oceanic and Atmospheric Administration: 미국 해양대기국에 따르면 2016년은 1880년에 기록이 시작된 이래 가장 뜨거운 해였으며 2019년 7월은 가장 뜨거운 달로 기록되었다.

다른 최근의 연구에서 이 과도한 열이 세상에 미치는 영향이 밝혀졌다. 2018년의 기후 보고서에 따르면 허리케인, 홍수, 가뭄 및 산불과 같은 극심한 기후 관련 사건이 더 격렬하고 흔하게 나타났다. 빙하와 북극의 얼음이 줄어들고 해수면은 상승하고 있다.

2015년 대기 중 이산화탄소는 약 300만 년 만에 처음으로 400ppm을 넘어섰다. 이것은 바다가 더 많은 가스를 흡수해 산성으로 변하고 있다는 뜻이기도 하다. 물이 따뜻해지고 산성화됨에 따라 2016~2017년에 오스트레일리아의 그레이트 배리어 리프Great Barrier Reef: 대산호초 지역에서 심각한 백화 현상이 나타났다.

아직 희망은 있다. 2015년 200개 국가가 파리기후변화협약Paris Climate Change Accord: 2021년부터 교토의정서를 대체하는 신기후협약에 서명해 지구 온도가 산업화 이전 수준보다 2℃ 이상 상승하는 것을 막기 위해 온실가스 배출을 줄이겠다고 약속했다. 기후 변화에 관한 정부간 협의체Intergovernmental Panel on Climate Change Intergovernmental Panel on Climate Change, IPCC의 보고서에 따르면, 이러한 목표를 달성하기 위해서는 사회의 모든 측면에서 전례 없는 변화가 필요하다. 2019년의 기후 파업과 항의 시위가 그 징후라면 사회는 변화의 준비운동을 하고 있는 것이다.

미래 10년을 이끌어갈 20가지 메타트렌드

2

앞으로 10년 동안 기하급수적인 기술 발전의 물결이 서로 겹치면서 지난 수십 년간 일어난 변화의 규모와 영향력보다 크게 향상된다. 이러한 물결에서 비롯된 20개의 '메타트렌드meta trends'는 모든 산업에 혁명을 일으키고 미래 사업과 현대의 당면 과제를 재정의하게 해준다. 메타트렌드 중에는 인간의 수명 연장, 급증하는 스마트 경제, 인공지능과 인간의 협업, 도시화된 세포 농업 및 고대역폭 뇌-컴퓨터 인터페이스brain-computer interface, BCI 등이 있다. 전문가들과 기업은 이 기술의 즉각적인 의미를 파악하고 비즈니스 기회를 포착해야 한다.

1 — 전 세계적으로 풍요로워진다

중산층 인구가 계속 증가함에 따라 극심한 빈곤층의 수는 계속 감소하고 있다. 이러한 메타트렌드는 고대역폭 저비용 통신, 유비쿼터스 인공지능과 클라우드의 통합으로 인해 인공지능 지원 교육 및 인공지능 기반 의료 서비스로의 접근을 확대하고 있다. 재화와 서비스(금융, 보험, 교육 및 엔터테인먼트)는 매일 디지털화되고 있으며 완전한 모바일 기기를 수십억의 사람들이 이용할 수 있다.

2 — 기가바이트로 연결된 세계

5G5세대 이동통신으로 LTE보다 20배 빠르다의 배치와 다수의 글로벌 위성 네트워크OneWeb, Starlink 등의 출시로 인해 모든 사람과 모든 곳이 연결된다. 수십억 대의 장치 연결은 말할 것도 없고, 어디서든 누구나 사용할 수 있는 유비쿼터스의 저렴한 통신이다.

오늘날의 급격한 연결성으로 인해 온라인에 30억 명의 소비자가 추가되어 전 세계 경제의 수십억 달러가 인터넷으로 몰리고 있다. 이러한 메타트렌드는 인공위성 발사 비용의 인하, 하드웨어의 발전, 5G 네트워크, 인공지능, 재료과학 및 급격한 컴퓨팅 성능의 발전이 주도한다.

3 — 인간의 평균 수명 10년 이상 연장

평균 수명의 판도를 바꾸는 12가지 생명공학 및 제약 솔루션들은 현재 1~3단계 임상시험을 하고 있어서 10년 안에 소비자에게 도달할 것이다. 이로써 인간의 수명은 10년 더 추가된다. 이 기술에는 줄기세포 치료, wnt신호전달경로선충, 초파리부터 포유동물에 이르기까지 종을 초월하여 갖고 있으며, 동물의 초기 발생 또는 형태 형성에는 필수적 요소 조작, 노화 지연 약물, GDF-11회춘 단백질 등이 포함된다.

머신러닝machine learning: 기계학습. 인공지능의 연구 분야로 인간의 학습 능력을 컴퓨터에서 실현하고자 하는 기술이 계속 발전함에 따라 인공지능은 수많은 새로운 약물 후보 물질을 출시해 임상시험을 준비할 수 있게 해준다. 이러한 메타트렌드는 게놈 시퀀싱genom sequencing: DNA의 염기 순서를 분석하는 일, 크리스퍼 기술, 인공지능, 양자컴퓨팅 및 세포 의학 등의 융합에 의해 추진된다.

4 — 자본이 풍부한 시대, 투자 자본 접근성 증가

2016~2019년부터 인류는 전 세계적으로 종잣돈, 벤처캐피털 및 국부 펀드 투자의 세계적 흐름에서 사상 최고치를 기록했다. 이러한 추세는 향후 경기 침체의 여파로 다소 기복을 겪겠지만, 전반적인 상승 궤적은 계속될 것으로 예상된다.

자본이 풍부하면 다양한 아이디어에 대한 투자와 테스트가 이루어지며, 이는 결국 혁신을 가속화한다. 2025년까지 3,000억 달러의 크라우드 펀딩이 예상되어 전 세계 기업가의 자본 접근성이 민주화되고 있다. 이러한 메타트렌드는 글로벌 연결성, 비물질화, 자본의 민주화가 주도한다.

5 —— 증강현실과 공간웹으로 유비쿼터스 구축 달성

증강현실augmented reality, AR과 5G 네트워크의 결합이 우리의 생활방식을 변화시킨다. 소매업, 광고, 교육 및 엔터테인먼트에 이르기까지 모든 산업에 영향을 미치며, 우리가 일상생활을 영위하는 방식을 변화시킬 것이다. 소비자는 온종일 새롭고 지능적이고 사실상 중첩된 세상에서 놀고 배우고 쇼핑하게 된다. 이러한 메타트렌드는 하드웨어 발전, 5G 네트워크, 인공지능, 재료과학 및 급격한 컴퓨팅 파워의 융합으로 추진된다.

6 —— 모든 기기는 지능이 탑재된 스마트 기기가 된다

전 세계적 수요가 증가함에 따라 특수 머신러닝 칩의 가격이 빠르게 떨어지고 있다. 저비용 센서의 폭발적 증가 및 고대역폭 네트워크의 구축과 함께, 10년 안에 모든 장치가 지능화할 것이다. 장난감은 아이의 얼굴과 이름을 기억한다. 생일파티에서 드론이 안전하고 부지런히 모든 아이들을 따라가며 비디오를 찍는다. 가전제품은 음성명령에 응답하고 요구 사항을 예측한다.

7 — 인공지능이 인간 수준의 지능을 달성

발명가이자 미래학자인 레이 커즈와일Ray Kurzweil에 의해 예측된 바와 같이, 인공지능은 곧 인간 수준에 도달하게 된다. 2020년대에는 인공지능 알고리즘과 머신러닝 도구가 클라우드에서 점점 더 오픈소스로 제공되어 인터넷에 연결된 모든 개인이 인지 능력을 보완하고 문제 해결 능력을 향상하며, 지금 드는 비용보다 적은 비용으로 새로운 벤처를 구축할 수 있을 것이다.

이러한 메타트렌드는 글로벌 고대역폭 연결, 신경망, 클라우드 컴퓨팅의 융합에 의해 주도된다. 이 트렌드는 산업디자인, 의료, 교육 및 엔터테인먼트에 이르는 모든 산업에 영향을 미친다.

8 — 인공지능과 인간의 협업 급증

AIaaSAI as a Service:서비스로서 인공지능 플랫폼의 등장은 인간이 모든 산업 분야의 모든 수준에서, 업무의 모든 측면에서 인공지능과 협력할 수 있게 해준다. 인공지능은 일상적인 비즈니스 운영에 뛰어들어 창의적인 작업을 지원하고 새로운 아이디어를 창출하며, 이전에는 달성할 수 없었던 혁신에 대한 인지적 협력자 역할을 한다. 일부 분야에서는 인공지능과의 파트너십이 요구될 것이다. 예를 들어, 미래에는 인공지능의 상담 없이 특정 진단을 하는 것이 실수로 간주될 수 있다.

9 — 개인은 인공지능 비서를 통해 삶의 질을 향상시킨다

알렉사Alexa, 구글 홈Google Home, 애플 홈팟Apple Homepod과 같은 인공지능 서비스의 기능이 확장됨에 따라 이러한 서비스는 결국 개인 비서가 될 것이다. 모든 대화를 듣고, 이메일을 읽고, 혈액 샘플 모니터링 등을 할 수 있도록 권한을 부여받은 〈아이언맨〉의 자비스와 같은 인공지능 소프트웨어를 상상해보라. 이런 인공지능은 데이터에 접근해서 인간의 선호 성향을 익히고 예측하는 한편, 습관, 쇼핑, 건강 모니터링 및 중장기 목표를 지원하는 데 도움이 된다.

10 —— 세계적으로 풍부하고 저렴한 재생 에너지

태양, 풍력, 지열, 수력, 원자력 및 지역화된 에너지 그리드의 지속적인 발전으로 인류는 값싸고 풍부한 유비쿼터스 재생 에너지를 사용하게 된다. 에너지를 저장하는 배터리가 1kW당 3센트 아래로 떨어지면서 화석연료에서 태양광과 배터리로 에너지가 이동한다. 재생 에너지는 1kWh당 가격이 1센트 아래로 떨어지고, 특히 세계 최빈국이 세계에서 햇볕이 가장 풍부한 곳이라는 특성 덕분에 태양광 에너지로 에너지가 민주화된다.

11 —— 보험 산업이 '위험 발생 후 복구'에서 '위험 예방'으로 전환

오늘날 화재보험은 집이 불탄 후에 지급된다. 생명보험은 피보험자가 사망한 후에 친족에게 지급된다. 건강보험은 아파야 지급된다. 하지만 앞으로 보험은 머신러닝, 유비쿼터스 센서, 저렴한 게놈 시퀀싱, 로봇공학의 융합을 활용해 위험을 감지하고 재난을 예방하며 비용이 발생하기 전에 안전을 보장해주게 될 것이다.

12 —— 자율주행차와 비행자동차의 부상

자율주행차와 비행자동차는 여행을 일반 자동차나 기차로 하는 것보다 더 빠르고 저렴하게 해주면서 미래의 여행을 재정의한다. 자율주행자동차, 서비스형 자동차, 항공 승차 공유, 비행자동차 등은 대부분 완전하게 작동한다.

이들 새로운 교통수단으로 향후 10년간 주요 대도시 교통비가 급락해 부동산, 금융, 보험, 도시계획 등을 완전히 변화시킨다. 미성년자와 노인은 운전하지 않아도 자유롭게 교통수단을 이용할 수 있다. 이러한 메타트렌드는 머신러닝, 센서, 재료과학, 배터리 저장 기술 및 유비쿼터스 연결이 주도한다.

13 —— 주문 생산과 주문 배송이 '즉시 경제'를 형성한다

도시 거주자는 드론 및 로봇 배송 서비스가 창고에서 당신의 집 문 앞까지 제품을 직접 배송함에 따라 소매 주문의 '즉시 이행'을 기대한다. 지역 주문형 디지털 제조(3D 프린팅 농장)의 구축을 한 단계 더 발전시키면 언제 어디서나 개인 맞춤형 제품을 얻을 수 있다. 이러한 메타트렌드는 네트워크, 3D 프린팅, 로봇공학 및 인공지능의 융합에 의해 주도된다.

14 — 언제 어디서나 무엇이든 감지하는 능력

IoTInternet of Things: 사물인터넷. 사물에 센서를 부착해 실시간으로 데이터를 주고받는 기술 및 환경로 인한 1,000억 개의 센서가 환경의 모든 측면을 모니터링하고 감지하는 시대가 빠르게 다가온다. 글로벌 이미징 위성, 드론, 자율주행차의 라이다Laser Imaging, Detection and Ranging, LIDAR: 레이저 이미징, 탐지 및 범위 측정, 미래형 증강현실, 헤드셋 카메라는 모두 글로벌 센서 매트릭스의 일부로, 이 기기들을 통해 언제 어디서나 무엇이든 알 수 있다.

이러한 메타트렌드는 지상, 대기 및 우주 기반 센서, 방대한 데이터 네트워크, 머신러닝이 주도한다. 앞으로는 무엇을 알고 있는지가 중요한 것이 아니라, 얼마나 깊이 알고 있는지가 중요하다.

15 — 광고의 종말

인공지능이 일상생활에 점점 더 많이 포함됨에 따라 맞춤형 인공지능은 인간이 원하는 것을 더 잘 이해한다. 인간은 구매를 결정할 때 인공지능을 신뢰하고 인공지능 비서에게 쇼핑을 맡긴다. 인공지능은 과거의 욕구, 현재의 필요, 인공지능이 듣도록 허용된 대화, 당신의 관심을 끄는 것을 추적해 구매할 수 있다. 그때가 되면 불특정 다수의 관심을 끌기 위해 경쟁하는 광고 산업은 인공지능에 영향을 미치는 데 어려움을 겪을 것이다. 이러한 메타트렌드는 머신러닝, 센서, 증강현실, 5G 네트워크의 융합에 의해 주도된다.

16 — 세포 농업이 바꾸는 식탁

앞으로 10년 안에 인류가 고안한 가장 윤리적이고 영양가 높으며 환경적으로 지속 가능한 단백질 생산 시스템이 탄생할 것이다. 줄기세포 기반의 '세포 농업'은 요구되는 영양소 함량이 훨씬 높고 전통적인 가축보다 환경 발자국이 훨씬 적은 쇠고기, 닭고기, 생선을 어디서나 생산할 수 있다. 이러한 메타트렌드는 생명공학, 재료과학, 머신러닝, 농업정보기술의 융합으로 가능하다.

17 — 고대역폭 뇌-컴퓨터 인터페이스의 상용화

미래학자 레이 커즈와일은 2030년대 중반에 인간의 신피질을 클라우드에 연결하기 시작할 것이라고 예측했다. 다음 10년은 그 방향으로 엄청난 진전이 있을 것이며, 먼저 척수 손상을 입은 사람들에게 서비스를 제공함으로써 환자는 척추 감각 능력과 운동 조절 능력을 모두 회복할 수 있을 것이다. 그러나 운동 기능 상실을 겪는 사람들을 지원하는 것 외에도, 몇몇 뇌-컴퓨터 인터페이스 개척자들은 현재 기본 인지능력을 보완하려고 시도하고 있으며 감각과 기억, 지능을 증가시킬 수 있는 잠재력을 추구하고 있다. 이러한 메타트렌드는 재료과학, 머신러닝, 로봇공학의 융합에 의해 촉진된다.

18 —— 가상현실이 소매와 부동산 쇼핑을 변화시킨다

고해상도의 가상현실virtual reality, VR 헤드셋을 사용하면 집 안의 거실에 앉아서 옷부터 부동산에 이르기까지 모든 것을 편리하게 쇼핑할 수 있다. 새로운 복장이 필요한가? 인공지능은 신체 측정 세부 정보를 알고 있으며 당신의 아바타가 런웨이에서 최신 의상 20벌을 착용해보는 패션쇼를 시작할 수 있다. 당신이 사려는 가구가 집 안에 놓이면 어떤 분위기인지 보고 싶은가? 문제없다. 인공지능과 가상현실이 가이드 투어를 제공한다. 이러한 메타트렌드는 가상현실, 머신러닝, 고대역폭 네트워크의 융합으로 가능하다.

19 —— 지속 가능성과 환경에 대한 관심 증가

지구 온난화 및 환경에 대한 인식과 관심의 증가는 기업이 마케팅 전략상 지속 가능성에 투자하도록 이끈다. 인공지능이 가능하게 하는 재료과학의 획기적인 발전을 통해 기업은 폐기물 및 환경오염을 크게 줄일 수 있다. 한 기업의 폐기물은 다른 기업의 수익이 된다. 이러한 메타트렌드는 재료과학, 인공지능, 광대역 네트워크 융합으로 가능하다.

20 —— 크리스퍼, 즉 유전자 편집 기술과 유전자 요법이 질병을 최소화한다

에이즈에서 에볼라에 이르는 광범위한 전염병의 치료가 가능해진다. 또 유전자 편집 기술은 정확성과 사용 편의성 측면에서 지속적으로 발전해 수백 가지의 유전적 질환을 치료하고 궁극적으로 없앨 수 있게 해준다. 이 메타트렌드는 다양한 생명공학, 게놈 시퀀싱, 인공지능 기술이 주도한다.

3 미래에 혼란과 기회를 가져올 10대 전략기술

10년 동안 상당한 혼란과 기회를 몰고 올 새로운 기술이 등장하고 있다. 가트너Gartner가 세계 시장을 뒤흔들 10대 전략 기술 동향을 발표했다.

이 열 가지 기술들은 '인간 중심의 스마트 스페이스'라는 아이디어를 중심으로 구성되는데, 이는 이러한 기술이 인간에게 어떤 영향을 미칠지, 그리고 그들이 사는 장소에 어떤 영향을 미칠지를 고려하는 것을 의미한다. 가트너의 데이비드 설리David Cearley 부사장은 "스마트 스페이스는 사람과 기술 기반 시스템이 개방적이고 연결되어 있으며, 지능형 생태계에서 상호작용하는 물리적 환경"이라며, "사람, 프로세스, 서비스 및 사물을 포함한 여러 요소가 스마트한 공간에 모여 대화를 주고받으며, 더 몰입적이고 자동화된 경험을 제공한다"고 말한다.

1 — 초자동화 Hyperautomation

초자동화는 인공지능과 머신러닝을 포함한 첨단 기술의 응용을 다루어 프로세스를 점점 더 자동화하고 인간의 능력을 증강시킨다. 초자동화는 모든 자동화 단계, 즉 검색, 분석, 설계, 자동화, 측정, 모니터링 및 재평가를 포함하며, 자동화 메커니즘의 범위, 서로 연관되는 방법 및 결합, 조정 방법을 이해하는 것이 초자동화의 주요 초점이다.

오늘날 초자동화는 인공지능 주도 의사결정을 목표로 로봇 공정 자동화robotic process automation, RPA, 지능형 비즈니스 관리 소프트웨어intelligent business process management, iBPMS, 인공지능 등 도구의 조합을 점점 많이 포함하고 있다.

2 — 다중 경험 Multi Experience

향후 10년간 사용자 경험은 사용자가 디지털 세계를 인식하는 방식과 디지털 세계와 상호작용하는 방식에서 큰 변화를 겪을 것이다.

대화 플랫폼은 사람들이 디지털 세계와 상호작용하는 방식을 바꾸고 있다. 또 가상현실, 증강현실 및 혼합현실mixed reality, MR은 사람들이 디지털 세계를 인식하는 방식을 바꾸고 있다. 다음 단계로 여기에 다중채널 인간-기계 인터페이스와 감지기술 등을 사용하는 몰입형 경험으로 이어진다.

3 —— 민주화 Democratization

기술의 민주화는 사람들에게 광범위하고 비용이 많이 드는 훈련 없이 급격히 단순화된 경험을 통해 기술 전문 지식(예를 들어 머신러닝이나, 애플리케이션 개발) 또는 비즈니스 도메인 전문기술(데이터 분석, 설계 등)에 접근할 수 있도록 해주는 것을 의미한다. 흔히 '시민 접근'이라고 일컬어지는 시민 데이터 과학자, 시민 프로그래머가 부상하고 있다. 그들은 전문 지식 없이 인공지능의 도움을 받아 기술을 이용할 것이다.

가트너는 2023년까지 데이터 분석 및 애플리케이션 개발의 민주화, 즉 맞춤형 개발 응용프로그램에서 활용하기 위한 인공지능 도구를 포함해 민주화 추세의 네 가지 주요 측면이 가속화될 것으로 예상했다. IT infomation technology: 정보기술 전문가가 아닌 아마추어가 훈련을 받아야 사용할 수 있는 전문기술을 훈련 없이 적용할 수 있는 세상이 오는 것이다.

4 — 인간 능력 증강Human Augmentation

인간 능력의 확장은 인지적, 신체적 경험을 증대시키는 기술을 말한다. 신체적 증강은 웨어러블 기기 같은 것을 몸 위에 착용하거나 몸 안에 이식함으로써 고유의 물리적 기능을 변경해 인간을 향상시킨다. 예를 들어, 중공업이나 광산업은 근로자의 안전을 개선하기 위해 웨어러블 기기를 사용한다.

물리적 확장은 크게 네 가지 범주로 나뉜다. 감각 증대(발열, 시력, 지각), 생물학적 기능 증대(외골격, 의족), 뇌 증대(발작 치료제), 유전자 증대(세포 치료제) 등이 그것이다.

인지적 경험 증대는 사고력과 의사결정 능력 등을 향상시킨다. 뇌 임플란트 기술을 적용해 정보와 애플리케이션을 이용한 학습이나 새로운 경험을 주입시켜 인지 능력을 확대할 수 있다.

5 — 투명성과 추적성Transparency and Traceability

소비자들이 자신의 개인정보가 어떻게 수집되고 사용되는지 관심을 갖게 되고 더 잘 알게 되면서, 조직들 또한 이 데이터를 저장하고 수집하는 것에 대한 책임이 증가하고 있다. 조직은 개인정보 보안과 관리의 위험이 증가하고 있음을 인식하고, 정부는 개인정보 보호를 위한 엄격한 법률을 시행하고 있다. 투명성과 추적성은 이러한 디지털 윤리 및 개인정보 보호 요구를 지원하는 데 중요한 요소다.

투명성과 추적성은 규제 요구사항을 해결하고 인공지능 및 기타 최신 기술의 사용에서 윤리적인 접근방식을 유지하며, 회사에 대한 불신이 증가하는 것을 막기 위해 설계된 다양한 태도, 행동 및 지원 기술 및 관행을 나타낸다.

투명성과 추적성은 신뢰의 여섯 가지 핵심 요소에 초점을 맞춰야 한다. 윤리, 무결성, 개방성, 책임성, 역량, 일관성이 그것이다. EU European Union: 유럽연합 의 '개인정보보호규정 General Data Protection Regulation, GDPR과 같은 법률이 전 세계적으로 제정되어 진화를 주도하고 조직의 기본 규칙을 마련하고 있다.

6 —— 강력한 에지 The Empowered Edge

에지 컴퓨팅은 다양한 단말기에서 생성되는 데이터가 클라우드와 같은 중앙 데이터 센터로 가지 않고 정보처리, 콘텐츠 수집 및 전달이 데이터가 발생한 곳, 소비자와 더 가까운 곳에서 실시간으로 처리되는 방식을 말한다. 트래픽 및 처리를 로컬로 유지해 대기 시간을 줄이고 에지의 기능을 활용하며 에지에서 더 큰 자율성을 제공한다.

에지 컴퓨팅의 핵심은 제조 또는 소매와 같은 특정 산업에서 임베디드embedded IoT 세계에 연결되지 않거나 분산된 기능을 제공해야 한다는 데 있다. 그러나 점점 더 정교해지고 전문화된 컴퓨팅 리소스와 더 많은 데이터 스토리지로 에지가 강화됨에 따라 에지 컴퓨팅은 거의 모든 산업에서 지배적인 요소가 될 것으로 예상된다. 로봇, 드론, 자율주행차 등에서 에지 컴퓨팅이 이러한 변화를 가속화할 것이다.

7 — 분산 클라우드 Distributed Cloud

분산형 클라우드는 퍼블릭 클라우드 서비스를 클라우드 프로바이더의 물리적 데이터 센터 외부의 위치로 배포하는 것을 말한다. 이 기술이 에지 컴퓨팅과 다른 점은 여전히 프로바이더에 의해 제어된다는 점이다. 분산 클라우드에서 클라우드 제공자는 클라우드 서비스 아키텍처, 제공, 운영, 거버넌스, 업데이트의 모든 측면을 책임진다. 이는 퍼블릭 클라우드 서비스의 중앙 집중식 모델에서 크게 변화한 것으로, 클라우드 컴퓨팅의 새로운 시대로 이어질 것이다.

분산형 클라우드를 통해 데이터 센터는 어디에나 위치할 수 있다. 이를 통해 대기 시간과 같은 기술적 문제뿐만 아니라 데이터 주권과 같은 규제 과제를 모두 해결할 수 있다. 또한 퍼블릭 클라우드 서비스의 이점과 프라이빗 로컬 클라우드의 이점을 함께 제공한다.

8 — 자율적인 기기 Autonomous Things

드론, 로봇, 선박, 가전제품 등 자율적인 기기들은 인공지능을 사용해 이전에 사람이 하던 일을 수행한다. 자동화는 엄격한 프로그래밍 모델이 제공하는 자동화를 넘어 인공지능을 활용해 주변 환경과 사람과 더 자연스럽게 상호작용하는 고급 동작을 제공한다. 현재 주로 광산이나 창고처럼 통제된 환경에서 자율적인 기기들이 존재하지만, 기술 역량이 향상되고 규제 허가와 사회적 수용이 커가면서 자율적인 기기들은 개방된 공공 공간으로 그 무대를 확장할 것이다. 하지만 이 기기들이 인간의 뇌를 대신할 수는 없으며 좁게 정의되고 범위가 잘 잡힌 목적을 가졌을 때 가장 효과적으로 작동한다.

자율적인 기기들이 증가함에 따라 독립 지능형 기기에서 여러 장치가 독립적으로 또는 인간이 입력한 명령으로 작동하는 협업 지능형 기기들의 그룹으로 전환이 예상된다. 예를 들어, 배송 시장에서 가장 효과적인 솔루션은 자율주행차를 사용해 패키지를 대상 영역으로 옮기는 것이다. 그리고 차량에 탑재된 드론이 패키지의 최종 배송까지 진행할 수 있다.

9 — 실용적인 블록체인 Practical Blockchain

블록체인은 분산 원장의 일종으로, 네트워크상의 모든 참여자가 공유하는 암호화된 거래 기록을 시간순으로 연결한 목록이다. 블록체인은 또한 소비자들이 제품의 원산지까지 추적할 수 있게 해주는데, 이는 원재료 생산의 윤리적 측면을 강화해주는 등 여러 가지로 이점이 많다. 또 음식으로 인한 질병의 추적과 같은 용도에도 사용할 수 있고, 개별 부품을 추적해 제품 리콜을 효율적으로 할 수 있게 해준다. 한편 서로 모르는 둘 이상의 당사자가 디지털 환경에서 안전하게 거래할 수 있도록 중개자 역할을 해준다.

블록체인은 비즈니스 생태계 전반에 걸쳐 신뢰와 투명성을 제공하며, 제삼자 없이 거래를 가능하게 해 비용을 낮추고 거래 정산 시간을 줄이며, 현금 흐름을 개선해준다. 이로써 산업 자체를 재구성할 수 있는 잠재력을 가지고 있다.

완전한 블록체인의 모델은 다음과 같은 다섯 가지 요소를 포함한다. 배포되어 공유되는 원장, 불변하고 추적 가능한 원장, 암호화, 토큰화, 분산된 공공 합의 메커니즘. 그러나 블록체인은 확장성 및 상호 운용성이 떨어지는 등 다양한 기술적 문제가 있어 이것들이 블록체인의 산업화에 걸림돌이 되고 있다.

블록체인의 완성도에 따라 산업은 변혁의 잠재력을 갖게 될 것이며, 인공지능, IoT 등 보완 기술이 블록체인과 통합되면서 경제도 변화할 수 있을 것이다. 이것은 참가자의 유형을 기계로 확대하는데, 기계는 돈에서 부동산까지 다양한 자산을 교환할 수 있게 될 것이다. 예를 들어, 자동차는 센서로 수집된 데이터를 바탕으로 보험 회사와 보험 가격을 직접 협상할 수 있을 것이다.

이미 소규모 프로젝트에 등장하고 있는 블록체인은 2023년까지 완전한 확장성이 확보될 것으로 예상된다.

10 —— 인공지능 보안 AI Security

인공지능과 머신러닝은 다양한 분야에 걸쳐 인간의 의사결정을 강화하기 위해 계속 적용된다. 이는 초자동화를 가능하게 하고 자율적인 기기를 활용해 비즈니스 혁신을 실현할 좋은 기회를 제공하지만, IoT나 클라우드 컴퓨팅, 고도로 연결된 시스템에서 잠재적인 공격 지점을 크게 늘려 보안팀과 위험 관리자에게 중대한 과제를 새롭게 부여한다.

인공지능 보안은 세 가지 핵심 영역에 중점을 두어야 한다. 인공지능 기반 시스템 보호, 인공지능을 활용한 보안 방어 강화, 공격자가 인공지능을 악의적으로 사용하는 경우다.

PART 1

앞당겨진 미래

2020년 중국 우한에서 치명적인 바이러스가 퍼진다는 내용을 담은
딘 쿤츠Dean Koontz의 공상과학 소설 《어둠의 눈》은
소름 돋는 우연의 일치였지만, 빌 게이츠Bill Gates를 비롯해
선견지명을 가진 많은 인사들이 미래 전염병의 대유행을 걱정한 것은
기후 변화와 환경오염, 그 밖의 사회적 변화를 분석한
정확한 미래예측이었다. 코로나19는 전 세계의 경제와 일상을
멈추게 하는 엄청난 충격을 가져왔다.
우리나라 역시 이 대유행을 피해 가지 못했다.
하지만 중세 유럽의 흑사병, 20세기 초의 스페인독감 때와 달리
지금은 과학과 기술이 발달하고 전염병에 관한 지식이 있다.
전 세계는 첨단 과학 기술을 동원해서 다양한 방법으로
코로나19의 확산을 막으려 노력했다.
이런 노력은 질병의 종식을 위한 유의미한 성과를 거두는 한편
미래 기술의 도입을 5~10년 앞당기는 효과도 가져왔다.
어떤 미래 기술들이 전염병 대유행에서 활약했는지 살펴보면서,
코로나19 이후 사회가 흘러갈 방향을 점검해보자.

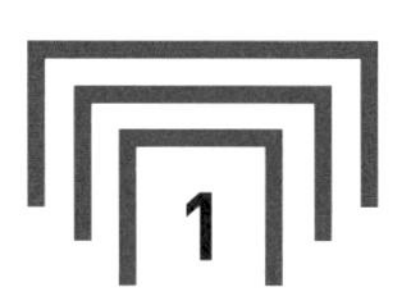

전 세계 코로나19 대응의 중간 평가 및 점검

코로나19 전염병은 전 세계 대부분을 휩쓸어 인간과 경제에 파괴의 흔적을 남겼다. 이 위기에서 적은 조용하고 눈에 보이지 않으며 치명적인 병원체로 국경과 종교, 인종을 구분하지 않으며 은밀하게 인류를 침범했다. 과거보다 훨씬 더 가깝게 연결된 세계로 빠르게 확산하며 인류의 생활 방식을 위협하고 공중보건 및 경제 시스템의 탄력성을 시험했다.

미국의 증권그룹 골드만삭스Goldman Sachs 산하 글로벌 투자기업 그레이터 퍼시픽 캐피탈Greater Pacific Capital이 코로나19 관련 사회질서 변화에 관한 연구 보고서를 출간했다. 이 보고서는 코로나19를 적으로 간주하며 적을 알아야 전쟁에서 이긴다는 전략을 세웠다. 세계는 아직 적의 특징과 취약점을 이해하는 초기 단계에 있다. 성공을 위해서는 각 국가의 전략과 대응 및 결과에 관한 정보를 통합할 필요가 있을 것이다. 세계의 코로나19 정보를 취합해 정리한 보고서의 내용을 살펴보자.

코로나19의 정체

1. 코로나19는 계절 독감보다 2~3배 더 빨리 퍼지고 5~20배 더 치명적이다. 코로나19의 기초감염재생산지수R0:감염자 한 명이 감염시키는 2차 감염자 숫자가 2.0~2.5일부 연구에서는 3~4명인 것으로 추정된다. 일반적인 독감의 1.3에 비해 감염력이 매우 높으며, 독감과 달리 새로운 병원체라는 점을 고려할 때 일반인의 면역력 부족으로 훨씬 더 빨리 확산될 수 있다. 전염병의 치명률은 광범위한 감염과 무증상 사례로 인해 실제 치명률과 다르게 나오는 경우가 있으며, 코로나19의 치명률은 0.5%~2.0%다. 높은 감염력을 고려할 때 코로나19가 독감보다 5배는 더 치명적이라고 한다. 또 전 세계의 60%가 현재 폐쇄된 상태임에도 이처럼 사망자가 나오는 것은, 코로나가 만약 일반적인 독감과 같은 상태에서 퍼졌을 경우에 4,000만 명의 사상자를 낼 수도 있다는 것이 전문가들의 의견이다.

2. 최근의 많은 연구에 따르면 코로나19로 인한 사망자 수가 최대 50%까지 상당히 과소평가되었을 수 있다. 국가별로 다른 대응

방법과 가정에서 사망한 경우 등 실제로 확인하지 못한 경우가 다수 있을 것으로 보인다.

3. 코로나19는 기하급수적으로 확산된다. 바이러스의 성장을 추적하기 위해 대부분의 관찰자가 사용하는 측정 항목은 감염 또는 사망자가 2배가 되는 데 걸리는 일수다. 전례 없는 전 세계적 폐쇄에도 기하급수적으로 확산되는 코로나19에 대해 특정 시점에서 영향을 측정하는 것은 단지 일부분에 해당하므로 의미가 없다. 따라서 지난 2~3개월 동안 코로나19의 영향을 135만 명의 교통사고 사망이나 960만 건의 암 사망과 같은 다른 사망 원인과 비교하는 것은 매년 그 수치가 매년 크게 변할 수 있다는 점에서 오해의 소지가 있다.

4. 코로나19는 노약자에게 치명적이며, 젊고 건강한 성인에게도 위험할 수 있다. 코로나19가 노인 환자와 기저 질환이 있는 환자에게는 치명적일 수 있다는 것이 잘 알려져 있지만, 미국의 최근 연구에 따르면 이 바이러스는 젊고 건강한 환자에게도 심각한 악영향을 미칠 수 있다고 한다. 미국에서 코로나19 관련 입원의 약 55%와 코로나19로 인한 사망의 20%는 20~64세의 사람들에게서 발생했다. 더 최근의 보고서에 따르면 코로나바이러스가 순환계를 공격하는 경우도 있어, 코로나 관련 증상이 없거나 가벼운 증상을 보이는 많은 코로나19 환자들이 뇌졸중의 위험에 노출되어 있다고

한다.

5. 코로나19의 사망자는 인플루엔자나 이전에 존재했던 질병 또는 치명적인 질환으로 사망한 사람들과 비교해 평가될 수 없다. 미국의 코로나19 사망자 6만 명(95%는 한 달 안에 발생)은 지난 10년 동안 인플루엔자로 인해 발생한 연평균 사망자 수인 3만 5,000명보다 거의 2배나 높다. 이 숫자로 알 수 있듯이 코로나19의 사망이 단순히 인플루엔자를 대체한다는 주장은 틀렸다. 이와 유사한 맥락으로, 어떤 사람들은 통계적으로 사망할 가능성이 있는 희생자(고령자나 기저 질환자)를 배제한 '순'사망자 수를 계산하려고 했다.

대유행을 물리치는 캠페인

코로나19로 인해 전 세계적으로 많은 국가들이 피해를 입었고 각 국가들은 창의적으로, 또는 다른 나라의 성공사례를 교훈 삼아 전쟁을 벌였다. 위기를 효과적으로 관리하는 나라들의 성공사례에는 특정 요소들이 보인다. 이것들은 향후 전염병의 유행을 끝내기 위해 수년 동안 더 큰 계획의 일부가 되어야 한다. 왜냐하면 코로나19의 효과적인 치료제와 백신이 없기 때문이다. WHOWorld Health Organization: 세계보건기구는 심지어 치료제가 개발되더라도 코로나바이러스가 HIV처럼 사라지지 않을 것이라고 경고했다.

여기서는 장기전을 치러야 할 우리에게 필요한 행동과 우선순위에 대한 몇 가지 중요한 교훈을 제공한다.

1. **중앙 집중식 지휘 및 계획** ⁝ 조율되고 신속한 의사결정 및 실행

- 중앙 계획 및 지휘 직원
- 역학, 공중보건, 경제 및 재무, 산업, 법률, 보안 및 정책, 커뮤니케이션 및 프로젝트 관리 및 이해 상충 관리부서
- 국가(주/지역 포함) 및 국제 커뮤니케이션 및 협업 라인
- 명령 및 제어 프로세스 및 가이드라인 구축

2. **정찰: 추적과 테스트** ⁝ 기술 활용 및 규모에 맞는 솔루션 배포

- 전국 테스트 인프라
- 분산 연구소 처리 용량
- 시험 장비 및 구성품(시약, 면봉 등) 비축
- 추적을 위한 자원봉사단
- 데이터의 사생활 및 개인정보 보호 문제와 관련해 이동통신사업자 및 기술 회사와 협력해 기술 기반 트랙 솔루션 구축

3. **하드웨어** ⁝ 의료 장비 및 인프라에 대한 확장된 접근

- 인공호흡기, 개인보호장비(마스크, 장갑, 고글, 가운 등), 약물 및 기타 소모품의 비축
- 병원 및 중환자실의 유연한 용량 증가 가능성

– 추가 인프라 및 재료를 위한 입증된 저비용 설계의 개발 및 검증
– 현지 제조를 통해 추가 자재를 조달할 수 있는 공급망
– 민간 부문 자원의 지휘 및 채택 / 국경, 국가 및 국제에 걸친 협력

4. **최전선 부대: 확장된 처리 능력 및 기능** ⁝ 의료인과 근로자의 최대 지원 보장
– 개인보호장비에 대한 우선 접근 및 최전선 자원 테스트
– 지속적인 효과를 보장하기 위해 의료 종사자를 위한 재정 및 가사 지원
– 적절한 예비비와 민간 의료 자원 동원(사망자가 늘지 않도록 나이와 사전 조건을 고려한 은퇴자, 학생 등)

5. **공급 라인: 물류** ⁝ 적시에 적절한 장소에 중요한 자원 확보
– 민간 부문 물류 및 유통 네트워크 활용
– 식료품 및 필수 제품의 배송 서비스
– 빠른 배포를 위한 필수 전략적 지역 비축
– 민간 부문 자원의 지휘 및 채택

6. **생산 및 생산성 유지** ⁝ 경제 기반 보호 및 혼란 관리
– 업종에 따라 단계적으로 증가하는 종료 조치에 대한 대상 가

이드라인(예: 음식점, 소매, 서비스, 제조, 인프라 등)

- 위치별 개방 분야 및 회사의 대상 가이드라인
- 모든 부문과 산업에 대한 다양한 수준의 사회적 거리 및 안전 프로토콜을 통해 지속적인 활동 가능성 제고
- 민간 부문에 인센티브, 보안, 그 밖의 상업적 가치를 제공함으로써 재택근무 강화
- 민간 부문 자원의 지휘 및 채택

7. **재정 지원** ⁝ 대유행 봉쇄 조치의 비용 완화

- 정부 직접 부양책(사업 대출, 세금 공제 등)
- 실업, 사회 보장 및 복지 프로그램 강화
- 범용 의료보험
- 교육 지출
- 공공 서비스 향상
- 민간 부문 자원의 지휘 및 채택

8. **물리적 지원** ⁝ 취약자 보호

- 바이러스로부터 보호하기 위한 노인 간호 확대
- 푸드뱅크와 노숙자 쉼터를 유지하고 확장
- 주요 근로자 및 생존을 위해 일터로 나서야 하는 근로자를 위한 보육
- 코로나 이외의 건강 문제를 안전하게 해결하기 위한 건강 인

프라 격리

9. 커뮤니케이션 ⁝ 투명성을 통한 정렬 만들기

- 규칙적이고 일관된 대중 커뮤니케이션
- 커뮤니케이션 활동을 이끌 유능하고 신뢰할 수 있는 개인의 지정
- 정부 정보 및 과학 정보 공개
- 정보의 정확성에 중점을 두어 지속적인 신뢰성 보장
- 질의, 불안, 응급 상황을 처리하기 위한 콜센터

10. 국토 안보 및 시민 지원 ⁝ 대중 참여로 물리적 공간 확보

- 증가하는 봉쇄 및 사회적 거리 두기(대규모 모임과 여행 금지, 국경 폐쇄, 야외 활동 제한 등)
- 신속하고 명확한 지침과 조치를 취하기 위한 경로 마련
- 충분한 정치 자원이 없는 상태에서 취해진 조치를 시행하고 강화하기 위해 시민 사회 포함

11. 민방위: 법과 질서 ⁝ 시민 안전 유지

- 민방위를 비롯해 빠른 긴급 대응 부대의 창조
- 취약 계층을 보호하기 위한 지역 사회의 공동 선택
- 봉쇄 중 재산을 보호하기 위한 치안 능력
- 폭동 관리

– 주요 근로자 및 시설에 대한 보호 계획(정부 과학 고문 포함)

12. **기술 혁신: 백신 개발** ⁝ 신속한 치료제 개발을 위한 협업
– 민간 및 공공 부문과 학계 및 산업계의 연구개발 협력
– 바이러스 연구 및 연구 데이터의 국제적 공유
– 대량 생산 처리를 위한 제조 기능의 조정
– 백신 및 치료제 개발에 중요한 특허 및 지적 재산권의 로열티 가 없는 라이선스
– 비상 융자

이상의 핵심 전략은 모든 국가에 공통적으로 적용되지만 각 국가의 실천은 지역 조건 및 감염 상황에 따라 크게 달라질 수 있다. 이 차이는 규모, 상황 및 타이밍 측면에서 여러 가지 중요한 고려 사항을 발생시킨다.

코로나19와의 전쟁은 다단계적이며 각 단계는 캠페인의 강조 사항이 시간의 흐름에 따라 변하기 때문에, 전략의 핵심요소는 동일하게 유지되지만 각 요소에 대해서는 국가마다 다른 요구 사항이 제시된다. 국가마다 각기 다른 발병 단계에 있으며, 자체 캠페인의 시작점이 다르다. 그러나 전쟁에서 결정적인 승리를 위해 백신에 대한 연구와 함께 다음 파도에 대한 준비를 지속적으로 개선하는 동시에, 한 국가의 전쟁이 끝나기 전에 다른 국가에서 전염병이 발생하는 전파를 잘 볼 수 있기 때문에 각 국가는 궁극적으로 발생

을 관리할 수 있는 포괄적인 캠페인을 개발해야 한다.

기존 다자간 기구의 대안 필요

대부분의 국가는 현재 국가 차원에서 캠페인을 계획하는 경향이 있지만 코로나19는 바이러스가 어딘가에서 살아남는 한 어디도 완전히 안전할 수 없기 때문에 국제적인 문제다. 따라서 바이러스와의 성공적인 전쟁은 제2차 세계대전 이후 마지막으로 보였던 동원 수준을 넘어 평소에는 거의 달성되지 않은 국가 간의 조정 수준을 요구하며, 주요 국가는 적어도 공통된 계획을 공유할 책임과 역할이 요구된다. WHO나 EU와 같은 기존의 다자간 기구들에 의한 국제 조정 노력은 각 국가 안에서 조정의 부족으로 훼손되었다.

코로나19에 대한 효과적인 캠페인을 국제적으로 개발, 관리 및 조정하는 것이 복잡하다는 점을 고려할 때, 많은 정부가 필요 최소한의 규모로 프로젝트를 관리하고 실행하는 능력이 부족하다는 것을 알게 될 것이다. 대다수 국가에서 군대는 신속하게 조직되고 운영된다. 열악하고 급변하는 환경에 대응해 다수의 인력과 물자를 움직인다. 그러므로 정부는 캠페인을 계획하고 실행할 때 군사적 사고방식을 채택해야 할 것이다.

앞서 언급한 코로나19 종식을 위한 성공적인 캠페인을 설계하고 실행하는 데 고려해야 할 사항에는 최종적이고 중요한 문제가 있다. 정부가 취한 모든 조치에는 결과가 있으며, 지도자는 비용과 편익 측면에서 캠페인을 평가해야 한다. 결국 한 생명과 다른 생명의 비교, 인간의 삶과 번영, 행복에 가격을 매기는 것을 요구한다. 이러한 선택은 봉쇄 조치에 의해 야기되는 비참함이 즉각적으로 나타나는 저개발 국가에서 특히 부각된다.

제2차 세계대전 이후 변하지 않은 질서가 무너지다

미국의 코로나19 감염자는 100만 명을 넘었으며(2020년 4월 29일 기준), 전 세계 인구의 5%를 차지하고 있는 미국의 코로나19 사망자는 전 세계 코로나19 사망자의 25%를 차지했다. 영국은 전 세계 인구의 1% 미만이며, 코로나19 사망자의 11%를 차지하고 있다. 영국 국가기록원은 지난 4월의 4주 동안 코로나19로 사망한 사람이, 1940년 10월 4주 동안 독일의 공습으로 영국에서 죽은 4,677명보다 많다고 발표했다. 대유행이 시작된 지 3개월이 지난 시점에서 거의 모든 주요 국가들이 봉쇄와 관리 조치 측면에서 뒷걸음질 치고 있다. 제2차 세계대전, 냉전, 우주 경쟁, 전례 없는 과학 기술의 진보가 포함된 한 세기가 지난 후 70년 만에 그들이 구축한 세계 질서의 약점을 드러내며, 코로나19 대응에 실패한 민낯을 보여주고 있다.

- 이 싸움에서 우리는 세계적인 리더십의 부재에 놓여 있다. 세계에서 가장 강력한 국가는 동맹국 및 이웃과 자원을 놓고 경쟁하고 자신의 실패를 감추기 위해 서로를 향해 손가락질하고 있다.
- 다자주의도 실패했다. 현재의 위기에서 기존의 다자간 기구는 보이지 않거나 효과가 없었으며 안으로만 향하는 주권국들 사이에서 리더십 공백을 메우기에 비효율적이었다.
- 많은 국가의 대응이 혼란스럽고 비효율적이었다. 과거 20년 동안 두 번의 세계대전에서 승리하고 주요 분쟁에서 싸운 12개국의 전쟁 원칙 중 거의 아무것도 지켜지지 않았다.
- 서구 포퓰리스트 지도자들이 국민의 사망률 측면에서 세계의 선두에 섰다. 미국과 영국은 세계에서 가장 치명적인 타격을 입은 국가다.
- 국가의 위기가 미국의 당파적 분열을 메우기에 불충분했다. 경기 부양책의 승인은 차치하고라도, 현재의 위기조차도 미국의 정치 계급과 국민을 단결시키기에 충분히 크지 않아서 정치적 경쟁과 이념적 차이가 국민에게 전달되었다는 점이 지적되고 있다.
- 자본주의는 문제에 대한 적절한 해결책을 제시하지 못한다. 문제 지역을 봉쇄하고 돈을 투척하는 정부의 솔루션은 세계 자본주의를 뒷받침하는 경제, 통화제도의 근간을 뒤흔든다.
- 세계 시민의 시험에 일찌감치 실패한 독재자와 사회주의자들

은 회복되지 않았다. 특히 중국뿐만 아니라 러시아와 터키 같은 국가들은 초기 단계에서도 사람들을 보호하지 못했고, 추후 회복을 위한 노력뿐만 아니라 자료 및 데이터에 있어서도 세계의 신뢰를 잃었다.

- 불필요하게 많은 고통이 계속되고 있다. 바이러스를 억제하기 위한 정부의 비효율적이거나 불완전한 조치 사이에서 생명이 위협당하고 생계가 사라짐에 따라 상당한 규모의 사람들이 고통받고 있다.

이러한 현실에도 불구하고 바이러스는 결국 어떤 식으로든 패배할 것이며 여기에는 엄청난 재정 및 인적 비용이 들어갈 것이다. 문제는 바이러스가 지나가고 난 세상이 어떻게 변할 것인가 하는 점이다.

전 세계적인 코로나19 전염병은 현재 세계 질서의 소멸을 더욱 가속화시키고 세계가 여기서 어디로 갈 수 있는지 다시 생각하게 만들 것이다. 세계적인 위기 상황에서 이를 주도할 의향이 없다는 신호를 보낸 미국은 이를 주도할 수 있는 능력에도 의문을 불러일으켜 그동안 행사한 강력한 권력에 따른 신비와 존중을 깨뜨렸다. 그러나 미국은 여전히 세계에서 가장 강력한 나라다. 미국을 대신할 강력하고 신뢰할 경쟁자가 없기 때문이다. 중국이 이 자리를 차지하고 싶어 하지만, 바이러스에 대해 정보를 통제하려는 시도로 국제 사회의 신뢰도가 떨어졌다.

이 보고서는 2020년 5월 1일에 출판되었으며, 보고서를 작성한 그레이터 퍼시픽 캐피탈은 인도의 고성장 시장 및 국제 경제 속에서 투자 기회를 파악하고 개발하도록 설계된 투자 기관이다.

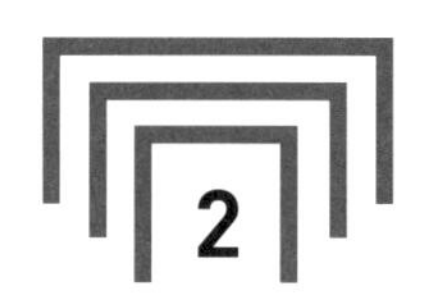

과거 전염병이 사회를 어떻게 바꾸었나

과거의 공중보건 위기는 사회 기반 시설, 교육, 기금 모금 및 시민 토론의 혁신에 영감을 주었다.

19세기 말, 전 세계 일곱 명 중 한 명이 결핵으로 사망했으며, 이 질병은 미국에서 세 번째 주요 사망 원인으로 꼽혔다. 의사들은 결핵이 박테리아에 의한 것이라는 독일인 의사 로버트 코흐Robert Koch의 과학적 확인을 받아들이기 시작했지만, 이러한 이해는 일반 대중 사이에서 더디게 받아들여졌고 대부분의 사람들은 질병의 전염을 막는 행동에 거의 관심을 두지 않았다. 사람들은 자신의 행동이 자신을 아프게 할 수 있다는 사실을 이해하지 못했다. 뉴욕에서 의학을 전공한 초기 결핵 전문가인 아돌퍼스 크노프Adolphus S. Knopf는 저서 《폐결핵: 현대의 예방과 특수기관 및 가정에서의 치료》에서 그의 환자 몇 명이 '기침을 하고 가래를 많이 뱉는데도' 기차에서 다른 승객들과 같은 잔으로 술을 홀짝거리는 것을 보았다고 기술했다. 가족들, 심지어 낯선 사람들끼리도 술잔을 나눠 마시는 일이 흔했다.

1890년대 뉴욕시 보건부는 크노프의 지도로 대중을 계몽하고 전염을 줄이기 위한 대대적인 캠페인을 시작했다. '결핵과의 전쟁' 공중보건 캠페인은 컵 공유를 억제하고 각 주들이 공공건물과 교통, 보도와 다른 야외 공간에서의 침 뱉는 행위를 금지하도록 했다. 대신 특수한 타구침 뱉는 그릇를 정기적으로 청소하도록 장려했다. 얼마 지나지 않아 공공장소에서 침 뱉기는 무례한 행동으로 여겨졌고, 나눠 쓰는 병에 침을 뱉는 것도 눈살을 찌푸리게 했다. 이러한 공공 행동의 변화는 결핵의 유행을 성공적으로 줄이는 데 도움이 되었다.

전염병이 극복된 과거의 사례

오늘날 코로나바이러스 사태에서 보는 바와 같이, 질병은 사람에게서 사람으로 퍼지면서 일상이 뒤집히고 불안이 커지는 등 공동체에 심각한 영향을 미칠 수 있다. 그러나 전염병의 영향은 전염병이 발생하는 순간을 넘어 확장된다. 질병은 사회를 영구적으로 변화시킬 수 있으며, 종종 더 나은 관행과 습관을 만들어냄으로써 최선의 방법을 찾아낼 수 있다. 위기는 행동과 대응을 촉발시킨다. 오늘날 우리가 표준으로 여기는 많은 인프라와 행동은 파괴적인 발병에 대응한 과거 건강 캠페인의 결과물이다.

19세기 맨해튼 사람들은 거리에 침을 뱉고 말의 사체를 썩게 내버려두는 등의 행동이 질병의 원인이 된다는 사실을 이해하지 못했다. 거리는 오물로 넘쳐났다. 사람들은 버려진 신문, 음식 찌꺼기, 그리고 기타 쓰레기들을 창문 밖 거리 아래로 내던졌다. 전차와 배달 수레를 끌고 다니는 많은 말들이 매일 1ℓ의 소변과 500g의 대변을 배출하며 불결함의 한 가지 원인이 되었다. 말이 죽으면 그것은 다른 종류의 위험이 되었다. 컬럼비아 대학교의 데이비드 로즈너David Rosner 교수는 〈건강하지 않은 도시의 초상〉에서 '뉴욕에서 말 한 마리가 죽었을 때 그 사체는 너무 무거워서 누군가가 그 조각들을 주울 수 있을 만큼 분해될 때까지 썩도록 남겨졌을 것이다. 아이들은 죽은 말이 있는 길거리에서 놀곤 했다'고 서술했다. 1880년 뉴욕 거리에서 1만 5,000마리 이상의 말 사체가 수거되어 치워졌다. 인간의 배설물도 문제였다. 많은 사람들이 창밖으로 요강을 비웠다. 공동주택에 입주한 사람들은 자체 시설을 갖추지 못해, 25~30명의 사람들이 하나의 옥외 화장실을 함께 썼다. 이런 화장실은 야간에 노동자들이 배설물을 운반하러 오기 전까지 자주 넘쳤으며, 배설물은 인근 항구에 버려졌다.

도시를 황폐화시킨 결핵, 장티푸스, 콜레라의 빈번한 발생이 쓰레기와 연관되어 있다는 사실을 시민과 보건 지도자들이 깨달으면서 도시는 인간의 배설물을 처리하기 위한 시스템을 구축하기 시작했다. 기술의 향상은 그 과정에 도움이 되었다. 관계자들은 도시 상수원을 정화하기 위해 모래 여과와 염소 처리 시스템을 도입하기 시작했다. 실내 화장실은 비용, 악취 조절 문제, 배관 시스템의 필요성 때문에 개선이 더뎠다. 1891년 토머스 크레이퍼Thomas Crapper가 선보인 모델을 시작으로 개선된 화장실이 처음에는 부유층, 뒤이어 중산층 사이에서 인기를 끌었다. 수도 및 하수도 시설은 공공 주택 개혁과 함께 거리에서 배설물을 제거하는 데 도움을 주었다.

전염병이 주택을 변화시키다

질병은 문화의 측면도 근본적으로 개선시켰다. 의사들이 환기와 신선한 공기가 질병과 싸울 수 있다고 믿게 되면서, 건설업자들은 집에 창문을 추가하기 시작했다. 투자자들은 이 추세를 이용해 부동산 시장에서 서부 이주를 시도했고, 동부 의사들은 사람들이 붐비고 습한 동부 도시를 떠나서 LA와 콜로라도 스프링스 같은 지역의 건조한 공기와 햇빛을 찾아 수천 킬로미터를 이동하도록 설득했다. 이 계획은 1872년 콜로라도 인구의 약 3분의 1이 결핵에 걸린 상황에서 건강에 더 좋은 환경을 위해 이주해온 사람들일 정도로 영향력이 컸다.

이런 정서는 오늘날에도 계속되고 있다. 햇빛이 박테리아를 죽이지 않는다는 것을 알고 있지만, 환기와 밖에서 보내는 시간은 신체 활동을 촉진하고 정신 상태를 향상시킴으로써 인간에게 도움이 되기 때문에 야외 공간 및 공원 접근성은 여전히 주택 구매자들을 유혹한다. 이 신선한 공기 '치료'는 또한 사람들이 질병을 치료하기 위한 이상적인 조건을 식별하기 위해 온도, 기압 및 기타 날씨 패턴을 도표로 작성하기 시작하면서 결국 공식적인 과학으로서 기후 연구를 촉진했다.

질병의 유행을 대비한 준비

과거의 전염병은 미국에서 이타주의 기풍을 확립시켰다. 1793년 황열병 유행 기간 동안 필라델피아 사람들은 도시를 구하기 위해 자발적으로 나섰다. 위기에 대응할 공식적인 계획을 갖고 있지 않았던 매튜 클락슨Matthew Clarkson 시장은 자원봉사자들에게 옷, 음식 및 금전적 기부를 받고 임시 병원을 설립했으며 전염병으로 일시적 또는 영구적으로 고아가 된 191명의 아이들을 위한 집을 짓도록 했다. 도시의 흑인 인구를 위해 운영되는 기관인 자유 아프리카 협회의 회원들은 특히 이타적이어서, 병원에 필요한 인력의 3분의 2를 제공하고 사망자들을 옮겨서 매장했으며, 수많은 다른 의료 업무를 수행했다.

20세기 알래스카의 작은 마을에서 발병한 디프테리아는 전국적인 지원을 고무시켰고 유명한 개썰매 경주인 이디타로드를 만들었다. 1925년 1월 알래스카주 놈에서 어린이에게 많이 발생해 '소아병'으로 불리는 디프테리아 환자가 발생하기 시작했을 때, 이 마을은 곤경에 처했다. 디프테리아 박테리아는 독소를 생성하는데, 항독소 혈청을 투여하지 않는 한 치명적이다. 이 혈청은 당시 쉽게 구할 수 있었지만 놈에서는 공급이 부족했고, 겨울에는 도로나 바다로 마을에 접근할 수 없었다. 그러자 이 지역에서 가장 훌륭한 개썰매 팀과 개썰매를 모는 사람 20명이 영하 60도 이하의 날씨를 뚫고 1,000km에 걸쳐 기록적인 시간에 페어뱅크스로부터 혈청을 공급했다. 일주일 후 2월 2일에 배달된 두 번째 공수품이 전염병을 멈추는 데 성공해 놈의 아이들을 질식에서 구해냈다. 전국의 언론사가 그 구조 작업을 취재했다. 이 사례는 센트럴파크 동상, 영화 등에서도 기념되었고, 특히 매년 열리는 이디타로드 경주로 기념되고 있다. 개썰매 배송의 중대한 도전은, 오늘날 외딴 지역에 접근하기 위한 일반적 교통수단이지만 당시에는 아직 초기 단계였던 비행기 의료 운송 가능성에 대한 연구를 촉발시켰다.

질병은 모금 운동의 성장 또한 촉진했다. 1952년 소아마비 전염병은 미국 전역의 5만 7,000명 이상을 병들게 했고 2만 1,269건의 마비 증세를 일으켰다. 상황이 너무 심각해져서 미니애폴리스에 위치한 유명 소아마비 치료 시설인 케니 수녀원의 병동 침대가 일시적으로 부족했다. 그러자 프랭클린 D. 루스벨트Franklin D. Roosevelt

대통령이 1938년 설립한 국립소아마비재단The National Foundation for Infantile Paralysis, NFIP이 대응했다. 후에 '마치 오브 다임스'로 알려진 이 운동은 지역 지부를 통해 약 2,500만 달러를 배분했고 이는 의료 시설에 호흡 보조 장치, 침대 등의 장비를 제공했으며 필요한 곳에 의사, 간호사, 물리 치료사 및 사회 복지사를 배정했다. 마치 오브 다임스의 성공은 1940년대와 1950년대의 전성기 때부터 공중 보건 교육과 기금 모금에서 교과서 역할을 해왔다.

전염병의 관행을 바꿀 교육의 중요성

공중보건 비상사태는 교육의 혁신을 고무시켰다. 1890년대 최초의 영사기 중 하나를 발명한 토머스 에디슨Thomas Edison의 연구소는 1910년부터 결핵 예방 및 전염에 관한 단편 영화이자 최초의 교육 영화를 제작하기 위해 결핵 퇴치 운동가들과 협력했다. 농촌 지역의 공공장소에서 상영된 이 결핵 퇴치 영화는 시청자가 본 최초의 영화였다. 결핵 퇴치 운동은 또한 효과적인 예방접종이 개발되고 시행될 때까지 그 질병을 공공 의제로서 널리 알리고 향후 공중보건 캠페인의 표준을 정한, 소아마비를 퇴치하려는 NFIP의 모델이 되어주기도 했다.

과거의 전염병은 미국의 여론과 저널리즘의 성장을 부채질했다. 식민지 시대까지만 해도 언론은 질병을 포함해 논란이 되는 이슈에 대한 토론의 장을 마련함으로써 여론을 형성했다. 식민지 개척자들의 목소리와 시각을 실었던 식민지 아메리카 최초의 신문 〈뉴잉글랜드 커런트New England Courant〉의 설립자들은 1721년 보스턴 전염병의 유행 시기에 천연두 접종에 반대하는 기사를 발표했다. 천연두가 도시를 황폐화시키자 보스턴의 한 의사 자브디엘 보일스턴Zabdiel Boylston은 증세를 약화시키고 사망 위험을 줄이기 위해 의도적으로 질병에 감염시키는 관행인 접종을 이용하기 시작했다. 이 관행에 반대하는 사람들의 지지를 받은 제임스 프랭클린James Franklin은 이 관행과 싸울 도구로 〈뉴잉글랜드 커런트〉를 창간했다. 천연두에 대한 예방접종이 성공하면서 결국 확고한 반대자들조차 그 가치에 설득되었지만, 예방접종에 반대하는 활동은 그들의 우려를 알림으로써 대중의 담론 형성에 중요한 기여를 했다.

식민지 시대 이후 신문, 팸플릿, 그리고 많은 다른 매체들은 전염병 발생 기간 동안 계속해서 번성하고 진화해왔다. 즉 대중이 믿을 만한 전염병 치료법을 알리고, 가게 폐쇄와 검역 제한을 발표하며, 질병 관련 일자리를 광고(간호사, 관 제조자 등)하고, 공론의 장으로 활용한다. 여전한 언론의 파워와 함께 21세기에는 일반 시민이 코로나19에 관해 논의하기 위해 소셜미디어로 몰려들면서 정보를 전파하고, 그 기원을 추측하고 또 미지의 것에 두려움을 표현하면서, 이러한 순환은 오늘날에도 계속되고 있다.

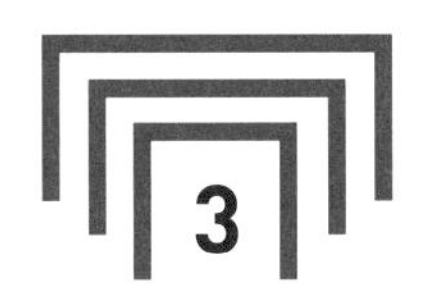

코로나19 이전으로 돌아갈 수 없다

코로나19 이후 우리 주변, 사회경제가 모두 바뀌었다. 삶 전체가 완전히 바뀐 것이다. 코로나가 급속히 확산되면서 이를 억제하려는 다양한 노력 역시 증가했고 세상에 엄청난 변화를 가져왔다. 이 변화는 이제 돌이킬 수 없을지도 모른다.

교통수단의 발달과 모든 편리한 서비스로 인해 언제든 전 세계를 여행할 수 있는 시대에 우리는 몇 달간 집에서 주로 지냈다. 병원은 원격진료를, 학교는 원격교육을, 회사는 원격근무를 실시했다. 모든 사람들에게 사회적 거리 두기가 강제되고, 모든 것이 취소되며, 경제가 죽어갔다. 앞으로 세상이 어떻게 변할지 모두 불안해하고 두려워했다.

이런 상황에서 사람들은 단지 이 일이 끝나기를 바라고, 그렇게 되는 것은 시간문제일 뿐이라고 생각한다. 그리고 상황이 정상으로 돌아갔을 때 무엇을 할지 계획한다.

하지만 삶이 코로나바이러스 이전의 상태로 완전히 돌아가지는 않는다면 어떨까? 이 전염병이 전환점이 되어서 이후의 세계가 결코 예전 같지 않다면? 낙관적인 시각에서 볼 때 이 위기를 잘 극복해서 세계가 이전보다 더 나은 대안을 찾게 된다면 어떨까?

미래학자이자 기업가인 제이미 메츨Jamie Metzl은 2020년 3월 중순 싱귤래리티 대학교에서 개최된 '코로나19 가상정상회담'에서 우리가 결코 "일상으로 돌아가지 못할 것"이라고 말했다. 그리고 인류는 이제 새로운 행동을 위한 수직조직을 만들고 급속한 결정으로 행동강령을 내릴 시스템을 구축해야 한다면서 그 이유를 설명했다.

전염병 대유행은 반드시 무언가를 바꾼다

현대의 미국인들에게 가장 충격적인 사건은 2001년 9월 11일 테러 공격이었을 것이다. 세상은 그날 바뀌었고 결코 예전의 모습으로 돌아가지 못했다.

사망률이 비교적 낮은 독감과 같은 유행병은 수천 명의 무고한 사람들을 고의로 살해한 것에 비해 아주 사소한 것처럼 보일 수 있다. 그러나 메츨은 "코로나19는 2001년의 순간보다 훨씬 더 큰 무언가"라고 주장하며 "코로나바이러스의 현 상황은 1941년의 그 순간이라고 본다"고 덧붙였다.

1941년은 제2차 세계대전이 일어난 해다. 전쟁의 결과가 어떻게 될지 아무도 몰랐고 모두가 공포에 떨었으며, 미국과 동맹국은 전쟁에서 지고 있었다. "그러나 가장 어두운 시절에도 사람들은 제2차 세계대전 이후의 미래가 어떻게 변할지 상상하기 시작했다."

루스벨트 대통령이 그 유명한 4대 자유 연설을 했을 때와 미국과 영국의 지도부가 대서양 헌장을 발표했을 때인 1941년은 전후 국제 질서에 대한 비전을 제시했다. 오늘날까지 우리 인류의 삶은 제2차 세계대전의 질서 속에 있었다.

하지만 2020년에 우리가 처한 상황은 제2차 세계대전과는 너무나 다르다. 메츨은 "과학과 생물학의 세계와 지정학적 세계의 융합"이라고 설명했다. 그리고 코로나바이러스 위기가 계속 확산되면서 지정학적 의미는 훨씬 더 커질 것이다.

구세계가 죽어간다

메츨은 1930년대에 기록된 이탈리아 공산주의 이론가인 안토니오 그람시Antonio Gramsci의 인용문을 공유했다. '지난 세상은 죽어가고 있으며 새로운 세계는 아직 태어나지 않았다. 그래서 현재는 괴물의 시간이다.' 우리가 살아온 제2차 세계대전 이후의 질서는 코로나로 인해 죽었지만 아직 새로운 질서는 태어나지 않았다. 우리가 괴물의 시기에 있다는 것이다.

제2차 세계대전 후 정부 지도자들은 주권을 공유하고 민족주의를 억제한 세계를 구상했다. 그러나 현재 우리는 브라질, 미국, 중국, 그리고 많은 국가들에서 포퓰리즘, 극단주의, 권위주의 지도자들이 권력을 가지고 세계의 극적인 재국유화 또는 민족주의를 부르짖는 시대를 살고 있다.

세계은행World Bank, 국제통화기금International Monetary Fund, IMF, 유엔United Nations: 국제연합, 세계보건기구와 같이 세계적 협력을 장려하기 위한 기관들은 국제화의 맥락에서 탄생했지만 굶주렸으며, 그 결과 효과적인 구조를 갖추지 못했다. 코로나바이러스뿐만 아니라 세계적인 위기를 해결하기 위해 기후 변화, 해양 보호, 자동화 및 인공지능을 준비해야 하는데, 어떤 국가도 이 거대한 도전을 독립적으로 수행하거나 해결할 수 없다.

그러나 모든 것이 잘못된 것은 아니다. 메츨은 "이 세계화에는 우리가 염두에 두어야 할 긍정적인 부분도 있다"고 말한다.

1918년 스페인독감이 유행했을 때 지구의 인구는 20억 명이었으며, 그중 30%만 글을 읽고 쓸 수 있었다. 즉 문제를 해결하기 위한 두뇌 풀이 약 6억 명이었다.

현재 세계 인구는 75억 명이며, 문맹률은 14%밖에 안 된다. 65억 명 이상의 인구가 코로나 같은 문제를 해결하기 위한 노력의 일부가 될 수 있음을 의미한다. 인류는 그 어느 때보다 서로 더 연결되어 있다. 과거에는 지식이 전 세계에 전파되려면 최대 수천 년이 걸렸었지만 이제 몇 분 만에 인터넷을 통해 전 세계에 퍼진다. 메츨은 "이 유행병은 세계화의 속도로 움직였고, 그에 대한 반응도 마찬가지였다"며, "우리가 이 싸움에 가져가는 도구는 우리 조상들이 상상할 수 있었던 것보다 더 강력하다"고 말했다.

동시에 우리는 놀라운 상향식 에너지와 연결성을 경험하고 있으며, 하향식 명령 체계는 심각한 실패를 경험하고 있다.

지금은 괴물의 시간이다

코로나19 유행 초기에 사람들은 극심한 두려움을 경험했다. 경제는 어려워지고 사람들은 일자리를 잃었으며, 몸이 아팠다. 탈출구가 얼마나 멀리 있는지, 이 상황이 언제까지 오래 지속될지 모른다. 그사이에 예기치 않은 일이 많이 발생할 것이다.

경제적 둔화 또는 경기 침체가 올 것이며, 의료 시스템에 문제가 생길 것이다. 이는 예측 가능한 것이다. 메츨은 중요한 2차 및 3차 영향을 강조한다. 세계의 빈곤한 지역이 바이러스에 감염되면 여기에 취약한 국가가 무너지고, EU와 같은 다자간 국가연합은 극도의 긴장과 갈등을 견디지 못하고 국가의 경계를 닫는다. 민주주의는 도전을 받을 것이며, 미국에서도 소프트 쿠데타가 일어날 수 있다. 우리의 욕망과 열망이 우리와는 매우 다른 사람들에 의해 도전받게 되는데, 다시 말해 민주주의에 도전하려는 사람들에게는 기회의 순간이 될 수 있다.

메츨은 다음과 같이 결론 내렸다. "세계는 더 이상 위기가 발생하기 전과 똑같은 모습으로 돌아가지는 않을 것이다. 우리는 이제 완전히 다른 세상으로 옮겨가게 된다."

새로운 세계의 탄생

우리는 그 새로운 세상이 어떤 모습일지 정확히 알지 못하지만 일부는 상상할 수 있다. 기본적으로 이미 진행 중인 추세를 파악해보면 알 수 있다. 비대면, 원격의 시대가 온다. 모든 이벤트, 교육, 사회활동, 인간의 상호작용 등은 이제 가상화 · 디지털화가 되어 대면하지 않고 원거리에서 서비스를 하게 된다. 그 밖의 기업이나 조직의 각종 서비스나 프로세스는 자동화 · 인공지능화되고 클라우드를 사용하게 된다. 특히 정치와 경제는 이제 본격적으로 분산화, 탈중앙화한다.

우리가 확신할 수 있는 것은, 지금은 1941년이 아니며 이제 새로운 세계가 어떤 모습이면 좋을지 우리가 생각하고 계획하고 건축하기 시작해야 할 때라는 것이다.

사태가 다 지나간 후에 훨씬 더 나은 대응과 결과를 상상하는 것은 쉽다. 만약 2019년 12월에 전 세계에 감시 시스템이 구축되어 있었고, 코로나19의 징후를 탐지해 WHO가 이끄는 국제비상팀이 즉시 우한으로 갔다면 지금의 결과는 달랐을 것이다. 그러나 WHO는 힘이 없고 국가들의 지원도 없었다.

메츨은 "이제 우리 모두는 인류 재앙에 관해 다양한 국가와 사람들을 참여시킬 수 있는 글로벌 시스템에 힘을 실어주고 활력을 불어넣어야 한다"고 말하며 "장기적인 기준을 마련해서 그 기준에 따라 모든 것을 평가하고, 행동할 수 있도록 해야 한다"고 강조한다.

현재 긍정적인 장기 비전을 구축하는 기관들이 없지는 않다. 예를 들어 유엔의 지속 가능한 개발목표Sustainable Development Goals, SDGs는 전 세계적인 남녀평등, 빈곤 및 기아 문제 해결, 노동 환경 개선, 기후 행동 등을 목표로 하고 있다.

문제는 우리가 이런 기관들이 원칙을 실현하는 데 영향을 줄 만큼 충분한 예산과 제도를 가지고 있지 않다는 것이다. 우리가 직면한 지구촌 과제의 세계적 성격과 국가 정치 구조에는 불일치가 있고, 국가적 이익이 우선시되면서 비극이 일어난다.

새로운 일상의 구축

우리의 오래된 일상이 20세기 중반 우리의 부모나 조부모에게는 제2차 세계대전 이후에 태어난 새로운 질서였던 것처럼, 지금 우리에게 충격을 주는 이 코로나바이러스 이후의 새로운 질서는 우리

자녀와 손자들에게는 평범한 일상으로 받아들여질 것이다. 그러나 20세기 중반과 현재 사이에는 몇 가지 중요하고 놀라운 차이점이 있다.

우리는 역사상 그 어느 때보다 더 많은 교육을 받은 사람들, 더 강한 인맥(네트워크), 빠른 정보 공유, 더 많은 기술적 도구 및 과학적 지식을 보유하고 있다. 앞서 언급한 대로 코로나 사태를 해결할 대안을 찾는 논의에 참여할 수 있는 사람들의 수는 전례가 없다. 우리는 산업 시대나 심지어 핵무기 시대에도 할 수 없던 일을 할 수 있다. 전 세계적으로 지금과 같은 능력과 결합된 동기부여는 없었다.

1941년에 글로벌 계획을 세우는 과정은 전부 하향식으로 진행되었다. 소규모의 강력한 권력을 가진 똑똑한 사람들이 비전을 실현하기 위해 어떻게 해야 할지 결정했다. 그러나 이번은 다를 것이다. 성공하기 위해서는 새로운 글로벌 계획이 처음부터 의미 있는 추진력을 가져야 한다. 우리는 새로운 힘의 위치를 인식해야 한다. 그 힘은 바로 개인들이 모인 '우리'다. 우리가 상향식으로 만들어야 한다. 아무도 우리를 위해 이 문제를 해결하려고 하지 않는다. 그러므로 지금이 우리가 함께 모일 순간이라고 메츨은 말한다.

코로나19 이후 4가지 시나리오

지금부터 6개월, 1년, 10년 후에 우리는 어디에 있을 것인가? 정부와 사회가 코로나바이러스와 그 경제 여파에 어떻게 대응하느냐에 따라 여러 가지 미래가 있을 수 있다. 위기를 극복하고 더 생산적인 방향으로 갈 수도 있지만 더 나빠질 가능성도 있다.

다른 위기 상황 속의 정치 경제를 살펴봄으로써 우리는 현재의 위기 상황을 이해할 수 있고 이로써 미래에 어떤 일이 벌어질지 예상할 수 있다. 우리는 여기서 세계 경제, 즉 글로벌 공급망, 임금 및 생산성 등을 살펴보고 경제 역학이 기후 변화나 노동자의 정신 및 신체 건강 수준에 기여하는 방법을 살펴보고자 한다.

코로나19 대유행에 대한 대응은 다른 사회적, 생태적 위기를 불러일으키는 역학적 구조를 가지고 있다. 이는 한 유형의 가치가 다른 것보다 우선되기 때문에 일어나는 일이다. 이 역학은 코로나19에 대한 전 세계적 대응을 주도하는 데 큰 역할을 했다.

경제적인 관점에서 볼 때 가능한 네 가지 미래는 야만주의로의 하강, 강력한 국가 자본주의, 급진적 국가 사회주의, 상호 원조를 기반으로 한 큰 사회로의 전환이다.

코로나19는 경제 문제

기후 변화와 코로나바이러스는 부분적으로 우리 경제 구조의 문제다. 둘 다 '환경적' 또는 '자연적'인 문제로 보이지만, 사회적인 동인을 가지고 있다.

기후 변화는 특정 가스가 열을 흡수해 발생한다. 이것은 너무나 간략한 설명이다. 기후 변화를 실제로 이해하려면 온실가스를 방출하는 사회적 이유를 이해해야 한다. 코로나19도 마찬가지다. 직접적인 원인은 바이러스지만, 그 영향력을 관리하기 위해서는 인간 행동과 더 넓은 경제 상황을 이해해야 한다.

불필요한 경제 활동을 줄이면 코로나19와 기후 변화를 해결하는 것이 훨씬 쉽다. 기후 변화의 경우, 재료를 적게 생산하면 에너지를 덜 사용하고 온실가스를 더 적게 방출하기 때문이다. 코로나19는 빠르게 전파되었다. 그러나 주된 감염 경로는 비슷하다. 사람들은 함께 섞여 질병을 퍼뜨린다. 이것은 가정과 직장, 사람들의 이동을 통해 발생한다. 이 혼합을 줄이면 개인 간 감염이 줄어들고 전체 사례가 줄어든다.

사람들 간의 접촉을 줄이면 다른 통제 전략에도 도움이 될 것이다. 감염성 질병 발생에 대한 하나의 일반적인 제어 전략은 접촉 추적 및 격리로, 감염자와 접촉한 사람을 조사한 다음 추가 질병 확산을 방지하기 위해 격리한다.

우리는 코로나가 가장 먼저 유행한 중국 우한의 사례를 통해 이와 같은 사회적 거리 두기와 봉쇄 조치가 효과적이라는 것을 알 수 있다.

깨지기 쉬운 경제

봉쇄는 세계 경제에 압력을 가하고 있다. 우리는 심각한 불황에 직면해 있다. 이러한 압력으로 인해 일부 세계 지도자들은 봉쇄 조치의 완화를 요구했다.

붕괴의 경제학은 매우 간단하다. 사업은 이익을 내기 위해 존재한다. 기업이 생산할 수 없다면 물건을 팔 수 없다. 이것은 기업이 수익을 내지 못한다는 것을 의미한다. 그렇더라도 기업은 이 기간이 짧다면 당장은 필요하지 않더라도 고용된 근로자를 유지한다. 경제가 회복될 때 수요를 바로 충족시키기를 원하기 때문이다. 그러나 상황이 정말 나빠 보이기 시작하면 달라진다. 많은 사람들이 일자리를 잃거나 잃을 것을 두려워한다. 그래서 그들은 소비를 줄인다. 이런 사이클이 반복되기 시작하고 경제는 불황에 빠진다.

정상적인 위기에서 이를 해결할 처방전은 간단하다. 사람들이 소비하고 다시 일하기 시작할 때까지 정부가 소비한다. 이 방법은 경제학자 존 메이너드 케인스John Maynard Keynes의 유명한 처방이다.

그러나 코로나로 인한 상황에서 '소비'의 방식으로 경제가 회복되는 것은 바람직하지 않을 수 있기 때문에 정상적인 개입은 여기서 효과가 없다. 봉쇄의 요점은 사람들이 질병을 퍼뜨리는 일을 멈추는 것이다. 최근 한 연구에 따르면 우한의 봉쇄 조치(직장 폐쇄 포함)를 너무 빨리 해제하면 중국이 두 번째 대유행을 경험할 수 있다는 우려가 나왔다.

경제학자 제임스 미드웨이James Meadway가 썼듯이, 정확한 코로나19 대응은 대규모 생산 확대의 전시경제가 아니다. 오히려 우리는 '반反전시'경제와 대규모 생산 축소가 필요하다. 그리고 미래에 전염병에 더 탄력 있게 대응하고 최악의 기후 변화를 피하기 위해 생계 손실을 의미하지 않는 방식으로 생산을 축소할 수 있는 시스템이 필요하다.

우리에게 필요한 것은 다른 경제적 사고방식이다. 우리는 경제를 주로 소비재를 사고파는 방식으로 생각하는 경향이 있다. 그러나 이것은 경제가 아니고 또 경제가 필요로 하는 것도 아니다. 핵심은, 경제를 우리가 자원을 가져다가 우리가 필요로 하는 것들로 바꾸는 방법으로 이해해야 한다는 점이다. 이런 시각으로 살펴보면 우리는 고통을 증가시키지 않고 딱 필요한 양을 생산하는, 지금과는 다르게 살 기회를 얻을 수 있다.

생태경제학자들은 사회적으로 정당한 방식으로 생산량을 줄이는 방법을 오랫동안 고민해왔다. 생산량을 줄이는 것이 기후 변화 문제의 핵심이기도 하기 때문이다. 우리가 많이 생산할수록 더 많은 온실가스가 배출된다. 그렇다면 사람들이 계속 일하게 하면서 소비재는 어떻게 줄일 것인가?

주당 근로시간을 줄이는 것이 한 가지 방법이 될 수 있다. 또 최근 일부 연구에서 볼 수 있는 것처럼 사람들이 더 천천히 덜 부담스럽게 일하도록 할 수도 있다. 궁극적으로, 미래의 삶에서는 임금에 대한 사람들의 의존도를 줄여야 한다.

경제는 무엇을 위한 것인가?

코로나19에 대한 반응을 이해하는 열쇠는 경제가 무엇을 위한 것인가에 관한 문제다. 현재 세계 경제의 주요 목표는 화폐 교환을 촉진하는 것이다. 이것을 경제학자들은 '교환 가치'라고 부른다.

우리가 살고 있는 현재 시스템의 주된 아이디어는 교환 가치가 사용 가치와 동일하다는 것이다. 기본적으로 사람들은 자신이 원하거나 필요로 하는 것에 돈을 쓰며, 돈을 쓰는 이 행위는 사람들이 그것의 '사용'을 얼마나 소중하게 여기는지를 알려준다. 이것이 시장을 운영하는 가장 좋은 방법으로 여겨지는 이유다. 그것은 당신이 적응할 수 있게 하고 생산량과 사용 가치를 일치시킬 만큼 유연하다.

코로나19는 시장에 대한 우리의 신념이 얼마나 거짓되었는가를 보여준다. 전 세계적으로 정부는 공급망, 사회 복지, 건강관리와 같은 중요한 시스템이 중단되거나 과부하가 걸릴 것을 우려하고 있다. 여기에 많은 기여 요인이 있지만 여기서는 두 가지를 살펴볼 것이다.

첫째, 가장 필수적인 사회 서비스로 돈을 버는 것은 매우 어렵다. 이는 부분적으로 이익의 주요 동인이 노동 생산성 향상, 즉 적은 인원으로 더 많은 일을 하는 것이기 때문이다. 다양한 비즈니스, 특히 건강관리와 같은 개인적인 상호작용에 의존하는 서비스에는 많은 비용이 소요된다. 결과적으로, 건강관리 부문의 생산성 증가는 다른 경제 분야보다 낮은 경향이 있기 때문에 비용은 평균보다 빠르게 상승한다.

둘째, 많은 중요한 서비스 관련 일자리는 사회에서 가치가 가장 높은 일자리가 아니다. 급여가 높은 대다수의 일자리는 단지 돈을 벌기 위해서만 존재하지, 사회에 더 유익한 서비스를 제공하고자 존재하지 않는다. 이 일자리는 인류학자 데이비드 그레이버David Graeber가 '멍청한 직업'이라고 부르는 것이다. 그러나 이런 직업은 많은 돈을 벌기 때문에 컨설턴트, 광고업자 및 대규모 금융사가 우리 사회에 많은 것이다. 한편 우리는 건강과 사회 복지에 위기를 겪고 있는데, 이는 관련 직업이 종사자의 생활을 유지할 만큼 충분한 보수를 제공하지 않아서 그들이 종종 직업을 포기하기 때문이다.

무의미한 직업일수록 급여가 높다

이처럼 너무 많은 사람들이 무의미한 일을 한다는 사실이 우리가 코로나19에 대응할 준비가 되어 있지 않은 반증이다. 전염병 대유행은 많은 일자리가 필수적인 것이 아니고, 상황이 나빠질 때 대응할 핵심 인력이 부족하다는 점을 우리에게 잘 보여준다.

교환 가치가 경제의 기본 원칙인 사회에서 생명의 기본이 되는 재화는 주로 시장을 통해 구할 수 있기 때문에 사람들은 무의미한 일을 할 수밖에 없다. 즉 당신이 시장에서 기본 재화를 사야 하는데, 이를 위해서는 직업에서 나오는 수입이 필요하므로 재화를 많이 얻을 수 있는 무의미한 일이 점점 늘어난다.

이는 동전의 양면과도 같은데, 코로나19 발생에 대한 가장 급진적이고 효과적인 대응이 시장의 지배와 교환 가치에 도전한다는 것이다. 세계 각국 정부는 코로나 이전에는 불가능해 보였던 조치를 취하고 있다. 스페인에서는 개인 병원이 국유화되었다. 영국에서는 다양한 운송수단을 국유화할 전망이 매우 현실화되었다. 그리고 프랑스는 대기업을 국유화할 준비가 되어 있다고 밝혔다.

마찬가지로 우리는 노동시장의 붕괴를 보고 있다. 덴마크와 영국과 같은 국가는 사람들이 일터로 나가는 것을 막기 위해 소득을 제공하고 있다. 이것은 성공적인 봉쇄의 필수 부분이다. 이러한 조치는 완벽하지 않은 것이지만, 그럼에도 사람들이 수입을 얻기 위해 일해야 한다는 굴레에서 벗어나고, 일할 수 없어도 살 자격이 있다는 생각으로 옮겨가게 해준다.

이것은 지난 40년간의 지배적인 경향을 반전시킨다. 그동안 시장과 교환 가치는 경제를 운영하는 가장 좋은 방법으로 여겨졌다. 결과적으로 공공 시스템은 돈을 벌어야 하는 사업인 것처럼 시장에 진입해야 한다는 압박을 받아왔다. 마찬가지로 근로자들은 점점 더 시장에 노출되어 가고 있다. 0시간 근로계약zero-hours contracts: 근로 계약은 되어 있지만, 시간은 정해지지 않고 고용주가 원하는 시간에만 일하고 그만큼만 급여를 받는 신종 계약 형태과 긱 경제gig economy: 필요에 따라 단기 계약으로 유연하게 근로하는 형태는 장기적이고 안정적인 고용이 제공하는 시장에서 보호계층을 제거했다.

코로나19가 이런 추세를 뒤집고 건강관리 및 노동재를 시장에서 철수시켜 국가로 넘기는 것으로 보인다. 국가는 여러 가지 이유로 생산한다. 좋은 것도 있고 나쁜 것도 있겠지만, 분명한 것은 시장과 달리 교환 가치만을 위해 생산하지 않아도 된다는 점이다.

이러한 변화는 희망을 준다. 우리에게 많은 생명을 구할 기회가 되어주며, 우리를 더 행복하게 만들고 기후 변화에 대처하는 데 도움이 되는 장기적인 변화의 가능성을 암시한다. 그런데 왜 여기까지 오는 데 오랜 시간이 걸렸을까? 왜 많은 국가들이 생산 둔화에 대비한 준비가 안 되었을까? 그 해답은 최근 WHO 보고서에 있다.

코로나19로 뿌리 깊은 경제 구조가 변한다

지난 40년 동안 광범위한 경제적 합의가 있었다. 이것은 정치인과 그들의 조언자들이 시스템의 균열을 보거나 대안을 상상하는 능력을 제한했다. 이 사고방식은 두 가지 연계된 신념에 의해 좌우된다.

- 시장은 양질의 삶을 제공하는 것이므로 반드시 보호해야 한다.
- 시장은 짧은 위기를 거친 후 항상 정상으로 돌아올 것이다.

이러한 견해는 많은 서구 국가에서 공통적이었으며, 특히 영국과 미국에서 가장 강했다. 하지만 코로나19에 대응할 준비를 갖추기에는 부족했던 것으로 보인다.

미국 텍사스의 부지사는 불황에 빠지기 전에 "노인들이 기꺼이 목숨을 걸어야 한다"고 말했다. 이 견해는 많은 취약한 사람들을 위험에 빠뜨리는 잘못된 선택이다.

코로나19 위기가 할 수 있는 일 중 하나는 경제 상상력을 넓히는 것이다. 정부와 시민들은 코로나 이전에는 불가능해 보였던 조치를 취함에 따라 세계가 어떻게 작동하는지에 대한 자신들의 생각을 변화시킬 수 있다. 이 변화가 우리를 어디로 데려갈지 살펴보자.

네 가지 미래

우리가 미래를 방문할 수 있도록 미래 연구 분야의 기술을 사용하겠다. 미래를 이끄는 데 중요하다고 생각하는 두 가지 요소를 고려하고, 요소를 다르게 조합해 어떤 일이 일어날지 상상해보자.

고려할 두 가지 요소는 가치와 집중이다. 가치는 우리 경제의 기본 원칙을 가리킨다. 우리는 교환과 돈을 극대화하기 위해 자원을 사용하는가, 아니면 생명을 지키기 위해 자원을 사용하는가? 집

	중앙 집중 ⟷ 분권화	
교환 가치 우선 ↑	국가 자본주의 교환 가치를 우선하는 중앙 집중식 대응	야만주의 교환 가치를 우선하는 분권적 대응
↓ 생명 보호 우선	국가 사회주의 생명 보호를 우선하는 중앙 집중식 대응	상호 원조 생명 보호를 우선하는 분권적 대응

중은 많은 작은 단위로 나눌지 하나의 큰 지휘력 아래 모일지를 말한다. 이러한 요소를 각각의 조합으로 구분해 시나리오를 만들면, 네 가지 조합으로 코로나바이러스에 대응하려고 할 때 어떤 일이 일어날지 상상할 수 있다.

1. 국가 자본주의

국가 자본주의는 우리가 지금 전 세계에서 가장 흔하게 보는 형태다. 전형적인 예로 영국, 스페인 및 덴마크가 있다.

국가 자본주의 사회는 경제의 지침으로 교환 가치를 계속 추구한다. 그러나 위기 상황에서 시장은 국가의 지원이 필요하다는 것을 알고 있다. 많은 노동자들이 아프기 때문에 일할 수 없고 그들의 삶에 대한 두려움 때문에 주정부는 복지 확대를 시작한다. 또 신용을 확장하고 기업에 직접 지불함으로써 대규모 케인스식 경기부양책을 제정한다.

여기서 예상되는 미래는 이것이 짧은 기간에만 효과를 발휘한다는 것이다. 이 조치의 주된 기능은 가능한 많은 비즈니스가 거래를 계속할 수 있도록 하는 것이다. 예를 들어 영국에서는 음식이 여전히 시장에 의해 분배된다. 근로자가 직접 지원받는 경우 이는 정상적인 노동 시장 기능의 중단을 최소화하는 방법으로 이루어진다. 예를 들어 영국처럼 고용주가 근로자에 대한 지원을 신청하고 분배해야 한다. 그리고 지원 규모는 근로자의 업무 유용성보다는 일반적으로 시장에서 창출하는 교환 가치에 따라 이루어진다.

이것이 성공적인 시나리오가 될 수 있을까? 위기 상황, 이번 경우로 보면 코로나19가 단기간에 제어 가능한 것으로 입증되는 경우에만 가능하다. 시장 기능을 유지하기 위해 완전한 봉쇄를 피하기 때문에 감염 전파는 계속될 가능성이 높다. 예를 들어 영국에서는 꼭 필요하지 않은 건설이 계속 진행되고 있어 근로자들이 건축 현장에서 섞이게 된다. 그러나 사망자 수가 증가하면 국가의 제한된 개입으로는 상황을 타개하기가 점점 어려워질 것이다. 질병과 사망의 증가는 불안과 경제 상태를 악화시켜 국가가 시장 기능을 유지하기 위해 점점 더 급진적인 조치를 취하게 한다.

2. 야만주의

이것은 가장 끔찍한 시나리오다. 야만주의는 우리가 계속해서 교환 가치를 원칙으로 삼고 병이나 실업으로 시장에서 차단된 사람들에 대한 지원을 확대하지 않을 때 찾아올 미래다. 아마도 대부분은 본 적도, 겪은 적도 없는 상황일 것이다.

시장의 가혹한 현실로부터 비즈니스를 보호할 메커니즘이 없기 때문에 비즈니스는 실패하고 노동자는 굶어 죽는다. 병원 역시 국가로부터 어떤 지원도 받지 못하므로, 의료 체제가 붕괴되고 사망률은 점점 높아진다. 궁극적으로 불안정한 상태가 계속되며 정치적, 사회적으로 황폐한 기간이 지나면 경제는 폐허가 되거나 나머지 세 개의 다른 영역 중 하나로 전환된다.

이런 일이 실제로 일어날 수 있을까? 대유행 동안 실수로 발생하거나 대유행 절정 이후 의도적으로 발생할 수도 있다. 정부가 대유행의 절정에 충분한 수준으로 개입하지 않으면 실수가 발생한다. 기업과 가정에 정부의 지원이 제공될 수 있지만, 이것이 광범위한 질병으로 인한 시장 붕괴를 막기에 충분하지 않으면 혼란이 뒤따를 것이다. 병원에 추가 자금과 함께 환자들이 이송될 수도 있지만, 이 자금 역시 충분하지 않으면 환자들은 제대로 치료받지 못한 채 외면당할 것이다.

전염병이 정점을 찍고 나서 정부가 '정상'으로 돌아오려고 시도할 때 엄청난 긴축을 시행할 가능성이 있다. 그 결과 주요 서비스가 폐지되어 국민의 삶은 참담해질 것이다. 경제와 사회의 실패는 정치와 사회의 불안을 유발해 국가의 실패와 지역사회 복지 시스템의 붕괴로 이어진다.

3. 국가 사회주의

국가 사회주의는 경제의 중심에 교환이 아닌 다른 종류의 가치를 두는 문화적 변화를 통해 볼 수 있는 첫 번째 미래를 묘사한다. 우리가 앞서 언급했던 영국, 스페인, 덴마크, 즉 국가 자본주의의 조치를 확장했을 때 찾아오는 미래다.

여기서 핵심은 병원의 국유화 및 근로자에 대한 지불과 같은 조치가 시장을 보호하는 도구가 아니라 생명 자체를 보호하는 방법으로 간주된다는 것이다. 이러한 시나리오에서 국가는 생활에 필수적인 경제의 일부를 보호하기 위해 개입한다. 예를 들어 식량,

에너지, 대피소 등 기본적인 서비스의 제공 기능이 더 이상 시장에 있지 않도록 한다. 정부는 병원을 국유화하고 주택을 자유롭게 이용할 수 있도록 한다. 또 기본 상품을 비롯해 감소된 노동력으로 생산하는 모든 소비재에 접근할 수 있는 수단을 제공한다.

시민들은 삶에 필요한 기본적인 소비재의 충족을 위해 더 이상 고용주에게 의존하지 않는다. 소비재를 구하기 위한 비용의 지급은 모든 사람에게 직접 이루어지며, 그들이 만든 교환 가치와 관련이 없다. 대신 지불은 모든 사람에게 동일하거나 직업의 유용성에 기초한다.

국가 사회주의는 국가 자본주의에 대한 시도와 장기적인 대유행의 영향으로 나타날 수 있다. 깊은 경기 침체가 발생하고 공급망이 중단되어 현재 우리가 보고 있는 일종의 케인스식 경기부양책으로 구제할 수 없는 경우, 정부는 생산 자체를 인수할 수 있다.

다만 이 접근법에는 위험이 있다. 권위주의를 피하기 위해 조심해야 한다. 권위주의가 나타나지 않고 원만하게 진행된다면, 극단적인 유행병에 대한 최선의 희망일 수 있다. 경제와 사회의 핵심 기능을 보호하기 위해 자원을 통제할 수 있는 강력한 상태가 되기 때문이다.

4. 상호 원조

상호 원조는 생명의 보호를 우리 경제의 기본 원칙으로 채택하는 두 번째 미래다. 그러나 이 시나리오에서는 국가가 결정적인 역할을 하지 않는다. 오히려 개인과 소그룹이 지역사회에서 지원과 돌봄을 조직하기 시작한다.

이러한 미래의 위험은 소규모 그룹이 의료 서비스의 규모를 효과적으로 늘리는 데 필요한 자원을 신속하게 동원할 수 없다는 것이다. 그러나 상호 원조는 취약한 경찰 격리 규정을 보호하는 커뮤니티 지원 네트워크를 구축함으로써 전염 확산을 더 효과적으로 방지할 수 있다. 이 미래의 가장 야심 찬 형태는 새로운 민주적 구조의 발생으로 나타난다. 상당한 속도로 상당한 자원을 동원할 수 있는 커뮤니티 그룹의 형성이다. 전염 확산을 막기 위해 지역 반응을 계획하고 환자를 치료하기 위해 사람들이 모이는 것이다.

이런 종류의 시나리오는 다른 어떤 시나리오에서도 등장할 수 있다. 우리는 지역사회의 대응이 서아프리카 에볼라의 발발을 해결하는 데 핵심적인 역할을 했음을 알고 있다. 그리고 우리는 이미 의료 패키지와 커뮤니티 지원을 조직하는 그룹에서 이 미래의 뿌리를 보고 있다. 이것은 국가 대응의 실패로 볼 수도 있지만, 한편으로는 위기에 대한 실용적이고 이타적인 사회적 대응으로도 볼 수 있다.

미래에 대한 희망과 두려움

이 시나리오 중 가장 극단적인 것은 국가 자본주의에서 야만주의로의 하강이다. 가장 긍정적인 미래는 국가 사회주의와 상호 원조가 혼합된 것이다. 더 강력한 의료 시스템을 구축하기 위해 자원을 동원하고, 시장의 변덕으로부터 취약계층을 보호하며, 시민들이 무의미한 일을 하기보다 상호 원조 단체를 형성할 수 있도록 하는 강력한 민주주의 국가다.

분명한 것은 이 모든 시나리오들이 두려움에 대한 근거를 남기기도 하지만 희망에 대한 근거 역시 남겨둔다는 것이다. 코로나19는 기존 시스템의 심각한 결함을 보여줬다. 여기에 효과적으로 대응하기 위해서는 근본적인 사회 변화가 필요하다. 미래에도 전염병이나 기후 변화와 같은 임박한 위기에 직면할 것이며, 그럴 때 우리를 더욱 탄력적으로 만드는 인간적인 시스템을 구축할 필요가 있다.

전염병의 대유행 끝에 보는 희망

아직 완전히 종식되지 않은 코로나 사태에서 섣부르게 희망을 이야기하는 것이 아닐까 의구심이 들 수도 있겠지만, 장기적인 시각으로 본다면 이 위기에서도 분명 희망을 찾아볼 수 있다.

먼저, 이 전염병 대유행 시기에 많은 사람들이 직면하고 있는 어려움과 고통을 살펴보자. 실업과 파산은 미지의 최고 기록에 도달할 것이며, 병원 시스템은 과부하로 인해 누가 살고 누가 죽는지에 관해 비양심적인 결정을 내려야 하는 상황에 처해 있다. 불확실성이 우리 모두를 괴롭히고 있으며 최악의 상황은 아직 오지 않았을 수도 있다.

그러나 장기적인 낙관론에 대한 이유가 있다. 기업가들이 지금 할 수 있는 일을 공유하고 새로운 기회를 잡는 데 도움이 되었으면

한다. 이런 낙관론에는 세 가지 이유가 있다.

1. 이전에 대면한 적 없는 적을 상대로 한 기록적인 대응

추정에 따르면, 1~2억 명의 의사, 과학자, 간호사, 기술자, 엔지니어가 전염병 정복을 목표로 일하고 있다. 그들은 수만 건의 실험을 병행하고, 이전에는 보지 못한 속도로 정보를 투명하게 공유한다. 이러한 진보가 그다지 눈에 띄지 않을 수 있지만, 전 세계의 병원, 진료실, 연구소에서 수천 개의 추가 실험 및 치료 접근법이 시작되고 있다. 이러한 실험이 결실을 맺고 데이터를 산출함에 따라, 이 전염병 대유행을 잠재울 것을 의심하지 않는다.

〈뉴욕 타임스New York Times〉의 기사가 이 낙관론을 완벽하게 요약한다.

'정치 지도자들이 국경을 봉쇄하는 동안 과학자들은 그들의 국경을 부수고 역사상 유례가 없는 방식으로 세계적인 협력 관계를 구축하고 있다. 연구자들에 따르면, 많은 국가의 많은 전문가들이 단일 주제에 그렇게 긴박하게 대응한 적은 없었다.'

온라인 저장소를 사용하면 저널보다 몇 개월 앞서 연구를 진전시킬 수 있다. 메드아카이브medRxiv와 바이오아카이브bioRxiv 같은 사전 공개된 학술 연구의 온라인 아카이브는 전 세계 각지의 과학자들과 그들의 연구 성과로 넘쳐나고 있다. 연구원들은 온라인 저장소에서 수백 개의 바이러스 게놈 서열을 확인하고 공유했다. 200건이 넘는 임상시험이 시작되어 전 세계 병원과 실험실이 이곳에 모였다.

긴급함으로 뭉친 과학자들은 국가별 영토주의, 연구 비밀주의, 학술출판 정치를 제쳐놓았다. 동시에 임상시험에 대한 정부 승인 절차는 이제 역사적인 속도로 빠르게 진행된다.

새로운 진단, 항바이러스제, 백신 및 치료제가 급격한 속도로 사회를 향해 다가오고 있다.

2. 다음 유행에는 지금보다 훨씬 나을 것이다

코로나19가 높은 감염률을 유지하면서 사스(11%), 심지어 에볼라(25~90%)의 사망률을 가지고 있다고 상상해보자. 오늘날 많은 사람들이 이 바이러스를 사형 선고처럼 취급한다. 그러나 대다수의 사람들에게 이것은 심한 감기 수준이다.

빌 게이츠와 수많은 과학자들이 지난 10년 동안 전염병에 관해 경고했을 때, 대다수 사회는 그것을 무시했다. 우리는 전혀 준비하지 않았다. 따라서 이것은 일종의 '연습 전염병'이며, 경제 시스템, 의료 체계 및 통신 채널의 실패 지점과 약한 연결고리를 잔인한 방법으로 알려준다.

다음에 있을 전염병이나 그 밖의 재난에 우리는 준비될 것이다.

인공지능, 네트워크 및 센서에서 크리스퍼 및 유전자 치료에 이르기까지 다양한 기하급수 기술exponential technology: 특정한 짧은 기간에 성능이 2배가 되거나 비용이 절반으로 줄어드는 기술로, 3D 프린팅, 드론, 로봇공학, 인공지능, 합성생물학 등이 여기에 해당한다이 즉시 탐지되어 솔루션을 생성하고 전 세계적으로 빠른 속도로 배포될 수 있다.

3. 앞으로 엄청난 기회가 있다

우리는 두려움과 바이러스로 인한 경제 붕괴에 직면해 있지만, 일단 우리가 이 위기를 벗어난 후에는 기업가들에게 놀라운 기회가 생길 것이다. 이러한 기회에는 세 가지 형태가 있다.

첫째, 수많은 뛰어난 직원들이 일자리를 잃고 있지만, 디지털화가 빠를수록 가까운 미래에 새로 제공되는 일자리에 특별한 재능을 더 빨리 활용할 수 있다.

둘째, 여러 자산을 빠르게 사용할 수 있게 되었으며, 많은 자산을 고부가가치 응용프로그램에 집중시킬 수 있다.

셋째, 주식시장은 곧 수십 년 만에 가장 좋은 매수 기회를 제공할 것이다. 주식시장이 최저점에 도달할 것으로 예상되는 시점을 전문가들의 예측을 통합해 제공하는 퓨처루프닷컴FutureLoop.com에서 확인할 수 있다.

2008년 경제 위기 이후 경제 성장 기간이 뒤따랐다. 또한 에어

비앤비airbnb, 우버Uber, 왓츠앱WhatsApp 등 혁신적인 비즈니스 모델과 스타트업 탄생의 붐이 이어졌다. 이번 위기 이후에도 사회 전체를 고양시키는 또 다른 기회가 찾아올 것이다. 전 세계가 사회적 격리와 봉쇄를 맞은 지금 기업가가 해야 할 세 가지 일을 추천한다.

1. 비즈니스 재창조

여기에 두 가지 주요 조언이 있다.

첫째, 아직 비즈니스를 디지털화하지 않았다면 지금 해야 한다. 현재 아날로그 방식으로 진행하고 있는 프로세스, 자산, 제품 또는 서비스를 디지털화하는 방법을 파악하라. 디지털화하면 제품과 서비스를 비물질화, 탈통화 및 민주화할 수 있다. 디지털카메라, 넷플릭스Netflix, 구글북스Google Books 등을 떠올려보자.

둘째, 성공적이지 않은 제품이나 서비스를 보유하고 있다면 지금이 버려야 할 때다. 기존의 것을 버린 뒤에는 여기에 들어가는 자금과 인적 자원을 디지털에 옮겨 집중하라.

2. 새로운 습관 및 전통 만들기

예를 들어 사회적 격리의 시간이 60일이었다면, 그 시간 동안 당신의 여생을 좌우할 새로운 습관을 만들어내기에 충분한 시간이다. 건강을 유지하는 습관을 고려한다면 면역 체계를 강화할 수 있다. 예를 들면 7~8시간의 규칙적인 수면과 약 10분간의 운동을 하는 것을 추천한다. 또 다양한 앱을 사용해 명상을 하면 코르티

솔 수치가 상당히 낮아져 스트레스가 줄어든다.

가족의 전통을 만드는 것도 좋다. 그동안 바쁜 사회생활로 인해 가족과 함께할 시간이 별로 없었던 사람들은 외출을 자제해야 하는 시간에 가족과 대화를 하면서 과거처럼 유대를 쌓으며 이전에 알지 못했던 놀라운 경험, 의견 및 지혜를 발견하게 될 것이다.

3. 새로운 것 배우기

바쁜 도시 생활에서 우리 중 대다수는 취미도 없이 수년, 심지어 수십 년을 보냈다. 수백 번을 휘저어 달고나 커피를 만드는 것처럼, 새롭게 생긴 여유 시간에 뜨개질이든 천체물리든, 새로운 것을 배우면 어떨까. 이것은 단지 일시적인 활동이 아니다. 우리를 인지적으로 예리하게 하고 평생 학생으로 만들어주는 귀중한 첫걸음이 될 수 있다. 온라인 과정에서 새로운 트렌드를 배우는 것도 좋은 방법이다.

당신의 사고방식이 전부다

부정적인 사고방식은 긍정적인 삶으로 결코 이어지지 않는다. 인간의 뇌는 위험을 찾기 위해 연결되어 있다. 그리고 우리가 위험을 볼 때, 우리의 사고는 흐려지고 경고를 한다. 그러므로 우리는 진취적이고 긍정적인 것에 집중해야 한다. 우리는 문제를 해결할 수 있는 시대에 살고 있으며, 이 전염병에 대처하기 위한 집단행동은 엄청난 회복력을 불러일으키고 있다.

그리고 이 위기를 극복하고 나면 개인 한 명, 한 명의 힘이 더해져 인류는 희망적이고 풍요로운 미래를 향해 나아갈 것이라고 믿는다.

첨단 기술의 활약상

우리는 현재 전 세계적으로 유행하는 전염병의 중요한 고비에 들어서 있으며, 우리의 대응 속도는 매우 중요하다. 그나마 좋은 소식은 코로나19 환자가 급증세를 보였던 일부 국가들에서 신규 환자가 줄어들고 완치자가 늘어나면서 억제를 증명하고 있다는 것이다.

특히 그중에서도 열흘 만에 병원 두 개를 세운 것부터 도시 전체를 폐쇄하는 등 중국의 행보는 전례 없이 강력했다. 그러나 중국의 감염자가 줄고 상황이 안정된 것은 중국 정부의 노력에 따른 결과만은 아니었다. 기하급수 기술의 올바른 사용이 실질적인 도움이 되었다.

여기서는 코로나바이러스 억제 및 확산 방지를 위한 여덟 가지하이테크 전략을, 바이러스가 가장 먼저 확산되었던 중국을 통해 살펴보고자 한다.

1. 하늘을 채운 드론

코로나 대유행 때 중국의 여러 지역 상공에서 드론은 확성기로 정보를 공유하고, QR코드가 그려진 표지판을 달고 비행하여 비접촉식 등록 등을 가능하게 했으며, 소독제를 뿌리고, 의약품을 배달하며, 체온을 측정했다.

체온 측정을 위해 드론은 적외선 열화상을 사용했다. 적외선 열화상은 사람이 판독한 것보다 더 정확한 것으로 입증되었을 뿐만 아니라 지역사회 인력 대피를 신속하게 진행할 수 있게 해준다. 동시에 드론 판독은 지역사회 근로자와 주민 사이의 긴밀한 접촉을 줄이고 2차 감염의 위험을 최소화하는 데 도움이 되었다.

선전에 본사를 둔 DJI는 코로나바이러스와 싸우기 위해 1,000만 위안의 기금을 만들어 드론을 사용한 소독 작업을 지원했다. 또 중국 최고의 농업용 드론기술 회사인 XAG는 원격지에서 소독 작업을 하기 위해 드론을 사용하는 데 필요한 5,000만 위안의 기금을 설립했다.

이런 노력은 전국적으로 확산되어 중국 도시들은 식물 보호용 드론을 사용해 소독 작업을 수행했다. 예를 들어, 산둥성의 한 마을 주민들은 단 두 대의 식물 보호용 UAVunmanned aerial vehicle, 무인항공기를 이용해 약 48만m^2를 소독했다. 또 농업 용도를 넘어 UAV는 의료용품 등의 무인배달도 수행하고 있다.

무인배달용 UAV는 우한에서 물류저장소와 지역병원 간에 의료용품을 운송해 일반 차량과 보행자를 피했다. 그리고 초기에 저장성의 인민병원은 드론을 사용해 검사용 샘플을 운반하는 데 앞장섰다. 사람이 조작하지 않고 두 곳의 무인 정거장을 왕복해 최대 4kg의 보급품을 자동으로 운송할 수 있는 이 드론은 교차 감염의 위험을 크게 줄였다.

우리의 정부와 지자체 역시 병원, 은퇴 가정, 아파트, 구호센터 등에 이런 드론 경로를 만들어 사용할 방법을 찾아보면 어떨까?

2. 로봇 배송

베이징, 저장, 광둥, 후베이 및 후난의 병원에는 이미 비접촉식 분배 로봇이 있다. 의료진이 로봇 위에 물건을 놓으면 로봇은 환자가 있는 입원실로 이동하며 환자는 비접촉식으로 물건을 받는다. 배달을 완료한 후 로봇은 자동으로 간호사의 스테이션으로 돌아가서 소독된다. 일부 병원에서는 이러한 로봇이 평균 20실까지 비접촉식 배달 서비스를 제공할 수 있다.

그리고 식음료 분야에서 로봇과 무인차량은 이제 커피에서 신선한 채소에 이르기까지 모든 것을 병원과 지역사회에 접촉 없이 제공하고 있다. 무인자동차는 30분마다 24개의 배송을 완료해 일선 배송직원의 부담을 크게 줄인다. 비접촉 배포, 자율주행 화물, 로보택시 및 기타 형태의 자율적 내비게이션으로 인해 비즈니스 기회가 폭발적으로 증가하고 있다.

3. 생명공학 기술

이미 한 의료회사는 감염에 대한 취약성을 보완하기 위해 면역 강화 성분을 포함한 '약'이 되는 면류의 새로운 식품 라인을 출시했다. 이종 산업에서는 자동차 제조업체(BYD, 바오쥔)와 아이폰iPhone 제조업체(폭스콘Foxconn, 창잉정밀)가 마스크 제조업체보다 빠르게 마스크를 생산하고 있다. 정부 및 민간 부문 자본이 생물의학 서비스 및 의료기술에 넘쳐나고 있다. 2020년 주식시장이 개장한 지 불과 나흘 만에 제약회사, 의료기기 서비스, 생물학적 제품 및 화학 의약품이 10% 이상 상승했다.

이전에는 존재하지 않던 온라인 상담은 새로운 표준이 되고 있다. 알리 헬스Ali Health의 자료에 따르면, 2020년 1월 기준으로 온라인 무료 진료소의 총방문자 수는 280만 명을 넘어섰으며 진료를 제공하는 의사는 1,000명을 넘어섰다. 한편 딩샹이성, 하오다이푸 온라인, 핑안하오이성, 웨이이 같은 온라인 의료 서비스 플랫폼은 병원의 오진을 피하기 위해 코로나바이러스 증상에 대한 온라인 진단 서비스를 시작했다.

알리바바Alibaba의 미래 중심 연구소인 다모 아카데미Damo Academy는 인공지능 분석을 통해 CTcomputerized tomography, 컴퓨터 단층촬영만으로 96%의 정확도를 보유한 것으로 보고된 코로나바이러스 검사를 할 수 있다. 이 새로운 알고리즘은 20초 안에 인식 프로세스를 완료해 병원의 압박을 크게 완화시켜 줄 것이다. 이는 의사가 이를 수행하는 데 걸리는 5~15분보다 훨씬 빠르다.

4. 가상 교실

광둥성, 장쑤성, 허난성을 포함한 20개 이상의 성이 현재 중국의 '홈스쿨링' 프로그램에 가입했다. 1만 개가 넘는 초등학교와 중고등학교, 500만 명의 학생들이 라이브 스트리밍을 통해 수업에 참석하고 있다. 중국의 가상교실과 온라인 교육의 호황은, 세계가 따를 수 있는 본보기, 유례가 없는 일이었다.

2020년 2월 7일, 중국 교육부는 학생들이 가정에서 안전하게 수업을 재개할 수 있도록 온라인 교육을 배포하는 방법에 대한 지침을 공유했으며, 20개 이상의 온라인 플랫폼에서 2만 4,000개의 온라인 과정을 무료로 제공했다.

한편 2020년 봄 학기에는 중국 최고의 STEMscience(과학), technology(기

술), engineering(공학), mathematics(수학) 대학인 칭화대학교에서 3,923개의 과정을, 베이징대학교에서 4,437개의 과정을 MOOCmassive open online course, 온라인 공개수업, 녹화영상, 라이브 스트리밍 및 화상회의로 진행했다.

텐센트 교실Tencent Classroom, 딩톡DingTalk, 주오예방Zuoyebang을 포함한 수많은 온라인 교육 회사가 초중고교 학생들을 위한 무료 온라인 강좌를 공유하고 있다. 무료 교육 서비스가 학생들을 돕는 동안 에드테크EdTech: 교육과 기술의 합성어로, 교육과 정보통신기술을 결합한 산업 비즈니스는 급성장하고 있다.

장기적으로 가상교육의 급격한 증가는 침투율과 대화량이 증가함에 따라 의무교육 및 고등교육의 형태를 획기적으로 변화시킬 수 있다. 일반적으로 OMOonline-merge-offline: 온라인과 오프라인의 합병 환경은 교육 및 전문 훈련 산업의 디지털화, 반복 속도 및 운영 효율성을 높이면서 도약할 것이다.

에드테크 기업은 어떻게 우리 지역사회에서 이러한 도전을 수행할 것인가? 기관과 대학, 기업은 어떻게 폭발적인 가능성이 잠재되어 있는 시장에서 수백만의 요구를 충족시키면서 이 기회를 포착할 것인가?

5. 원격근무

코로나19로 인해 건강과 안전을 중기 경제 성장보다 우선시하는 세계 최대의 원격작업 실험이 발표되었다. 알리바바의 CEO 대니얼 장은 투자자들에게 코로나19로 인한 위기가 사회에 대한 엄청난 도전과 동시에 사람들에게 '새로운 생활 방식과 새로운 방식으로 일할 기회'를 준다고 말했다.

2020년에 중국 최대 명절인 춘절을 맞아 알리바바의 딩톡 앱은 중국에서 가장 많이 다운로드된 무료 앱이 되었다. 2월 3일에만 1,000만 개가 넘는 회사의 사용자가 딩톡의 팀 채팅그룹, 조직도 및 전화회의 기능을 활용했다. 회사는 또한 앱을 통해 출근 및 초과 근무시간을 자동으로 추적할 수 있다.

텐센트의 작업도구에 대한 수요도 급격히 증가했다. 현재 중국에서 가장 많이 다운로드되는 다섯 가지 무료 앱 중 위챗 워크WeChat Work와 화상회의 앱인 텐센트 미팅Tencent Meeting은 수백만 개의 회사에 서비스를 제공하고 있다.

위챗 워크 사용량은 많은 기업과 학교가 업무와 교육을 재개한 시점인 2월 10일에 10배 증가했으며, 현재 2,500만 개 이상의 회사에서 6,000만 명의 기업 사용자들에 의해 사용되고 있다.

슬랙Slack과 같은 해외 경쟁 앱들과 비교할 때 중국 앱은 중국 직원의 고유한 요구를 충족시키기 위해 빠르게 반응했다.

틱톡TikTok의 모기업인 바이트댄스ByteDance가 발표한 파일 공유 및 문서 편집 기능을 제공하는 기업 메시징 앱 페이슈Feishu는 작업자가 위치 및 체온을 매일 기록할 수 있는 '건강관리' 플랫폼을 출시했다.

전염병 대유행의 시기에는 집에 머무르며 접촉을 피하는 것이 중요하다. 그러나 모든 사회가 완전히 정지할 수는 없으므로, 업무의 미래를 위해 디지털화된 플랫폼을 구축하고 반복할 수 있는 능력은 다른 무엇보다 강력한 기회를 제공한다. 위기를 낭비하지 말아야 한다.

6. 무인 소매점

새롭게 건설된 우한 병원이 완성된 후 하루 만에 무인 슈퍼마켓이 문을 열었다. 24시간 영업하는 슈퍼마켓은 셀프서비스 체크아웃을 내세우며 개장일에 200명 이상의 고객을 맞았다. 마윈이 2017년에 '무인 슈퍼마켓'을 처음 선보인 뒤 약 40억 위안을 손해 본 것으로 알려졌지만 이제는 이 사업을 위한 완벽한 타이밍에 도달했다. 메이투안Meituan과 엘레미Ele me에서 KFC에 이르기까지 기업들은 코로나바이러스 속에서 '비접촉 배달' 서비스를 시작했다.

중국의 전자상거래 생태계는 이미 다른 국가보다 훨씬 앞서 있지만, 사람들이 오프라인 구매를 선호하는 품목은 여전히 많다. 그러나 중국에서 온라인으로 식료품을 구매하는 것은 코로나 이후의 표준이 되었다. 중국의 시노펙 주유소도 비접촉으로 식료품을 판매하고 있다. 온라인으로 구매하면 주유소에서 식료품을 자동차 트렁크에 넣어주는 서비스다. 운전석을 떠나거나 창문을 열 필요가 없다.

비접촉식 자율적 소매를 혁신할 수 있는 새로운 비즈니스 플랫폼은 무엇일까?

7. 바이러스 저항력을 가진 스마트 시티

스마트 시티는 앞서 언급한 드론, 로봇, 전자상거래 플랫폼 및 새로운 생명공학을 통합해 코로나바이러스 확산으로부터 사회를 방어하기 위한 통합 플랫폼이 되었다.

우리는 스마트 시티가 어떻게 공동체 방어 메커니즘으로 작용하는지 이전에는 알지 못했지만, 중국의 사례를 통해 이를 확인했고, 이제 전 세계 스마트 시티 전반에 걸쳐 자본 투자와 혁신을 촉진해야 한다.

위챗과 바이두맵Baidu Maps은 실시간 정보 네트워크를 구축해 중국 전역의 100개 도시와 3,000개 이상의 병원에 대한 정보를 공개했다. 환자는 전화로 발열 및 코로나바이러스를 진료해주는 지정 병원을 찾을 수 있어 혼란과 대기시간을 크게 줄일 수 있다.

스마트 시티는 빅데이터 및 클라우드 컴퓨팅을 대응 노력에 통합할 수 있다. 도시는 감염을 신속하게 감지해 지역사회에 알리고, 확산되기 전에 저지하는 조기 경고 메커니즘을 갖출 수 있다.

기회는 위기와 함께 온다

유행병의 초기에 있는 국가라면 이것을 통제할 수 있다는 사실을 알 필요가 있다. 공유된 공중보건, 생명을 구하는 일과 전 세계적인 회복에 동원할 수 있는 능력은 전적으로 우리의 손이 닿는 곳에 있다. 우리가 듣고 배우고 모방하고 지원을 요청하고 행동할 수 있다면, 정보를 즉각적으로 공유하고 집단적인 결정을 내리고 기술을 활용할 수 있는 능력을 통해 역사상 그 어느 때보다 탁월한 위치에 있다고 할 수 있다.

우리가 이미 알고 있는 전술과 기술을 사용해 세계가 집단적으로 행동하면 바이러스가 격리될 수 있다.

정부와 기관이 일관된 대응을 수행했는지 여부와 관계없이 기업은 코로나19의 2차 과제를 해결하는 도구를 보유하고 있다. 우리 학교와 지역사회는 체계적인 온라인 대화를 통해 대응을 조정하고 적용할 수 있다. 위기 대응을 위한 어떤 아이디어가 있는가? 새로운 솔루션을 설계하고 고유한 문제를 해결하기 위해 회사와 지역사회는 어떤 도구와 기능을 갖추고 있는가? 향후 어떻게 교육하고 개선할 것인가?

다음 단계로 변화의 움직임은 이미 시작되었다

위기라는 단어는 위태로움과 불안함을 나타내는 단어 '위危'와 갈림길, 분기점에서 기회를 나타내는 '기機'라는 글자로 이루어졌다. 그래서 우리는 위기를 말할 때 기회도 함께 온다고 한다. 2020년 초부터 전 세계를 위태로움과 불안함 속으로 몰아넣은 코로나바이러스는 마스크와 소독제품을 생산하는 업자들과 비트코인 보유자에게는 기회가 되어주었다. 이런 시각은 사태의 심각성을 인지하지 못하는 것이 아니라, '위기'라는 단어에서 보듯 우리가 현재 분기점에 서 있으며, 우리에게 새로운 변화의 길을 선택할 기회가 주어졌다는 사실을 놓치지 말아야 한다는 점을 환기시키고자 하는 것이다. 기존 질서와 시스템에 대한 이 잔인한 도전은 오랫동안 기다려온 변화를 향한 새로운 기회를 열어줄 것이다.

여기서는 이 위기가 가져올 수도 있는 17가지 긍정적 변화를 정리해보았다.

1. 자급자족 산업 부상

코로나19로 인해 도시의 수직 농장, 식물 기반 식단, 데스크톱 3D 프린터에 이르기까지 사람들이 먼 미래 산업으로만 생각했던 기술이 주목받으며, 기존 공급망을 요구하는 제품 대신 현지에서 직접 조달하는 음식과 상품을 사용하는 것의 이점을 많은 사람들이 보게 될 것이다. 수직 농장이나 채식주의 등은 지속 가능성 관점에서 널리 옹호되어왔으며 코로나로 인해 급격히 다가왔다. 자급자족할 수 있는 산업이 주목을 받고 비대면으로 생산 가능한 산업이 부상하게 되었다. 정부 지도자를 믿기보다는 스스로를 믿으며 자급자족으로 독립심을 키우는 쪽을 선택하는 것이다.

2. 태양광 발전의 신속한 도입

코로나19가 정전 사태를 일으킨 사례는 없었다. 그러나 앞으로도 발생하지 않을 것이라고 생각한다면 순진한 것이다. 사람들은 음식과 상품을 자급자족하듯 에너지 역시 가능하다면 자급자족하기를 원할 것이다.

태양광 발전은 우리 모두가 편리하게 여기는 중앙 집중식 전기 공급 시스템과는 거리를 두는 마이크로 그리드다. 태양광 분산 시스템의 이점은 중앙 시스템이 고장 나도 모두가 정전을 겪지는 않는다는 것이다. 태양광 발전은 윤리적으로도 기후 변화와 지구를 위한 선택이다.

3. 드론 배송 기술의 채택

인간은 이제 모든 종류의 제품을 비대면으로 개인의 문 앞에 배달하는 기술을 보유하고 있다. 지금까지 드론은 주로 폭격을 담당하거나 감시를 수행하는 수단으로 알려졌었다. 그러나 기술이 발전해 다양한 기능을 갖추면서 더욱더 다양한 인간의 욕구를 충족시켜 주고 있다. 코로나19로 인해 사람들은 대규모 시스템을 대량으로 자동화하고, 드론으로 배달하며, 로봇에게 소독이나 심부름을 맡기기 시작했다. 드론을 사용해 먼 곳으로 약을 정밀하게 운반한 사례도 만들어졌다. 사람의 손길 없이 비대면으로 물건을 받을 수 있는 방법이 그 어느 때보다 가치 있는 능력이 되었다. 드론 배달 수요가 엄청나게 증가하면서, 배송의 주류로 채택될 가능성이 생겼다.

4. 보편적 기본소득

마틴 루서 킹Martin Luther King 박사, 버트런드 러셀Bertrand Russel, 밀턴 프리드먼Milton Friedman 등 많은 전문가들이 문명이 발전한 사회는 절망적인 상태에서 기본적인 생활필수품을 살 돈을 시민에게 제공해야 한다는 데 동의했다. 보편적 기본소득universal basic income, UBI이다. 코로나19 때문에 많은 일자리가 하룻밤 사이에 사라졌으며 또 사라질 것이다. 주식시장의 손실은 이것이 곧 거대한 소비의 변화를 가져올 것을 대변한다.

경기도는 가장 먼저 1인당 10만 원씩 재난 기본소득을 지급했다. 홍콩도 각 시민에게 1만 홍콩달러를 지급하는 일종의 긴급재난 기본소득을 승인했다. 코로나 전염병이 진행되는 동안 모든 시민에게 현금을 매달 지급하자는 제안 등이 세계 여러 곳에서 등장하고 있다. 이미 진행되고 있는 것을 포함해 기본소득에 대한 이러한 실험은 상당한 새로운 지식을 낳을 것이고, 이것은 룻거 브레먼Rutger Bregman이 그의 저서 《현실주의자를 위한 유토피아》에서 묘사한 보편적 기본소득에 대한 그림을 완성하는 데 도움이 될 것이다.

5. 지도자를 맹목적으로 믿지 말라는 경고

전 세계 시민들은 세계 지도자들이 똑같은 난제, 즉 코로나19에 어떻게 대처하는지를 보았다. 코로나19가 안정되면 수치를 연구할 수 있어서 어떤 것이 효과적이었고 어떤 것이 그렇지 못했는지, 어느 지도자가 잘했는지를 볼 수 있게 된다. 무엇보다 지도자들이 하는 선택이 얼마나 강력한 결과를 낳는가에 대한 강력한 예를 볼 수 있을 것이다. 특정 지도자는 잘못된 타이밍에 잘못된 접근 방식으로 수많은 사망자를 냈다. 시민이 이제 더 이상 그 지도자를 믿지 않는다는 데 의미를 둘 필요는 없다. 오히려, 이제 과학이 중시되고 의료지식이 고려되는 질문에 답할 지도자를 원하는 시민이 늘어난다는 것이 중요하다.

6. 최소한의 삶을 배우자

코로나19로 인해 차가 멈추고 산업 전반이 멈추면서 지구가 살아나고 있다는 아이러니를 경험하고 있다. 인도 펀자브주에서 30년 만에 히말라야 산줄기를 직접 볼 수 있게 되었으며, 중국과 우리나라는 연일 미세먼지 없는 맑은 공기를 경험하고 있다. 이탈리아의 베네치아 운하는 에메랄드빛과 함께 수중생물들이 돌아오고 있다. 코로나19가 만들어낸 생산성 저하가 우리의 '정상적인' 삶과 비교할 새로운 기준을 제공한다. 우리가 잠시 멈춰야 한다는 것을 알게 되면, 무엇을 버리고 무엇을 취해야 할지 깨닫게 될 것이다. 일시정지 버튼을 눌러 휴식을 취하는 것은 실제로 인류에게 혜택을 가져올 수 있다.

7. 분산 인터넷 프로토콜의 광범위한 채택

격리 생활은, 인터넷이 작동하는 한 내성적인 사람이 꿈꾸는 이상적 삶이다. 하지만 인터넷이 중단되면 아무것도 할 수가 없다. 여기서 탈중앙화된 인터넷 프로토콜의 필요성이 대두된다. 인터넷은 위기가 발생할 때 탄력성을 갖는다. 그러나 시간이 지남에 따라 소수의 몇몇 회사가 트래픽을 관리하면서 수많은 서버를 소유하게 되었다. 이것은 분산이라는 인터넷의 설계 특성을 약화시킨다. 예를 들어 아마존 웹 서비스Amazon Web Services, AWS는 클라우드를 실행하는 서버의 3분의 1을 운영한다. IPFSInterPlanetary File System: 분산형 파일 시스템는 인터넷을 다시 P2Ppeer-to-peer: 개인과 개인이 직접 연결로 분산화할 수 있는 새로운 프로토콜이다.

8. 가짜 뉴스 범람 속에 진정한 진실

지식 정보의 정확성이 중요해졌다. 코로나로 인해 우리 사회는 비대면 사회로 변하고 있는데, 우리는 사실을 제대로 알지 못한다. 코로나19가 비말로 전염되는가? 악수로도 감염될 수 있는가? 집에서만 머물러야 하며 음식과 물을 비축해야 하는가? 추측이 아니라 진실을 알고 싶어 한다. 최근 몇 년간 과학에 대한 의문은 점점 커져 왔다. 과연 백신은 언제쯤 나오는가? 가짜 뉴스가 판을 치는 세상에 우리는 더 진정한 진실을 원한다.

9. 원격 산업 붐

사회적 거리 두기는 이미 서로 멀리 떨어져 있는 것을 좋아하는 시대에 운 좋게 일어나고 있다. 회의 대신 이메일로 가능한 일은 모두 빠르게 이메일로 전환되었다. 나머지는 텔레프레전스 telepresence, 즉 화상회의, 원격 디지털 회의, 심지어 디지털 아바타가 진행하는 가상현실 미팅까지 등장하면서 급속도로 변화하고 있다. 격리 기간이 길어질수록 가장 사랑하는 사람과 동료들을 고화질로 데려오는 일이 가능해진다. 정상회담과 콘서트가 디지털 환경에서 진행되고 여행이 줄어들면서 탄소 배출이 급감해 기후 변화와 미세먼지 감소라는 좋은 소식도 들려온다.

10. 코로나 베이비붐

과거에는 정전과 폭설 등으로 인해 임신과 출산이 증가했다. 이런 연장선상에서 사회적 거리 두기와 자가 격리 등이 전 세계적으로 시행되면서 또 다른 베이비붐이 예상되고 있다. 다음 세대를 임신하기에 적절한 시기라고 느끼지 않는다면, 피임약을 구입해야 한다.

11. 노동의 진정한 가치

노동이 멈추면 노동의 진정한 가치를 느낄 수 있다. 자녀를 홈스쿨링하는 부모는 교사의 하루하루에 감사의 마음을 가진다. 환경미화원, 택배 기사들에게 감사하는 마음이 생긴다. 타인을 위해 자신의 건강을 위험에 노출시키며 분투하는 의사와 간호사들에게도 감사의 마음을 갖게 된다. 우리는 중요한 것을 배우고 있다. 이제 이 위기 속 영웅들에게 박수를 치는 것은 물론, 금전적인 혜택도 지불해야 한다는 것을 안다.

12. 위대한 이야기가 준비되는 시기

사회적 거리 두기로 모든 영화의 개봉일이 연기되고 촬영이 중단되었으며, 서점의 책 판매도 급감하고 있다. 하지만 집에서 강제로 머무는 시간은 좋은 책, 좋은 영화가 만들어질 부화기라고 할 수 있다. 수많은 예술가들이 반강제 격리 상태에 처하면서 창작에 들어갔다. 실제로 셰익스피어William Shakespeare는 흑사병이 창궐해 격리된 시기에 〈리어왕〉을 썼다고 전해진다. 현대의 창작자들에게 코로나 전염병이 뮤즈가 되어줄 수 있다.

13. 긴급 대책 업데이트

코로나19를 맞아 주목받는 것이 지구에 일어날 수 있는 재앙적 위험을 경고하는 단체들이다. 그들은 코로나19보다 훨씬 더 나쁜 시나리오들도 제시하고 있으며, 이를 대비해 어떤 준비를 해야 할지 경고한다. 데이비드 덴켄버거David Denkenberger의 저서 《어떤 상황에서도 식량을 구하는 법》과 같은 책들은 그들이 마땅히 받아야 할 주목을 받아본 적이 없다. 하지만 위기가 현실이 된 지금 핵전쟁, 초대형 지진 등에서 살아남기 위해 대규모 식품 저장 시스템을 갖추고, 지하 버섯 농장, 심지어 박테리아 기반 식품 개발 등 덴켄버거가 하는 제안을 진지하게 받아들이게 된다. '최선을 바라며 최악을 계획한다'는 글귀가 널리 울려 퍼지면서 미리 준비하는 이들이 현명해 보인다. 우리는 코로나19 상황을 이용해 상황을 바꿀 수 있으며, 방대한 문제에 직면할 때 더 현명하고 탄력적인 대안을 낼 수 있음을 알게 되었다.

14. 수명 연장 재해석

노년층의 상황과 고통은 일반적으로 거의 다루어지지 않는다. 전염병이 발생하기 전에도 노인들은 다양한 질병으로 매일 10만 명 이상이 사망했다. 코로나19가 특히 노년층에 불균형적인 영향을 미친 것이 노년층의 사망에 다시금 관심을 돌리게 했다.

세대 간 연대는 우리가 신체적으로 건강한 상태를 유지하는 것이 일시적이라는 사실을 깨달으면서 더 중요해질 수 있다. 수명 연장은 노화를 질병으로 분류하는 사람들이 종종 제기하는 주장인데, 이제 집단지성으로 건강과 수명 연장을 더 진지하게 다루어야 할 것이다.

15. 집단지성과 집단신념을 통해 가능한 것들

미국 연방준비제도이사회Federal Reserve Board, FRB는 단기 대출에 1조 5,000억 달러를 내놓고 코로나19 속 시장의 안정화를 꾀하고 있다. 이 금액은 미국의 대학생 대출 부채총액인 1조 6,000억 달러보다 적다. 따라서 코로나 사태로 인한 경제 위기를 안정시키기 위해서는 실제로는 훨씬 더 많은 자금이 필요할 것이다. 하지만 이 모든 것은 결국 빚으로 돌아온다.

집 안에서 많은 시간을 보낸다는 것은 집단 신념, 즉 믿음을 공유하고 증폭시킬 수 있는 사람들과 집단지성으로 변화를 배우고 새로운 것을 조직하는 일에 많은 시간을 보낸다는 의미다. 그것이 빚에 관련된 것일 수도 있고 아닐 수도 있지만, 당장의 위기를 넘긴 후 빚으로 다시 찾아올 미래의 위기를 이번에는 집단지성을 통해 준비할 수 있을 것이다.

16. 코딩이 필요 없는 세상: 노 코드 웹 플랫폼

코로나19 이후 비대면 산업으로 노 코드 웹No Code WEM이라는 플랫폼도 인기를 끌고 있다. 요즘의 초등학생들은 과거에는 없었던 과목인 코딩을 배우는 데 시간을 할애한다. 컴퓨터가 중심이 되는 세상에서 프로그램을 만드는 데 기본이 되는 코딩을 배워야 세상을 이해할 수 있기 때문이다. 그런데 이제 코딩을 배울 필요가 없게 만들어주는 애플리케이션과 플랫폼이 등장하고 있다. 플랫폼에 들어가서 이미 만들어진 수천 가지의 각종 애플리케이션과 프로그램들을 사용해 각자가 원하는 프로그램과 홈페이지, 그 밖에 비즈니스에 필요한 각종 프로그램(재고 관리, 세무 등)을 만들 수 있다. 이런 애플리케이션은 사용이 매우 간단해서 프로그램 언어 등을 배우지 않은 초보자라도 할 수 있다. 대학에서 학생 및 교수 관리, 성적 관리 등 학사일정을 관리하기 위해 전산실에 20~30명이 근무하는데 WEM은 이들 전문가들이 하는 일을 1개월 정도만 연습하면 누구나 할 수 있게 해준다. 또한 클라우드에서 모든 정보를 해킹 없이 관리해주는 WEM 플랫폼은 원격근무의 환경에도 잘 맞는다.

WEM은 노 코드no-code 환경으로 사용자가 기본에서 엔터프라이즈급의 복잡한 응용프로그램까지 작성할 수 있다. 자바스크립트Javascript, 앵귤러Angular, HTML, CSS와 같은 프로그램에 대한 지식은 필요하지 않다.

WEM의 환경은 웹 기반이며 웹에 맞게 확장하고 다양한 모바일 폼팩터에 적합하며 웹의 보안 요구 사항을 충족시키는 기능을 포함해 웹과 모바일을 염두에 두고 설계되었다. 전체 개발 환경이 무료로, 개발자에게도 도구와 필요한 모든 인프라가 무료 제공된다. 즉 WEM에서는 노 코드로 거의 모든 복잡한 응용프로그램을 작성할 수 있다.

자동화되는 비즈니스 문제에 대한 프로세스 또는 도메인에 관한 전문 지식을 가진 사람은 1~2주의 교육 및 코칭으로 WEM 응용프로그램을 구축할 수 있다. WEM의 일반적인 사용자층은 비즈니스 분석가, 프로세스 디자이너, IT 개발자이지만 비즈니스 프로세스를 이해하는 모든 사용자가 제품을 선택할 수 있다.

17. 공공의 적, 코로나바이러스

20세기에 세계화에 초점을 맞춘 일부 사상가들은 지구촌이 소비문화를 공통분모로 한 '맥월드McWorld'로 변하고 있다고 주장했다. 맥도널드가 전 세계 문화의 공통분모가 되었다는 뜻이다. 여기에는 논쟁의 여지가 있지만, 모든 인간이 가진 훨씬 더 건전한 공통점이 있다. 바로 안전한 내일을 원하는 것이다. 코로나19는 외모나 국적과 관계없이 모든 사람을 공격하는 일반적인 공공의 적이다.

이 적은 우리에게 선택을 강요한다. 이 재앙이 발생하기 전과 같은 세상으로 되돌아가거나, 세계인이 공유한 사건을 통해 진정한 세계화의 길로 들어설 수 있다. 코로나 사태는 개인이 어느 한 국가에 소속되는 지배체제에 많이 의존하고 있는 연약한 존재라는 사실을 인정하게 한다.

우리는 전 세계의 상호 연결성을 알고 있었고, 매초마다 테드TED 강연에서 이것을 언급하고 있다. 하지만 우리는 지금만큼 세계가 연결되어 있다는 것을 느껴본 적이 없다. 우리는 바이러스 확산을 제어하기 위한 글로벌 조정 기관의 부재를 목격했다. 대신 각국의 정부가 어떻게 이 바이러스 퇴치 경험을 공유하면서 국가적 경험을 바꾸는지를 목격하고 있다.

이제 우리는 다른 대안을 내놓아야 한다. 세계적 위험에는 세계적 대응을 찾고 함께 행동해야 한다는 중요한 사실을 깨달았다. 빠르게 퍼지는 바이러스는 우리를 변화시킬 수 있다. 아이디어도 바이러스처럼 빠르게 퍼질 수 있고 강력한 영향력을 행사할 수 있다.

집단지성이 전염병을 극복하는 7가지 방법

세계적 유행병의 출현을 다루는 것은 복잡한 작업이다. 이를 극복하기 위해 집단지성이 지역사회와 정부에 의해 전 세계적으로 사용되고 있다. 가장 간단한 것은 분산된 그룹의 사람들이 종종 기술의 도움을 받아 문제를 해결하기 위해 더 많은 정보, 아이디어 및 통찰력을 동원할 때 만들어지는 향상된 능력이다.

디지털 기술의 발전은 최근 몇 년간 집단지성을 통해 달성할 수 있는 것을 변화시켰다. 더 많은 사람을 연결하고, 기계지능으로 인간의 지능을 보강하고, 새로운 데이터 소스로부터 새로운 통찰력을 창출하도록 도와준다. 특히 질병 발생과 같이 빠르게 전파되는 복잡한 글로벌 문제를 해결하는 데 적합하다.

다음은 집단지성이 코로나바이러스와 같은 세계적 전염병을 다루는 일곱 가지 방법이다.

1. 발생 예측 및 모델링

건강 모니터링 플랫폼인 블루닷Blue Dot은 WHO가 성명을 발표하기 9일 전인 2019년 12월 31일에 중국 우한에서 독감 같은 바이러스가 발생했다고 고객에게 경고했으며, 그 바이러스가 우한에서 방콕, 서울, 타이베이 및 도쿄로 이동할 것이라고 정확하게 예측했다.

블루닷은 기존 데이터 세트를 결합해 새로운 통찰력을 만든다. 자연어 처리, 사람이 만든 텍스트를 이해하고 번역하는 인공지능, 빅데이터와 머신러닝, 동물의 질병 발생 보고서, 65개 언어의 뉴스 보고서 및 항공사 승객 정보 등을 체로 걸러낸다. 역학 전문가에서부터 수의사 및 생태학자에 이르기까지 다양한 전문지식을 바탕으로 한 인간 지능으로 기계 생성 모델을 보완해 예측이 유효하다는 것을 보장한다.

2. 시민과학

BBC는 2018년 시민과학 프로젝트를 수행했으며, 이 프로젝트는 감염이 어떻게 확산하는지에 대한 새로운 과학적 데이터를 만드는 데 일반인을 참여시켰다. 사람들에게 매시간 GPSglobal positioning system: 위성항법장치 위치를 모니터링하는 앱을 다운로드해 그날 누구를 만나고 연락했는지 보고하도록 요청했다.

이 집단지성 이니셔티브는 연구자들이 슈퍼 전파자가 누구인지 찾아내는 데 도움이 되는 방대한 양의 데이터를 만들었으며 제어 조치가 확산 속도를 늦추는 데 미치는 영향을 이해하도록 도움을 주었다. 전체 데이터 세트는 여전히 분석되고 있지만 연구원들은 코로나19에 대한 영국의 대응 모델링에 도움이 되는 데이터를 발표했다.

3. 실시간 모니터링 및 정보

한 코딩 아카데미가 정부 공식 자료를 기반으로 해서 만든 애플리케이션 '코로나19 SG'를 통해 싱가포르 거주자는 알려진 모든 감염 사례, 확진자가 거주하고 근무하는 거리, 입원한 병원, 평균 회복 시간 등을 확인할 수 있다. 잠재적인 개인정보 침해에 대한 우려에도 불구하고, 싱가포르 정부는 감염에 대한 개방성이 사람들이 현재 상황에 대한 결정을 내리고 불안을 관리할 수 있는 가장 좋은 방법이라는 접근 방식을 취했다.

4. 소셜미디어 채굴 프로젝트

2020년 2월 〈와이어드Wired〉는 하버드 의대 연구원들이 질병의 진행 상황을 모니터링하기 위해 일반 대중이 생성한 데이터를 어떻게 사용했는지 보고했다. 이를 위해 소셜미디어 게시물을 채굴하고 자연어 처리를 사용해 의사가 잠재적 사례를 보고한 곳에서 열과 호흡기 증상에 대한 언급을 찾아냈다.

이것은 〈역학 저널〉 1월호에 실린 기사의 증거를 바탕으로 트윗의 핫 스팟이 질병이 어떻게 퍼지는지에 대한 좋은 지표가 될 수 있다는 것을 발견했다. 이러한 이니셔티브가 얼마나 효과적인지에 관한 문제는 여전히 남아 있다.

바이러스에 대한 사람들의 경험 공유에 관해 언론에는 거의 보도되지 않았지만, 전염병 대응에서 사회과학의 중요성이 점점 인식되고 있다.

5. 게임

코로나바이러스 퇴치를 위한 약물의 개발 속도를 높이기 위해 워싱턴 대학교의 연구원들은 과학자들과 대중에게 온라인 게임을 하도록 요구하고 있다.

게임의 주제는 바이러스가 인간 세포에 침투하는 것을 막을 수 있는 단백질을 만드는 것이다. 이 게임은 12년 된 웹사이트인 폴딧Foldit에 있으며 전 세계 20만 명 이상의 등록된 플레이어가 중요한 단백질 연구 결과를 제공하는 크라우드 소싱crowd sourcing: 대중의 참여로 해결책을 모색하는 방법 사례다.

6. 오픈소스 테스트 키트

코로나19 검사가 부족하고 접근성 역시 떨어진다는 문제를 해결하기 위해 네스타 집단지성Nesta Collective Intelligence을 사용하는 저스트원 자이언트 랩Just One Giant Lab은 전 세계 어디에서나 사용할 수 있는 저렴하고 빠른 코로나바이러스 테스트 키트를 개발하고 있다. 이 이니셔티브는 인증된 연구소가 지역사회를 위한 테스트 키트를 쉽게 생산할 수 있도록 오픈소스 및 디자인 공유에 대한 야심을 가지고 DIYDo-it-youself 생물학 공동체의 아이디어를 크라우드 소싱하고 있다.

7. 지식 공유

글로벌 위기에서 바이러스에 대한 집단지성을 공유하는 것은 새로운 치료법을 찾는 능력에 중요한 요소가 될 것이다. 넥스트스트레인NextStrain은 제2형 중증 급성 호흡기 증후군 코로나바이러스(코로나19의 균주)의 게놈을 시퀀싱하는 전 세계 실험실의 모든 데이터를 가져와서 사람들이 게놈트리에서 볼 수 있도록 한곳에 집중시킨다. 깃허브GitHub에 구축된 이 공개 저장소는 과학자들이 코로나바이러스의 게놈 진화를 연구하고 사람들 사이에 바이러스가 어떻게 전파되는지 추적할 수 있도록 도와준다.

또한 연구원들은 오픈소스 간행물 및 학술 논문 사전 공개 사이트(BioRxiv, Chinaxiv)를 통해 바이러스의 게놈 프로필에 대한 새로운 연구 결과를 공유하고 있다. 영국의 의학 저널과 같은 과학 출판물에서 코로나바이러스와 관련된 콘텐츠의 유료화가 일시적으로 해제되고 있으며 대중은 주요 뉴스들도 이에 따를 것을 요구하고 있다.

레딧Reddit의 활동가들은 한 단계 더 나아가 '도덕적 필요'를 이유로 유료화 벽을 우회해 코로나바이러스에 관해 언급한 5,312건의 연구 논문을 공개적으로 보관할 수 있었다. 뉴스픽 하우스Newspeak House는 전문가가 코로나바이러스 발생에 대응할 수 있도록 하기 위한 도구, 기술 및 데이터 핸드북을 크라우드 소싱하고 있다.

WHO는 전 세계 데이터베이스를 대상으로 발표된 연구를 편집하고 의료 전문가를 위한 코로나19 관리에 관한 학습자료를 만들고 있으며, 의사결정자들은 WHO 온라인 학습 플랫폼에서 이를 이용할 수 있다.

네스타 집단지성 설계 센터에서는 현재의 위기상황에서 집단지성이 어떻게 사용되는지 추적하고 집단정보 프로젝트의 공개 온라인 게시판을 최대한 자주 업데이트하고 있다. 결국 함께 일하고 지식을 공유함으로써, 우리는 대유행을 꺾을 것이다.

코로나19 극복에 뛰어든 인공지능의 가능성과 한계

2019년 12월 리원량 박사는 중국 우한에서 새로운 코로나바이러스에 관해 공무원들에게 경고하기 시작했지만 경찰에 의해 침묵했다가 2개월 후 이 전염병으로 투병 중에 사망했다. 거의 동시에, 전 세계 절반의 컴퓨터 서버가 잠재적인 새로운 확산에 대한 경고를 출력하기 시작했다. 이 서버는 샌프란시스코에 본사를 둔 회사인 블루닷의 인공지능을 사용해 질병의 조기 징후를 찾아 전염병 발생을 모니터링한다.

하지만 인간의 전문지식이나 인공지능에 귀를 기울인 사람은 많지 않았다. 결국 우한의 전염병은 전 세계로 퍼져나가서 사람들은 뒤늦게 주목할 수밖에 없게 되었다.

블루닷 및 기타 머신러닝 기반 서비스는 코로나19의 경우 건강 전문가와 거의 같은 시간에 감염성 질병 발병의 초기 징후를 포착하기 시작했다. 우리는 종종 차세대 의료 서비스로 인공지능에 관해 듣는다. 인공지능은 의료 서비스에서 사례를 조기에 포착하고 약물 개발을 가속화하며 치료를 개인화할 수 있다. 그러나 코로나19는 세계적으로 심각하고 시급한 실제 테스트 사례에서 의료 인공지능의 발등에 불을 붙인 최초의 세계적 유행병이다. 직접 맞붙는 경주에서는 그동안 볼 수 없었던 코로나19에 대한 새로운 항바이러스 또는 백신 개발을 가속화할 수 있을까? 아니면 인공지능의 과대광고가 현실보다 부풀려져서 결국은 기존의 생명공학 수단이 뛰어나다는 것이 밝혀질까?

기존 생명공학에 인공지능이 더해지다

〈MIT 테크놀로지 리뷰MIT Technology Review〉는 최근 인공지능이 현재 능력 수준에서 어떻게 새로운 바이러스 위협을 예측하고 진단 및 치료하는 데 도움이 될 수 있는지 종합적으로 검토한 기사를 발표했다.

인공지능의 잠재력은 엄청나다. 다만 현재의 코로나19를 해결하는 것을 인공지능에 기대하지는 말라. 아직 준비가 되지 않았다.

그렇더라도 주요 머신러닝 기업이 위기를 해결하기 위해 기술을 어떻게 활용하고 재배치하는지를 보는 것은 매우 도움이 된다. 사람들은 종종 실제 세계에서는 그다지 중요하지 않은 표준화되고 제한된 데이터 세트에서 시행되는 인공지능 테스트를 비판했다. 하지만 코로나19를 연구하는 기업은 더 이상 그렇지 않다.

다음은 건강 기술 분야의 주요 인공지능 플레이어인 딥마인드 DeepMind: 알파고를 개발한 알파벳의 자회사로, 인공지능 프로그램을 개발한다가 코로나19를 대하는 방법이다.

의료용 약물 발견을 가속화할 수 있다는 인공지능의 능력은 대부분의 사람들이 지지하는 아이디어다. 한 가지 주의사항은 지금까지 인공지능을 사용해 새로운 약물을 발견한 경우는 있었지만, 인공지능 기반 약물 후보가 승인 과정 등 전체 프로세스를 더 빠르게 해서 약물을 시장에 더 빨리 출시한다는 것을 입증하지 못했다.

매우 광범위한 뇌졸중에서 인공지능은 두 가지 주요 방법으로 초기 약물 발견에 큰 도움이 되었다. 하나는 인간 전문가보다 훨씬 빠른 시뮬레이션 테스트를 통해 잠재적 약물에 대한 수백만 개의 화합물을 검사하는 것이다. 둘째, 신약이 통증을 줄이거나, 감염병의 경우 전파를 늦추는 표적을 식별한다.

코로나19의 경우 딥마인드는 두 번째 경로에 집중하고 있다. 바둑 등의 게임에서 인간 플레이어를 능가하는 알고리즘으로 주로 알려진 딥마인드는 약물 발견 솔루션을 직접 작업해왔다. 수천 개의 단백질 구조를 습득한 자료를 바탕으로, 새로운 단백질이 주어지면 기존 자료에 유사한 단백질이 없을 때 단백질 구조를 정확하게 예측하는 딥러닝deep learning: 머신러닝보다 한층 심화된 기계학습으로 신경망 계층구조를 이용해 스스로 학습한다 시스템인 알파폴드AlphaFold다.

'투명인간'을 예측하는 인공지능

3D 단백질 구조는 신약 개발, 특히 새로운 바이러스 개발에 필수적이다. 예를 들어 코로나바이러스는 표면에서 튀어나오는 스파이크 단백질을 가지고 있다. 일반적으로 인간 세포에는 없는 구조라서 이 바이러스가 인체에 침투하지 못한다. 그러나 코로나19의 스파이크 단백질은 보완적인 성분으로, 특정 세포에서 활성화하는 '트로이 목마'다. 특히 폐 세포에 이런 요소가 풍부하기 때문에 침입에 취약하다.

이런 반응을 일으키는 구조를 알아내는 것이 딥마인드의 알파폴드가 하는 일이다.

글로벌 협업이 급증하면서 중국은 오픈 액세스 데이터베이스에서 코로나19 바이러스의 게놈 청사진을 공개했고, 다른 사람들은 실험이나 컴퓨터 모델링을 통해 결정되는 일부 단백질의 구조를 온라인으로 게시했다. 딥마인드는 머신러닝을 사용해 약물 또는 백신의 표적이 될 수 있는, 잘 알려지지는 않았지만 잠재적으로 중요한 단백질 몇 가지에 중점을 두어 이러한 데이터를 다음 단계로 끌어올리고 있다.

단백질 접힘protein folding: 아미노산 복합체인 단백질이 개개의 단백질에 고유한 접힌 구조를 만드는 과정은 생화학 및 약물 발견에서 수십 년 동안 근본적인 문제였다. 현존하는 거의 모든 약물이 특정 단백질을 섭취해 작동하므로 단백질 구조를 식별하는 것은 적의 지형을 조사하고 동시에 최선의 공격 지점을 찾는 것과 비슷하다. 문제는 유전자 코드가 단백질이 어떻게 보이는지 해석하지 못한다는 것이다. 새로운 바이러스에 관한 한 단백질 구조를 예측하지 않고서는 마치 투명인간과 싸우는 것과 다를 바 없다.

전통적인 방법들은 첨단 현미경, 단백질을 결정질이 있는 개체로 동결시키는 방법, 그 밖에 구조를 이해하기 위한 이상하고 값비싼 방법을 사용한다. 이 범위에서 단백질은 기본적으로 화학물질의 '문자' 사슬로 둘러싸여 있다. 딥마인드와 기타 단백질 접힘을 이해하려는 노력의 핵심은 이러한 구조를 기반으로 약물 표적을 예측하고 해독하는 방법을 찾는 것이다.

알파폴드는 수십 년에 걸친 딥러닝 진보가 결합된 조합으로 두각을 나타내며, 공개 도메인의 단백질 구조 데이터베이스에 기록된 전문 지식의 안내를 받는다. 다시 말해, 알파폴드는 게놈 시퀀스(코로나19에 사용 가능하고 비교적 쉽게 구할 수 있음)를 사용해 각 '문자' 또는 특정 단백질을 구성하는 요소의 '거리'를 조사해 실제로 작업을 수행해서 단백질의 특성을 예측한다.

알파폴드가 최초의 단백질 접기 게임이라는 것은 의심의 여지가 없다. 딥마인드 자체도 '이러한 구조 예측은 실험적으로 검증되지 않았지만' 항바이러스나 백신의 제조를 위한 노력을 자극할 수 있다고 강조한다. 현재로서는 알파폴드가 전염병에 얼마나 기여할지 판단하기 어렵다. 그러나 약물 발견의 중요한 측면을 자동화함으로써 다음 전염병에서 더 중요한 선수가 될 수 있다. 그리고 이 모든 것은 수십 년 동안 구축된 단백질 구조의 오픈소스 데이터베이스가 없으면 불가능하다. 단백질 접힘에 대한 더 자세한 내용은 2부 '건강과 수명 연장'에서 다룬다.

인공지능에 대한 신뢰가 부족하다

중국의 인공지능 거인 바이두Baidu는 또 다른 중요한 생체 분자인 mRNA의 구조를 예측하는 알고리즘을 사용하고 있다. mRNA는 DNA의 유전정보를 세포질 안의 리보솜에 전달하는 RNA로, mRNA 메신저를 제거하면 바이러스성 단백질은 절대로 태어나지 않는다. 마찬가지로 인공지능은 언젠가 나타날 전염병을 예측할 수 있고 시간이 지남에 따라 바이러스가 어떻게 변하는지 예측할 수 있지만, 이는 충분한 신뢰가 있는 경우에만 도움이 된다.

또 다양한 인공지능 기업들은 코로나19의 징후를 식별하는 효율적인 진단이나, 위험에 처하거나 과로한 최전선의 의료진을 지원하기 위한 여러 가지 조치를 취하고 있다. 문제는 새로운 바이러스라서 인공지능을 훈련시킬 데이터가 충분하지 않다는 것이다.

인공지능은 우리의 구세주일까? 이 유행병에는 아니다. 2003년 사스의 발발과 마찬가지로, 가장 좋은 대응책은 수 세기 동안 존재해온 사회적 격리다. 앞에서 언급했듯이 코로나19가 대유행으로 폭발하기 전에 정부가 대응할 준비가 되어 있는 한, 과학은 코로나19에 대한 답변을 제공할 준비가 되었다. 인공지능은 과학적 데이터를 기반으로 하고 여러 방법으로 상황의 타개를 돕고 있으며, 머신러닝은 이를 신속하게 학습한다.

그러나 아이러니하게도, 코로나19는 현재의 의료 분야에서 인공지능의 가장 강한 부분과 가장 약한 부분을 모두 노출하고 있다. 코로나19는 의료 분야의 인공지능에 대한 잔혹한 테스트 사례를 제시한다. 현재 가장 약한 부분은 정부의 관리와 그에 대한 대응이다. 즉, 제도적으로 보완되지 않는 이상 신기술의 적용과 발전에는 한계가 있을 수밖에 없다.

코로나19로 인해 인공지능을 포함한 많은 기술에 제도적 한계가 있다는 사실을 많은 사람들이 깨닫게 될 것이다. 이것이 다음 전염병의 유행, 다음 재난까지 제도적 보완을 통해 기술의 발전에 도움을 줄 발걸음으로 이어져야 한다. 그렇게 첨단 기술의 미래는 조금 더 앞당겨질 것이다.

디지털 학습은 여전히 차선책인가

코로나19가 계속 확산되면서 세계는 전례 없는 규모로 디지털화를 진행했다. 수만 명의 직원이 집에서 일하고 있으며, 구글 I/OInput/Output: 연례 개발자 컨퍼런스 및 애플 WWDCWorld Wide Developers Conference: 세계 개발자 회의와 같은 대규모 연례행사에서 디지털 이벤트를 실험할 계획이다.

대학들도 학생들을 집으로 보내고 있다. 이런 표현이 얼마 전까지는 휴학을 의미했을 수 있다. 그러나 더 이상은 아니다. 강의실이 비워짐에 따라 디지털 학습에 대한 실험이 증가하고 있다. 미국에서만 하버드에서 듀크에 이르는 100개 이상의 대학이 학생들에게 학기를 계속할 수 있도록 온라인 수업을 제공하고 있다.

디지털 학습은 꾸준히 개선되어 왔지만 교육에서 디지털로의 이동은 느렸다. 그러나 코로나19가 우리를 더욱 디지털로 연결된 현실로 안내할 뿐만 아니라 그 이점을 더 잘 이해하도록 만들고 있다. 그동안 디지털 학습은 전통적인 학습보다 열등한 것으로 여겨져 왔기 때문에 현재의 상황은 교육에서 매우 중요한 시점이다.

소외 지역 아동을 위한 온라인 교육의 반전

우리는 종종 디지털 기술을 전통적인 서비스에 접근할 수 없는 사람들에게 접근의 기회를 제공하는 방법이라고 생각한다. 예를 들어 근처에 학교가 없는 어린이를 위한 온라인 학습이나 의사가 없는 마을의 환자를 위한 원격진료가 그렇다. 이러한 솔루션은 수백만 명의 사람들을 도왔지만 종종 '차선책'이나 '없는 것보다 나은 것'으로 여겨져 왔다. 자원이 풍부한 환경에서도 사람들이 콘서트, 축구 경기 등의 행사에 직접 참석하기 위해 더 큰 비용을 지불한다는 선택지가 있는 반면, 디지털 등가물은 매우 저렴하거나 무료다. 왜 그럴까? 이런 상황이 바뀔 수 있을까?

뉴멕시코 대학교의 의학교수인 산지브 아로라Sanjeev Arora 박사의 사례를 보자. 아로라 박사는 뉴멕시코주 시골에서 발생한 C형 간염 사례의 엄청난 수에 좌절해 프로젝트 에코Project Echo를 시작했다. 그는 환자에게 빨리 도달하면 불필요한 사망을 막을 수 있다는 것을 깨달았다. 그 해결책으로 지역 보건요원을 위한 디지털 학습을 제시했다.

프로젝트 에코는 농촌의 의료 전문가와 최고 의료센터의 전문가를 영상으로 연결한다. 전문가는 모범사례를 공유하고 검토해 실제 환경에 적용하고, 극단적인 사례를 논한다. 전문가 프레젠테이션에 추가해 질문을 하고 전문가와 교류할 수 있는 많은 기회가 이곳에서 제공된다.

이 방법은 학습, 실습, 평가, 조정으로 이뤄진다. 2003년 이래로 프로젝트 에코는 39개국의 800개 지역으로 확장했으며, 9만 명 이상의 의료 서비스 제공자를 교육했다. 특히 〈뉴잉글랜드 의학 저널New England Journal of Medicine〉의 연구에 따르면 프로젝트 에코의 C형 간염 치료에서 농촌 및 소외된 지역과 대학 의료센터가 비슷한 결과를 얻었다는 것이 밝혀졌다. 즉, 이 맥락에서 디지털 학습은 양질의 직접 학습과 동일하다.

맞춤형 학습이 가능한 디지털 학습

온라인으로 사람들을 교육하는 경우, 참여 수준을 더 잘 이해하기 세션을 기록할 수도 있고, 심지어 그것을 실시간으로 분석하기 위해 인공지능을 활용할 수도 있다. 예를 들어 브라이언 탈레비Bryan Talebi가 설립한 아후라Ahura 인공지능은 온라인 교육을 통해 근로자의 기술을 향상시키는 것을 목표로 한다. 그들의 초기 연구는 좌절감이나 산만함과 같은 사용자의 실시간 감정을 분석하고 수업 계획이나 난이도를 조정해 학습 속도를 크게 높일 수 있음을 시사한다.

디지털 학습의 다른 이점으로는 교과서 인쇄 및 배송 대신 강의 자료를 즉시 다운로드하고, 많은 학교 및 사회복지기관의 요구사항인 성적 및 기타 결과를 더욱더 쉽게 보고할 수 있다는 것이 있다. 물론 다른 디지털화된 산업에서 볼 수 있듯이 디지털 학습은 훨씬 저렴한 비용으로 성장 및 확장할 수 있다.

2016년 미얀마에서 설립된 디지털 학습 스타트업인 360에드360ed는 증강현실 수업으로 미얀마의 어린이 수백만 명에게 서비스를 제공하고 있다. 2015년 크리스틴 S. 느팀Christine S.Ntim과 아인슈타인 K. 느팀Einstein K. Ntim이 설립한 글로벌 스타트업 에코 시스템Global Startup Ecosystem은 세계 최초이자 최대 규모의 디지털화 가속 프로그램이다. 온라인 프로그램은 90개국에서 1,000개가 넘는 회사를 지원한다. 이 두 조직이 얼마나 빠르게 성장했는지 놀랍다.

두 사례는 모두 오프라인 경험도 포함한다. 360에드의 강의 중 다수에서는 온라인-오프라인 상호작용이 학습 효과를 향상시키기 때문에, 어린이가 스마트폰과 함께 사용하는 종이 플래시카드가 함께 제공된다. 또한 글로벌 스타트업 에코 시스템은 관련 이니셔티브를 통해 다양한 주제로 전 세계에서 약 10차례 현장 기술 서밋을 개최한다.

더 나아가 온라인 학습의 가장 중요한 이점은 직장에서 다른 디지털 시스템과 통합할 수 있는 잠재력일 것이다.

모든 환자 및 치료에 대한 완벽한 정보를 실시간으로 제공하고 이 정보가 익명으로 중앙 집중화되고 분석되며 의료센터, 연구소, 제약회사, 임상시험, 정책 입안자 및 의료기관과 공유되는 시스템을 상상해보라. 자율주행차가 다른 자율주행차의 경험에 접근해 더 안전하고 빠른 주행을 배우는 것과 마찬가지로, 복잡하고 시간과 싸우는 과제를 해결하기 위해 노력하는 모든 그룹이 서로의 경험을 통해 배우고 지식을 쌓을 수 있다.

저렴한 가격으로 더 나은 교육 서비스

장기적으로 교육은 전통 학습과 디지털 학습의 가장 좋은 측면을 결합하는 것으로 완성될 가능성이 높지만, 단기적으로 우리가 디지털 기술에 대한 가정을 더 잘 인식하는 것이 중요하다. 교육, 의료 및 기타 산업에서 가장 선구적인 작업 중 일부는 가상 환경이기 때문에 지금 당장 눈에 잘 띄지 않을 수 있다. 예를 들어 대부분의 사람들은 미국 시골에서 가장 바쁜 응급실이 이미 가상이라는 것을 알지 못한다.

그들이 다른 디지털 기술과 융합하기 시작하면 이러한 혁신은 우리 모두에게 주류 시스템이 될 것이다. 다음 중 더 많은 질문을 제기하는 것은 어떤 것일까? 이러한 가상 서비스에 가장 적합한 비즈니스 모델은 무엇인가? 기존 기관보다 더 나은 의료 및 교육 성과를 제공하기 시작하면 더 많은 비용을 지불해야 하는가?

우리는 기술이 오늘날보다 더 저렴한 가격으로 모든 사람에게 고품질의 교육, 의료 및 기타 서비스를 제공할 수 있는 더 큰 변화로 이어지기를 기대한다.

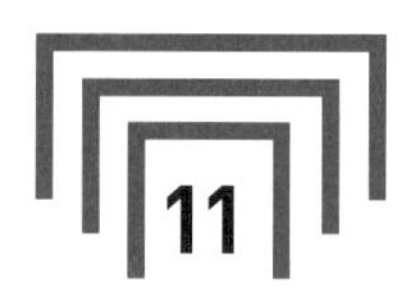

예상을 웃도는 자동화의 속도

코로나19로 세계는 공중보건 비상사태에 처해 있다. 일상이 정지되었으며, 평범한 생활이 붕괴되었다. 행사가 취소되고 공공장소는 운영을 중지했으며, 외출하지 말고 집에서 보낼 것을 권고받고 있다. 일부 사람들은 일자리를 잃었다.

이런 위기는 사람들의 불안 심리를 조장해 화장지를 사재기하는 최악의 사태를 불러온다. 하지만 도시나 국가 전체가 봉쇄된 가운데서도 이탈리아에서는 사람들이 창문을 열고 함께 노래를 부르고, 스페인 사람들은 방에서 함께 운동하고, 기업인들은 집 안의 공기를 환기시키는 DIY 공기정화기 만드는 법을 유튜브YouTube에 올렸다. 또 이탈리아의 자원봉사자들은 3D프린터로 바이러스 치료를 위한 의료기기를 프린트하는 등 공동의 혜택을 위한 노력이 이어지고 있다.

인간의 종말을 생각하는 사람들도 있지만 오히려 이런 위기에 인류의 희망을 보고 싶다면 이와 같은 다양한 사례를 살펴보기 바란다. 위기에는 희망과 기회가 있다.

회계 컨설팅 기업 KPMG의 기술이사이자 작가인 피터 싱Peter Xing도 여기에 동의하는 사람인데 그는 코로나바이러스 전염병이 우리에게 자동화 및 제품과 서비스의 원격 제공을 증가시키는 기회가 되어준다고 말한다. 그는 현재 모든 것이 중단된 상황이 오히려 디지털 혁신 생태계를 급성장시키는 플랫폼이라고 주장했다.

2020년 3월에 개최된 싱귤래리티 대학교 코로나19 가상정상회담에서 싱은 이 확산이 자동화된 사회로의 전환을 어떻게 가속화시키는지, 그래서 미래를 어떻게 바꾸는지를 설명했다.

무한한 자원은 없다

우리는 식료품점 선반이 텅 빈 것을 목격했다. 종이제품 통로, 냉동식품 섹션 또는 신선한 농산물 코너의 선반은 텅 비었다. 사람들이 공황을 기억하고 물건을 사재기했는데 그중에 가장 불가피한 품목 중 하나는 화장지였다. 화장지가 없었던 시절로 돌아갈 수 없다는 생각이었을 것이다.

싱은 이 화장지 부족을 '죄수의 딜레마'라고 설명했다. 마스크처럼 공급 부족의 문제가 아니라 사고방식의 문제라고 지적했다. 우리는 지금 집에 갇힌 죄수들이며, 화장지를 비축하거나 안 하거나 감옥의 화장지는 정해져 있으므로, 결국 우리가 서로 협력하는 방식을 찾아야 한다는 것이다. 결코 제로섬 게임이 아니라 협력하면 대안이 나온다는 뜻이다.

싱은 CNN에 출연해서 사람들이 왜 화장지를 매점매석하는지를 설명하면서, 화장지 제조와 관련된 생산 방법 및 공급망을 자세히 알려주어서 공황 구매를 하지 않도록 설득했다. 그는 또 화장지 생산 자동화 프로세스를 보여주면서 대량 구매의 중단을 요구했다. 전 세계의 화장지를 공급하기 위해 하루에 약 2만 7,000그루의 나무가 사용된다. 공급량을 제한하는 것은 원료인데, 세계에는 나무가 엄청나게 많다. 그리고 공장 자동화 덕분에 코로나19가 생산에 영향을 미치지 않아, 화장지는 계속 생산될 것이다. 자동화가 되지 않은 생산 시설이 있다면 그것이 문제다.

모두를 위한 자동화

이제 우리는 이 수준의 자동화를 거의 모든 곳에 적용할 이유가 생겼다. 현재 상황이 우리가 계획했던 것보다 더 많은 로봇과 자동화 시스템을 사용하도록 강요하게 만들 수도 있지만, 그것이 결국 우리에게 돈을 절약하고 더 많은 기회를 제공할 것이라고 싱은 말한다. 그는 패스트 캐주얼 식당 치포틀Chipotle, 파네라Panera 등을 대표적인 예로 들었다. 자동화 후에 돈을 훨씬 더 많이 벌게 된 사례다.

현재 미국인들은 캐주얼 식당에서 먹는 것보다 집에서 식사를 준비할 때 훨씬 더 많은 지출을 한다. 요리에 필요한 준비물, 식료품 쇼핑, 요리 시간, 설거지 등의 비용이 훨씬 더 많이 들기 때문이다. 투자관리 회사인 아크 인베스트ARK Invest의 연구에 따르면, 이 모든 비용을 고려하면 집에서 요리하는 음식은 한 끼에 약 12달러 정도가 든다. 이 비용은 집 근처에 있는 음식점의 한 끼와 같거나 더 비싸다. 캐주얼 식당의 메뉴를 준비하는 데 수반되는 반복적이고 숙련도가 낮은 업무들이 자동화됨에 따라 음식 가격이 더 낮아지면서 가정 요리는 점차 사라질 것이다. 그러나 집에서 만든 밥이 설탕, 기름, 기타 다양한 맛을 강화하기 위한 조미료가 덜 들어가서 건강에 좋다는 것은 고려할 가치가 있다. 게다가 사람들 중에는 집에서 만든 음식을 통해 여유와 만족을 얻는 이들이 있다.

전례 없는 위기 상황에서 우리는 서로를 만지거나 다른 사람이 만진 것을 만져서는 안 되지만 식사는 계속해야 한다. 그래서 자동화된 음식 준비, 자동화된 배달 서비스가 크게 부상하고 있다. 실제로 코로나 이후 중국에서 배달 드론 사용이 급증했다.

아마존은 배달에 서비스 로봇 사용을 꾸준히 확대하고 있다. 2019년 하반기 아마존은 20만 대의 로봇을 고용했고, 제품 배달 비용은 하락했다. 아크 인베스트의 연구에 따르면 자동화는 미국

GDPgross domestic product: 국내총생산를 향후 5년간 8,000억 달러, 15년간 12조 달러 증가시킬 수 있다고 예측된다. 이 변화로 GDP는 자동화가 되지 않는 경우보다 40% 더 높아진다.

예상하지 못한 자동화의 혜택

이 숫자는 일반 소비자, 근로자 또는 시민에게 무슨 의미일까? 싱은 "자동화의 이점은 일반 시민에게 전달되지 않는다"며, 그 이익은 자동화를 만든 회사의 주주들에게 간다고 말한다. 그리고 로봇에게 일자리를 잃는 사람들을 위한 보편적 기본소득 및 보편적 건강관리와 같은 정책이 등장하게 될 것이라고 주장한다. 머지않은 미래에 자동화의 이점을 몇 안 되는 거대 기업에 집중시키는 대신 자동화의 혜택을 널리 퍼뜨리는, 즉 기본소득에 관한 더 많은 움직임을 우리가 볼 수 있을 것이라는 주장이다.

일부 사람들은 예상치 못한 방식으로 자동화의 혜택을 누리고 있다. 원격학습은 말할 것도 없고, 미국 역사상 가장 큰 원격근무 실험이 진행되고 있다. 슬랙Slack, 줌Zoom, 드롭박스Dropbox 및 지수이트Gsuite 같은 디지털 커뮤니케이션 기업들은 각종 툴을 개발해, 10~20년 전에는 불가능했던 방식으로 원격근무를 가능하게 만들었다.

또한 싱은 데이터로봇DataRobot H2O.ai 같은 도구들은 단지 데이터 과학자나 컴퓨터 공학자가 아닌 거의 모든 사람이 머신러닝 알고리즘을 실행할 수 있게 함으로써 인공지능을 민주화하고 있다고 말했다. 사람들은 자신의 반복적인 업무 프로세스의 단계를 체계화하고 있으며 컴퓨터가 자신이 하던 일을 대신하도록 만들고 있다.

자동화 속도는 코로나19 이전으로 돌아가지 않는다

더욱 자동화된 사회를 향한 이러한 움직임에는 긍정적인 측면이 있다. 현재와 같은 시기에 건강을 유지하는 데 도움이 되고, 상품과 서비스 비용을 낮추며, 장기적으로 GDP를 증가시킨다. 그러나 자동화에 집중함으로써 우리는 육체적으로, 심리적으로, 그리고 감정적으로 서로 더욱 멀어지게 하는 미래 역시 함께 맞을 수 있다.

우리는 위기에 처했으며, 절박한 시대에는 필사적인 조치가 필요하다. 우리는 집 안에서 지내며, 서로 접촉하지 않으려고 노력하고 있다. 이것은 정말 유쾌하지 않고 어렵다. 이 긴 위기상황이 끝날 때까지 아무것도 하지 않고 기다리기만 할 수는 없다.

좋든 나쁘든 간에, 이 전염병 대유행은 많은 부문과 프로세스에서 우리가 자동화로 가는 길에 속도를 내도록 만들 것이다. 이 위기 동안 사람들이 구현하는 해결책은 상황이 정상으로 돌아갈 때 사라지지 않을 것이다. 어떤 것은 정상으로 돌아가더라도 사라지지 않을 수 있다.

로봇이 음식을 만들고 드론이 그것을 배달하고 컴퓨터가 데이터 입력과 이메일 답장을 대신하며, 원하는 것을 집에서 3D 프린터로 만들게 되는 것 말이다. 그렇다고 하더라도 우리는 여전히 인간이다. 인간은 서로의 얼굴을 보고 목소리를 듣고, 화면이나 앱이 아닌 직접 대면하는 것을 좋아한다. 자동화 속도는 이제 바꿀 수 없고, 모든 제품과 서비스의 비용을 낮추고 GDP를 높여주지만 우리 인간은 여전히 서로를 돌보며, 인간이 좋아하는 것들을 할 수 있게 될 것이다.

인간을 돌보는 로봇의 '티핑 포인트'

로봇 전문가들은 인공지능과 기계가 '더럽고 위험한' 일을 수행함으로써 생명을 구할 수 있다고 말한다. 특히 코로나바이러스 발생과 관련해 인간의 노출을 줄이기 위한 로봇의 개발은 로봇 도우미의 새로운 시대로 이어질 수 있다고 주장한다.

캘리포니아 샌디에이고 대학교의 로봇공학 교수 헨릭 크리스텐슨Henrik Christensen은 로봇이 '따분하고 더럽고 위험한' 일을 함으로써 코로나바이러스 대유행과 싸우는 데 어떻게 사용될 수 있는지 설명한 주요 전문가들 중 한 명이다.

과학자들은 〈사이언스 로보틱스Science Robotics〉 지에 실린 사설에서 "우리는 이미 소독, 의약품과 음식 배달, 생명징후 측정, 국경 통제 등의 지원에 로봇이 배치되는 것을 목격했다"고 밝혔다. 그들은 "다른 예방 조치와 함께, 접촉 위험이 높은 지역의 지능적인 탐색 및 탐지에도 사용될 수 있다"며 "지속적으로 작동하고 청소할 수 있는 대형, 소형, 마이크로봇의 새로운 세대가 개발될 수 있다"고 말했다.

연구원들은 코로나19가 전염병의 위기를 해결하기 위해 로봇, 인공지능 및 드론 연구를 지속적으로 추진하는 계기가 되고, 이 위기가 지나간 후에도 향후 조직의 운영 방식에 대한 '티핑 포인트tipping point: 어떠한 현상이 서서히 진행되다가 작은 요인으로 한순간 폭발하는 것'를 제공할 수 있다고 보았다.

이들은 또한 연구와 평가에 대한 지속 가능한 접근법이 없다면 역사는 반복될 것이고, 로봇 기술은 다음 사건을 지원할 준비가 되지 않을 것이라고 경고했다.

힘들고 위험한 일, 로봇이 대신한다

세계 각국이 치명적인 바이러스에 대한 인간의 노출을 줄이기 위해 다양한 역할을 로봇에게 맡기기 시작했다.

코로나바이러스가 발원한 중국의 한 호텔은 로봇을 가장 먼저 사용한 호텔 중 하나로, 격리된 사람들에게 음식을 배달하기 위해 '리틀 피넛'이라는 기계를 사용했다. 스페인에서는 코로나바이러스 검사를 지원해 하루 8만 회의 테스트를 할 수 있는 로봇을 준비하고 있다. 배달 드론 역시 아마존과 UPS 같은 회사들에 의해 개발되고 있어 사람과 사람의 접촉 필요성을 줄여준다.

연구원들은 전염병과 유행병에 대응하는 데 도움이 될 로봇 및 인공지능 앱을 후원하고 개발하기 위해 더 많은 노력이 필요하다고 전했다.

그들은 2014년 에볼라 발병 경험으로 로봇의 광범위한 사용 사례를 확인했지만, 기관 및 업계와 협력해 이러한 사용 사례를 연구하고 발전시킬 종합적 지원이 부족했고, 그로 인해 코로나 사태에서 과거의 사례를 답습하고 있다고 비판했다.

우리는 인간을 대신해 '따분하고 더럽고 위험한' 일을 해줄 인공지능 로봇이 주류가 될 티핑 포인트에 거의 도달해 있다. 코로나 사태가 종식되더라도 연구는 계속되어야 다음 유행병이나 재난 사태에서 인류는 훨씬 괜찮은 성적을 받을 것이다.

5년 앞당겨진 로봇의 대중화

사람과 사람은 정서적으로 교감하며 친밀도를 쌓는다. 동물 또한 생명체 특유의 행동과 반응으로 유대감을 느낀다. 생텍쥐페리Antoine de Saint-Exupery의 《어린 왕자》에 나오는 '길들이기'를 통해 낯설고 속을 모르는 상대와 관계를 맺어 외로움을 이기고 어울려 살아가게 되는 것이다. 그런데 그것이 생물이 아닌 대상에도 가능할까?

코로나19로 인한 주요 변화 중 하나는 로봇이다. 로봇에 거부감을 느끼던 사람들조차 로봇과 친밀도를 높이고 있는데, 사람과 사람의 접촉을 줄여야 하는 전염병의 특성상 로봇이 환자 병실로 심부름을 가고, 로봇 자외선 살균기가 돌아다니면서 환자의 방을 살균한다. 기술의 미성숙, 첨단 기술에 대한 거부감 등으로 로봇의 보편적 접근은 여전히 먼 미래의 일처럼 생각되었지만, 예상치 못한 전염병 대유행으로 인해 로봇이 인류의 삶에 들어오는 시기가 최소 5년은 앞당겨졌다고 본다.

코로나 대유행으로 5년 앞당겨진 로봇의 대중화

우리 중 일부는 아침 출근 전에 날씨를 알아보기 위해 인공지능 스피커에 "오늘 날씨 어때?"라고 묻고, 스마트폰의 내비게이션에 가야 할 곳을 말로 설명한다. 우리는 이미 전통적인 사회생활에서 큰 변화를 목격하고 있지만, 그것은 우리가 항상 온라인에 있기 때문이거나 영화 〈그녀〉의 사만다와 같은 인공지능 애호가들이기 때문은 아니다. 오히려 인간이 생명 없는 사물에 애착을 형성하고 그들이 자신을 위해 헌신할 수 있다는 것을 배우고 있다. 우리의 사회적 감정은 이제 아마존의 알렉사, 애플의 시리Siri 같은 인공지능에 마음을 빼앗기고 있으며, 그것을 편안하고 만족스럽게 찾고 있다.

인공지능이 인간과 정서적 연대를 이루고 인간의 공감을 불러일으킬 만큼 정교한 시뮬레이션 수준에 도달하려면 아직 멀었다. 2008년 일본의 한 연구에 따르면 노인 요양 시설의 노인들은 '파로'라는 장난감 같은 로봇과 실질적인 사회적 상호작용에 빠르게 빠져들었다. 노인들을 로봇과 함께 운동하고 감정적 자극을 증가시켰으며, 파로와의 사회적 상호작용도 증가했다.

테스트 결과 로봇 도입 후 노인의 스트레스에 대한 반응이 개선되었다. 2018년 독일의 막스 플랑크 지능 시스템 연구소에서는 연구원들이 로봇에 대한 신뢰와 애정을 느끼는 사람들을 대상으로 '부드러운 포옹'이 가능한 로봇을 만들었다. 로봇이 우리가 그들과 관계를 맺고 있다고 느끼게 하는 설득력 있는 동반자는 아님에도, 인간은 사회적 연결의 모호한 신호에 빠진다. 우리는 영화 〈캐스트 어웨이〉에서 윌슨이라는 배구공과 깊은 유대감을 형성하는 톰 행크스Tom Hanks의 캐릭터와 멀리 떨어져 있지 않다.

사회적 유대감은 무생물에도 형성된다

최근의 과학 연구들로 사회적 유대감이라는 감정을 이해할 수 있게 되었으며, 사물을 대상으로 이런 암시에 빠지는 이유를 설명할 수 있게 되었다. 보살핌과 유대는 다른 사람과 시간을 보낼 때 뇌에서 옥시토신과 엔도르핀이 급증하기 때문에 자연스럽게 일어나는데, 이런 물질은 인간의 상호작용으로 기분이 좋을 때 가장 많이 분비된다. 동물 역시 동일한 뇌 화학 과정을 가지고 있기 때문에 인간과 같은 엔도르핀의 분비로 유대감을 형성한다.

하지만 이 시스템은 상대방이 느끼지 않을 때도 잘 작동하고 상대가 사람이 아닐 때도 문제없이 작동한다. 인간의 감정은 그다지 변별력이 없고 외로움을 줄이는 어떤 것에도 쉽게 각인된다. 다만 기술과의 관계를 이해하려면 두 번째로 중요한 요소가 있다.

기기의 확산으로 인해 인류의 의인화 경향이 분명히 증폭되고 있으며, 많은 영향력 있는 사상가들이 이것을 새롭고 위험한 현상이라고 주장한다. 그들은 인류가 기기, 알고리즘 및 인터페이스를 통해 비인간적인 '인공적 친밀감'에 빠지고 있다고 본다.

하지만 지금 일어나고 있는 일은 새로운 것이 아니며, 오히려 가장 오래된 형태의 인지로 돌아가는 것일 수 있다. 과학이 발달하기 전의 세상을 보는 법, 즉 애니미즘animism이다. 애니미즘은 샤머니즘shamanism과 함께 고대 인류의 대표적 신앙이었으며, 동아시아와 아프리카에서 발달했다. 이는 바위나 나무 등의 무생물을 포함한 자연의 모든 사물에 영혼과 생명이 깃들어 있다는 믿음을 바탕으로 한다.

애니미즘은 신념의 집합이 아니라 인식의 한 형태다. 우리가 어렸을 적에 모두 장난감과 인형에 생명을 불어넣고 대화를 나누었던 것처럼, 애니미즘적인 인식이 우리의 유전자에 새겨져 있다. 이것은 교육을 통해 과학적 사고로 무장하게 되면서 점차 사라지지만, 기계와 공존하게 될 미래에는 이런 인식의 방법이 다시 우리에게 찾아올 것이다.

외로움은 디지털 시대 이전부터 계속되었다

로봇은 인간의 편안한 삶을 보조해주기 위해 발달하고 있으며, 점차 더 인간의 생활 속으로 들어올 것이다. 기술에 대한 몰입이 인간의 외로움을 만들어낸다고 비판하는 목소리도 있지만, 외로움의 실질적 원인은 디지털이 세상을 지배하기 전에 이미 시작되었다. 오히려 디지털 시대에 인공지능 로봇에 애니미즘적 인식을 더한다면, 우리의 외로움을 덜어줄 새로운 유대감을 형성할 수 있을 것이다. 과거에 돌과 나무를 믿던 신앙처럼 로봇을 믿는 인간의 행위들이 로봇과 인간을 연결해줄 수 있다. 로봇의 행동과 우리의 반응을 통해 로봇의 감정이입 기술을 연마하고 더 섬세하게 준비하도록 만들 수 있다.

코로나로 인한 외로움이 극에 달했을 때, 사회적 거리 두기를 위해 인간과의 접촉이 줄어들 때 로봇과의 스킨십이 시작되고 있다. 인간이 비인간화하는 대신 로봇의 도움을 받으면서 우리의 인간다움을 유지할 수 있을 것이다.

다시 논의되는 보편적 기본소득

코로나19가 발생한 2020년 상반기에 보편적 기본소득에 대한 논의가 경제이론과 철학의 변두리에서 주류 정치로 옮겨갔다. 코로나 이후 사회복지 안전망으로서의 기본소득에 대한 대중적 관심이 증가한 덕분이다.

실제로 지난 몇 년간 전 세계의 기본소득 실험은 실업자를 대상으로 하는 것부터 개인의 고용소득에 따라 달라지는 것에 이르기까지 매우 다양한 형태로 진행되었다.

대표적인 것으로 캐나다 온타리오의 기본소득 실험은 저소득층에게 정기적으로 지급되는 기본소득이 빈곤을 더 효과적으로 줄이고, 노동을 장려하며 더 나은 보건 의료와 삶의 기회를 제공할 수 있는지 테스트하기 위한 파일럿 프로젝트였다.

코로나 이전의 보편적 기본소득 실험

캐나다의 맥마스터 대학교와 라이어슨 대학교 연구원의 보고서에 따르면 2017~2019년 온타리오주 남부에서 실시된 조기 기본소득 실험에서 200명 이상의 참가자를 대상으로 설문조사를 실시한 결과 일반 의료 서비스 등의 이용 횟수가 상당히 줄어들었다는 결과가 나왔다.

실험의 설계는 참가자가 1인인 경우 연간 1만 6,989캐나다 달러, 부부의 경우 연간 2만 4,027캐다나 달러를 지급하며, 참가자가 고용되어 1달러를 벌 때마다 기본소득에서 50센트를 잃게 된다. 이는 기본소득 대상이 연 수입 3만 4,000캐나다 달러 미만인 개인 또는 4만 8,000캐나다 달러 미만인 부부에게만 적용됨을 의미한다.

이 실험에는 4,000명이 참가했고, 3년 동안 진행될 예정이었지만 1년 만에 실험이 취소되었다. 2018년 7월 당시 사회복지부 장관이었던 리사 맥레오드Lisa MacLeod는 이 프로젝트가 비용이 너무 많이 들고 지속 불가능하며 온타리오 주민들에게는 답이 되지 않는다고 말했다.

이후에 온라인 설문조사 및 정성적 인터뷰를 통해 프로젝트에 참여한 참가자들로부터 데이터를 수집해 만들어진 새로운 보고서의 내용은 약간 달랐다. 217명의 피험자로부터 설문조사 응답을 수집하고 40명과 심층 인터뷰를 진행한 결과, 프로젝트가 조기 취소되어 조사 및 인터뷰 규모에 제한이 있기는 하지만 몇 가지 흥미롭고 유용한 패턴이 보인다고 연구자들은 말했다.

신체적, 정신적 건강 측면에서 설문 대상의 대다수는 기본소득 프로젝트가 시작된 후 주목할 만한 개선을 보고했다. 피험자의 절반가량이 알코올과 담배 사용이 감소한 반면 79%는 더 나은 신체적 건강을, 83%는 더 나은 정신적 웰빙을 보고했다.

피험자의 건강 서비스 사용을 살펴보면 피험자 중 약 3분의 1의 병원 방문이 감소했는데, 이는 기본소득이 공중보건 서비스에 대한 부담을 줄이는 유용한 전략일 수 있음을 의미한다.

기본소득 제안에 대한 빈번한 반대 의견 중 하나는 실업을 유발하고 노동력에 대한 동기부여를 줄인다는 것이다. 새 보고서에 수집된 데이터는 이러한 우려를 뒷받침하지 않으며, 기본소득 지불이 시작되자 파일럿 데이터 중 17%만이 일터를 떠났다. 더 중요한 것은 기본소득 받는 사람들 중 일을 그만둔 사람의 절반이 학교로 돌아가 향후 취업을 위해 실력을 키웠다는 점이다.

35세의 한 남자는 보고서에서 기본소득으로 어떻게 훈련 과정을 이수해 경비원 면허를 얻었는지 설명한다. 그는 "상사가 나에게 훈련 증명서를 가져오라고 했지만 기본소득 수급 전에는 훈련 과정에 드는 비용을 감당할 수 없었다… 기본소득으로 일자리를 얻을 수 있는 더 많은 기회를 얻었다"고 밝혔다.

조사 대상의 절반 이상이 프로젝트 전과 후에 모두 일하는 것으로 나타났다. 그중 많은 사람들이 더 나은 일자리를 찾을 수 있는 힘을 길러 직업 안정성을 개선했다.

핀란드의 조건 없는 기본소득 실험

고용 효과를 살펴보는 다른 기본소득 실험은 핀란드에서 실시되었다. 2017~2019년에 진행된 핀란드의 영향력 있는 파일럿 프로젝트는 2,000명의 젊은 실업자와 장기 실업자를 대상으로 피험자를 무작위로 선택했다. 그들은 고용과 관계없이 매달 560유로를 받았으며, 실험 중에 고용 훈련 프로그램에 참여할 필요가 없었다.

목표는 추가적인 지원 프로그램 없이 기본소득 지불만으로 노동시장에 참여를 증가시킬 수 있을지 여부를 테스트하는 것이었다. 사회정책 전문가인 헤이키 할라모Heikki Hiilamo 헬싱키 대학교 사회학과 교수는 연구에 대한 예비 논평에서 결과가 긍정적이지 않았다고 보고했다.

할라모 교수는 기본소득 수령자들이 통제 그룹보다 일하는 비율이 높거나 소득이 높지 않았다며, 기본소득 수령자들이 일하기에 더 좋은 조건을 가지고 있음에도 그룹 간에 통계적으로 유의미한 차이가 없었다고 밝혔다. 이 실험의 결과는 젊은 장기 실업자들에게 기술의 부재, 건강 문제와 같은 다른 업무 장애 요인의 해결이 재정적 보상보다 중요하다는 것을 보여준다.

핀란드의 실험은 기본소득 지급이 개인을 노동에 적극적으로 참여시키는 데 도움이 되지 않는 방법이라고 결론이 났지만, 많은 사람들이 이 실험에 근본적인 결함이 있다고 비판했다. 핀란드와 캐나다의 연구는 여러 가지 면에서 진정한 보편적 기본소득 제안을 나타내는 것이 아니라 기존의 진보적 시스템 내에서 대안적인 사회복지 방법을 조사하는 실험에 가깝다.

정리하면, 온타리오의 기본소득 실험 연구는 확실히 긍정적인 결과를 제시하고 있으며, 핀란드 연구는 부정적인 결과를 보여주었지만 이것이 보편적 기본소득 시스템의 잠재적 성공 또는 실패를 나타내는 것은 아니다.

기본소득은 이제 도입 시기의 문제다

2019년 말에 미국의 민주당 대통령 후보 앤드루 양Andrew Yang은 18세 이상의 모든 미국인이 매달 1,000달러를 받는 진정한 보편적 기본소득이라는 아이디어를 제시했다.

전 세계적으로 기본소득의 변동을 테스트하는 수많은 다른 파일럿 프로젝트에도 불구하고 보편적 기본소득의 실험은 여전히 부족하다. 양은 2020년 민주당 대통령 후보에서 사퇴했지만 그의 보편적 기본소득 제안은 코로나19 전염병으로 인한 사회 · 경제적 스트레스에 따라 주류 담론으로 다시 추진되고 있다.

프란치스코Francis 교황 역시 국가들이 코로나19로 인한 경제적 혼란에 맞서기 위해 보편적 기본소득을 고려해야 한다고 제안했다. 프란치스코 교황은 2020년 부활절 편지에서 코로나19의 발발로 인해 전 세계적으로 경제 붕괴를 겪고 있는 지금 "당신이 수행하는 고귀하고 필수적인 일들을 인정하고 위엄 있게 할 보편적 기본임금을 고려할 때가 되었다"고 메시지를 보냈다.

항상 가난하고 가장 소외된 사람들에 초점을 맞추고, 그들을 강력하게 옹호하는 교황은 바티칸에서의 부활절 연설과 사회운동 지도자에게 보내는 서신의 상당 부분을 코로나 위기 속 노동계급의 곤경을 강조하는 데 할애했다.

코로나19의 발발로 많은 지역에서 발생하는 경제적인 황폐화와 대규모 실업에 대응해 새로운 형태의 임시 또는 영구 보편적 기본소득을 실험하는 국가가 12곳을 넘었다.

우리나라 역시 경기도의 모든 도민에게 제공하는 재난 기본소득, 중위소득 100% 이하 가구에 제공하는 서울시의 재난 긴급생활비, 정부의 긴급 재난 지원금 등 보편적 기본소득에 대한 실험이 시작되었다.

어떤 결과가 나오든 방법과 시기에 대한 변동은 있을지 몰라도, 보편적 기본소득이 많은 전문가와 학자들이 제시하는 미래라는 점은 변함없다.

재난 기본소득과 디지털 통화

코로나바이러스 전염병으로 인한 혼란과 불확실성 속에서 적어도 몇 가지는 분명해졌다. 그중 하나가 디지털 통화다.

우리는 오랫동안 신용카드와 인터넷 뱅킹의 발달 등으로 현금 없는 사회로의 전환을 자연스럽게 받아들였다. 특히 중국과 아프리카 등은 신용카드를 건너뛰고 모바일 결제로 넘어가는 분위기로, 핸드폰 하나만으로 모든 것이 가능한 사회가 될 것으로 보인다.

하지만 이런 현금 없는 사회는 사실상 기술의 접근성 등의 문제로 노년층에게는 높은 장벽이었다.

그런데 코로나19가 그 상황마저 바꾸려 하고 있다. 최소한 몇몇의 강력한 미국 정책 입안자들은 연방준비제도이사회가 '디지털 달러'를 발행해야 한다는 생각을 진지하게 고려하고 있다.

이 두 가지는 어떻게 관련되어 있을까? 많은 사람들이 전염병과 그로 인한 사회적 거리 두기, 격리, 경제 활동의 둔화로 잃어버린 소득을 보충하기 위해 가능한 빨리 현금을 손에 쥐어야 한다. 미국 의회는 미국인들에게 정부가 최대 1,200달러의 재난 기본소득을 지불하는 법안을 통과시켰다.

정책 입안자들은 은행 계좌 송금이나 우편으로 발송하는 종이 수표처럼 기존의 방법을 사용해 그 돈을 지급하기로 결정했다. 하지만 논쟁의 어느 시점에, 하원에서 민주당원들이 디지털 버전의 화폐로 운영될 새로운 정부 운영 지불 플랫폼의 생성을 지지하는 것처럼 보였다.

디지털 달러가 현실화되는 데 그 어느 때보다 가까워진 것 같다. 대유행으로 점화된 위기는 토론에서 중요한 전환점이 될 수 있다.

재난 기본소득이 디지털 통화여야 하는 이유

어떤 면에서 돈은 이미 디지털이다. 은행 계좌에서 돈은 숫자일 뿐이며, 신용카드를 긁으면 돈이 지불된 것과 같은 효과를 발휘한다. 하지만 어디까지나 은행 계좌에 있는 돈은 정부로부터 발행된 현금을 숫자로 만들어 은행에 보관한 것이므로, 진정한 디지털 통화라고 할 수 없다.

그러므로 디지털 위안화 발행을 눈앞에 두고 있는 중국 이외의 지역에서는 소위 중앙은행 디지털 통화Central Bank Digital Currency, CBDC에 대한 논의가 지금까지 제대로 이루어진 적이 없다. 미 연방준비제도이사회 관계자들은 중앙은행이 디지털 달러를 발행할 계획이 없다고 여러 차례 말한 바 있다. 하지만 코로나19로 인해 변화의 가능성이 보였다.

가장 좋은 증거는 민주당 의원들이 하원에서 제안한 경제 구제 계획의 초안에 나온 내용이다. 이 초안은 미국 거주자들에게 현금을 지불할 것을 제안하는 내용이었지만, 연방준비제도이사회는 이런 지불을 처리하기 위해 디지털 통화 시스템을 만들 것을 요구했다. 미국의 모든 시민과 영주권자, 주요 사업장이 미국에 위치한 사업체가 이용할 수 있는 '디지털 달러 지갑'을 만들도록 중앙은행에 요구한 것이다.

초안은 '연방 계좌FedAccounts'라는 개념을 설명했다. 현재 연방준비제도이사회는 은행에만 계좌를 제공하지만 연방 계좌에서는 모든 미국인에게 제공한다. "미국의 상업적 은행은 원하는 사람 누구에게나 계좌를 개설해줄 의무가 없기 때문에 은행 시스템은 수익성이 없는 사람을 배제할 수 있는 방법을 찾는다"고 모건 릭스Morgan Ricks 밴더빌트 법대 교수는 말한다. 그는 정부가 소매 금융을 공공 서비스로 전환함으로써 이러한 문제를 해결할 수 있다고 주장했다.

연방 계좌라는 표현은 수정안에서 삭제되었다. 그러나 그러한 중요한 법안 초안에 등장했다는 사실은 낸시 펠로시Nancy Pelosi 하원의장이 이 아이디어를 진지하게 받아들이고 있음을 시사했다. 또 이와 유사한 제안은 코로나19와 무관한 새로운 상원 은행법 초안에 이미 등장했다.

경제 구제계획에서 디지털 달러가 삭제된 것은 놀라운 일이 아니다. 로펌 데이비스 포크 앤드 워드웰Davis Polk & Wardwell의 파트너인 제이 마사리Jai Massari는 연방 계좌 시스템을 만드는 것은 "정말 복잡한 일"이라며, 이는 은행에서 금융기술 기업에 이르는 자신들의 고객을 대신하는 의견이라고 밝혔다. 그는 또한 "이것은 큰 기술 구조로, 모든 종류의 법적 문제를 야기하고, 개인에게 즉각적인 지급과 사용이 가능한 경기부양책으로는 실용적이지 않다"고 말했다.

그럼에도 불구하고, 지금까지 아이디어가 아이디어를 만들어내며 여기까지 왔기 때문에, 디지털 통화가 그 어느 때보다 진지하게 고려되는 것은 놀라운 일이 아니라고도 덧붙였다.

다시 찾아올 재난에 대비해 통화 시스템 점검해야

릭스 교수는 연방 계좌를 시작하는 것이 현재 의회의 우선순위 목록에서 가장 위에 있어야 한다고 말한다. 이론적으로는 경제 위기에서 현금을 직접 분배하기 위해 정부가 현재 가지고 있는 방법보다 더 효과적이기 때문이라고 주장했다.

상원의 민주당 보좌관들은 〈뉴욕 타임스〉와의 인터뷰에서 의회 의원들이 합의한 바에 따라 국세청에 계좌 정보가 있는 경우 그들은 은행 송금을 통해 재난 기본소득을 받을 수 있으며, 대통령이 법안에 서명한 시점에서 몇 주 후에 입금될 것이라고 말했다. 하지만 국세청에 계좌 정보가 없을 경우 수표가 우편으로 발송될 것이고, 어떤 사람들은 이 돈을 4개월 동안 기다려야 한다.

릭스 교수는 은행 계좌가 없는 사람들에게는 심각하게 불리하기 때문에 이 방법이 이상적이지 않다고 말한다. 연방예금보험공사 Federal Deposit Insurance Corporation는 2017년 미국 가구의 6.5%에 은행 계좌가 없다고 추정했다.

궁극적으로 연방 계좌 시스템이 완성된다고 해도 이로 인해 미국의 은행 시스템에 심각한 혼란이 야기될 것이다. 연방준비제도이사회는 수백만 명의 사람들에게 소매 서비스를 제공한 경험이 없다. 또 사람들이 이러한 서비스를 이용하려는 경향이 있을까? 그렇다면 연방준비제도이사회가 어떻게 변해야 할까? 상업은행이 어떻게 변할까? 이 변화는 정말로 거대할 것이다.

16

암호화폐가 다시 주목받는다

각국의 중앙은행들이 코로나19 전염병으로 인해 위축된 경제를 부양하기 위해 수조 달러를 방출하고 있다. 그 결과 상인과 소비자들이 디지털 화폐를 주류 지불 대안으로 채택하도록 하는 추세가 형성되고 있다.

정부의 움직임은 경제적, 습관적으로 여파를 형성한다. 중앙은행의 디지털 화폐는 스마트폰이 점점 많은 사람들에게 돈을 움직이는 주요 방법이 되면서, 디지털 결제 및 모바일 지갑의 전반적인 채택을 장려한다. 양적 완화는 잠재적 인플레이션을 만들어 상인과 소비자로 하여금 비트코인과 같은 암호화폐에 관심을 갖도록 해 그들을 울타리에서 벗어나게 할 것이다.

디지털 결제 기업으로 뿌리를 내리고 있는 런던 소재 핀테크 기업 리볼루트Revolut의 사업 지역은 빠르게 확장하고 있으며 제품 라인을 성장시켜 은행에 가까워지고 있다. 성장의 일부에는 암호화폐 지원 계획의 가속화가 포함된다. 리볼루트는 2020년 말까지 약 700만 명의 소비자를 대상으로 한 암호화폐 지원 표준을 만들고 있다.

위기에 다시 주목받는 암호화폐

유럽중앙은행European Central Bank은 약 10억 달러 이상의 채권을 구매할 것이라고 밝혔으며, 미국 연방준비제도이사회와 영국은행Bank of England은 양적 완화에 거의 무한한 의지를 표명했다. 공중보건의 위기 속에서 이것은 어쩔 수 없는 선택이지만, 일반적으로 인플레이션과 통화 평가절하를 유발한다는 것은 명백하다.

통화의 평가에 빠른 변화가 있을 경우, 암호화폐가 전통적인 통화보다 변동성이 크다는 주장이 제기되면서, 경제적으로 압박을 받는 상인들이 암호화폐를 받아들이길 꺼리는 현상도 사라질 것으로 보인다.

중앙은행의 디지털 화폐와 공공지갑은 정부 또는 비정부기관의 디지털 화폐에 익숙한 사용자 기반을 만들게 된다.

인트레피드 벤처스Intrepid Ventures의 에릭 그로버Eric Grover 부사장은 "코로나19 전염병은 중앙은행을 비롯해 은행 및 전문가들의 암호화폐에 대한 새로운 관심을 불러일으킬 것"이라며, 과거의 지폐처럼 달러, 파운드 또는 유로로 뒷받침되는 은행 발행 디지털 통화는 광범위한 채택을 위한 가장 유망한 경로일 것이라고 덧붙였다.

규제 당국이 변함없이 암호화폐를 면밀히 검토하겠지만, 공중보건과 경제 위기의 심각성을 고려할 때 페이스북facebook의 리브라Libra에 대한 규제도 완화될 수 있다고 그로버는 밝혔다.

또 주류 은행과 체이스Chase 같은 금융 기관들은 기업 간의 지불을 위해 디지털 달러를 발행했고 웰스 파고Wells Fargo의 디지털 캐시는 모두 블록체인에 기반한 금융 서비스를 주류화하고 있다며, 이런 흐름이 소매 지불로 용도를 확장할 수 있다고 덧붙였다.

디지털 통화의 보안 문제로 블록체인이 떠오른다

비은행 디지털 통화는 현재 환경에서 어려움을 겪고 있다. 메르카토르 자문그룹Mercator Advisory Group의 지불혁신 담당 부사장 팀 솔레인Tim Sloane에 따르면 보안은 주요 관심사다.

솔레인은 "블록체인이 하는 일은 이중 지출을 막고 불변의 거래 원장을 유지하는 것"이라며 "모바일 지갑에 비트코인 개인 키가 있으면 지갑은 안전하고 신뢰할 수 있어야 한다"고 덧붙였다.

폴리엔트 랩Polyient Labs의 설립자이자 CEO인 브래드 로버트슨

Brad Robertson에 따르면 암호화폐 지불의 증가는 즉각적인 것보다 장기적일 수 있다. 그는 2008년 금융위기에 따라 중앙은행이 좌절하면서 비트코인이 탄생했다고 말한다.

"현재의 위기가 무언가를 불러일으키면 블록체인 기술에 대한 수요가 증가하게 된다"고 주장하는 로버트슨은 "속도, 투명성, 효율성에 대한 수요가 증가하기 때문"이라며, 특히 기업들이 현재 글로벌 공급망에서 보고 있는 많은 약점을 재평가해야 하는 경우에 블록체인이 대안이 되어줄 것이라고 덧붙였다.

"장기적으로, 블록체인에 대한 이러한 새로운 관심은 암호화폐의 블록체인 기술 수용을 간접적으로 지원하게 된다."

전염병을 이기는 스마트 시티 기술

한국과 싱가포르는 코로나바이러스 확산을 막기 위해 스마트 시티 접근 방식을 취하고 있다. 두 국가 모두 접촉 추적을 통해 바이러스에 노출된 사람들뿐만 아니라 감염된 개인과 상호작용한 모든 사람을 식별했다.

한국에서 이 과정의 속도를 높이기 위해 국토교통부와 과학기술정보통신부가 개발 중인 스마트 시티 데이터 허브Smart City Data Hub를 사용했다.

이전에는 국가 기관이 코로나19 의심 환자에게 연락하기 위해 여러 기관에 연락처 정보를 요청해야 했지만, 스마트 시티 데이터 허브를 통해 이러한 요청을 실행하면 정보 요청 및 응답이 한 곳에서 처리된다. 또한 확진자의 이동 경로 등을 지도 위에 표시하고,

예상 접촉자 수나 지역 집중도 등 관련 통계를 제공해 신속한 역학 조사가 가능할 수 있도록 설계되었다. 정부는 위기 대응 단계에서만 한시적으로 허브를 사용할 것이라고 밝혔다.

스마트 시티웍스Smart City Works의 창립자이자 CEO인 데이비드 헤이먼David Heyman은 접촉자 추적은 전염병 관리에 관한 한 공중보건의 핵심이라고 말했다. 이것이 전염병의 확산을 막는 열쇠이기 때문이다.

코로나19의 경우 새로운 사례가 기하급수적으로 증가하고 무증상 감염도 있을 수 있다는 사실과 바이러스에 감염되고 발병하기까지 2주의 잠복기가 있다는 점 때문에, 접촉 추적이 특히 어렵다. 하지만 위치 기반 기술을 사용하면 정부가 감염된 사람들을 추적하기가 훨씬 쉬워진다.

"승차 기록을 요청하고 자동차 운행 경로를 추적하고 어린이의 안전을 위해 위치 서비스를 제공하는 데 사용되는 스마트 시티 위치 기반 기술을 사용하면 해결책이 될 수 있다."

싱가포르에서는 기술청이 보건부와 협력해 '트레이스투게더TraceTogether' 앱을 출시했다.

트레이스투게더 앱은 근거리 블루투스 신호를 사용해 앱을 사용하는 전화기를 가까이 있는 다른 사용자와 연결한다. 21일 동안 사용자 전화에 상세한 기록을 저장하지만 위치 데이터는 포함하지 않는다. 거주자는 앱을 사용할 필요가 없으며 출시 후 50만 명 이상이 앱을 다운로드했다. 당국은 개인의 움직임과 관련된 공중보건 위험이 있는 경우 이 데이터를 해독할 것이라고 밝혔다. 데이터는 정부와 자동으로 공유되지 않으며 21일 후에 삭제된다.

개인정보는 보호하고 위치는 추적

중국은 비슷한 방법을 사용해 코로나바이러스 사례가 많은 도시에서 개인의 건강 상태를 추적하고 움직임을 통제했다. 개인이 대중교통을 이용하려면 앱을 사용하고 상태를 공유해야 했다.

옥스퍼드 대학교의 연구원들은 접촉 추적의 수동 과정을 디지털 방식으로 바꿀 수 있는 유사한 앱을 제안했다. 엘살바도르의 한 기업가도 안드로이드 폰을 위한 유사한 앱을 개발했으며 개발을 확대하기 위한 정부 지원을 모색하고 있다.

미국의 코로나바이러스를 해결하기 위한 상원 법안에는 질병통제예방센터Centers for Disease Control and Prevention, CDC의 바이러스 확산 추적에 사용될 자금이 포함되어 있다. 이 법안은 여기에 5억 달러를 할당했다.

접촉을 추적하는 앱 기반 접근 방식에 대한 미국의 고유한 과제는 사람들의 개인정보를 보호하는 것이다. 헤이먼은 점점 더 많은 사람들이 에드워드 스노든Edward Snowden에서 유럽의 '잊힐 권리' 규칙에 이르기까지 개인 데이터를 추적하는 정부와 빅데이터 기업에 저항하고 있다고 말했다.

그는 “사람들의 우려는 이 데이터가 코로나 사태를 잠재우는 데 유익한지 여부가 아니라 정부가 이 데이터로 무엇을 할 수 있는지에 대한 문제가 아닐까?”라고 말하며 “고용, 서비스, 보험 또는 기타 중요한 항목에 불리하게 사용되거나 개인 또는 단체를 낙인찍고 배척하는 데 사용될 수도 있다는 우려가 있다”고 전했다.

문제는 단기적으로 인간의 건강을 보호한다는 공공의 이익과 개인의 사생활 보호, 정부의 강력한 감시 상태의 균형을 맞추는 것이다.

헤이먼은 주 정부의 첨단 감시에 대한 개인정보 보호 문제를 해결하는 열쇠는 데이터를 익명화하고 개인이 자신의 데이터를 최대한 제어할 수 있게 하는 것이라고 말했다.

미래의 스마트 시티에는 IoT 기술로 인해 건강 정보나 위치 정보는 물론 잠을 자는 패턴까지 모든 것이 기록되고 저장되며 감시될 것이다. 이런 데이터는 대체로 편리한 생활을 위해 사용되겠지만, 정보가 해킹되어 사생활이 유출되는 등 심각한 위협도 함께 존재한다.

그동안 보호되는 게 당연하다고 여겨졌던 개인의 위치 정보 등이 코로나 사태에서 공공의 이익을 위해 (익명으로) 공개되어야 한다는 방향으로 여론이 형성되었던 것처럼, 미래 사회에 이 문제는 계속 수면 위로 떠오를 것이다. 이를 가장 현명하게 해결하는 방법을 제시하는 것이 우리에게 새로운 과제가 되었다.

능력을 아직 발휘하지 못하고 있는 드론

드론은 지난 몇 달 동안 뉴스의 헤드라인을 수없이 장식하며, 그 잠재력을 우리에게 확인시켰다. 하지만 현재까지 사용되는 사례의 대부분은 평범하며, 일부는 무의미하다. 드론의 사용이 좀처럼 확장되지 못하는 것은 기술의 문제가 아니라, 드론에 관한 규정이나 제도가 거의 없기 때문이다. 정책 입안자들은 드론의 뛰어난 능력을 어디에 어떻게 사용하고 또 사생활 보호 등의 문제에 어떻게 대응해야 할지를 아직도 결정하지 못했다.

그렇더라도 항공 산업이 드론을 운영하는 규정을 재정의하는 시점에 코로나 사태가 발생했고, 드론은 여기서 자신의 진가를 발휘했다. 그 결과 훨씬 더 다양한 응용 프로그램들이 출시될 것이다. 여기 현재 진행 중인 주목할 만한 드론 사용법을 몇 가지 소개한다.

수치심을 자극해 코로나바이러스 퇴치

중국에서 시작된 코로나바이러스가 급속도로 사람들을 감염시키자 중국 정부는 확산을 막기 위해 전례 없는 노력을 기울였다. 특히 감염 환자들을 수용할 새로운 병원을 불과 2주 만에 세운 것은 전 세계를 놀라게 했다.

도시와 시골 지역 모두 확성기를 장착한 감시용 드론을 배치해 마스크를 착용하지 않은 사람들을 식별하고 경고를 보냈다. "손 씻기를 잊지 마십시오… 이제 드론이 당신을 지켜보고 있습니다."

이것이 재미있게 보이든, 온건하게 느껴지든, 불안하든 간에 여기에는 논쟁의 여지가 있다. 선진국의 시민들은 대부분 후자로 기울 것 같다. 그러나 안면 인식 기술이 법 집행에 사용되는 나라에서는 '사회적 신용 점수'가 시민들의 삶의 궤적에 큰 영향을 미칠 수 있고, 집단의 이익은 때로 사생활 보다 우선되며, 감시하는 드론을 공중에 띄우고 명령하는 것은 비난할 일이 아닐 수도 있다.

드론은 또한 사람들의 체온을 재는 데도 사용되고 있으며, 교통량이 많은 공공 지역에 살균제를 뿌리는 데도 사용된다.

아이스크림 배달부터 하늘에 스크린까지

2017년 소비재 기업 유니레버Unilever는 아이스크림을 배달하는 서비스를 시작했다. 일본의 테라 드론Terra Drone 사와 제휴해 미국에서 선호도가 가장 높은 디저트를 A 지점에서 B 지점으로 더 빨리 배달할 수 있게 하는 시범 프로젝트가 뉴욕에서 진행되었다. 특수 장비를 갖춘 드론은 세 개의 아이스크림 컵을 나를 수 있다.

테라 드론의 유럽 지부장 우에노 유키는 보도자료를 통해 "드론으로 이산화탄소 배출과 같은 물류 분야의 심각한 문제를 해결하고 싶다"며 세계적으로 규제 완화가 진행되면서 드론 배달 서비스도 늘어날 것이라고 내다봤다.

헝가리 엔터테인먼트 회사 콜모트CollMot는 드론 떼가 각각 조명을 들고 모여 하늘에 모양과 무늬를 만드는 드론 쇼를 선보인다. 하지만 아주 상세한 영상을 얻으려면 수천 대의 드론이 필요하다. 그래서 이 회사는 새로운 것을 시도하고 있다. 각각의 드론이 이미지의 픽셀을 연출하는 것이 아니라, 연기를 내는 드론이 모여서 레이저 광을 투사할 수 있는 거대한 스크린을 형성하는 것이다. 그 결과 하늘에 50×150m 크기의 홀로그램과 같은 디스플레이가 나타난다.

담당자에 따르면 이 기술의 적용 범위는 오락적 가치 외에도 비상 경고 시스템이나 대중에게 중요한 정보를 빠르게 전달하는 잠재적 용도가 있을 수 있다.

아프리카에서는 농작물을 먹어 치우는 메뚜기 떼가 케냐로 몰려들었고, 정부는 해충과 싸우기 위한 새로운 해결책을 모색하고 있다. 르완다 정부는 드론을 이용해 모기 번식지에 살충제를 뿌리고 있으며, 케냐도 그 선례를 따르길 열망하고 있다.

르완다의 모기 퇴치용 드론은 10ℓ의 살충제 탱크를 탑재하고 있고 한 번의 배터리 충전으로 약 15분 동안 비행할 수 있으며, 하루에 40헥타르의 면적에 살충제를 분사할 수 있다.

드론 사용 규정의 부재는 케냐에 드론 배치를 방해하는 요인 중 하나다. 케냐에서 상업용 드론이 승인되기를 기다리고 있는 케냐 아스트랄 항공Astral Aviation의 임원 쿠시 가디하Kush Gadhia는 드론이 최적의 해결책이라고 믿는다. 그는 "메뚜기 떼는 하루에 130km까지 이동한다"며 "바람을 타고 이동하기 때문에 도착 위치를 예측하고 드론을 사용해서 예상 장소에 살충제를 살포해 효과적으로 예방 조치를 할 수 있다"고 설명했다.

드론의 활성화를 위한 제도 필요

미국 연방항공청US Federal Aviation Administration, FAA은 민간 및 배달용 드론의 안전성 판단 기준에 관해 대중과 드론 산업계의 의견을 구한다고 발표했다.

현재 드론의 설계와 제작 방식에 관한 규정이 부족하기 때문에 개인 및 상업용 사용자들은 큰 제약하에 드론을 조종한다. 이 새로운 정책은 FAA가 다른 항공기를 검토하는 것과 같은 방식으로 드론 디자인을 검토할 수 있게 하고, 이렇게 만들어진 규칙은 기업들이 포장 배송에 사용하는 드론에 적용될 것이다. UPS, 아마존 등은 FAA가 승인한 소비자 품목의 드론 배달 테스트 운행에 참여하고 있다.

비록 정해진 일정은 없고 드론이 정기적으로 우리의 소포를 떨어뜨리기까지는 수년이 더 걸릴 듯하지만, 제안된 법안은 드론 산업에 중요하며 더 많은 상업적 응용 분야와 심지어 하늘을 나는 택시로까지 확장할 수 있다.

앞서 언급한 예들이 보여주듯, 드론을 사용하는 특이하고 괴상한 방법에는 한계가 있다. 우리가 제한적인 법률로 여기까지 왔다는 점을 고려할 때, 느슨한 법률은 틀림없이 더 특이하고 더 괴상한 응용 프로그램들을 많이 가져올 것이다.

제도가 기술을 앞서가지 못하는 것은 오래된 교훈이다. 하지만 적어도 너무 늦지 않게 뒷받침되어야 비로소 기술이 인류의 삶을 윤택하게 하는 데 한 걸음 더 다가갈 것이다.

19

전염병이 바꾼 쇼핑의 미래

코로나바이러스는 삶의 여러 부문에 영향을 미치고 있다. 전 세계적인 유행병의 특성상 사람들은 외출이나 이동을 꺼린다. 그 결과 유통과 쇼핑의 방식을 완전히 바꾸고 있다. 재무 건전성이 취약하거나 오프라인 형식을 취하는 유통기업의 폐업이 속출하고 있는 반면, 글로벌 공룡기업인 아마존은 이 시기에 더욱 몸집을 키우고 있다.

많은 기업들이 코로나19의 영향으로 사업 규모를 축소하고 무급휴직을 권하며, 심지어 직원을 해고하는 가운데, 아마존은 코로나바이러스가 유행하는 동안 전례 없는 온라인 배달 수요 증가에 대처하기 위해 미국에서 10만 명 이상의 근로자를 고용할 계획이라고 밝혔다. 아마존은 이미 약 80만 명의 직원을 채용하고 있는, 미국에서 두 번째로 큰 고용주다.

아마존과 마찬가지로 미국의 슈퍼마켓 체인인 앨버트슨Albertsons, 크로거Kroger, 랠리스Raley's는 바쁜 직원을 보조하고 온라인 주문을 이행하기 위한 새로운 직원을 찾고 있다. 그들은 코로나바이러스로 인해 갑자기 직장을 구하는 기존 사업자(식당, 여행 및 엔터테인먼트 사업)에게 관심을 돌리고 있다.

온라인 쇼핑의 성장세

아마존은 미국 전체 온라인 배달의 거의 39%를 차지하므로, 코로나바이러스의 확산을 막기 위해 스스로를 격리하려는 사람들의 움직임에 따라 수요가 급증하고 있다. 코로나바이러스로 인해 전 세계적으로 31만 명(2020년 5월 18일 기준) 이상이 사망하고 사람들이 다수 격리되면서 아마존에서 재고가 없어지고 일부 배송은 평소보다 오래 걸린다.

그런데 온라인 쇼핑 측면에서는 미국의 아마존보다 우리나라가 더 높은 점수를 받을 만하다. 전 세계에서 대유행 초기에 사재기가 극성을 부렸다. 우리나라만 사재기가 없던 나라로 주목받았는데, 거기에는 빠른 배송 경쟁으로 사람들이 온라인 쇼핑에 일찌감치 익숙해져 있었다는 이유도 한몫했다. 사회적 거리 두기로 인해 쇼핑을 나가지 못할 때도 사람들은 생활용품은 물론 즉석식품, 음식의 배달에 이르기까지 모든 것을 온라인으로 쇼핑하면서 불편함을 느끼지 못했다. 실제로 산업통상자원부가 발표한 '2020년 3월 주요 유통업체 매출 동향'에 따르면 온라인 부문은 전년 동기 대비 16.9% 성장했다고 한다.

온라인 쇼핑은 배송의 문제, 제품을 직접 눈으로 보고 착용해보지 못하는 문제 등으로 인해 그동안 성장에 한계가 있었다. 하지만 미래학자들은 가상현실과 증강현실, 드론의 발달이 오프라인 쇼핑의 '경험'을 온라인으로 가져와 온라인 쇼핑의 활성화에 박차를 가할 것이라고 계속 주장해왔다. 이 주장의 현실화가 코로나로 인해 좀 더 앞당겨질 것으로 보인다.

개인 데이터의 중요성과 활용법

기업들은 코로나19 전염병과 싸우기 위해 기술에 눈을 돌리고 있다. 개인 데이터는 전염병 유행의 추세를 파악하고 권장사항을 제시하는 데 중요한 역할을 할 수 있다. 또한 새로운 유형의 데이터 시장을 창출할 수 있다.

실리콘밸리를 관통하는 트렌드 중 하나는 개인 데이터로 수익을 창출하는 것이다. 이 트렌드는 데이터 소유권, 액세스 및 개인정보 보호에 대한 중요한 문제를 제기하는 한편 많은 기회도 제공한다.

우리의 휴대전화는 우리의 발자취를 추적할 뿐만 아니라 건강정보와 라이프스타일을 수집할 수 있는 값싼 웨어러블 기기다. 이 데이터를 어떻게 더 효율적으로 사용할 수 있을까? 코로나19의 치료 촉진, 치매나 암의 치료와 같이 자신의 데이터가 어디에 사용될 수 있을지 사용자가 사전에 정의할 수 있을까?

개인 데이터를 활용할 제도 필요

이러한 목적으로 인증된 응용프로그램이 시작되는 시나리오에서는 개인의 웨어러블 장치 또는 스마트폰의 개인 데이터가 자동으로 전송될 수 있다. 이 데이터는 소스에서 익명으로 암호화되며 음악을 현재 온라인으로 구매 및 판매하는 방식과 같이, 첨부된 디지털 권한 관리 규칙과 함께 관련 부분만 공유된다.

그런 다음 데이터를 다른 용도로 사용할 수 없도록 하는 블록체인 스마트 계약으로 보호할 수 있다. 개인이 특정 질병에 대한 치료 속도를 높이기 위해 익명화된 데이터를 선택해 무료로 제공하고, 일부 데이터는 기업이 유료로 이용할 수 있도록 하는 시나리오다.

전 세계에서 이 데이터를 이용할 수 있게 되면 지능형 머신러닝 알고리즘은 인간 전문가가 놓칠 수 있는 경향을 파악한 다음 전문가들에게 검토와 검증을 위한 권고안을 제시할 수 있다. 코로나19의 경우 검출 속도를 높일 수 있다.

누군가가 상업적인 목적으로 데이터를 사용하려면, 데이터를 사용하는 그들의 앱은 애플 앱스토어Apple App Store 모델과 유사하게 인증 절차를 거쳐야 한다. 회사가 필요한 데이터 유형을 발표하면 데이터 소유자(또는 소유자를 대신하는 데이터 트러스트)가 명시적으로 참여하고 보수를 받는 것이다.

특정 사용 사례에 대한 데이터의 가치를 설정해 소비되는 순간에 소유자에게 지불되고 금융 당국은 여기에 세금을 부과할 수 있다. 소비 순간에 데이터는 소유자의 익명성을 보증하기 위해 토큰화되는 과정도 필요하다.

이 데이터 시장은 생각보다 빨리 현실이 될 수 있다. 코로나로 인한 위기 상황은 많은 사람을 온라인으로 이동시켰다. 앞으로 나아가기 위해서는 민관 협력이 필요하다. 사회가 그러한 진보로부터 이익을 얻을 수 있도록 정부, 시민, 사업체 및 NGO non-governmental organization: 비정부기구 모두 참여해야 한다.

코로나19에 등장한 인기 아이템 10가지

전 세계 기업들이 코로나19 위기에 그들의 독창성을 발휘해 두각을 나타내고 있다.

기술자들과 프로그래머들, 디자이너들은 긴급 호출을 받았다. 첨단 기술 제조 관련자들이 2020년 상반기에 모두 코로나19의 확산에 대항할 제품을 개발하기 위해 앞다퉈 노력하는 사이에 독창성의 물결이 크게 일었다. 하지만 그 혁신 중 많은 것들이 여러 문제를 제기한다. 3D 프린터로 공급할 수 있는 의료부품의 설계도를 오픈소스로 다운로드할 수 있게 된다면, 지식재산권 침해에서도 면제되는 것인가? 아니면 공익을 위해 이를 오픈소스로 공개한 사람들은 소송에 직면하게 될까? 휴대폰을 통해 확진자의 경로를 추적해 감염의 확산을 막는 것은 비상 상황에서는 사람들에게 이롭겠지만, 위기가 끝난 후에 정부의 감시 강화 구실로 이용되지는 않을까?

이런 우려를 기억하면서 3D 프린트된 호흡기 밸브에서 자외선 살균 로봇에 이르기까지 코로나19 전쟁의 전시 물품이 된 10가지 발명품을 보살펴보자.

1. 안티바이러스 스누드 Anti-virus snood

맨체스터 생화학자들이 '세균 트랩' 기술을 가진 스누드머리 전체에 쓰는 망의 일종를 개발했다. 생명공학회사인 바이러스태틱Virustatic은 10년 프로젝트의 결과로 스누드 생산에 들어갔다. 직물에 코팅된 세포 표면은 탄수화물 구조와 비슷한 형태를 가지고 있는데, 이들은 당단백질을 탄소 천에 붙인 뒤 면과 같은 다른 저렴한 재료에 부착시키는 기술을 개발했다.

스누드는 테스트에서 공기 중의 바이러스 96%를 포획하는 것으로 나타났다. 발명가 폴 호프Paul Hope에 따르면 스누드는 기존 마스크보다 통기성과 유연성이 뛰어나므로 환자도 착용할 수 있다. 바이러스를 퍼뜨리는 환자들은 감기와 폐렴 증세 등으로 호흡이 곤란해져 기존의 마스크를 착용하기 힘들다. 스누드는 병원에서 공기 중 바이러스를 포획, 줄일 수 있는 마스크다. 스누드 마스크는 곰팡이나 바이러스를 잡고, 코와 입뿐만 아니라 목 전체를 둥글게 덮어서 모든 사람에게 적합하다.

2. 발열 감지 스마트 헬멧

중국 청두 경찰관들은 체온이 높은 사람들을 감지하기 위해 적외선 카메라가 장착된 스마트 헬멧을 착용했다.

우리는 중국 기술회사 KC 웨어러블 덕분에 〈로보캅〉 속의 미래 세계로 한 걸음 다가섰다. 선전에 본사를 둔 이 회사는 최대 5m 거리에서 열이 있는 사람을 감지해 그 사람이 가까이 오면 경보음을 울리는 스마트 헬멧을 개발했다.

선전, 청두, 상하이 등에서 경찰이 이미 사용하고 있는 이 헬멧은 적외선 온도 감지기, 증강현실 바이저, QR코드를 판독할 수 있는 카메라, 와이파이Wi-Fi, 블루투스, 5G를 지원하므로 가장 가까운 병원으로 데이터를 전송할 수 있다. 안면 인식 기술이 장착된 이 헬멧은 AR바이저가상현실 헤드셋에 환자의 이름뿐 아니라 의료 기록도 표시할 수 있다.

개발자에 따르면, 헬멧을 사용한 경찰관이 100명 이상의 인원을 스캔하는 데 2분밖에 걸리지 않으며, 한 대형 병원에서는 곳곳을 감시하는 데 헬멧 10개로 충분하다고 한다. 전염병에 대해서는 안심할 수 있겠지만, 위기가 지나가고 나면 개인정보 보호 측면에서 무서운 예측이 가능하다.

3. 3D 프린팅 인공호흡기 밸브

코로나19는 바이러스가 폐를 공격해서 폐렴을 유발하므로 중증 환자는 인공호흡기에 의지해 치료를 진행한다. 환자가 급증한 이탈리아 병원에서 인공호흡기의 밸브가 부족해지자 이탈리아 회사가 구조에 나섰다. 이탈리아 북부 브레시아 지역은 바이러스에 심한 타격을 입었는데 이곳 병원에서 바이러스에 감염된 250명의 코로나19 환자가 집중치료를 받을 때 인공호흡기를 환자의 안면 마스크에 연결하는 벤투리 밸브가 부족해졌다.

공급업체가 밸브를 신속하게 제공할 수 없었을 때 병원은 3D 프린팅 기업의 도움을 받았다. 이시노바Isinnova는 제조사인 인터서지컬Intersurgical에 연락했지만 부품의 디지털 모델을 얻을 수 없자 완제품에서 리버스 엔지니어링을 통해 3D로 모델을 만들어 인쇄했다. 프로토타입은 6시간 안에 준비되었고 하루에 100개의 밸브가 프린트되어 병원에 공급되었다.

이시노바의 CEO 크리스티안 프라카시Cristian Fracassi는 "밸브는 매우 얇은 구멍과 튜브를 가지고 있어서 조각을 인쇄하는 것이 쉽지 않았다"며 산소마스크 부족 문제를 해결하기 위해 스노클링 마스크를 비침습 인공호흡기로 바꾸는 3D 프린팅 어댑터를 개발했다고 말했다.

4. 코로나19 선별 진료소

한국은 코로나19 검사에서 선두를 달리고 있다. 매일 코로나19 검사를 2만여 명에게 실시하는데 이는 인구 대비 세계 어느 곳보다 많다. 특히 드라이브 스루 검사 방법과 의료진이 플라스틱 패널 뒤에서 환자와 거리를 둔 채 안전하게 환자를 검사할 수 있는 테스트 부스를 선보이며 한국은 전 세계의 주목을 받았다.

테스트 부스는 전화박스형 칸막이에 음압을 사용해 유해한 입자가 외부로 빠져나가지 않도록 했는데, 각 환자는 인터컴을 통한 신속한 상담을 위해 부스에 들어서며, 의사는 격리된 건너편에서 패널에 내장된 팔 길이의 고무장갑을 사용해 코와 입을 문질러 샘플을 안전하게 채취할 수 있다. 전체 과정은 약 7분이 소요되며 부스는 소독, 환기된다.

5. 핸즈프리 도어 오프너

문손잡이를 만지기 위해 소매를 손으로 당기는 행동에 지쳤을 것이다. 벨기에 3D프리팅 기업인 머티리얼라이즈Materialize는 핸즈프리 도어 오프너를 문손잡이에 부착하는 장치를 만들었다. 무료로 다운로드할 수 있는 디자인을 내놓고 인쇄하게 했는데, 이 도어 오프너는 핸들의 양쪽에 나사로 고정할 수 있는 두 개의 간단한 부품으로 구성되어 있어 팔이나 팔꿈치로 문을 당겨서 열 수 있다. 회사의 CEO인 윌프리드 반크란Wilfried Vancraen은 "문손잡이는 건물에서 전염성이 가장 높은 장소 중 하나인데, 3D 프린터로 각자 인쇄해 문에 달면 문손잡이를 손으로 잡을 필요 없이 팔로 열 수 있다"며 위기 상황에서 지역사회에서 이용할 수 있으면 좋겠다고 말했다.

6. 자외선 살균 로봇

덴마크의 한 회사는 바퀴에 살균이 가능한 장치를 단 살균로봇을 개발했다. 화학물질이 없어도 바이러스를 죽이고 병동을 소독할 수 있다. 돌아다니는 로봇에 장착된 전구 여덟 개는 집중 UV-C 자외선을 방출해 DNA와 RNA를 손상시켜 박테리아, 바이러스 및 기타 유해한 미생물을 파괴한다.

이는 과산화수소와 같은 화학 기반 소독제에 대한 의존도를 감소시킬 수 있으며, 특히 과산화수소를 사용할 경우 살균 중에 몇 시간 동안 방을 비워야 하므로 병원의 많은 부분에 비실용적인데 살균 로봇이 이 단점을 완벽하게 보완한 것이다.

이 로봇은 모기업인 블루오션로보틱스Blue Ocean Robotics와 오덴세 대학병원Odense University Hospital이 6년간 협업한 끝에 2019년 초에 출시했으며, 최근 수요 증가로 생산 속도가 빨라져서 하루 한 대의 로봇을 생산한다.

이와 유사한 기기가 중국기업 요이봇YouiBot에 의해 개발되었다. 이 회사는 기존 로봇에 열화상 카메라와 UV-C 전구를 추가했으며, 우한의 공장, 사무실, 공항, 병원 등에 제품을 공급했다. 낮에는 환자들의 체온을 확인하고 진료소에서 발열 환자를 가려내며, 밤에는 바이러스를 없애는 작업을 한다.

7. 3D 프린터로 만든 격리병동

중국기업 윈선Winsun은 3D 프린팅으로 하루 만에 15개의 코로나

바이러스 격리 병동을 제작했다. 작은 콘크리트 집은 원래 휴가용 주택으로 사용되도록 설계되었지만 전염병으로 인한 중국 병원의 수요에 대처하기 위해 생산량을 늘렸다.

샤워실과 친환경 화장실이 있는 건물은 압출 공정을 통해 인쇄되었으며, 로봇 팔을 레일에 장착해 콘크리트 벽을 쌓아 올렸다. 윈선은 이 공정에서 건축 잔해를 재활용했으며, 기존 콘크리트 구조물보다 구조가 2배 강하다고 주장한다.

8. 코로나 100m 앱

한국에서 코로나바이러스 추적 앱은 가장 인기 있는 다운로드 앱 15개 중 여섯 개를 차지하는데, 단연코 '코로나 100m'가 가장 인기다. 정부의 테스트 프로그램에서 수집한 풍부한 데이터를 이용해, 이 앱은 감염된 사람이 방문한 장소로부터 100m 이내에 도달하면 사용자에게 경고한다.

코로나 환자가 질병이 있는 것으로 확인된 날짜와 환자의 국적, 성별, 나이 및 환자가 방문한 장소도 확인 가능하다. 2월 11일에 출시되어 17일 동안 100만 회 다운로드되었다.

싱가포르와 이스라엘을 포함한 다른 나라들도 당국이 사용자와 접촉한 사람을 추적하고 바이러스 확산을 모델링하는 데 도움이 되는 앱을 배포했으며, 대만은 격리된 환자나 확진자가 집을 떠나는 경우 현지 경찰에 알리는 '전자 울타리' 시스템을 도입했다.

영국은 추적 앱에 관한 토론이 진행 중이며 개인정보 보호에 관한 토론이 시작되었다. 이를 반대하는 목소리는 코로나19와 싸우기 위해 수집된 데이터가 무기한 또는 무분별하게 저장되거나 관련되지 않은 목적으로 사용될 것이라는 우려를 강조했다.

9. 3D 프린팅된 페이스 실드

세계 최대의 3D 프린팅 농장을 표방하며 500대 이상의 3D 프린터를 보유한 체코의 프루사Prusa가 의료진이 사용하는 페이스 실드의 대량 생산에 나섰다. 하루 800개 이상을 제조하고 있으며 체코 보건부에 1만 개를 기부했다. 창립자인 요제프 프루사Josef Prusa는 "페이스 실드 한 개를 만드는 데 필요한 재료는 1달러 미만"이라고 말했다.

또 다른 회사인 스트라타시스Stratasys도 3D 프린팅된 페이스실드와 마스크를 개발했다. 회사 관계자는 3D 프린팅의 강점은 어디에서든지, 거의 모든 것을 인쇄하고 즉석에서 적용하며, 방호복과 마스크 및 인공호흡기 관련 부품 부족 문제를 해결하는 데 도움이 된다고 말했다.

10. 바이러스와 싸우는 드론

외출이 금지된 후베이 지역에서 드론이 차량 이동을 추적했다. 드론 제조의 세계적 선두주자인 중국에서 미니 헬기 드론은 군중의 열 감지에서 공공장소 소독, 멀리 떨어진 지역에 의료용품 등의 공급에 이르기까지 모든 것에 동원되었다.

비료를 공중에서 살포하기 위해 설계된 농업용 드론은 공공장소에 소독제를 뿌릴 뿐만 아니라 외딴섬 지역에 식료품을 배달하는 용도로도 변경되었다. 병원으로 검체를 운송해 검사 시간을 획기적으로 단축시키는 데도 사용되었다.

프랑스에서 경찰은 드론을 사용해 자가 격리를 강화하고 공원과 공공장소를 모니터링해 사람들이 불필요한 외출을 하지 않도록 감시했다. 영국에서는 노샘프턴셔 경찰이 드론을 더 확보하고 스피커를 갖추어 홍보 메시지를 전달하며 사람들에게 집으로 돌아가라고 방송한다.

PART 2

건강과 수명 연장

어쩌면 다른 모든 기술보다도 우리가 가장 관심 있는 것은 건강에 관한 기술이 아닐까 싶다. 우리가 얻고자 하고 이루고자 하는 거의 모든 것이 건강한 정신과 신체가 뒷받침된다는 전제하에 가능하기 때문이다.
코로나로 인해 전 세계인의 삶이 일시적으로 멈춘 것처럼,
건강에 심각한 위협이 있다면 우리의 일상은 유지될 수 없다.
전무후무한 권력을 휘둘렀던 진시황은 영원한 삶을 꿈꾸며
불로초를 찾아 헤매다 49세의 나이에 생을 마감했고,
정복왕 알렉산더 대왕도 연속되는 전투와 강행군으로 피로해진 몸에
말라리아까지 겹쳐 33세의 젊은 나이에 사망했다.
돈이 아무리 많아도, 아무리 위대한 사람이라도 역사 속에서
질병과 노화를 피하지는 못했다. 그리고 인류는 여전히
질병과 노화의 비밀에 다가가기 위해 애쓰고 있다.
여기서는 수명 연장을 목표로 의학과 과학 분야에서 이루어진
최신 성과를 살펴보고 질병과 노화의 미래를 예측해볼 것이다.

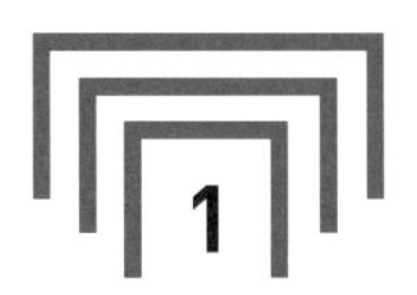

장수1:
과학이 매년 1년씩 당신의 삶을 연장한다

인류의 역사에서 오랜 기간 인간의 평균 수명은 25년이었다. 수명 연장의 본격적인 가속은 20세기 초에 나타났는데, 항생제의 개발에서부터 더 나은 위생 시설의 구현, 깨끗한 물 이용 가능성 증가, 암과 심장병 같은 살인자들에 대처하는 능력이 우리를 80대까지 일상적으로 살게 만들었다. 하지만 많은 과학자들은 인류가 여기서 멈추지 않을 것이라고 믿는다.

기술 융합은 이러한 확신을 부채질한다. 인공지능, 클라우드 컴퓨팅, 네트워크, 센서, 로봇공학, 대규모 데이터 세트, 생명공학, 나노기술의 교차점은 인간 수명의 연장을 직접적으로 겨냥하고 있다.

거시적인 관점에서, 연구원들은 줄기세포 소진에서부터 후생유전학적 돌연변이, 텔로미어telomere: DNA의 말단 소립으로 세포 시계 역할을 담당하며, 나이가 들수록 짧아진다의 소모에 이르기까지 노화의 아홉 가지 주요 원인이 있다는 사실을 알아냈다. 수많은 연구원들과 적어도 두세 개의 기업이 각각의 문제를 심각하게 연구하고 있다.

공상과학 소설을 현실로 만드는 수명 연장 기술

어떤 것은 공상과학 소설처럼 들린다. 3D로 프린트된 대체 장기 부품을 예로 들어보자. 3D 프린팅 장기 부품은 2023년까지 시장에 출시될 예정이다. 전문가들은 2028년경 장기부전이 죽음까지 각오해야 할 인생의 슬픈 현실에서 관리해야 할 문제로 바뀔 수도 있다고 주장하기 시작했다.

스타트업 새뭄드Samumed는 또 다른 공상 과학과 같은 사례를 제시한다. 엄밀히 말하면 샌디에이고에 본사를 둔 이 생명과학 회사는 줄기세포 통신에 중요한 역할을 하는 wnt신호전달경로를 겨냥한 치료법을 개발하고 있다. wnt신호가 잘못될 경우 그 결과는 20가지의 노화 질병으로 이어진다.

특히 새뭄드는 말 그대로 모든 종류의 종양 치료를 목표로 하는 약물로 암과의 싸움에서 큰 진전을 보이고 있다. 한 연구에서는 3회 복용으로 췌장암을 완전히 멈추게 했다.

줄기세포의 선구자 로버트 하리리Robert Hariri가 설립한 회사인 셀

룰러리티Celularity에 의해 줄기세포 기반의 다른 접근법이 개척되고 있다. 하리리의 실험은 동물의 태반 기반 줄기세포가 수명을 30~40%까지 연장할 수 있다는 사실을 보여준다. 이 회사는 이제 줄기세포의 질병과 싸우고 신체의 자가 치유력을 증폭시키는 놀라운 능력을 인간에게 적용해 실현시키기 위해 노력하고 있다.

노화 관련 질병을 넘어, 연구원들의 노력은 유전병을 치료하기 위한 분야에서 특별한 진전을 보이고 있다. 5만여 개의 유전병 중 약 3만 2,000개의 원인은 DNA의 단일 돌연변이다. 이를 크리스퍼가 구제할 수 있다. 우리는 유전자 코드의 정확한 위치를 추적한 다음 DNA 염기를 변환시켜서 겸상 적혈구 질환을 지우는 기술을 얻었다. 이것은 병의 치료를 의미하지 않는다. 영원히 지워진 것처럼, 코드에서 편집된 것이다. 거의 모든 다른 돌연변이 질병에도 똑같은 기술이 사용될 수 있다. 하나의 기술로 3만 2,000개의 질병이 영원히 지워지는 것이다.

노화 경로를 통제한 예쁜꼬마선충의 수명 500% 증가

한편 과학자들은 노화 연구에서 모델로 사용되는 선충 벌레인 예쁜꼬마선충C. elegans에서 수명을 5배로 늘리는 장수의 시너지 세포 경로를 확인했다. 이 연구는 예쁜꼬마선충의 노화를 통제하는 두 가지 주요 경로 발견에 초점을 맞추고 있다. 이 유기체는 많은 유전자를 인간과 공유하며 일반적으로 3~4주라는 짧은 수명을 가졌기에, 과학자들은 이 유기체를 대상으로 한 실험을 통해 건강한 수명 연장을 위한 유전자 및 환경 개입의 영향을 신속하게 평가할 수 있다.

새로운 연구는 인슐린 신호 전달IIS과 라파마이신TOR 경로를 모두 유전적으로 변형시키는 이중 돌연변이를 사용한다. IIS 경로를 변경하면 수명이 100% 증가하고 TOR 경로를 변경하면 30% 증가하므로 이중 돌연변이는 130% 더 오래 살 것으로 예상되었다. 하지만 연구 결과 수명이 500% 증가했다. 과학자들에 따르면 이 증가는 인간 수명으로 보면 400~500년에 해당한다.

캘리포니아 노바토에 있는 버크 노화 연구소와 중국 난징 대학교의 연구원들이 공동으로 연구한 결과 "노화를 지배하는 세포 경로가 예쁜꼬마선충에서 발견되었음에도 불구하고 이러한 경로의 상호작용이 어떻게 이루어지는지는 명확하지 않다"고 허만 할러Hermann Haller MDI 생물학 연구소장은 말했다. 그는 "과학자들은 이러한 상호작용의 특성을 규명함으로써 빠르게 고령화되는 인구의 수명을 건강한 상태로 늘리기 위해 필요한 치료법의 길을 찾고 있다"고 덧붙였다.

MDI 생물학 연구소의 자로드 롤린스Jarod Rollins 박사도 "1에 1을 더하면 2가 아니라 5가 된다"며 자신들의 연구 결과가 "진공 상태로 존재하는 자연은 없음을 보여준다"고 말했다. 또한 가장 효과적인 노화 방지 치료법을 개발하기 위해서는 개별 경로보다는 장수 네트워크 전체를 검토해야 한다고 밝혔다.

이 연구는 시작 단계에 있지만, 그 비밀이 밝혀지면 장수는 물론 노화에 따른 질병까지도 예방하고 치료할 수 있을 것으로 기대된다.

수명 탈출 속도

이 모든 것이 무엇을 의미하는가? 구글의 공학 책임자이자 미래학자인 레이 커즈와일은 '수명 탈출 속도longevity escape velocity'라는 개념, 즉 '당신이 살아 있다는 전제하에 과학이 해마다 수명을 1년 이상 연장할 수 있는 시점'을 종종 언급한다. 커즈와일의 말에 따르면 "이 개념이 매우 파격적으로 들리겠지만, 당신의 예상보다 우리는 이 미래에 훨씬 더 가까이 있다." 그는 일반인이 수명 탈출 속도에 도달하는 시점까지 10~12년 정도밖에 남지 않았을 가능성이 높다고 주장한다.

'수명 탈출 속도'가 커즈와일의 예상보다 10~20년 늦어진다고 해도, 그 사이에 100세가 새로운 60세가 될 가능성은 그다지 공상과학적으로 들리지 않는다.

장수2:
노화는 치료 가능한 질병이다

생명의 영약을 찾는 것은 과학적 시선에서 보기에는 어리석은 일처럼 보이는 신화적 발상이다. 그러나 지난 10년간의 획기적인 발전이 연구자들로 하여금 불가능한 것처럼 보였던 노화가 다른 질병처럼 치료 가능한 질병일 수 있다는 합의에 빠르게 수렴하도록 만들고 있다.

동물의 수명을 최대 40%까지 늘린 인상적인 실험 결과는 이제 인간을 대상으로 확대될 계획이다. 일부 실험은 다른 실험보다 더 의문의 여지가 있지만 약물 칵테일에서부터 유전자 요법 및 줄기세포 치료에 이르기까지 여러 가지 잠재적인 방법이 있다.

그중에서도 줄기세포는 손상된 조직을 치료하기 위해 이식되기 전에 특정 세포로 의도한 대로 만들 수 있기 때문에 특히 유망하다. 다만 이 치료법이 종종 오래된 조직에서는 잘 작동하지 않아서 가장 필요할 수 있는 노인 환자의 사용이 제한된다. 이것은 노인들의 경우 줄기세포가 조직에 적절히 통합되는 것을 방해하는 염증의 수준이 상당히 높기 때문인 것으로 보인다.

포르투갈의 연구원 조아나 네브스Joana Neves는 이 장애물을 피해 줄기세포 치료의 성공률을 크게 높이는 방법으로 2017년 사토리우스 & 과학상Sartorius & Science Prize을 수상했다.

네브스는 모든 유기체가 조직을 복구하는 특징을 갖고 있으며, 특정 동물에서 일어나는 복구 메커니즘이 다른 동물에서도 똑같이 일어난다고 가정했다. 이 가정하에 그녀는 유전자 연구의 표본처럼 여겨지는 초파리를 대상으로 실험해 면역세포가 생산한 단백질을 얻었고 이를 조사하기 시작했다.

줄기세포의 기적이 노년층에 적용 안 되는 이유

그녀는 MANFmeencephalic astrocyte-derived neurotrophic factor라는 잘 알려지지 않은 단백질이 초파리에서 염증을 줄이는 데 중요한 역할을 한다는 것을 발견했다. 더 중요한 것은 쥐와 인간도 같은 단백질을 생산한다는 사실을 발견했으며, 나이가 들어감에 따라 모든 종에서 생산율이 감소하는 것으로 보아 이것이 노화 관련 염증을 조절하는 데 중요한 역할을 한다는 추론을 완성했다.

그녀는 MANF를 도입하면 늙은 동물에서 줄기세포 치료의 효과가 향상되는지 확인하고자 했다. 늙은 쥐의 망막에서 퇴행하는 광수용체를 대체하기 위해 줄기세포를 사용하는 절차와 함께 MANF를 사용하는 실험을 했고 그 결과 시력이 크게 회복되는 것을 발견했다.

나아가 그녀의 연구팀은 MANF의 항염증 효과가 더 일반적인 노화 방지 효과를 줄 수 있는지 조사했다. 이전 연구는 이미 늙은 쥐에게 어린 쥐의 혈액을 주입하면 노화의 다양한 징후를 줄일 수 있으며, 비슷한 실험을 수행함으로써 MANF가 그 결과를 초래하는 요인 중 하나임을 보여주었다. 그들은 심지어 MANF를 쥐에게 직접 주사하는 것도 비슷한 효과를 낼 수 있음을 보여주었다.

다른 질병을 치료하고 인간에게 사용하기까지는 다소 시간이 걸리겠지만, 이 연구는 세놀리틱스senolytics로 알려진 신종의 약물에 대한 연구와 함께 진행될 것이다. 세놀리틱스는 나이가 들어감에 따라 널리 퍼지는 좀비 세포, 즉 만성 염증을 일으키는 유해 화학물질을 분출하는 노화 세포를 죽이는 약물이다.

세놀리틱스는 일반적으로 한 번에 여러 조건을 차단하는 넓은 스펙트럼 치료법으로 여겨지는데, MANF와 함께 줄기세포 치료를 위한 더 나은 환경을 조성하는 데도 사용될 수 있다.

노화로 인한 질병 치료가 아니라 노화를 치료한다

줄기세포 생산의 어려움에서부터 노화 치료법을 규제하는 각종 제도에 이르기까지, 이런 치료법을 병원에 도입하는 데는 여전히 많은 장벽이 있다. 특히 의료 현장에 대한 신뢰를 위협하는 가짜 치료의 사례가 매우 많다. 하지만 엄청난 잠재력을 고려할 때 그 추진력 역시 커지고 있다.

하버드 의대의 노화생물센터의 데이비드 싱클레어David Sinclair 소장은 "우리는 효모, 벌레, 파리와 같은 간단한 유기체의 건강과 수명을 연장하는 수준에서 동물, 쥐 및 원숭이를 대상으로도 효과를 확인했다"고 말했다. 그는 한 번에 하나의 질병을 치료하려고 하는 대신 노화 자체를 치료할 수 있는 의약품을 개발할 수 있다고 믿는다며, 이는 단일 질병을 목표로 하는 약물보다 건강과 수명에 훨씬 더 큰 영향을 미칠 것이라고 강조했다.

건강한 수명 연장의 길에 우리는 한 걸음 더 다가서고 있다.

장수3:
고령화와 의료 트렌드 변화

2025년에는 전 세계 인구 10명 중 한 명이 65세 이상이 되어 전 세계적으로 고령화되며, 2032년까지 65~84세 인구가 39% 증가할 것으로 예상된다. 65세 이상 인구가 증가하는 세계인구 통계는 미래의 경제 및 사회적 도전으로 떠오르게 된다. 특히 2030년까지 만성 질환으로 인한 전 세계적 경제 영향이 47조 달러로 예상되면서 고령화와 함께 의료비용의 증가가 나타날 것이다. 각국의 정부는 공중보건에 더 많은 자금을 투자하게 되며 2025년까지 의료 지출이 11조 7,900억 달러로 증가한다.

한편 2025년 이후 북미는 '가장 큰 의료시장'이라는 지위를 아시아에 빼앗길 가능성이 높다. 다음 10년 동안 밀레니얼 세대 1982~2000년 출생 인구, Y세대에서 Z세대 1990년대 중반~2000년대 초반 출생인구로 소비자 계급이 변하며, 2025년까지 Z세대와 Y세대는 전 세계 인구의 45%를 차지하는데, 이들 대부분은 아시아에서 급격하게 증가한다. 더 많은 아시아인들이 저렴하고 양질의 의료 서비스를 이용할 수 있게 되면서, 인도와 중국의 인구가 아시아를 가장 큰 의료 시장으로 떠오르게 한다.

디지털 건강관리

의료 분야에는 다양한 웨어러블 센서를 비롯해 임베디드 센서, 바이오프린팅 센서 등의 각종 센서와 의료용 트라이코더tricorder: 휴대용 의료 스캐너로 아직 현실화되지 않은 공상과학 영화 속 의료기기가 보급되면서 24시간 모니터링이 가능해진다. 그 밖에 뇌-컴퓨터 인터페이스 등의 기술이 고령화의 큰 적인 치매를 극복하는 열쇠가 되어줄 수 있다. 인공지능은 의료 전반에 걸쳐 혁신을 가져오겠지만, 그중에서도 신약 개발의 주기를 앞당겨 많은 새로운 병을 극복할 수 있게 해줄 것이다. 그 밖에 증강현실, 가상현실, 나노 로보틱스, 3D 바이오프린팅 등 다양한 신기술이 의료에 적용되어 의료 서비스를 변화시킬 것이다.

이런 변화의 결과로 미래의 의료 비즈니스 모델은 디지털로 확장된다. 여기에는 신체 건강 및 의료 제공을 넘어 행동 건강, 디지털 건강 치료, 치과, 영양 및 처방 관리가 포함된다. 또 의료는 예방 및 웰빙으로 전환된다. 검증된 행동 요법을 갖춘 디지털 건강 코칭 플랫폼과 건강 프로그램이 발병 후 관리 환경 및 재활센터에 대한 효율적인 대안으로 떠오를 것이다.

장수4:
마이크로바이옴이 이끄는 수명 연장

기술이 발전함에 따라 그동안 미지의 세계였던 마이크로바이옴microbiome에 대한 이미지가 점점 더 선명해지고 있다. 운이 좋으면 오늘날 직면하고 있는 가장 어려운 건강 문제를 해결하는 데 도움이 될 것이다.

마이크로바이옴이란 인체에 서식하는 미생물microbe과 생태계biome를 합친 말로 우리 몸에 사는 미생물과 그 유전정보를 일컫는다. 대부분의 생물체는 다른 생물체들과 복잡한 관계를 형성하며 살아간다. 인간의 경우 마이크로바이옴의 수는 순수한 인체의 세포 수보다 2배 이상 많고 유전자 수는 100배 이상 많다. 따라서 미생물을 빼놓고 인간의 유전자를 논할 수 없다.

이 가운데 동식물에 서식하거나 공생하는 미생물의 경우 숙주와의 관계성을 기반으로 유익균과 유해균으로 구분한다. 마이크로바이옴을 이용해 유익균과 유해균이 생성되는 원리와 질병 간의 연관성 등을 분석할 수 있어 신약 개발 및 불치병 치료법 연구에 폭넓게 활용할 수 있다.

생물학의 암흑물질, 마이크로바이옴

인체 마이크로바이옴은 생물학의 암흑물질우주에 존재한다고 추정되는 물질로, 우주의 약 27%를 구성하고 있지만, 빛을 내지 않아 눈에 보이지 않는다이다. 우리는 그것의 존재를 알고 있으며, 고급 DNA 시퀀싱 방법으로 미생물 구성원을 광범위하게 검사하고 종 구성을 유추할 수 있다. 항생제를 여러 번 복용함으로써 수조 마리에 달하는 공생성 미생물을 일시적으로 잃을 때 일어나는 현상을 관찰할 수도 있다.

그러나 15년간의 연구에도 불구하고 인체 마이크로바이옴은 피부, 내장, 입 등의 영역에서 여전히 신비로운 생태계로 남아 있다. 하나의 마이크로바이옴은 수십 종의 미생물로 이루어진다. 뒤죽박죽 혼합되어 공존하고 다양한 생체 분자를 통해 우리와 서로 화학적으로 의사소통하면서도 아직 알려지지 않은 정체성을 가지고 있다.

프린스턴 대학교의 모하메드 도니아Mohamed Donia 박사가 이끄는 연구는 개인 정체성의 핵심 표식인 DNA를 목표로 해서 어두운 미생물 세계를 빛으로 끌어왔다. 연구팀은 새로운 전산 알고리즘과 합성생물학을 결합해 약물 유사 분자를 암호화하는 유전자에 대한 미생물 군계를 찾아내는 플랫폼을 개발했다. 최초의 생체 탐침 화면에서 강력한 항생제 특성을 가진 소수의 분자가 확인되었는데, 일부는 병원에서 일반적으로 사용되는 것과 매우 유사했다. 이 개념 증명은 시작에 불과하다. 더 많은 생명을 구하는 화학물질이 미생물 암흑물질 내부에 존재할 수 있다. 연구자들은 "인체에서 약물을 발견하는 전례 없는 자원을 찾고 있다"고 말했다.

마이크로바이옴 골드러시

미생물을 약물 자원으로 상상하기는 쉽지 않지만 미네랄이 풍부한 새로운 땅으로 묘사해보면 도움이 된다. 미생물은 숙주와 유사하게 영양분을 섭취하고 화학물질을 배설한다. 일부는 신진대사의 산물이며 다른 일부는 서로 '대화'할 수 있는 화학 메신저다. 사람과 마찬가지로 미생물 종마다 유전자 구성이 약간 다르다. 결과적으로 그들은 각각 피부나 내장의 '토양'에 섞여 생화학의 특정 프로파일을 방출한다.

기존의 접근 방식은 각 미생물 균주를 분리하고 페트리 접시 안에서 키워 어떤 작용을 하는지, 즉 어떤 영양소를 섭취하고 방출하는지 파악하는 것이다. 직관적이지만 매우 어려운 접근 방식이다. 도니아 박사와 동료들은 이런 기존의 방식을 버리고 새로운 방식을 택했다. 미생물 전체를 대상으로 한 생체 탐사를 위해 전산 알고리즘을 사용했으며, 합성생물학을 적용해 그들의 생체분자 기여를 알아내는 것이다.

인간 몸속의 미생물에서 치료제를 찾는다

연구팀은 개별 미생물 균주에 초점을 맞추지 않고 DNA로 관심을 돌렸다. 정확하게 말하자면 입, 내장, 피부에 있는 전체 미생물 구성원으로부터 분리된 수천 개의 짧은 DNA 서열이다. 유전자는 최종 생체 분자 산물을 암호화하기 때문에 연구진은 '메타게노믹스metagenomes: 어떤 환경 내에 존재하는 미생물들의 총체적인 게놈'를 추론하는 것이 최종 목표에 대한 중요한 단서를 제공한다고 말한다. 이 방법은 이전부터 시도했던 것으로, 그동안 건강한 개인의 미생물 부분집합을 사용해 실험실에서 분리해 성장시켰다고 설명했다. 하지만 질병 상태에서 번성하는 미생물이나 배양할 수 없는 미생물의 가능성은 완전히 놓치고 있었다. 구리를 찾았지만 접근이 어려워 금광을 무시하는 것과 같다.

새로운 작업은 전면적으로 진행되고 아이디어는 퍼즐처럼 나타난다. 목표는 수천 개의 DNA 조각에서 유용한 생체 분자 정보를 모으는 것이다.

연구팀은 항생제와 항암제인 독소루비신을 만드는 데 중요한 효소인 TII-PKSType II polyketide synthase: 2형 폴리케타이드 합성효소로 시작했다. 효소를 프로그래밍하는 유전자는 미생물 게놈에서 흔하지 않기 때문에, 마이크로바이옴에서 사냥할 수 있는 흥미로운 표적이 된다.

이 플랫폼은 사용자 정의 컴퓨터 알고리즘으로 시작한다. 이 알고리즘은 생체 분자를 인코딩하고 이를 겹치는 덩어리로 나누는 유전자를 취한다. 그런 다음 소프트웨어는 이 덩어리를 검사해서 메타게놈과 일치시킬 최상의 후보를 선택한다. 그 결과로 생성된 알고리즘인 메타BGCMetaBGC는 디자이너 합성 메타게노믹스 데이터 세트와 2,500개가 넘는 샘플을 가진 세 개의 자연적인 큰 집단을 포함해 여러 번의 정제 과정을 거쳤다.

이 상대적으로 '희귀한' 유전자는 실제로 우리의 마이크로바이옴에서 상당히 두드러졌다. 이 작업으로 장, 피부, 입에서 TII-PKS와 관련된 13가지의 유전자 군집(모두 미생물 군계에 새로운 유전자)이 발견되었다. 도니아 박사는 "이것들은 드물지 않지만, 이전에는 아무도 본 적이 없다"고 말했다.

암 치료의 가능성을 연 세계적인 발견

마이크로바이옴의 발견에서 나타날 수 있는 잠재적인 문제는 그

것이 얼마나 널리 퍼져 있는가 하는 점이다. 사람의 마이크로바이옴 구성은 식이요법과 사회 · 경제적 사다리 사이에서 빠르게 변화할 수 있다는 점에 착안해 미국, 덴마크, 스페인, 피지, 중국 등 전 세계 사람들의 미생물 개체군을 조사했다.

식습관이나 생활 조건과 관계없이 모든 샘플에는 TII-PKS 유전자의 징후가 있었다. 연구팀은 "세 개의 주요 신체 부위에서 각 집단의 인체 마이크로바이옴이 널리 퍼져 있으며, 수개월에 걸쳐 안정적으로 활동하고 있다"고 말했다.

최종적으로 건강 상태를 점검하기 위해 연구팀은 합성생물학 방법을 사용해 유전자에 일반적인 실험실 박테리아를 주입해 테스트했다. 안타깝게도 어떤 생체 분자도 항암 활성을 나타내지는 않았다. 하지만 두 개의 분자는 몇몇 질병 유발 박테리아에 매우 강한 항균성 특성을 보였으며, 입에서 분리된 박테리아와 싸우는 데 특히 효과적이었다.

연구진은 "인실리코in silico:생명정보학 용어로, 컴퓨터 모의실험 또는 가상실험을 뜻한다 접근 방식을 합성생물학과 결합함으로써 인체 마이크로바이옴으로부터 화학제품의 특성을 직접 발견할 수 있었다"고 결론지었다. 이 알고리즘은 유사한 잠재적 능력을 가진 새로운 화학물질을 조사하기 위해 채택될 수 있지만, 그 결과는 세심하게 검증되어야 한다. 텍사스 대학교의 로라 후퍼Lora Hooper 박사는 "이 연구가 마이크로바이옴의 화학적 능력에 대한 우리의 이해를 크게 넓힐 것"이라고 말했다.

이 연구는 미생물 암흑물질의 정체를 밝히는 가장 최근의 성과일 뿐이다. 더 많은 연구가 전문가들에 의해 시행되고 있다. 한 가지 분명한 것은 계산 및 시퀀싱 기술이 발전함에 따라 미지의 마이크로바이옴 세계에 대한 이미지가 점점 더 선명해지며, 운이 좋으면 오늘날 직면하고 있는 가장 어려운 건강 문제를 해결하는 데 도움이 될 것이라는 점이다.

의료1:
3세대 유전자 가위가 가져오는 의료 혁명

유전병을 포함한 질병의 많은 부분은 유전자의 문제다. 인류가 유전자의 존재를 알게 되고 그로 인한 병의 실체를 파악하게 된 것이 그리 오래된 일은 아니지만, 이후 유전병을 극복하기 위한 인류의 노력은 적극적인 관심 속에서 진행되었다. 하지만 대를 이어 유전자에 새겨지는 병증의 낙인은 쉽게 없앨 수 없어, 그저 생활 속에서 조심하는 소극적 대처밖에 할 수 없었다.

기술의 기하급수적 발달과 함께 유전자를 편집하는 도구가 개발되며, 유전병의 극복도 꿈은 아니게 되었다. 박테리아는 자기 몸에 침입하는 바이러스를 물리치는 면역 기능을 가지고 있는데, 바이러스의 DNA 일부를 잘라서 유전체 내부에 저장해둔 다음, 같은 바이러스가 또 침입하면 이 유전자를 전사해 외부 DNA를 인식하고 절단한다. 크리스퍼는 이런 방식의 면역체계를 응용한 유전자 편집 방법이다. 최초의 유전자 가위인 제한 효소, 1세대인 징크 핑거 뉴클레이즈zinc-finger nuclease, ZFNs, 2세대인 탈렌TALEN, transcription activator-like effector nucleases: 2세대 유전자 가위에 이은 3세대 유전자 가위로, 상대적으로 저렴하고 다루기 쉬우며 목표물 유전자를 정밀하게 자른다는 장점을 가지고 있다.

2019년 11월 MIT와 하버드 브로드 연구소의 공동 연구에서 데이비드 리우 박사David Liu는 이론적으로 모든 질병 유발 유전자 변이의 거의 90%를 교정할 수 있도록 개량한 유전자 가위를 도입했다. 크리스퍼 기반의 '프라임 편집'은 단순히 유전자를 비활성화하는 것이 아니라 인간 게놈의 진정한 검색 및 대체 편집이 가능하다. 단일 버전을 사용하면 DNA 가닥의 손상을 최소화하면서 개별 DNA 염기를 변경, 삭제하거나 새로운 염기를 게놈에 삽입할 수 있다.

현재 프라임 편집은 배양된 세포에서만 테스트되었지만, 그 효능은 상상을 초월한다. 초기 실험에 따르면 겸상 적혈구 질환에서 단일 염기 오류를 교정하고 테이-삭스Tay-Sachs병의 기초가 되는 네 가지 불필요한 염기를 잘라낼 수 있다. 낭포성 섬유증을 유발하는 게놈을 수정하기 위해 빠진 염기 세 개를 삽입한다. 이 도구는 사람과 쥐의 세포에서 175개가 넘는 편집 실험에 놀랍도록 잘 작동했다.

절단한 부위를 수정할 때 생길 수 있는 치명적 오류

크리스퍼 1.0은 일반적으로 클래식 버전을 말하며, 특정 유전자를 제거하기 위해 이중 나선을 잘라낸다. 오늘날의 크리스퍼는 유전자 가위보다는 스위스 군용 칼과 더 비슷하며, 과학자들이 계속 개선하고 있다. 유전자를 파괴하는 대신 다른 유전자를 삽입하거나, 한 유전자 염기를 다른 염기로 바꾸거나, 동시에 수천 개의 유전자를 표적으로 삼을 수 있는 변형들이 있다. 또한 유전자 코드 자체보다는 DNA의 유전자 코드를 세포질로 전달하는 메신저인 RNA를 제거하는 변형도 있다.

그러나 크리스퍼의 개량에는 심각한 문제가 있다. 첫째로, 이것은 매우 거칠다. '프라임 편집'의 전 세대 유전자 가위인 크리스퍼-Cas9는 유전자를 외과적으로 절단하지 않는다. 오히려 '편집'은 실제로 세포가 이중 나선에 대한 손상을 감지하고 끊어진 가닥을 다시 이어붙이는 작용을 하는 과정이 핵심이다. 다친 부위가 아물 때 흉터가 생기는 것처럼, 이 과정은 종종 오류를 유발한다. 과학자들은 수정 과정의 이런 특징을 이용해 질병을 일으키는 유전자를 파괴하거나 일부 추가 코드를 몰래 들여온다.

하버드의 크리스퍼 선구자인 조지 처치George Church 박사는 이 과정을 '유전체 파괴 행위'라고 비판하며 새 연구에 참여하지 않았다. 수정이 계획에 따라 진행되면 좋지만, 그렇지 않을 경우 수정을 통해 원치 않거나 이를 뛰어넘어 위험한 돌연변이가 발생할 수 있기 때문이다.

DNA 이중 나선을 한쪽씩 잘라 수정해 오류를 최소화

프라임 편집에 관한 리우 박사의 아이디어는 그가 염기 편집을 할 때 만들어졌다. 프라임 편집에서 크리스퍼는 이중 나선을 자르지 않는다. 오히려 가이드 RNA인 '블러드하운드'를 사용해 새로운 단백질 성분을 표적 DNA 서열로 실어나른 뒤 단일 염기를 C에서 T로 또는 G에서 A로 바꾼다.

기존의 자르고 붙이는 크리스퍼보다 훨씬 안전하다고 여겨지지만 염기 편집은 치료할 수 있는 유전 질환의 수가 제한된다.

프라임 편집은 두 구성 요소를 업그레이드해서 이 문제를 해결했다. Cas9를 업그레이드해서 이중 나선의 가닥을 둘 다 자르지 않고 한쪽만 잘라낸다. 새로운 가이드인 pegRNAprime editing guide RNA: 프라임 편집 가이드 RNA는 기계를 목표에 연결하고 원하는 편집을 인코딩한다. 그런 다음 모든 것을 마술처럼 묶는 세 번째 구성 요소가 제공된다. pegRNA 설계도를 기초로 DNA 서열을 만들 수 있는 역전사효소RNA에 의존해 DNA를 합성하는 효소라 불리는 단백질이 상처가 남은 표적 부위에 삽입되는 것이다.

DNA 이중 나선을 사다리라고 생각해보자. 두 개의 기둥 사이에 연결 단이 촘촘하게 있다. 여기서 양쪽 기둥을 X라고 하고 이

중 한쪽을 Cas9를 사용해 잘라낸다. 이로써 원래의 DNA 서열은 제거된다. 또 두 구성요소가 절단된 지점에 새 유전자를 삽입할 수 있는 입구가 만들어졌다. 양쪽은 X, X였지만 이제 입구를 통해 Y가 들어가 X, Y가 되었다. 아직 X가 남아 있는 반대쪽에 똑같은 과정을 수행한다. 그러면 세포에 DNA 손상이 전달되고 역전사효소가 새로운 유전자를 주형으로 사용해 고치려고 시도한다. 결과적으로 세포는 질병을 일으키는 X, X에서 정상적이고 건강한 Y, Y로 대체되는 것이다.

프라임 편집의 뛰어난 점 5가지

프라임 편집은 몇 가지 이유에서 매우 흥미롭다.

첫째, DNA 가닥을 모두 절단하지 않기 때문에 오류가 발생하기 쉬운 세포의 복구 시스템을 즉시 활성화시키지 않는다. 이것은 과학자들이 세포 편집을 원하는 대로 훨씬 더 잘 제어할 수 있다는 의미다.

둘째, 프라임은 그 용도가 놀라울 정도로 다양하다. 프라임 편집 기술이 개발되기 전에는 유전자의 삭제, 새로운 DNA 코드 삽입 또는 DNA 염기 치환과 같은 각 특정 유형의 편집에 별도의 크리스퍼 도구가 필요하다는 것이 게놈 과학자들 공통된 의견이었다. 하지만 프라임 편집은 추가 수정 없이 세 가지 기능을 모두 달성할 수 있다.

셋째, 프라임 편집은 DNA 염기를 다른 염기로 바꿀 수 있는데, 이것은 다양한 유전병의 치료를 목적으로 실험할 수 있음을 의미한다. 예를 들어 산소를 운반하는 적혈구를 예리한 낫 모양으로 변형되게 하는 겸상 적혈구 질환은 정확한 지점에서 T를 A로 변환시켜야 한다. 이것이 기존의 크리스퍼로는 불가능하지만, 프라임 편집으로는 가능하다. 현재 약 7,000개의 유전 질환이 이 방식의 유전자 치료에 적합하다.

넷째, 프라임 편집은 더 이상 분열되지 않는 세포에서도 작동한다. 신경세포 및 근육세포와 같은 세포들은 치료용 DNA 편집을 딸세포로 전달할 수 없기 때문에 유전적 결함을 해결하기 위해 과학자들은 다수의 개체군에서 돌연변이를 효율적으로 교정할 수 있어야 한다. 프라임 편집으로 이것 역시 가능해진다.

마지막으로, 프라임 편집은 게놈의 특정 지점에서 최소 80개까지 정확한 수의 염기를 제거할 수 있다. 이를 통해 과학자들은 그들이 원하는 DNA 서열을 정확하게 지시할 수 있다.

유전자 가위의 가능성과 한계

세포에 프라임 편집을 사용한 초기 실험에서 도구가 매우 정확하다는 것을 증명했다. 표적을 벗어나 새긴 자국은 10% 미만이었고, 편집된 세포의 10분의 1 미만이 게놈에 예정과 다른 변화를 가져왔다. 1세대 크리스퍼의 최대 90%에 비해 많이 줄어든 수치다.

그럼에도 불구하고 이 도구는 널리 사용되기 전에 엄격한 테스트를 거쳐야 한다. 일부 임상시험에서 세포가 제대로 작동하는 것은, 살아 있는 신체에 적용되어 똑같이 잘 작동하는 것과는 완전히 별개다.

또한 프라임 편집 도구는 너무 커서 세포에 넣는 일이 쉽지 않다. 밀도가 높은 세포벽으로 보호되는 뇌에 도달하는 것은 훨씬 더 어려울 것이다. 과학자들은 유전자 가위를 목표물에 도달시키는 것을 목표로 기술을 계속 개발할 것이며, 그 자체가 새로운 산업으로 자리 잡을 것이다.

의료2: 가상현실, 증강현실, 원격의료의 미래

신천지 집단 감염으로 코로나 사태가 긴박하게 돌아가던 상황에서 우리 정부는 의료기관에서 의사와 환자가 코로나19에 노출되는 것을 막기 위해 만성 질환자, 가벼운 증세의 환자 등의 경우 한시적으로 의료기관이 전화로 상담과 처방, 대리처방을 할 수 있도록 허용했다. 이로써 가벼운 감기 환자 등 의사의 판단에 따라 안전성 확보가 가능한 경우에는 환자가 의료기관을 직접 방문하지 않고 상담, 처방을 받을 수 있으며 자가 격리자, 만성 질환자, 노약자, 고위험군 환자 등은 의사의 판단을 바탕으로 대리 처방이 가능해졌다.

전화로 상담 및 처방을 받은 환자는 진찰료 전액을 지급하되, 수납 방법은 의료기관과 협의해 결정하게 되며 처방전은 환자의 전화번호 및 팩스, 이메일 등으로 수령하고 환자가 지정하는 약국에도 전송되며, 환자는 유선 또는 서면으로 약사에게 복약 지도를 받은 후 수령 방식을 협의해 약을 받을 수 있다.

대한한의사협회는 원격진료 환경이 완전히 갖추어지지 않은 상태에서 진행되는 이 조치에 반대했지만, 정부가 정례적인 검진 및 투약이 불가피한 만성 질환자의 이동을 최소화할 수 있는 단기간 내 제한적 조치로, 일상적 허용이 아니라 코로나19의 확산세가 안정될 때까지 의료기관 협조 아래 허용하는 조치라고 설득하자 참여하겠다고 밝혔다.

'원격진료'라는 용어가 사용되지는 않았지만, 의사와 환자가 만나지 않고 진료를 하고 처방을 하게 되는 형식의 의료 행위는 미래 원격진료로의 첫걸음이라고 할 수 있을 것이다. 그리고 이것은 미래의 큰 파도이기도 하다. 가상현실과 증강현실의 발달이 원격진료의 본격적인 문을 열 것이다. 이 두 가지 기술을 잘 사용하면 환자의 진단 및 결과 개선에 도움을 줄 수 있다.

의료 진단을 위한 가상현실 및 증강현실

지난 수십 년간 이미징 기술의 발전으로 의료 상태의 효과적인 진단이 비약적인 발전을 이루었다. MRI magnetic resonance imaging: 자기공명 영상 및 엑스레이와 같은 기술은 제한적인 2차원 영상으로 나타나기는 하지만, 의사가 신속하게 진단할 수 있도록 도움을 주었다. 기본적으로 이미지는 1950년대와 여전히 같은 방식으로 읽힌다. 그 탓에 무언가를 놓치거나 잘못 진단할 여지가 남아 있다.

물리적 세계에 디지털 정보를 중첩시키는 증강현실은 이를 바꿀 거대한 잠재력을 가지고 있다. 〈하버드 비즈니스 리뷰Harvard Business Review〉의 기사는 의료진이 굳이 원격진료를 해야 하는 상황이 아니더라도 헤드셋을 착용하고 다양한 환자의 데이터를 미리 볼 수 있을 것으로 예상되는 의학연구팀의 프로토타입에 관해 설명한다. 이것은 생명을 구할 뿐만 아니라 의학적 오류를 줄여준다.

〈하버드 비즈니스 리뷰〉의 기사는 증강현실이 수술에 앞서 수술실 밖에서 벌어지는 절차에 가장 유용할 수 있다는 점에 주목한다. 수술실에 있는 동안 환자는 의료진에 둘러싸이는데, 그들은 모두 의료 영상과 함께 미리 브리핑을 받는다. 하지만 ICUintensive care unit: 집중치료실 침대 옆에서 발생하는 절차에는 종종 이러한 정보나 지원이 모두 없으므로 증강현실 디스플레이가 정보에 접근해 안전과 의료의 질을 향상시킬 잠재력이 크다. 예를 들어 환자의 알레르기를 경고해주고 약물 간의 잠재적인 상호작용을 보여주는 디스플레이를 고려해볼 수 있다.

증강현실은 또한 초음파에서 나온 실시간 의료 데이터를 환자의 몸에 직접 투영하는 데 활용되는데, 이 데이터는 주치의들이 헤드셋으로 볼 수 있다. 디스플레이 화면에서 환자 쪽으로 이동하며 진단해야 하는 번거로움에서 벗어나 의사와 간호사가 모두 하나의 통합된 시야를 가질 수 있어 효율적이다.

원격진료는 가상현실과 증강현실의 영향을 받는 또 다른 주요 분야다. 원격의료에 비교적 사소한 불만이 여전히 존재하지만, 농촌 지역에서는 양질의 의료 서비스를 받기가 어렵다는 우려를 해소해준다. 가상현실과 증강현실이 원격시술 훈련을 도와 원격진료의 효과를 높일 수 있다는 주장이 제기되기도 했다.

환자의 신체 내부 상태를 3D로 보여준다

증강현실 기술은 의사가 환자의 피부를 열지 않고도 '들여다볼' 수 있게 해줄 것이다. 이는 의사가 절개를 하거나 주사를 놓을 위치를 정확히 결정하는 데 도움을 줄 수 있다. 디스플레이는 예를 들어 심폐소생술을 위해 어느 부위를 압박해야 하는지 정확한 위치와 그 밖의 지침을 제공할 수 있다. 실제로 런던의 임페리얼 칼리지와 세인트메리 병원의 의사들이 마이크로소프트Microsoft, MS의 홀로렌즈HoloLens 증강현실 안경을 사용해 교통사고로 다리에 부상을 입은 환자의 수술을 진행했다. 의사는 뼈와 혈관을 가상으로 볼 수 있고 대상 위치를 식별할 수 있었다.

증강현실은 시각장애가 있는 환자에게도 사용된다. 누아이즈Nueyes 스마트 안경은 증강현실을 사용해 환자로 하여금 외부 세계를 볼 수 있게 해준다. 많은 환자들이 이전에는 볼 수 없었던 주변 사람들의 얼굴 등 세부사항을 볼 수 있다.

한편 가상현실은 병원이나 진료실을 방문해야 하는 환자에게 불안감을 줄여주는 수단이 되어줄 수 있다. 가상현실 경험은 물리치료 분야의 수족 절단 환자 또는 뇌졸중 환자를 위한 시각자료를 제공하는 프로그램처럼, 다른 치료요법의 보조 역할을 할 수 있다. 또한 정신과 치료, 특히 공포증, 불안 또는 일부 인격장애의 치료에서 특정 약물의 대안이 되어줄 수 있다.

신체적 치료는 물론 심리적 치료에도 활용

가상현실이 치료에 사용되는 좋은 예는 인지장애 또는 치매 환자들의 경우다. 메이플우드 시니어 리빙Maplewood Senior Living 시설은 밖으로 나와 경험하는 일이 더 이상 불가능한 사람이나 기억을 꺼내는 데 도움이 필요한 환자를 위한 치료의 일환으로 첨단 기술이 적용되는 곳이다.

가상현실 헤드셋은 몰입형 경험을 만들어 환자를 익숙한 장소로 데려갈 수 있다. 이 치료법은 기억과 감정을 불러일으키고 오래 지속되는 긍정적인 효과를 기대할 수 있다. 시설은 동요, 좌절, 불안이 감소하고 참여와 행복지수는 증가했다고 보고했다.

스마트폰 애플리케이션은 환자의 치료를 돕기 위해 가상현실 및 증강현실을 도입하는 또 다른 방법이다. 한 가지 예는 피어 테라퓨

틱스Pear Therapeutics 사에서 최근 승인을 받은 외래환자 중독 치료용 앱으로, FDAFood and Drug Administration: 미 식품의약국의 승인을 받은 최초의 처방 디지털 치료제이며 가상현실 요소가 있다.

실제 같은 교육을 통해 더 정확한 지식 전달

의학 교육은 전통적으로 인체의 구성요소와 그것이 어떻게 작동하는지 가르치기 위해 많은 교과서와 함께 모형이나 해부를 사용했다. 그런데 가상현실과 증강현실이 더 상세하고 편리한 교육 기회를 제공하기 위해 현장으로 이동하고 있다.

후지쯔Fujitsu는 가상현실 심장 시뮬레이터를 개발했다. 이 시뮬레이터는 3차원, 360도 구조의 관찰을 통해 심장에 대한 이해를 향상시키도록 설계되었다. 심장은 신체의 복잡한 구성요소 중 하나로, 심장 근육의 복잡한 움직임이나 혈액의 흐름과 같은 주제를 글로 배우는 데는 한계가 있다. 이전에는 학생들이 직접 해부, 3D 프린터 및 기타 수단을 사용해 만든 모형, 디자이너가 만든 컴퓨터 그래픽 및 교과서와 같은 방법을 통해 심장의 구조와 기본 기능에 관해 배웠지만, 박동하는 심장을 연구하는 데 활용할 교재가 필요했다.

수술 환경에서 증강현실이 가져올 확장성을 고려할 때 이것이 교육 구성요소로 추가될 가능성도 상상할 수 있다. 미래에 의대

생들은 증강현실 앱이나 헤드셋으로 수술을 실제 체험하듯이 관찰할 수 있을 것이다. 증강현실 또는 가상현실을 통해 디지털 '환자'를 설정하고 학생들이 이 환자를 진단하고 치료하며, 그 결과를 추적할 수 있게 될 것이다.

가상현실 및 증강현실은 의료 진단, 치료, 심리 치료 및 교육의 발전에 큰 잠재력을 가지고 있다. 가상현실과 증강현실을 임상의들이 실제로 일어나고 있는 일을 더 잘 볼 수 있게 해주는 현실적인 디지털 세계를 소개한다.

잠재적으로 가상현실과 증강현실은 장거리에 걸쳐 치료와 진단을 제공할 수 있지만, 원격의료에 대한 고려사항에는 의사의 진료실과 환자의 집 사이의 거리에 대한 기준을 포함할 필요가 있다. 또한 기술의 발전에 따라 윤리적 문제들이 논의되고 있다. 가상현실과 증강현실은 앞으로 수년 동안 급속한 발전을 이룰 것으로 기대되며, 기술이 성숙해짐에 따라 다양한 교육과 의료 분야에 파괴적 혁신을 가져올 것이다.

의료3:
예방적 의료가 주목받는다

전 세계가 코로나 대유행으로 인해 일상적인 생활이 불가능할 정도로 타격을 입고 있다. 국가별로 차이는 있지만, 치명률이 약 7% 수준(2020년 4월 말 기준)으로 그리 높지 않음에도 전 세계 경제, 사회가 얼어붙은 것은, 코로나바이러스에 대한 치료제가 없기 때문이다. WHO는 코로나 백신 개발이 빨라도 18~24개월은 걸릴 것이라고 발표했으며, 백신 개발을 적극 후원하고 있는 빌 & 멀린다 게이츠 재단Bill & Melinda Gates Foundation 역시 코로나 백신 개발에 1년이 걸릴 것이라고 말했다. 한시가 급한 상황에서 1년은 무척이나 길게 느껴진다. 왜 이렇게 오래 걸릴까?

실제로 미국에서는 평균적으로 5,000개의 신약 가운데 다섯 개가 사람을 대상으로 한 임상시험에 사용되고, 그중 오직 한 가지만 이 최종 승인된다. 이 의약품이 실험실에서 환자로 이동하는 데 평균 12년이 걸리며 25억 달러 이상의 비용이 든다고 한다.

부작용 없이 인체에 적절한 작용을 한다고 확신하기까지는 아무리 빨라도 많은 단계를 거쳐야 하기 때문이다. 미래에 이런 시간이 획기적으로 줄어들 수 있을까? 아니면 완전히 다른 형태의 의료 서비스가 시행될까?

여기서는 디지털 의학 및 생명공학 혁명에 관해 자세히 알아볼 것이다. 차세대 인공지능 기반의 데이터 중심 기업은 오늘날 '질병관리'를 '건강관리'로 전환할 것이다. 궁극적으로는 생명을 위협하기 전 0단계에서 질병을 잡을 수 있는 방법을 찾을 것이다.

집에서 매일 이루어지는 건강관리

미래의 건강관리는 집에서 이루어진다. 개인의 일정은 스마트홈의 메인이 되는 인공지능 비서가 관리해주는데, 인공지능은 심지어 당신이 침대에서 자고 있을 때 수면 리듬까지도 점검한다. 실내조명의 밝기를 완만하게 조절해서 기상 시간에 맞춰 가장 쾌적하게 일어날 수 있게 해준다.

기상 후에는 바로 전체적인 건강 진단을 해준다. 이 시간은 1분이 채 걸리지 않으며, 수십 개의 센서를 통해 이루어진다. 칫솔, 화장실의 스마트 센서, 침구 및 의류의 웨어러블 컴퓨터, 신체 내부의 이식형 컴퓨터 시스템을 모두 연결해 종합하는 것이다. 비타민, 혈당 수치부터 심박, 혈압, 마이크로바이옴에 이르기까지 모든 것을 모니터링하는 광범위한 내부 및 외부 센서로, 현재 한창 개발 중에 있다.

엑스오ExO 인공지능은 저렴한 휴대용 초음파 3D 영상을 지원해 집에서 편안하게 상처 치유부터 태아의 성장에 이르기까지 모든 것을 추적할 수 있게 해준다. 또 전 구글 X 프로젝트 리더 메리 루 젭슨Mary Lou Jepsen이 이끄는 스타트업 오픈워터Openwater는 빨간색 레이저 홀로그래피를 사용해 휴대용 MRI를 만들어 오늘날 수백만 달러 규모의 기계를 웨어러블 가전기기로 바꿀 계획이다. 이 제품이 성공적으로 출시되면, 전 세계의 4분의 3이 비용의 문제 등으로 접근하지 못하고 있는 의료 영상에 접근할 수 있게 된다.

그런데 더 간단한 개발이 더 혁명적일 수 있다. 웨어러블 기기는 1세대의 대표적인 만보기에서 20년도 지나지 않은 시간에 실시간 심장 모니터링이 가능한 FDA 승인 심전도 스캐너를 포함한 애플의 4세대 아이워치iWatch로 발전했다. 또 1,000만 달러 규모의 퀄컴 트라이코더 엑스프라이즈Qualcomm Tricorder XPRIZE에서 우승한 덱스터DxtER는 사용하기 쉽고 비침습적인 의료용 센서 및 앱을 통해 접근할 수 있는 진단용 인공지능으로, 이미 50가지가 넘는 일반적인 질병을 안정적으로 감지한다.

이러한 발전은 24시간 항상 작동하고 있는 건강 모니터링 기기로, 저렴하고 빠른 진단을 가능하게 해줄 것이다.

이 변화를 칭하는 기술적 용어는 '모바일 건강관리'로 2022년까지 시장 규모가 1,020억 달러까지 폭발적으로 성장할 것이 예상된다.

인공지능 지원 의료 챗봇chatbot: 문자 또는 음성으로 대화하는 기능이 있는 인공지능 컴퓨터 프로그램은 네트워크, 센서 및 컴퓨팅의 융합을 통해 시장에 넘쳐나고 있다. 이 앱은 발진부터 망막증에 이르기까지 모든 것을 진단할 수 있는데, 그 범위는 단지 육체적인 질병이 아니다. 워봇Woebot은 우울증을 앓고 있는 환자에게 페이스북 메신저를 통해 인지행동 치료를 제공하는 등 정신 건강까지 관리하고 있다.

예방적 의료 서비스의 미래

미래 의료의 추세는 어디로 향하고 있을까?

2013년에 설립된 휴먼 롱제비티Human Longevity Inc.를 살펴보자. 주요 서비스인 '헬스 뉴클리어스Health Nucleus'는 전체 게놈 시퀀싱, 전신 MRI, 심장 및 폐 CT, 심전도, 그리고 수많은 임상 혈액 검사를 포함하며, 본질적으로 현재 이용 가능한 건강관리의 가장 완벽한 그림이다.

이 그림은 두 가지 이유로 중요하다. 첫 번째는 질병 조기 감지다. 2018년 휴먼 롱제비티는 첫 1,190명의 고객에 대한 통계를 발표했다. 환자의 9%가 이전에는 발견되지 않은 관상동맥병(세계에서 가장 흔한 살인자)을 발견했으며 2.5%는 동맥류(두 번째 살인자)를 발견했고 2%는 종양을 발견했다. 총 14.4%는 즉각적 개입이 필요한 중대한 문제를 가지고 있었으며, 40%는 장기 모니터링이 필요한 상태임이 확인되었다.

두 번째 중요한 이유는 지속 관리가 가능하다는 것이다. 연간 반나절에 해당하는 시간을 투자해 질병을 추적하고 측정해, 모든 것이 필요할 때 적시에 제공될 것이다. 항상 켜져 있고 항상 보고 있는 센서 덕분에 스마트폰이 곧 의사가 되는 것이다.

오늘날의 병원 서비스는 사라진다

획기적인 인공지능 기능, 비물질화 센서 및 차세대 컴퓨팅 성능은 웨어러블 기기, 미래의 증강현실 장치 및 임플란트 기기에 직결되어 있다.

오늘날 보험 중개인들이 중재하는 길고 비싸며 증상이 나타난 뒤에 대응하는 '병원' 시대는, 지속적이고 저렴하며 개인화되고 능동적인 건강관리에 자리를 내줄 것이다.

의료 데이터는 말할 것도 없고 곧 우리 개인의 의사(기술)를 소유하게 되면, 우리는 질병의 증상이 나타나면 치료하는 위험을 더는 감수할 필요가 없다. 그 대신 질병에 대한 걱정 없이 매우 저렴한 비용으로 24시간 내내 위험을 최소화하는 미래가 온다.

면역성 강화식품 산업이 주목받는다

코로나19 이후에 CNN에서는 연일 뉴욕의 차이나타운에서 각종 허브, 약초, 약재가 동나고 있다는 뉴스를 다뤘다. 실제로 뉴욕에 살고 있는 지인들이 한국에서 약재를 사서 보내달라는 요청도 심심치 않게 온다. 코로나바이러스에는 치료약이 없으며, 면역성이 강한 사람은 걸려도 증상 없이 넘어가기 때문에 면역성을 강화시켜 주는 약초, 약재, 차 등의 인기가 급증한 것이다. 현재 백신과 치료제가 없는 코로나19는 완전히 사라지지 않고 더 자주, 더 빨리 확산되는 전염병이 될 것이다. 코로나19 발병의 원인으로 기후 변화, 도심 인구 집중, 미세먼지와 환경오염, 과다한 육류 섭취가 지목되었는데 이 문제 중 어느 하나도 금방 해결될 수 없기 때문이다.

인생의 황혼기에 접어들면 의식주 어디에도 그다지 돈을 쓸 일이 없다. 잘 먹을 수도 없고, 새집으로 이사해서 꾸밀 여력도 없으며, 유행에 대한 관심도 사라진다. 그렇더라도 마지막까지 돈을 쓰는 분야가 바로 식食으로 약초, 면역성 강화식품 등에 관심을 갖는다. 고령화가 빠르게 진행되는 우리나라에서 이 미래의 트렌드에 맞게 한국의 약초와 한약, 면역성 강화식품이 미래에 주목받을 것이다.

도심에서 멀고 오염되지 않은 물과 공기가 있는 산에서 약초를 재배하는 사업과 이런 약초를 가지고 효과 좋고 먹기 쉬운 약재를 만드는 사업이 미래의 트렌드가 된다. 현재 경남 하동의 한국 전통 차 생산지 등도 이런 전략을 갖고 있다.

치매 극복1:
뇌의 비밀이 밝혀지다

매일 실행하면 슈퍼컴퓨터라고 해도 결국 스토리지가 가득 차고 속도가 느려지며 구성 요소가 소진된다. 그러나 우리의 두뇌는 삶의 거의 모든 순간에 놀라운 성능으로 실행된다. 과학자들은 40년 동안 혼란스러워 보이는 더미에 함께 결합된 섬세한 생물학적 구성 요소가 어떻게 수십 년 동안 지속적인 정보 저장을 유지할 수 있는지 호기심을 가져왔다.

개별 신경세포가 죽더라도 신경망은 최적의 데이터 전송을 유지하기 위해 연결을 미세 조정한다. 우리의 신경세포는 내부 단백질의 거의 모든 구성요소를 재생하면서 그 안에 저장된 기억을 함께 재생하는 마술을 부린다.

세인트루이스에 있는 워싱턴 대학교의 연구팀은 2019년 10월에 쥐의 신경 기록과 컴퓨터 모델링을 결합해 뇌의 가장 큰 미스터리를 발견했다. 연구팀은 며칠 동안 수백 개의 신경세포에서 발생하는 발사 패턴을 분석함으로써 의식을 포함해 뇌의 전기 스파크에서 자연적으로 발생하는 모든 사고와 행동의 기초가 될 수 있는 일종의 '계산 체제'를 뒷받침하는 증거를 발견했다.

답은 이론물리학에서 비판과 논란의 여지가 있는 아이디어에 뿌리를 두고 있다. 연구팀은 처음으로 신경망을 최적의 기능 상태로 다시 끌어들이는 추상적인 '인력'을 관찰해 진화에 의해 결정된 '설정 지점'에서 벗어나지 않는다는 사실을 알아냈다.

심지어 더욱 놀라운 것은 이 인력의 작용 과정을 어떤 신경세포도 지시하지 않으며, 전체 신경망의 구조 안에 묻혀 있는 물리법칙의 숨겨진 우주에서 나온다는 점이다. 연구 논문의 수석 저자인 키스 힝겐Keith Hengen 박사는 "뇌가 물리학자들이 예측할 수 있는 지점까지 창발성emergent property을 조정할 수 있다는 것은 매우 기발한 생각"이라고 말했다.

뇌는 기억을 최상의 상태로 끌어올리는 힘이 있다

여기서 말하는 '인력'은 자연의 힘이 가진 균형을 설명하는 수학적 방법이다. 상상하기 쉬운 예는 매트리스 내부를 구성하는 코일 스프링이다. 수년에 걸쳐 사용하다 보면 늘어나거나 반대로 주저

앉을 수 있지만 스프링은 일반적으로 초기 상태로 돌아가는 성질을 갖고 있다.

다시 말해 처음 상태로 끌어당기는 힘이다. 훨씬 더 추상적이지만 유사한 원리가 신경 활동, 특히 뇌 의사소통의 주요 동인인 억제 및 흥분성 신경세포를 지도한다. 이를 뇌의 전기적 활동에서 음과 양으로 생각해보자. 둘 다 외부로 전기 스파이크를 보내고, 억제 신경세포는 전파를 약화시키고, 흥분성 신경세포는 메시지를 증폭시킨다. 신호가 많을수록 더 많은 스파이크가 전송된다.

심지어 개별 신경세포조차도 제한된 수준의 활성화 기능이 있다. 세포들은 보통 너무 많은 양의 스파이크를 보내서 신체 구조를 어지럽힐 수 없다. 즉 신경세포는 스스로를 제한한다. 더 큰 규모의 신경망에는 신경세포가 서로 대화하는 신경 가지에서 튀어나온 버섯 모양의 구조물인 시냅스의 대부분에서 작동하는 '튜닝 노브'가 있다.

네트워크가 너무 흥분되면 뇌는 조현병과 같이 뇌가 혼돈 상태로 과도하게 활성화되기 전에 '고요' 전송 신호로 다이얼을 돌린다. 이 다이얼은 또한 치매를 포함한 다른 신경계 질환에서 발생할 수 있는 신경망이 너무 게을러지는 것도 방지한다.

힝겐 박사는 "신경세포가 결합할 때 제어 체제를 적극적으로 찾는다"고 설명했다. 서로 연결된 신경세포 그룹은 혼란과 정지의 경계에서 바로 활동 상태를 달성해 활동과 그에 따른 소진으로 넘어가지 않도록 최적의 정보 저장 및 처리를 보장한다.

신경망이 먼저 최적화되고 세포가 이를 뒤따른다

뇌가 어떻게 임계점에 도달하는지 이해하는 것은 노화와 질병으로부터 뇌의 능력을 보전할 뿐만 아니라 더 나은 뇌 모방 기계를 만드는 데도 중요하다. 힝겐 박사의 팀은 기존의 연구는 이론에 그쳤기 때문에 뇌의 실제 신호를 찾아내고 싶었다고 말한다. 팀은 일정 기간 동안 수백 개의 신경세포 활동을 기록할 수 있는 고밀도 전극을 이용했다. 그들은 두 가지 질문으로 출발했다. 첫째, 더 높은 인지기능에 관여하는 가장 바깥쪽 뇌 영역인 피질이 중요한 시점에 뇌 활동을 유지할 수 있을까? 둘째, 개별 신경세포 때문에 활동 수준이 제한되는 경향이 있는가?

여기에 재미있는 부분이 있다. 한쪽 눈을 가린 쥐에게 다른 한쪽 눈에 들어오는 빛 신호를 차단하면 시간이 지남에 따라 신경 활동이 크게 재구성되었고 팀은 일주일 동안 이 변화를 모니터링 했다.

먼저 이식된 전극을 가지고 실험실 안을 뛰어다니는 쥐가 양쪽 눈을 뜨고 있는 동안의 신경 활동을 기록했다. 다음으로 쥐의 눈 한쪽을 가렸다. 그러자 하루가 조금 지난 시점에 가린 눈에서 정보를 전달하는 신경세포가 조용해졌다. 하지만 닷새째에 신경세포는 팀이 예측한 대로 '인력'이 적용해 활동적으로 되돌아갔다.

그런데 놀랍게도 신경망 중요도는 유사한 시간 패턴을 따르지 않았다. 과학자들은 시선을 차단한 직후에 신경망 상태가 임계치,

즉 최적의 상태에서 멀리 떨어져 있는 것을 알았다. 힝겐 박사는 "동물이 기대하는 것과 그 눈을 통해 오는 것이 일치하지 않는 즉시 계산 역학이 붕괴되는 것 같다"고 말했다.

그리고 이틀 만에 신경망은 개별 신경세포가 활동 수준을 회복하기 훨씬 전에 거의 임계 상태로 되돌아갔다. 이는 두뇌의 최대 계산은 개별 신경세포 구성 요소가 최대로 작동하기 때문이 아니라는 점을 보여준다. 오히려 불완전한 구성 요소라도 신경망은 자연스럽게 임계, 즉 최적의 해결책을 향해 융합한다.

중추신경계 질환을 정복하고 뇌-컴퓨터 인터페이스까지

복잡한 사고나 의식과 같은 현상은 종종 철학적 논의 대상이 된다. 우리의 마음은 전기적 발화 이상의 것일까? 측정 가능한 물리적 법칙에서 나오는 특질과 같은 특별한 추상 속성이 있는가?

연구팀은 불필요한 이론에 의지하기보다는 다른 길을 택했다. 생물학적 임계점을 찾아낸 것이다. 그들은 컴퓨터를 사용해 한쪽 눈을 가린 쥐와 같은 방식으로 행동하는 모델을 찾을 때까지 다양한 매개변수를 적용하면서 여러 가지 모델을 시도했다. 400개가 넘는 다양한 매개변수 조합을 조사했으며, 그중에 일치하는 모델은 0.5% 미만이었다. 이들 모델은 하나의 공통점을 가지고 있었다. 모두 임계치를 달성하는 핵심 요소로서 '억제된 연결'을 지목했다.

다시 말해, 두뇌에서 일어나는 최적의 계산은 마술이 아니라 억제되는 연결 구조로, 이것이 뇌 기능을 이끄는 기초다.

이는 딥러닝 및 기타 인공지능 모델에 반가운 소식이다. 대부분의 억제 연결은 현재 거의 사용되지 않고 있지만, 이 연구가 인공신경망네트워크에서 임계점을 향해 나아가는 방법을 즉시 알려준다. 더 큰 용량과 더 나은 데이터 전송을 누가 원하지 않는가? 나아가 일부 사람들에게 비판과 논란의 여지가 있지만 뇌와 기계 사이의 잠재적 의식을 무너뜨리는 길을 제시할 수도 있다.

하지만 실현까지는 가야 할 길이 멀다. 이보다 빠른 시일 안에 연구팀은 이 연구 결과를 신경계 장애의 신경망을 검사하는 데 사용할 수 있다고 믿는다. 힝겐 박사는 자기 조절 기능에 장애가 생기면 알츠하이머, 간질, 자폐증, 조현병이 유발될 수 있다고 말했다. 과학자들은 오랫동안 우리의 가장 골치 아픈 뇌 장애가 신경망 불균형 때문이라는 것을 알고 있었지만, 측정 가능한 정확한 원인을 찾아내는 데 어려움을 겪었다. 하지만 이 연구 덕분에 우리는 마침내 뇌에 숨겨진 물리 법칙 세계를 들여다보고 건강한 방향으로 조정할 방법을 얻게 될 것이다.

다만 그 방법을 얻기까지는 많은 시간을 투자해야 한다고 힝겐 박사는 말한다.

치매 극복2: 신경회로 고장을 수리하는 신기술

수명이 연장되면서 인간이 인간답게 살아가는 데 가장 큰 장애물은 바로 뇌라는 점이 밝혀지고 있다. 알츠하이머, 치매 등으로 대변되는 인간의 인지능력 저하는 뇌에서 일어나는 문제로 최소한의 인간다운 삶마저 빼앗아가고 있다. 따라서 건강한 수명 연장을 위해서는 육체적 능력을 유지하는 것만큼 뇌의 기능을 보전하고 정상적으로 유지하는 것이 중요한 과제가 되었다.

여기서 관심을 받고 있는 것이 인간의 기억력을 보전해주는 보조기계의 삽입, 즉 뇌-컴퓨터 인터페이스다.

인간과 기계의 결합은 공상 과학의 필수 요소이며 트랜스휴머니즘transhumanism: 과학기술을 이용해 인간의 신체적, 정신적 능력을 개선할 수 있다고 믿는 신념 또는 운동 철학의 핵심이다. 그러나 우리의 두뇌를 컴퓨터와 연결하는 것은 둘 다 본질적으로 전기 자극으로 실행된다는 사실에도 불구하고 엄청나게 어려운 것으로 입증되었다.

예를 들어 컴퓨터 칩으로 뇌 손상을 치료할 수 있다고 상상해보자. 너무 멀지 않은 일일 수도 있다. 2019년 11월에 뇌과학자들이 생물학적 신경세포의 행동을 정확하게 모델링하는 '고체 상태 신경세포'에 관해 보고했다. 〈네이처 커뮤니케이션스Nature Communications〉의 논문에서 연구팀은 장치를 생물학적 신경회로에 꽂아 손상이나 질병을 치료할 수 있다고 발표했다.

생물학적 신경회로의 고장을 수리할 열쇠

프로젝트 리더인 영국 바스 대학교의 알랭 노가렛Alain Nogaret은 "지금까지 신경세포는 블랙박스와 같았지만 우리는 블랙박스를 열고 내부를 들여다보았다"며 "우리의 연구는 실제 신경세포의 전기적 특성을 세밀하게 재현할 수 있는 강력한 방법을 제공하기 때문에 패러다임을 바꿀 것"이라고 보도자료를 통해 말했다.

실리콘 칩으로 신경세포의 행동을 정확하게 복제하기가 어려운 주요 이유는 자극에 반응하는 방식이 비선형이기 때문이다. 다시 말해, 2배 강한 신호가 2배 강한 응답을 끌어내지 않는다.

연구진은 두 가지 유형의 쥐 신경세포에서 데이터를 수집함으로써 이 문제를 해결했다. 첫 번째는 학습과 기억에 관여하는 뇌의 해마 영역에서, 두 번째는 호흡을 제어하는 호흡기 부위에서 나왔다.

연구원들은 이 데이터를 사용해 이온이 신경세포를 통해 흐르는 방식을 제어하는 매개변수를 추정한 다음 이 매개변수를 사용해 신경세포가 다른 신경의 자극에 어떻게 반응하는지 설명하는 모델을 만들었다. 그런 다음 실제 신경세포의 동작을 정확하게 모델링하는 아날로그 실리콘 칩을 만드는 데 이 모델을 사용했다.

칩을 테스트하기 위해 60개의 다른 자극 프로토콜을 적용했고, 쥐의 해마와 뇌간 신경세포에서 보이는 현상과 비교했다. 그 결과 칩의 정확도는 94%에 달했다.

생체공학 신경세포를 뇌에 적용하기 위해 필요한 추가 기능

생체공학 신경세포는 단지 140나노와트의 전력, 즉 일반 마이크로프로세서 전력의 10억 분의 1을 사용할 뿐이다. 이런 조건은 신체 내부에 장기적으로 응용하는 데 훨씬 실용적이다. 각 칩의 직경은 약 0.1mm이지만 실제 임플란트를 만들려면 많은 칩을 결합해야 한다.

연구원들은 이미 세릭스Ceryx라는 회사를 설립해 일반 맥박 조정기와 같은 꾸준한 박동을 제공하는 대신 생체공학 신경세포를 사용해 신호에 응답하는 스마트 맥박 조정기를 개발하기 시작했다.

그들은 이러한 접근 방식이 신체에 존재하는 다양한 유형의 신경 세포를 복제하는 데 사용될 수 있다고 말한다.

이를 통해 심부전 및 수면 무호흡과 같은 상태를 유발하는 결함 있는 회로를 수리할 뿐만 아니라, 척추 부상으로 인해 손상된 신경을 대체하거나 로봇 팔다리를 사람들의 신경계에 연결하는 데도 도움이 될 수 있다고 연구원들은 〈가디언Guardian〉과의 인터뷰에서 말했다.

한 가지 잠재적인 한계는 생체공학 신경세포가 실제 신경세포의 복잡한 연결성을 복제하지 못한다는 것이다. 그들의 모델은 신경세포를 서로 연결하는 많은 가지돌기dendrites를 포함하지 않으며, 이러한 역학을 추가하려면 구성 요소 역시 추가되어야 한다. 또한 연구원들은 더 크고 복잡한 뇌 회로를 복제하고 전체 뇌를 재생산하는 길은 아직 멀었다고 말한다.

대규모 뇌 신경망을 모델화하기 위해 고안된 100만 개의 프로세서 컴퓨터 스피나크SpiNNaker를 설계한 바 있는 맨체스터 대학교의 스테판 퍼버Stephen Furberds 교수는 이 방법으로 수억 개의 신경세포를 가진 네트워크를 만드는 것은 불가능하다고 말했다. 뇌 신경망을 실제로 재현하려면 약 860억 개의 컴퓨터를 연결해야 하기 때문이다.

그는 "접근법에 세밀하고 고된 노력이 필요하기 때문에 실제로는 앞서 설명한 호흡기 신경세포와 같이 작은 신경 단위에만 적용될 수 있지만, 우리를 살아 있게 하는 데 필수적인 작은 신경제어회로가 꽤 있다"고 덧붙였다. 기술의 발달과 함께 뇌에 적용할 수 있는 날도 오게 될 것이다.

뇌 관련 질환 치료를 위한 광유전학의 접근

대뇌는 복잡성이 특히 압도적이다. 신경과학자들과 심리학자들은 대뇌가 다양한 종류의 자극에 어떻게 반응하는지 관찰하고, 심지어는 대뇌 전체에 걸쳐 유전자가 어떻게 나타나는지를 지도로 만들기도 한다. 하지만 개인의 신경세포를 비롯한 대뇌의 세포들을 통제할 방법은 아직 알려진 바 없다. 따라서 과학자들은 파킨슨병이나 우울성 장애 등 뇌 관련 질환을 치료하기 위해 먼저 대뇌에서 이 병을 유발하는 상태를 이해할 정보를 얻고자 한다.

전극을 이용해 신경세포의 활동을 기록하려는 노력은 2005년 신경유전학자들이 신경세포가 특정한 색상의 빛에 반응하도록 만드는 방법을 보여주면서 전기를 맞았다. 광유전학optogenetics으로 알려진 이 기법은 1970년대에 진행된 색소 단백질에 대한 연구를 기반으로 한다. 시각세포 안에는 빛을 감지하는 로돕신이라는 물질이 있는데, 이는 단백질인 옵신과 레티날로 구성된 복합단백질 분자다. 이 단백질은 빛으로 활성화되는데, 사람뿐 아니라 모든 동물이 로돕신으로 빛을 감지한다.

생물학자들은 하나 이상의 옵신 유전자를 쥐의 신경세포에 주입함으로써 가시광선을 이용해서 특정 신경세포를 마음대로 켜거나 끄는 방법을 알아냈다. 수년간 과학자들은 진한 빨강에서 녹색, 노랑, 파랑에 이르는 다른 색상에 반응하는 이러한 단백질의 맞춤형 버전을 만들었다. 과학자들은 다른 유전자를 다른 세포에 넣음으로써, 다양한 색상의 빛의 파동을 이용해서 하나의 신경세포를 활성화시키거나 정해진 시간에 따라 여러 개의 이웃 신경세포를 활성화시킨다.

광유전학의 발명은 뇌 과학의 발전 속도를 상당히 가속시켰다. 하지만 빛을 뇌 조직 깊은 곳까지 전달하기 어렵기 때문에 실험은 제한적이었다. 현재는 신경세포에 비해 크기가 크지 않은 초박형의 유연한 마이크로칩을 삽입해 신경을 무선으로 조정하는 실험이 진행되고 있다.

광유전학은 이미 파킨슨병의 떨림이나 만성 통증, 시력 장애, 우울증을 비롯한 뇌 장애 치료에 새로운 문을 열었다. 또 최근에는 특정 신경세포을 꺼서 만성 통증을 완화시키는 비침습성 빛 치료 역시 연구가 진행되고 있다.

광유전학은 특히 노화로 인한 치매를 비롯해 세계 인구 네 명 중 한 명이 영향을 받고 있는 정신 질환을 극복하기 위해, 뇌를 이해하는 데 도움을 줄 것으로 기대되고 있다.

치매 극복3: 뇌 기능 보완하는 인공 신경세포의 개발

새로운 연구에 따르면 뇌-컴퓨터 인터페이스, 인공 신경망 및 고급 메모리 기술(멤리스터memristor라고도 함)과 같은 세 가지 주요 신기술이 함께 작동하는 방법이 처음으로 입증되었다.

영국 사우샘프턴 대학교가 이끄는 나노 전자 장치에 대한 새로운 연구는 생물학적 신경세포와 인공 신경세포가 장거리에서 서로 통신할 수 있게 해주었다. 이러한 획기적인 발전은 신경과학 및 인공지능에서 더욱 중요한 발전의 문을 열어준다.

이 연구는 인간의 뇌에서 시냅스라고 불리는 링크로 연결된 스파이킹 신경세포의 회로에 의해 가능성을 보여주었다. 이것들은 신경세포가 다른 신경세포로 전기적 또는 화학적 신호를 전달할 수 있게 한다.

<네이처 사이언티픽 리포트Nature Scientific Reports>에 발표된 이 새로운 연구를 위해 연구원들은 생물학적 신경세포와 인공 신경세포가 서로 통신할 수 있는 '하이브리드' 신경망을 만들었다. 그뿐만 아니라 인터넷 공간에 최첨단 나노기술을 사용해 만들어진 인공 시냅스 허브를 통해 세계 각지에서 통신할 수 있었다. 세 구성요소가 통합 네트워크에서 처음으로 결합된 것이다.

연구 기간 동안 이탈리아 파도바 대학교에 기반을 둔 연구자들은 실험실에서 쥐 신경세포를 배양했으며, 취리히 대학교와 취리히 연방 공과대학교의 파트너들은 실리콘 마이크로칩에 인공 신경세포를 만들었다. 이 '가상 실험실'은 사우샘프턴 대학교에서 개발된 나노 전자 시냅스를 제어하는 정교한 설정을 통해 통합되었다. 이 시냅스 장치는 멤리스터로 알려져 있다.

인공 신경세포와 생물학적 신경세포의 장거리 통신

사우샘프턴에 본부를 둔 연구진은 이탈리아의 생물학적 신경세포에서 인터넷을 통해 전송되는 스파이킹 신호를 포착한 후 이를 기억의 시냅스에 분배했다. 그런 다음 스파이킹 활동의 형태로 취리히의 인공 신경세포에 반응을 보냈다. 프로세스는 동시에 반대로 작동해 취리히에서 파도바까지도 전달된다. 따라서 인공 신경세포와 생물학적 신경세포는 장거리에 걸쳐 양방향 및 실시간으로 통신할 수 있었다.

"이러한 종류의 연구를 수행하는 데 가장 큰 어려움 중 하나는 일반적으로 한 지붕 아래에서는 볼 수 없는 독특한 최첨단 기술과 전문 지식을 통합하는 것"이라고 전한 테미스 프로드로마키스 Themis Prodromakis 사우샘프턴 대학교의 나노기술 교수는 가상 연구실을 구축함으로써 이를 달성할 수 있었다고 덧붙였다.

연구원들은 이제 그들의 접근 방식이 다양한 과학 분야의 관심을 환기시키고 신경 인터페이스 분야의 혁신과 과학 발전 속도를 가속화할 것으로 기대한다. 특히 전 세계의 서로 다른 기술을 원활하게 연결하는 기능은 기술 민주화를 향해 한 걸음 내딛는 것으로, 협업에 대한 중대한 장벽을 제거할 것으로 기대된다.

프로드로마키스 교수는 "생물학적 신경세포와 인공 신경세포가 서로 연결되어 전 세계 네트워크를 통해 통신하는 사이에 이전에는 없었던 새로운 시나리오의 기초를 정해 신경전자공학의 새로운 토대를 마련해야 한다"고 말했다. 그는 이 기술이 신경보철기술에 대한 새로운 전망을 제시해 뇌의 기능 장애 부분을 인공지능 칩으로 대체하는 연구를 향한 길을 열었다고 평가했다.

사이보그로 뇌를 옮길 수 있는 가능성이 열리다

현재 이 연구는 개념 증명에 지나지 않는다. 하지만 머지않은 미래에 이와 같은 실험이 기하급수적으로 확장될 수 있다. 수백, 수천, 수백만, 수십억 개의 인공 시냅스가 있는 적당한 크기의 하이브리드 신경망은 전체 뇌 영역을 에뮬레이션emulation: 한 컴퓨터가 다른 컴퓨터처럼 작동하기 위해 다른 컴퓨터의 기계어 명령대로 실행할 수 있는 기능하고 다양한 상태를 치료할 수 있다. 궁극적으로, 향후 100여 년 안에 사이보그 두뇌는 현실이 되어 자신의 의식을 새로운 신체로 옮길 수 있게 될지도 모른다.

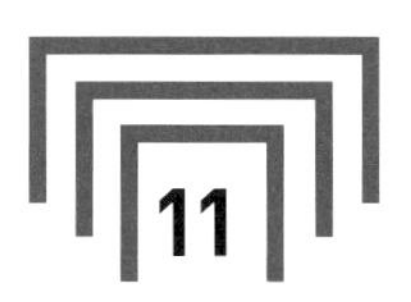

치매 극복4: 인간과 기계의 연결

많은 미래학자들이 볼 때 인류의 운명은 우리의 정신을 기계와 합치는 기술에 달려 있지만, 그전에 인간과 기계를 물리적으로 연결해야 한다. 신뢰할 수 있는 신경 인터페이스를 만드는 데는 수많은 도전이 필요하며, 가장 큰 문제 중 하나는 내구성이다.

뇌파검사electroencephalogram, EEG와 같은 접근법을 사용해 외부에서 뇌 신호를 읽는 방법이 있지만, 대부분의 전문가는 뇌가 어떤 세부 사항까지 캡처하는지에 따라 회백질에 기록 장치를 이식해야 한다는 데 동의한다. 여기에는 자주 반복하고 싶지 않은 침습적인 의료 절차가 수반되므로 이 장치는 오래 지속될수록 좋은데, 지금까지의 사례를 보면 신뢰성은 단기간 지속될 뿐이다.

최근 과학자들이 최대 6년 동안 뇌에서 기능할 수 있는 수천 개의 전극을 가진 초박형 신경 인터페이스를 만들어내는 획기적인 발전을 이루었다. 두뇌의 짜고 습하고 부식되는 환경은 주변 조직과 면역계의 반응 가능성은 말할 것도 없고 대부분의 인공 재료에 적절하지 못한 환경이다.

이 기기의 발명자 중 한 명인 조너선 비벤티Jonathan Viventi는 "이 센서를 뇌에서 작동시키려고 하는 것은 접을 수 있는 유연한 스마트폰을 바다에 던졌을 때 70년 동안 작동하는 것과 같다"고 말했다.

6년간 작동 가능한 신경 인터페이스 개발

핵심은 시스템의 전자 장치와 뇌 사이의 새로운 장벽이었다. 전극 배열을 사용해 한 번에 수천 개의 지점에서 기록하는 최근의 신경 임플란트는 뇌-컴퓨터 인터페이스의 해상도를 크게 향상시켰지만 전자 장치를 캡슐화하는 데 사용되는 재료가 고장 나 수명이 짧았다.

논문에서 연구진은 신뢰할 수 있는 외장재를 만들기 위해 1마이크로미터 두께 미만의 이산화규소층을 어떻게 사용했는지 설명한다. 이 물질은 하루에 0.46나노미터의 속도로 분해되며, 생체적합성이 있기 때문에 용해된 물질이 뇌에 손상을 입히지 않을 것이다. 또한 전도성은 없더라도 전극이 정전 용량 감지를 통해 신경 활동을 감지할 수 있는데, 이것이 터치스크린에 전력을 공급하는 현상이다.

연구팀은 재료의 내구성을 테스트하기 위해 쥐의 뇌 표면에 64 전극 신경 인터페이스를 이식했으며 1년 이상 인터페이스의 안정성을 유지했다. 그들은 또한 1,008 전극 신경 인터페이스를 만들고 원숭이의 운동 피질에 이식해 접근이 확장 가능하다는 것을 보여주었다.

기존 시스템보다 소음이 많아 기록하는 데 어려움을 겪었지만, 연구원들은 이것이 산업 시설이 아닌 실험실에서 제조된 전자 장치의 결함으로 인한 것일 수 있다고 말한다. 이 장치는 상용칩 제조 기술과 호환되므로 결함을 쉽게 해결할 수 있다.

또한 뇌의 많은 부분을 덮을 수 있는 수백만 개의 전극이 있는 장치로 확장할 수 있어 기록할 수 있는 정보의 양이 크게 증가한다. 지금까지 연구자들은 뇌 표면에 있는 인터페이스만 조사했지만 뇌 조직 내부에 더 깊숙이 침투하는 전극으로도 접근할 수 있을 것이라고 말했다.

현실이 되어가는 인간과 기계의 연결

이 방법은 일론 머스크Elon Musk의 스타트업인 뉴럴링크Neuralink가 궁극적으로 건강한 인간에게 이식할 장치를 명시적으로 개발하는 연구 방식이다. 이 회사는 전극을 전도성 고분자로 만들어 전자 장치를 캡슐화하는 문제를 해결했지만 생체 적합성과 내구성에 대한 의문은 아직 남아 있다.

연구진은 이미 캡슐화 계획의 일부를 수정했다. 그들은 재료가 인간의 수명을 견디기에 충분할 만큼 용해 속도를 늦출 수 있다고 생각한다. 아마도 인간의 정신과 기계 사이의 지속적인 연결의 꿈은 그리 멀지 않을 것이다.

인간의 몸에서 전기가 할 수 있는 일

전기는 우리 몸에서 놀랍도록 강력한 역할을 한다. 대부분의 전기가 우리의 신경으로 신호를 전달하는 데 결정적인 역할을 하며, 우리의 몸은 상처를 치료하는 것에서부터 호르몬의 분비를 촉진하는 것까지 모든 것을 할 수 있는 전기장을 생산한다.

전기장은 방향성 이동, 증식, 분열, 심지어 다른 세포 유형으로의 분화 같은 중요한 세포 행동에 영향을 줄 수 있다. 터프츠 대학교의 마이클 레빈Michael Levin이 수행한 연구는 우리 몸이 스스로 조직되는 방식에 전기장이 중요한 역할을 할 수 있다는 것을 암시한다.

이것은 치료 수단으로서 우리 몸의 전기 자극 수용력을 이용하는 데 상당한 관심을 불러일으켰지만, 전기장의 확산 특성을 고려할 때 중요한 과제는 이 효과를 국소화하는 방법을 찾는 것이다. 전도성 폴리머는 우수한 전기적 특성과 생체 적합성 덕분에 이와 관련해 유용한 도구로 입증되었으며 신경 임플란트에서 바이오센서에 이르기까지 모든 분야에서 사용되었다.

2020년에 마침내 스탠퍼드 대학교의 연구팀이 유전자를 조작한 신경세포를 만들어 세포막을 구축하는 방법을 개발했다. 이 접근 방식을 사용하면 전기 자극에 대한 신체의 반응을 전례 없이 제어할 수 있을 것으로 보인다.

우리 몸이 건강을 관리하기 위해 전기 신호를 만드는 법

〈사이언스Science〉의 한 논문에서 연구팀은 재설계된 바이러스를 사용해 세포의 생합성생물체의 몸 안에서 세포의 작용으로 유기물질을 합성하는 물질대사 시스템을 장악하는 DNA를 전달해 전기 활성 고분자를 세포막으로 조립하는 효소를 만드는 방법을 설명했다. 연구 결과 이 효소가 세포의 전기적 특성을 변화시키고 세포의 행동을 제어하는 데 사용될 수 있음이 밝혀졌다.

연구팀은 쥐의 해마 신경세포, 쥐의 뇌 슬라이스, 심지어 인간 대뇌 피질 스페로이드의 배양 조직에서 신경세포 발화를 조절하는 접근법을 사용했다. 가장 인상적인 실험은 살아 있는 예쁜꼬마선충의 신경세포를 조절해서 세포의 본래 기능을 손상시키지 않으면서 행동을 변경하기에 충분한 양의 폴리머를 생산할 수 있음을 보여준 것이다.

유전적 변화를 전달하는 데 사용되는 바이러스가 임상용으로 승인을 받기까지는 갈 길이 멀지만, 이 아이디어를 인간에게 적용하는 것은 중대한 도전이다. 유전자 접근 방식을 사용해 특정 세포를 정확하게 표적화하는 능력은 생체전자의학에 대한 엄청난 가능성을 가지고 있다고 플로리다 대학교의 케빈 오토Kevin Otto와 크리스틴 슈미트Christine Schmidt는 설명한다.

치매, 심혈관 질환 등을 극복할 열쇠

관절염, 알츠하이머병, 당뇨병 및 심혈관 질환과 같은 다양한 질병을 치료하는 약물의 대안으로 신경회로의 전기 자극을 사용하는 요법에 대한 관심이 급증하고 있으며 현재 수백 건의 임상시험이 진행 중이다.

현재의 접근 방식은 일정 수준의 국소화를 제공할 수 있는 전극에 의존하고 있지만, 다른 종류의 신경세포가 종종 밀접하게 결합되어 있기 때문에 정확한 신경을 정확하게 자극하기가 어렵다고 오토와 슈미트는 말한다. 이 새로운 접근 방식을 통해 특정 세포 유형의 전도성을 높일 수 있어 이러한 종류의 개입이 더욱 표적화될 수 있다.

오토와 슈미트는 질병 중심의 생체전자 개입 외에도 운동 신경세포를 우발적으로 작동시키지 않고 감각 신경세포를 자극할 수 있게 함으로써 환자의 신경계와 첨단 보철물(의족 등)을 연결하는 데 도움이 될 수 있다고 말한다.

이 접근법이 언젠가는 우리의 정신과 기계 사이에 훨씬 더 효율적인 다리를 만드는 데 도움이 될 수 있다. 뇌-컴퓨터 인터페이스의 주요 과제 중 하나는 특정 신경세포에서 기록하는 것인데, 이는 유전자를 이용한 접근 방식이 크게 도움을 줄 수 있는 것이다.

연구자들이 전자 조직 '복합체'를 만드는 인간의 능력을 복제할 수 있다면 공상과학 소설에 의해 예측된 사이보그의 미래로 가는 길로 들어설 수 있을 것이다.

미래 인류 최대의 적, 전염병

수백만 명을 사망에 이르게 할 수 있는 재앙과 같은 전염병은 문명을 송두리째 바꿀 수 있다. 역사적으로 유명한 흑사병, 스페인 독감, 그리고 최근의 에이즈, 코로나바이러스 등은 인류를 황폐화시키는 강력한 힘을 보여줬다. 이들처럼 강력하지는 않았지만, 1940~2004년에 300개 이상의 전염병이 출현했다.

전염병은 국가와 전 세계를 무력화시킬 수 있다. 미국 정부는 미국 인력의 40%가 전염병에 영향을 받을 수 있다고 추정하고 있다. 의학 및 위생의 발전이 이러한 위협을 크게 감소시키기는 했지만, 의료보건 전문가들은 이러한 전염병 살인자가 언제 나타날지 알 수 없다고 인정한다.

위험은 어디에나 있다

항생제의 남용으로 태어난 '슈퍼 버그super-bug'는 치료할 수 없는 치명적인 형태로 다시 등장해 잘 통제되지 않는 질병을 일으킬 수 있다. 일반적인 박테리아조차도 널리 과용되는 항생제에 대한 내성을 갖는다.

보건 당국의 신속한 대응으로 사스, 즉 중증 급성 호흡기 증후군은 국지적 전염병으로 소강 국면을 맞았지만, 완전히 근절되지는 않았다. 언제든지 다시 나타날 수 있으며, 실제로 사스와 같은 코로나바이러스가 원인인 코로나19가 2020년에 전 세계적으로 유행했다. 현재까지 완전히 박멸된 인간 감염 질병은 천연두가 유일하며, 지금은 매우 안전한 실험실 두 곳에 보관되어 있다.

기후 변화로 빙하와 영구 동토층이 녹으면서 잠재적으로 치명적인 질병이 다시 나타날 수 있으며, 바이러스와 박테리아는 이러한 조건에서 수만 또는 수백만 년 동안 살아남을 수 있다. 시베리아에서 이미 탄저균에 의한 고립된 지역의 감염 사례가 있었지만, 진정한 두려움은 병원체가 세계적인 전염병을 일으킬 수 있다는 점이다.

가정은 번식지가 될 수 있다. 과학자들은 치명적인 병원 감염을 일으키는 MRSAmethicillin-resistant Staphylococcus aureus infection: 메티실린 내성 황색포도알균 감염가 북부 맨해튼에 있는 가정에서 유래했다는 것을 알아냈다. 의사들은 이런 지식이 주요 발생을 통제하는 새로운 방법으로 이어지기를 희망한다.

이동수단의 발달이 전염병을 더 치명적으로 만든다

글로벌 전염병의 확산 속도가 증가하고 있다. 항공 운송의 일반화로 수백만 명이 비행기를 타고 이동하면서 36시간 이내에 모든 대륙에 공격적인 바이러스를 퍼트릴 수 있게 되었다. 일반적으로 며칠의 잠복기가 있을 수 있지만, 그 잠복기는 점점 짧아진다. 조류독감 바이러스와 인간독감 바이러스가 결합한 1918년의 스페인 독감은 인류에게 치명적이었다.

연구소 등에 보관된 바이러스는 실수로 방출될 수 있으며, 테러리스트가 치명적인 바이러스를 무기로 삼을 수 있다. 2004년에는 아시아 독감 바이러스 시험 키트 3,700개가 미국의 실험실에서 유출되어 전 세계에 퍼졌다. 무기화된 탄저균 포자가 소련의 군사시설에서 우연히 유출되기도 했다. 전 세계 보건계를 긴장하게 하는 미지의 바이러스가 백신이 만들어지는 것보다 더 빠르게 퍼질 수 있다. 한편 백신이 만들어지더라도 빈곤한 국가에서는 예방 접종이 불가능할 수 있다.

기존 항생제는 더 강력해질 수 있다. 반코마이신과 같은 기존 항생제를 개량하면 최대 2만 5,000배 더 강력한 효과를 낼 수 있다는 결과가 나왔다. 미 국방부 첨단연구프로젝트국Defense Advanced

Research Projects Agency, DARPA은 발병을 진압하기 위해 항체가 생산되도록 게놈을 수정하는 시스템을 연구하고 있다. DARPA의 대변인은 "어떤 질병이든 간에 치료할 수 있는 유전자 코드를 가까운 약국에 가서 팔에 백신 주사를 맞는 형식으로 주입하게 될 것"이라고 말했다.

전염병은 글로벌 사회에 가장 큰 질병

미래 연구 기관 테크캐스트TechCast의 전문가들은 미래를 위협하는 전염병의 결과는 파괴적일 것이라고 예측한다. 현재도 몇 가지 주요 질병이 활발히 활동하고 있으며, 인류에 매우 심각한 위협을 가해 수백만 명이 죽어가고 있다고 한다.

에이즈는 2025년까지 1억 5,000만 명에 달하는 인구를 사망에 이르게 할 것으로 예상된다. 에볼라바이러스로 인해 중앙아프리카에서 4,500명 이상의 사람들이 사망했다. WHO는 2011년에 다제 내성 결핵 감염이 전 세계적으로 약 31만 건에 달한 것으로 추정했다. 스페인독감을 일으킨 바이러스는 1918~1919년에 약 5,000만 명을 죽게 했다,

사스, 코로나바이러스 등 폐 관련 질환에 관해 WHO는 앞으로 항생제와 백신을 개발하기 위해 긴급한 조치를 취하지 않으면 안 된다고 말했다.

글로벌 사회에 영향력이 가장 큰 질병은 전염병이다. 중국과 동남아에서 유행한 사스는 치사율 9~10%로 774명의 사망자를 냈으며, 15억 달러의 구제금융을 필요로 했던 것에서 볼 수 있듯이 경제가 완전히 멈춰버렸다.

많은 전문가들이 세계적인 전염병이 인류의 건강을 위협하는 가장 큰 요소 중 하나라고 말한다. 실제로 글로벌 전염병이나 인플루엔자가 정기적으로 발생하고 있고, 그 결과 항바이러스 약물을 복용해도 수백만 명의 사망을 일으킬 가능성이 있음을 보여준다.

전염병의 세계적인 발발은 특정 질병만이 아니라 대유행에 대한 근본적 메커니즘의 이해를 증진시킴으로써 근본적인 예방과 치료법의 개발에 한 걸음 다가설 수 있다. FDA가 1998년 이후 새롭게 승인한 항생제는 단 두 종에 불과했다. 이런 이유로 일부 연구자들은 새 약물 개발보다 기존 약물을 결합해 더 효과적으로 치료할 방법을 찾는 것을 목표로 삼고 있다. 기금 마련을 통해 질병이 가장 쉽게 퍼지는 저개발 지역을 우선 지원하는 것도 중요하다.

코로나19 백신이 늦게 나오는 이유

의약품이 아이디어 단계에서 약국까지 이동하는 데 얼마나 걸릴까? 3년? 5년? 비용은 얼마나 들까? 3,000만 달러? 1억 달러?

진실은 다음과 같다. 신약의 90%가 실험 단계에서 실패한다. 성공한 소수는 시장에 도달하는 데 평균 12년이 걸리며 25억~120억 달러의 비용이 든다.

그런데 만약 우리가 특정 질병의 치료를 목표로 새로운 분자를 만들어 하룻밤 사이에 임상시험을 할 수 있다면 어떨까? 5,000명의 군대로도 할 수 없는 일을 50명으로 달성하기 위해 제약 업계가 머신러닝을 활용한다고 상상해보라. 인공지능의 미래와 낮은 비용, 초고속 개인 맞춤형 약물이 미래에는 현실이 된다.

인공지능과 빅데이터를 이용한 신약 개발

2012년경 컴퓨터 과학자로 변신한 생물물리학자 알렉스 자보론코프Alex Zhavoronkov는 인공지능이 이미지, 음성 및 텍스트 인식에서 점점 더 능숙해지고 있다는 사실을 알아차리기 시작했다. 그는 세 가지 과제에 공통점이 있음을 알고 있었다. 각각 대규모 데이터를 사용할 수 있어 인공지능을 쉽게 훈련시킬 수 있다는 점이었다.

약리학에도 빅데이터가 존재했다. 2014년에 자보론코프는 이 데이터와 인공지능을 사용해 약물 발견 프로세스를 가속화할 수 있을지 궁금해졌다.

그는 인공지능의 새로운 기술인 GANsgenerative adversarial network: 생성적 대립 신경망. 생성 모델과 판별 모델이 경쟁하면서 실제와 가까운 이미지, 동영상, 음성 등을 자동으로 만들어내는 머신러닝 방식에 관해 들었다. 두 개의 신경망을 서로 연결시킴으로써 시스템은 최소한의 지시로 새로운 결과를 만들어낼 수 있다. 당시 연구자들은 GANs를 사용해 새로운 물체를 디자인하거나 인간의 독특한 가짜 얼굴을 만드는 것 같은 일을 했지만 자보론코프는 그것을 약리학에 적용하고자 했다.

그는 GANs가 연구자들로 하여금 "이 화합물은 인간에게 부작용을 최소화하면서 Y 농도에서 단백질 X를 억제해야 한다"는 식으로 약물 속성을 구두로 설명할 수 있도록 할 것이라고 생각했다.

자보론코프는 아이디어를 실현하기 위해 메릴랜드주 볼티모어에 있는 존스 홉킨스 대학교 캠퍼스에 인실리코 메디슨Insillico Medicine

을 설립하고 소매를 걷어붙였다.

자보론코프는 연구자들이 이런 방식으로 상호작용할 수 있는 시스템을 개발하는 데 3년의 노력이 필요했다며 "우리는 실제로 그것을 해냈고 이로 인해 약물 발견 과정을 재창조할 수 있었다"고 말했다.

인실리코의 '약물 발견 엔진'은 특정 질병의 생물학적 특성을 결정하기 위해 전 세계에서 수백만 개의 데이터 샘플을 추출한다. 그런 다음 엔진은 가장 유망한 치료 대상을 식별하고 GANs를 사용해 적합한 분자, 즉 약물을 생성한다. 자보론코프는 "그 결과 잠재적인 약물 목표가 폭발적으로 증가하고 훨씬 더 효율적인 테스트가 이루어진다"고 설명한다. 인공지능은 전통적인 제약회사가 5,000명을 투입해서 하는 일을 50명의 인원으로 할 수 있게 해준다. 그 결과 10년 동안의 전쟁을 한 달로 줄였다.

예를 들어 2018년 말 인실리코는 46일 만에 새로운 분자를 생성했으며, 여기에는 초기 발견뿐만 아니라 약물 합성 및 컴퓨터 시뮬레이션을 통한 실험적 검증도 포함되었다.

현재 이 시스템을 이용해 암, 노화, 섬유증, 파킨슨병, 알츠하이머병, 근위축측삭경화증, 당뇨병 및 기타 여러 질병에 대한 새로운 약물을 찾고 있다. 이 연구에서 나온 첫 번째 약인 탈모 치료제는 2020년 말까지 1단계 실험을 시작한다.

또한 임상시험의 결과를 예측하기 위해 인공지능을 사용하는 초기 단계에 있다. 성공하면 이 기술을 통해 연구원들은 전통적인 테스트 과정에서 많은 시간과 비용을 절약할 수 있다.

슈퍼컴퓨터로도 예측할 수 없는 단백질 접힘

인공지능은 신약 개발 이외에도 다른 과학자들에 의해 신약 표적, 즉 약물이 신체에서 결합하는 장소와 약물 발견 과정의 또 다른 주요 부분을 식별하는 데 사용되고 있다.

1980~2006년에 연간 300억 달러의 투자에도 불구하고 연구자들은 1년에 약 다섯 개의 신약 표적만 찾을 수 있었다. 문제는 복잡성이다. 잠재적인 약물 표적은 주로 단백질이며 단백질의 구조는 2D 아미노산단백질을 구성하는 물질 서열이 3D 단백질로 접히는 방식을 의미한다.

하지만 100개의 아미노산만을 가진 단백질은 0이 300개가 붙는 구골을 생성할 수 있다. 이것이 바로 단백질 접힘이 가장 강력한 슈퍼컴퓨터에서도 오랫동안 어려운 문제로 여겨져 온 이유다.

1994년 이래 단백질 접힘의 비밀에 다가가려는 슈퍼컴퓨터의 진행 상황을 모니터링하기 위해 2년마다 경쟁이 벌어졌지만 2018년까지는 성공 사례가 거의 없었다.

그런데 딥마인드의 제작자들이 신경망을 느슨하게 만들었다. 그들은 단백질의 염기쌍과 화학적 결합의 각도(일명 단백질 접힘의 기초) 사이의 가장 먼 거리를 결정하기 위해 막대한 데이터를 채굴하는 인공지능을 만들었다. 그들은 그것을 알파폴드라고 불렀다.

대회에 처음 출전하는 인공지능에는 43가지 단백질 접힘 문제가 주어졌다. 알파폴드는 그중 25개를 맞혔다. 2위 팀은 겨우 세 개밖에 맞히지 못했다.

표적 부위에 약물을 전달하는 기술

시약 또는 개선된 약물을 위한 또 하나의 전쟁터는 약물 전달 영역이다.

여기에서도 기하급수 기술의 융합은 인류 건강과 산업의 변화에 거대한 의미를 부여하는 길을 열어준다. 여기서 핵심 경쟁자는 합성생물학과 유전자 관련 질병의 치료에 혁명을 일으키는 유전자 편집 기술, 즉 크리스퍼다.

연구원들은 이 도구를 적용해 명령에 따라 변형되는 재료를 만드는 방법을 시연했다. 프로그래밍된 자극에 직면하면 순간적으로 용해되는 물질이 표적에 특정 약물을 방출하는 것이다.

표적 약물 전달의 가능성을 높여주는 또 다른 잠재적인 기술은 나노기술로, 의료용 나노봇이 암과 싸우는 데 사용된다. 의료용 마이크로봇과 나노봇에 대한 최근의 검토에서, 의료용 마이크로봇과 나노봇의 생체 내 작동에 대한 다수의 성공적인 테스트가 발견되었다.

20년을 더 살면 이후에는 건강이 보장된다

비효율적이고 혁신 속도가 느리며, 리스크를 회피하는 산업은 앞으로 모두 차질을 빚을 것이다. 지금 당장은 잘나가는 거대 제약 산업이 이런 위기를 맞을지도 모른다.

융합기술은 머지않아 인실리코와 같은 회사가 장수 및 질병 예방에 엄청난 진전을 이루게 해줄 것이다. 빅데이터, 급상승하는 컴퓨팅 파워, 양자컴퓨팅, 인공지능의 놀라운 혁신에 편승해 우리는 특정 목표에 직접 전달되는 개인 맞춤형 의약품이 공상과학 소설에서 현실로 옮겨오는 세계와 가까워지고 있다. 다시 젊어지는 생명공학은 생각보다 빨리 상용화될 것이다. 자보론코프에게 계획을 묻자 그는 타임 라인을 대략 20년으로 설정했다고 하며, 그것이 생명공학의 합리적인 예측이라고 덧붙였다.

당신이 20년을 더 살 수 있다면, 이후에 주어질 인생을 건강하게 살게 될 것이다. 그것이 당신에게 어떤 영향을 줄까?

신약 개발까지 12년, 인공지능이 앞당긴다

의학 역사상 가장 위대한 발견 중 하나인 페니실린은 우연의 산물이었다.

1928년 9월 여름휴가를 마치고 돌아온 세균학자 알렉산더 플레밍Alexander Fleming은 런던 연구소에 남겨둔 박테리아 군집에 생겨난 곰팡이를 발견했다. 신기하게도, 곰팡이와 접촉하는 곳마다 박테리아의 세포벽이 부서져서 박테리아가 죽었다. 플레밍은 곰팡이가 박테리아에 치명적인 무언가를 분비하고 있다고 추측했다.

1940년대 플레밍의 페니실린 발견과 그 이후의 분리, 합성 및 규모 조정은 향후 수십 년 동안 수많은 항생제를 발견하게 했다. 박테리아와 균류는 고대부터 서로 전쟁을 벌여왔고, 억겁의 세월을 뛰어넘어 진화한 무기는 박테리아 감염과 질병에 대항하는 인류 최고의 방어 수단임이 밝혀졌다.

그러나 최근 수십 년 동안 새로운 항생제의 범람은 조금씩 줄어들었다.

항생제의 개발은 제약회사에는 비경제적이며, 처방에 관해서는 오래전부터 가장 쉬운 방법이 되어왔다. 우리는 이제 항생제에 내성이 있는 슈퍼 박테리아 변종과, 그에 맞서야 하는 노후화된 무기가 주는 부담에 직면해 있다. 의심할 여지 없이, 약물 저항력으로 인해 전 세계적으로 70만 명에 달하는 사망자가 2050년에는 1,000만 명에 이를 것으로 추산된다.

점점 더 많은 과학자들이 대세가 역전되고 있다고 경고하고 있다. 따라서 우리는 놀랍도록 빠르고 무한히 창조적인 박테리아 진화의 전술에 보조를 맞출 새로운 전략이 필요하다.

하지만 항생제의 황금기가 뜻밖의 우연, 인간의 지능, 그리고 천연 분자 무기로 촉발된 곳에서, 그 속편은 다음 페니실린을 찾아 수백만 가지의 화합물을 선별하고 심지어 새로운 화합물을 만들기 위해 인공지능의 능력에 기대게 될지도 모른다.

강력한 항생제를 발견하다

2020년 2월, 학술지 〈셀Cell〉에 게재된 논문에서 MIT의 연구원들은 이 방향으로 한 걸음 나아갔다. 연구팀은 머신러닝 알고리즘이 강력한 새 항생제를 발견했다고 밝혔다.

영화 〈2001년 스페이스 오디세이〉의 인공지능 할HAL의 이름을 딴 항생제 할리신은 WHO에서 지정한 가장 위험한 약물 내성 박테리아를 포함해 수십 종의 박테리아 변종을 성공적으로 제거했다. 한 달간의 실험에서 대장균 박테리아도 기존의 항생제 시프로플록사신과는 대조적으로 할리신에 대한 내성을 키우지 못했다.

이번 연구의 수석 저자인 MIT 컴퓨터과학과 레지나 바르질레이Regina Barzilay 교수는 〈가디언〉과의 인터뷰에서 "항생물질 발견에 관한 한 이것은 처음 있는 일"이라고 말했다.

할리신을 발견한 알고리즘은 2,500개 화합물의 분자 특성에 관해 훈련되었다. 거의 절반은 FDA가 승인한 약이었고, 800개는 자연 발생했다. 연구진은 항생제 성질을 가지고 있지만 (할리신처럼) 기존의 항생제와 구조가 다른 분자를 찾기 위해 알고리즘을 특별히 조정했다. 또한 다른 머신러닝 프로그램을 사용해, 인간에게 안전할 가능성이 있는 분자의 결과를 선별했다.

초기 연구에 따르면 할리신은 박테리아의 세포막을 공격해 에너지를 생산하는 능력을 방해한다고 한다. 할리신으로부터 세포막을 보호하려면 한두 가지 이상의 유전적 돌연변이를 필요로 할 수 있는데, 이는 박테리아의 저항을 막는 할리신의 인상적인 능력을 설명해준다.

논문의 수석 저자인 제임스 콜린스James Collins MIT 생명공학과 교수는 "지금까지 발견된 가장 강력한 항생제 중 하나라고 생각한다"며 "할리신은 광범위한 항생제 내성 병원균에 대항해 주목할 만한 활동을 한다"고 설명했다.

연구팀은 페트리 접시의 박테리아 군집 실험 외에도 쥐에게 할리신을 실험했다. 이 항생제는 알려진 모든 항생제 내성 박테리아의 감염을 하루 만에 없앴다.

연구팀은 제약회사나 비영리 단체와 협력해 더 많은 연구를 계획하고 있으며, 결국 이 항생제가 인간에게 안전하고 효과적이라는 사실을 증명하길 희망한다. 이 마지막 단계는 신약 승인을 받는 데 드는 비용을 고려할 때 가장 까다로운 단계로 남아 있다. 그러나 콜린스는 이러한 알고리즘이 도움이 되기를 바란다. 그는 〈파이낸셜 타임스Financial Times〉와의 인터뷰에서 "임상시험을 통과하는 데 필요한 비용을 획기적으로 줄일 수 있다"고 말했다.

약물의 우주가 기다리고 있다

더 엄청난 이야기는 다음에 일어날 일이다.

얼마나 많은 새로운 항생제가 발견되기를 기다리고 있으며, 인공지능 심사가 우리를 어디까지 데려갈 수 있을까? 바르질레이와 콜린스 팀이 스캔한 초기 6,000개의 화합물은 새 발의 피다.

그들은 이미 ZINC15 데이터베이스라는 15억 개의 화합물로 이루어진 온라인 도서관에서 1억 개의 분자에 알고리즘을 느슨하게 적용함으로써 더 깊이 파고들기 시작했다. 이 첫 번째 검색은 사흘이 걸렸고 23개의 후보가 추가로 발견되었다. 할리신과 같이 구조적으로 기존 항생제와 다르고 인간에게 안전할 수 있는 화합물들이다. 이 중 두 가지가 특히 강력한 것으로 보여 더 연구될 예정이다.

바르질레이는 이 접근법이 좋은 박테리아를 살려주면서 나쁜 박테리아를 민첩하게 죽이는 새로운 항생제를 찾거나 설계할 수 있기를 바라고 있다. 이러한 방식이 성공하면, 항생제는 미생물 전체를 제거하지 않고 어떤 병이든 치료할 수 있을 것이다.

이 사례는 시간과 비용이 많이 소요되는 약물 발견 과정에서 머신러닝 알고리즘을 사용하려는 더 큰 움직임의 일부다. 이 영역의 다른 학자 및 기업들도 약물과 같은 화합물의 광대한 가능성에 관해 인공지능을 훈련시키고 있다. 2019년 가을, 이 분야의 리더 중 하나인 인실리코는 한 파트너로부터 새로운 방법이 작업을 얼마나 빨리 진행할 수 있는지 알아보라는 과제를 받았다. 이 회사는 단 46일 만에 새로운 개념 증명 약물 후보를 발표했다.

이 분야는 여전히 발전하고 있으며, 이러한 접근법이 실제로 얼마나 가치가 있을지는 아직 정확히 알 수 없다.

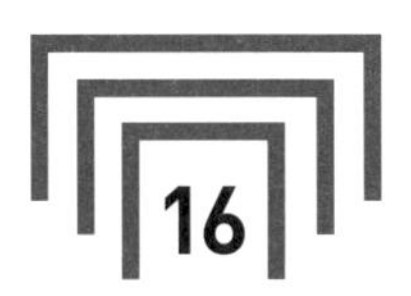

피부에서 장기까지, 줄기세포가 완성하는 이식의 미래

병에 걸렸거나 손상된 장기를 대신하기 위해 자신의 장기를 복제하는 것은 기존 의술로는 치료가 불가능한 환자들의 마지막 희망이다. 현재 장기 이식 대기 환자 중에서 가까운 시일 안에 장기 이식을 받아 치료할 수 있는 환자는 20%에도 이르지 못하고 있다. 재생의학을 이용한 인공 장기 제조기술은 환자 자신의 세포를 이용해 질병으로 손상된 조직을 복원하거나 대체조직을 체외에서 제조하는 것으로, 차세대 인공 장기 제조법으로 주목받고 있다. 또한 21세기의 신산업인 생명공학의 필수 분야로 대두되고 있다.

현대 재생의학은 인공 재료나 다른 사람의 장기에 의존하지 않고 자신의 세포로 완전한 재생을 이루는 데 목표를 둔다. 줄기세포를 이용한 장기 이식은 기존에 행해져 왔던 장기 이식의 방법을 탈피해 자신의 신체에서 분리된 성체 줄기세포를 특정 조직으로 변화시켜 자신에게 다시 이식하는 것이다. 이 방법은 장기 이식의 큰 문제인 자가면역적 거부반응과 이식 장기의 부족 문제를 모두 해결해준다.

3D 프린터로 만드는 장기 이식의 장점

인간의 조직을 신체 외부에서 다층 방식으로 제작하는 3D 바이오프린팅 기술의 발전은 완전 재생의 가능성은 더욱 높여준다. 3D 바이오프린팅이란 일반 3D 프린팅과 달리 단백질 또는 세포를 활용해 생명력이 있는 구조체를 만드는 것이다. 장기나 인체 조직을 실제와 똑같이 만들 수 있다면 재생의학의 미래는 밝다. 다만 신장, 심장, 폐와 같은 장기의 배양은 쉽지 않다. 이런 기관들이 대량 제작되기 위해서 극복해야 할 기술적 도전과제들이 산적해 있고 과학적 발견을 임상 치료로 전환하는 데는 복잡한 절차를 거쳐야 하기 때문이다.

의학의 발달과 장기 기증에 대한 인식이 증가하고 있음에도 장기 공급과 수요의 격차는 날로 커지고 있다. 장기를 프린트하는 일은 결코 쉬운 일이 아니지만, 그럼에도 낙관하는 데는 이유가 있다.

첫째, 재생의학은 새로운 분야가 아니다. 웨이크포레스트 연구소는 2007년에 인공 방광 조직을 사람에게 성공적으로 이식했다. 둘째, 비용이 감소하고 있다. 미국 바이오테크 스타트업 바이오봇BioBots은 2015년에 새로운 조직공학 기술을 실험할 수 있는 1만 달러짜리 바이오프린터인 바이오봇1을 공개했다. 셋째, 전신에 걸쳐 연구가 이루어지고 있다. 웨이크포레스트 연구소는 인체의 35개 각각 다른 부위에 관해 연구하고 있다. 넷째, 3D 프린팅된 조직과 기관들이 연구소에서 성공의 조짐을 보여준다. 러시아의 3D 바이오프린팅 솔루션 3DBioprinting Solutions은 3D 바이오프린팅 기술을 이용해 만든 쥐의 갑상샘을 기능이 저하된 쥐에게 이식하는 데 성공했다. 웨이크포레스트연구소 재생의학 책임자 앤서니 아탈라Anthony Atala 박사의 연구팀은 2016년에 '통합 조직 및 장기 프린팅 시스템Integrated Tissue and Organ Printing system, ITOP'이라는 새로운 방법을 공개했다. 이 방식은 프린팅된 조직이 살아 있는 동물에게 이식되어 제대로 기능했으며, 그 결과 신경과 혈관의 체계까지 발전시켰다.

장기의 바이오프린팅에 관한 다수의 성공 사례는 고무적이다. 장기를 인쇄하는 것만큼 장기를 디지털화하는 것 역시 중요하다.

설계도의 중요성

3D 바이오프린터로 제작하려는 기관에 대한 정확한 설계도가

없다면, 아무리 좋은 바이오프린터도 무용지물이다. 복잡한 구조를 가지고 있는 혈관, 서로 다른 세포 유형, 기하학적인 기질을 가진 크고 복잡한 구조의 기관일수록 더욱더 디지털 설계도가 필요하다.

미국 국립보건원National Institutes of Health, NIH이 주도하는 3D 프린트 거래소는 생물 의학 3D 프린트 파일, 모델링 튜토리얼 및 교육 자료를 공유하고 다운로드할 수 있는 개방형 플랫폼을 제공한다. 이처럼 설계도에 쉽게 접근할 수 있게 함으로써 과학적인 연구와 발견을 위한 3D 프린팅이 활성화되는 것을 기대할 수 있다.

또한 대부분의 3D 프린터가 사용하는 파일 형식으로 고품질 모델을 생성하는 웹 기반 도구를 통해 기존의 과학 데이터를 인쇄 가능한 3D 모델로 변환할 수도 있다. 이를 통해 3D 프린팅에 대한 경험이 적은 연구자들 또한 설계도를 만드는 노력을 더 흥미진진한 연구 측면에 집중할 수 있을 것이다.

재생의학의 미래 3D 바이오프린팅

줄기세포 치료법이 개발되더라도 당분간은 비용 및 안정성의 문제로 타인의 장기를 기증받아 이식하는 방법과 인공 장기를 이용하는 장기 이식 방법이 공존할 것이다. 인공 장기의 연구는 생체 기능을 표면적으로 닮게 만든 1세대에서 더 나아가 생체와 거의 유사한 기능을 가지는 2세대로 발전하고 있다. 인간의 수명이 점차 길어짐에 따라 더 많은 인공 장기의 개발이 필요한데 신장과 심장 이외에도 간, 이자, 청각기관, 피부, 관절 등이 개발될 것이다.

가능성은 무궁무진하다. 그러나 아마도 가장 적합하고, 사용하기 쉬운 3D 설계도와 프린트의 발전은 차세대 의사와 연구자들에게 재생의학이 그 잠재력을 최대한 발휘할 수 있게 하는 기술을 개발하도록 고무시키고 가르칠 수 있다.

PART 3

스마트 시티 & 라이프

최신 기술이 적용된 기기와 장치에 종종 '스마트'라는 단어가 붙는다.
스마트폰, 스마트 TV, 스마트 헬스케어, 스마트 홈까지 그 종류는
다양해지고 범위도 넓어지고 있다. 스마트 기기의 사전적 용어는
'기능이 제한되지 않고 애플리케이션을 이용해 상당 부분의 기능을
확장할 수 있는 것'이다. 예전에는 단순한 전화기였던 휴대폰이
스마트폰으로 변신하면서 우리는 이 기기를 가지고 전화뿐만 아니라
컴퓨터, 게임기, 건강관리, 동영상과 음악 재생기, 카메라까지
다양한 용도로 사용할 수 있다.
이것이 '스마트'라는 용어의 특징을 잘 설명해준다.
미래의 스마트 시티와 스마트 라이프는 이런 첨단 기술들이
적용된 환경에 둘러싸인 삶을 표현하는 말이다.
'스마트'는 비단 우리 인간의 안전과 편리함만을 추구하지 않는다.
날로 심각해져 가는 지구 환경을 회복하고 보전하는 기술이
포함된 것이 또한 '스마트 시티 & 라이프'다.
여기서는 첨단 기술들이 우리의 삶을 어떻게 바꿀지,
긍정적인 부분과 함께 우려되는 부분도 살펴볼 것이다.

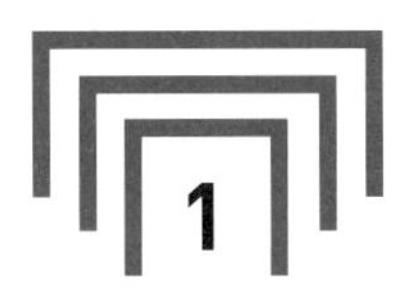

새로운 녹색 트렌드 '스마트'

스마트 시티 시장은 2025년에 2조 4,000억 달러에 이를 것으로 예상된다. 이 중 47.5%가 스마트 에너지, 인프라 및 빌딩 공간에서 형성될 것으로 보인다. 2025년까지 26개 이상의 스마트 시티가 완성되며, 이들 대부분은 북미와 유럽에 존재하게 될 것이다.

스마트 시티는 의료, 에너지, 건물, 운송, 거버넌스 부문을 연결하는 지능 및 인프라가 통합된 도시로, ICT information & communication technology: 정보통신기술 가 도시 생활의 여러 측면을 통합해준다. 스마트 시티 목표에는 장기적인 경제 지속 가능성을 창출하고 시민들에게 높은 삶의 질을 제공하며, 안전과 자원 보안 및 환경의 지속 가능성을 보장하는 것이 포함된다.

스마트 시티란 어떤 곳인가

스마트 시티에는 스마트 거버넌스, 스마트 건강관리, 스마트 빌딩, 스마트 운송 인프라, 스마트 에너지 등이 포함된다. 이 중 몇 가지를 간단하게 살펴보면 스마트 빌딩에는 빌딩 자동화와 LEEDLeadership in Energy and environmental Design: 미국 녹색빌딩위원회가 개발하고 시행하는 친환경 건축물 인증제도 인증, 효율적인 배관, 조명 및 기계 프로세스를 지원하는 기술과 서비스가 포함되며, 스마트 운송 인프라에는 혼잡을 피하고 탄소 배출을 줄이면서 복합 운송 시스템을 촉진하고 단순화하는 기술과 서비스가 포함된다. 그 밖에 스마트하고 지속 가능한 도로 및 철도, 교량, 배수 및 폐기물 관리를 보장하는 다양한 인프라도 갖춰질 것이다.

스마트 시티는 IoT와 인공지능, 블록체인 등의 4차 산업혁명 기술을 기반으로 탄생했다. 현재 실현된 사례를 몇 가지 살펴보자. 두바이의 인공지능 연구소는 인공지능을 정부 서비스 및 기타 도시 서비스에 통합해 삶의 질을 향상시키는 것을 목표로 하고 있다. 또한 두바이 블록체인 플랫폼으로 알려진 최초의 연방 공인 블록체인 플랫폼 서비스를 시작했다. 한편 이 도시에는 두바이 앱이라고 하는 통일된 정부기관 서비스 앱이 있으며, 시민과 24시간 연중무휴로 연결된다.

홍콩은 비행기 탑승 시, 체크인 및 탑승 단계에서 안면 인식과 같은 스마트 기술을 도입하는 스마트공항을 개발하고자 한다. 또한 자동 수하물 픽업 서비스와 함께 호텔과 레스토랑까지 모바일 체크인 서비스를 확대한다.

초기의 다양한 장애물에도 불구하고 스마트 시티 운동은 전환점에 접근하고 있다. 과거 10년은 여러 시범 프로젝트와 선택된 혁신 도시 그룹에서 진행되었지만, 미래 10년은 특히 개발도상국의 도시에서 스마트 시티 솔루션이 널리 보급될 것으로 예상된다.

시마트 시티를 만드는 각종 스마트 제품

스마트 제품은 조명 제어 및 에너지 최적화, 교통 제어 및 스마트 주차, 환경 모니터링 및 분석, 공공 안전 및 보안과 같은 여러 스마트 시티 서비스를 위한 이상적인 플랫폼을 제공한다. 스마트 제품은 점점 더 인터넷 기술과 통합되는 지능형 감지 기술을 특징으로 하므로 제품이 주변의 변화하는 환경에 반응하고 통신할 수 있다. 이는 최적의 운영 및 효율성 향상으로 이어진다. 에너지 효율과 스마트한 생활은 스마트 제품의 채택으로 전 세계적으로 확장하고 있다.

스마트 윈도

현재 스마트 윈도의 시장보급률은 1% 미만이지만 향후 10년 동안 시장 참여자들이 전반적인 제품 비용을 낮추고 IoT와 연결성을 제품에 통합함에 따라 10%로 증가할 것이다.

커넥티드 스마트 윈도 기술 산업의 발전을 이끄는 주요 동력은 에너지 절약에 대한 관심이다. 관리 기관의 입법 추진은 기술 개발자가 스마트 윈도 기술의 연구개발에 적극적으로 투자하도록 권장하고 있다. 스마트 윈도 산업은 초기 단계에서 창의 색조를 자동화하는 솔루션 개발에 중점을 두었다. 그러나 IoT 지원 장치와 커넥티드 홈 오토메이션 시스템의 보급이 증가함에 따라 스마트 윈도 기술 역시 커넥티드 시스템으로 진화했다.

현재 영국, 독일, 프랑스 등이 스마트 윈도 시장에서 빠르게 성장하는 국가다. 전체적으로 유럽은 글로벌 스마트 윈도 시장 매출의 3분의 1 이상을 차지하고 있으며 에너지 효율성의 기준이 확립된 지역이기도 하다. 북미 역시 글로벌 스마트 윈도 시장 매출의 3분의 1 이상을 차지하며 특히 IoT를 스마트 윈도와 통합하는 분야의 연구개발로 강력한 성장 잠재력을 갖고 있다. 아시아 태평양 지역에서는 일본, 한국, 싱가포르, 오스트레일리아, 뉴질랜드와 같은 고성장 국가에 스마트 윈도가 도입되었다. 상업 프로젝트의 증가로 인도와 중국에서도 빠른 성장이 예상되지만, 주류에 들어가려면 5년 이상이 걸린다.

스마트 빌딩

건물은 전 세계 탄소 배출량의 약 40%를 차지하며, 에너지 소비 측면에서 운송과 같은 다른 주요 분야의 소비를 초과한다. 미국의 경우 약 70%의 전기가 건물에서 소비된다. 스마트 빌딩으로 전환하면, 빌딩의 유지 보수를 예측해서 관리할 수 있고, 조명 및 온도 조정 등에서 에너지와 비용을 절감할 수 있다.

세계 스마트 빌딩 시장은 향후 10년 동안 두 자릿수의 성장을 보일 것으로 예상된다. 주요 성장 인자는 에너지 효율적인 구조에 대한 수요 증가다. 스마트 빌딩에는 네트워크 장치가 포함되어 탑승자에게 안전하고 생산적이며 편안한 환경을 제공하면서 운영 및 에너지 성능을 최적화한다.

스마트 조명

스마트 조명은 사용량을 기준으로 기존 에너지 소비보다 25~50% 높은 에너지 절감 효과를 제공한다. 감지 및 제어기술의 혁신이 스마트 조명 산업을 이끌고 있으며, IoT의 출현으로 향후 몇 년 안에 기술이 본격적으로 사용될 만큼 발전될 것으로 예상된다.

현재는 북아메리카와 유럽에서 본격적으로 진행되는 한편, 중국과 한국 같은 아시아 국가들이 주요 기술 제공업체로 부상하고 있다. 유럽은 스마트 조명의 주요 기술 및 프로젝트 허브다. 프랑스 오를리 공항과 이탈리아 나폴리 국제공항에서 스마트한 조명과 LEDlight-emitting diode: 발광 다이오드를 설치해 각각 약 25%, 58%의 에너지 절약을 달성했다. 미국의 에너지부는 에너지 효율을 개선하는 아홉 개의 혁신적인 조명 프로젝트에 1,500만 달러의 자금을 지원했다. 여기에 약 1,350만 달러에 이르는 공공 및 민간 투자도 뒤이었다. 아시아에서는 호주, 중국, 한국, 일본과 같은 아시아 국가들이 솔루션 개발에 참여하고 있다. 그러나 이 지역의 채택률은 유럽 및 북미에 비해 느리다.

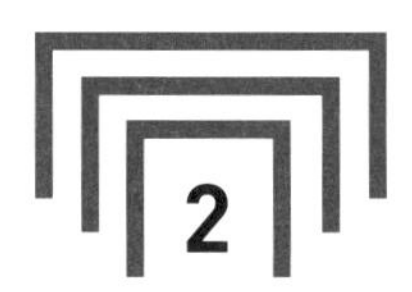

스마트 시티를 미리 가보다

일상에서 감시카메라가 빠른 속도로 증가하고 있다. 주택에 보안 시스템을 설치하는 경우가 많아지면서다. 더불어 범죄를 당했을 때 소셜미디어에서 보안 카메라 영상을 공유하는 것도 일반적인 일이 되었다. 영국은 런던에서 초인종 카메라와 저렴한 보안 시스템이 2025년까지 100만 대를 넘어설 것이라는 뉴스가 나왔다. 개인의 보안 카메라가 전체 감시 네트워크의 일부가 되는 것이다.

그런데 이 비디오카메라는 방정식의 일부일 뿐이다. 센서 네트워크, 오디오 리코더, 추적 기술, 화학 분석기, 분광기, 열 스캐너, 자력계, 크로마토그래피, 기타 다양한 법의학 도구를 길거리, 드론, 자율주행자동차, 가로등, 하수도 시스템에 추가하면 우리 도시의 본질을 더 잘 이해하기 위해 우리가 작업해야 할 데이터의 양이 엄청나게 많아진다.

미래의 스마트 시티를 위해 필요한 목록에 추가할 속성이 많이 있지만, 무엇보다 먼저 '인식'이 필요하다. 즉 국경 안에서 일어나는 모든 일을 알고 있어야 한다. 인식은 책임감을 키우고 다음 단계로 넘어가는 수준을 설정한다. 동시에 스마트 시티는 살기 쉽고, 일하기 쉽고, 여행하기 쉬우며, 다른 사람과 만나고 연결되는 쉬운 방법을 만들어간다. 또한 우리는 스마트 시티의 생동감, 열정, 활력, 자발성, 충동성, 재미 등 전반적인 특성에 의해 도시를 평가하게 된다. 스마트 시티는 훌륭한 음식과 풍부한 오락을 제공해야 할 뿐만 아니라, 사람들이 안전하다고 느끼고 범죄 행위를 겪지 않도록 해야 한다.

사업가에게는 투자가 되고 재능 있는 사람들에게는 기술과 능력을 키워주는 토대가 되며, 가족을 이루고 아이를 키우는 좋은 장소가 되어야 한다.

어쨌든 진정 위대한 스마트 시티는 누군가가 그곳을 '스마트 시티'라고 느낄 수 있도록 할 것이다.

스마트 시티를 관리하는 디지털 트윈 기술

도시는 곧 지역사회의 디지털 모델을 만들기 위해 스캐닝 기능을 갖춘 자체 드론을 보유할 것이다. 스캐너, 센서, 해상도가 향상됨에 따라 도시는 점점 더 기능적인 디지털 트윈digital twin: 현실 세계의 기계나 장비, 사물 등을 컴퓨터 속 가상세계에 구현한 것을 만들어낼 것이다. 디지털 트윈은 현실 세계와 똑같은 세계를 가상 공간에 만드는 것이다. 이 가상 공간에서 다양한 시뮬레이션을 통해 사고를 예방하고 시스템과 장비의 최적화를 이루며, 경비 등을 절감한다.

대부분의 대도시 지역에 매일 수천 개의 드론이 모여드는 것이 처음에는 성가신 것처럼 보이지만 새로운 비즈니스, 직장, 다양한 정보 분석, 추가 수입원이 된다는 사실을 깨닫게 되면, 시민은 강력한 옹호자로 바뀔 것이다.

그러나 도시의 디지털 트윈의 구조는 앞에서 언급한 것보다 훨씬 더 깊다. 전력과 상하수도 시스템, 응급 서비스 시스템, 무선통신 네트워크, 고속도로, 보안 시스템, 교통 제어 네트워크 등의 디지털 트윈을 포함한다. 올바르게 수행하면 모든 문제는 디지털 트윈 중앙통제센터에서 한두 번의 클릭만으로 상황을 파악할 수 있게 된다.

결국 도시의 디지털 트윈은 사람, 교통 및 날씨의 일일 데이터가 빠르게 해석되면서 데이터의 소중한 보고가 된다. 이러한 형태의 디지털 모델링은 실제 세계를 위한 검색 엔진을 제공한다.

온라인 검색 기술은 사물을 찾는 능력에 대한 많은 아이디어를 제공한다. 미래에는 드론과 센서가 오늘날 검색의 대부분을 대체할 것이다. 검색 기술은 훨씬 더 정교해져서 우리는 냄새, 맛, 진동, 질감, 비중, 반사 수준 및 기압과 같은 속성도 검색할 수 있게 된다. 시간이 지남에 따라 검색 엔진은 디지털 세계에서 확장해 실제 세계에서 거의 모든 것을 찾을 수 있을 것이다.

스마트 시티 기능의 다양한 사례

스마트 시티에 대한 활발한 논의가 있지만, 그 실체는 여전히 안개 속에 숨어 있다. 스마트 시티가 발전할 수 있는 잠재적 가능성 목록을 살펴보도록 하자.

- 스마트 공기 모니터링 시스템
  - 새로운 형태의 오염, 질병, 독성 화학물질, 곤충 및 기타 대기 문제를 탐지하기 위한 전체 스펙트럼 공기 모니터링
  - 통신 신호가 위험한 수준에 도달하고 있는가?
  - 현재 공중에 떠 있는 가장 위험한 알레르기는 무엇이며 언제 심각한 위험을 초래하는가?
  - 산소와 이산화탄소 수준은 어떻게 변했는가?
  - 공기 교란의 원인은 어디에 있는가?
  - 특정 종류의 대기 오염원은 무엇인가?

- 스마트 놀이터
  - 표면 오염물질 모니터링

- 동물의 배설물, 곤충, 뱀, 설치류 탐지
- 비상 상황, 부상, 아동 유기 등을 알리는 신호 경보
- 표면 온도가 너무 뜨겁거나 차가운가?
- 기물 파손의 징후가 있었는가?
- 화장실은 안전하고 작동 상태가 양호한가?

• **스마트 교통 네트워크**
- 교통 흐름을 방해하는 동물, 조류 또는 기타 불규칙한 물체를 지속적으로 점검
- 문제 영역 주변의 운행을 자동으로 변경
- 대기 시간이 가장 긴 곳은 어디인가?

• **조류 흐름 모니터링**
- 전체 조류 개체 수가 증가 또는 감소하는가?
- 새들이 너무 높거나 낮게 날고 있는가?
- 철새 이동 패턴은 어떻게 바뀌었는가?
- 조류 종의 혼합은 어떻게 변하는가?
- 어떤 이상이 나타나고 있으며 원인은 무엇인가?
- 일련의 변화가 일어난 가장 큰 이유는 무엇인가?

• **스마트 배송 네트워크**
- 가장 빠른 배송 경로를 자동 검색

– 배송을 방해하는 개, 나무, 계단 등이 있는가?
– 주간, 월간, 연간 배송 시간이 어떻게 변경되었는가?
– 배송된 물건이 바깥에 놓여 있는 시간
– 추가 조사가 필요한 이상 징후는 무엇인가?

• **스마트 치안 활동, 화재 예방 및 응급 구조**
– 긴급 전화의 첫 번째 응답자가 감시 드론을 활성화
– 자율주행차량에서 비상 버튼을 누르면 응급구조사가 신속하게 응답
– 비정상적인 지진을 측정하는 모니터링 시스템을 사용해 지진과 화산 활동 예측 정확도 상승

• **스마트 가로등**
– 다양한 센서를 사용해 빛, 열, 바람, 소리, 습기, 오염, 기압 등을 모니터링
– 비, 안개, 보름달 등의 상황에 맞춰 색상 스펙트럼을 자동으로 변경
– 주변 가구의 취침을 위해 등의 밝기 자동 조절
– 추운 날씨에 어떤 건물과 구조물이 가장 큰 열 손실을 보이는가?

• 모기 추적

- 전반적인 모기 개체 수가 증가하거나 감소하는가?
- 모기를 통제하려는 노력이 얼마나 효과적인가?
- 어떤 새로운 종들이 나타나고 있으며, 왜 그런가?
- 주요 종의 출처와 해는 무엇인가?
- 오늘날 도시에서 가장 위험한 지역은 어디인가?

• 소음 모니터링

- 총소리, 비명, 구조물이 무너지는 소리, 물이 흐르는 소리 등을 구분해 파악
- 소음 원인 파악
- 전기차와 내연기관 차량의 비율이 지난 몇 년간 어떻게 바뀌었는가?
- 늑대, 코요테 또는 기타 육식동물의 울음소리를 통해 이동 경로 파악

• 하수도 분석

- 색상, 일관성, 부피 및 빈도의 이상에 대해 배설물 샘플 분석
- 사람들의 식단이 어떻게 바뀌었는가?
- 하수도 시스템에는 어떤 새로운 의약품이 표시되는가?
- 기생충, 전염병, 혈액, 설탕 또는 불법 마약의 흔적이 있는가?
- 우로빌린, 아지트로마이신, 스테롤과 같은 바이오마커bio-

marker: 단백질이나 DNA, RNA, 대사 물질 등을 이용해 몸 안의 변화를 알아낼 수 있는 지표
가 하수 오염 가능성을 보여주는가?
- 폐기물의 양이 계절에 따라 또 연간 어떻게 바뀌었는가?

• 스니퍼 기술
- 연기 감지기처럼 화재를 감지하는 데 사용
- 독성 및 자극성 배출원 삼각 측량
- 대기 질은 어떻게 변했으며 날씨와 관련이 있는가?
- 수색견처럼 용의자와 피해자의 흔적 추적
- 꽃가루, 라돈, 오존 및 기타 형태의 대기 오염 추적

• 매립지 추적기
- 시간이 지남에 따라 매립지로 유입되는 폐기물의 양이 어떻게 변하는가?
- 생분해되는 쓰레기와 생분해되지 않는 쓰레기의 혼합은 어떻게 바뀌었는가?
- 매립지에 어떤 유독물질이 생성되고 있으며 그 원인은 무엇인가?
- 소변이나 방광 감염 검사
- 암, 당뇨병, 심지어 에볼라와 같은 전염성이 높은 질병과 같은 만성 질환의 초기 징후 감지

스마트 시티가 무엇인지에 대한 우리의 생각은 앞으로 수십 년 동안 변하게 될 것이다. 그 가운데서도 데이터 개인정보 보호는 지속적인 문제로 떠오를 것이다. 스마트 시티는 본질적으로 정보를 발산하고 있으며 여기에서 주민을 보호하는 가장 좋은 방법을 결정하는 것은 우리의 몫이다.

개인정보와 보안 및 편의의 균형을 유지해야 할 필요가 있다. 예를 들어 신호등 같은 일부 이니셔티브는 편의성이 높고 사생활 문제는 적기 때문에 문제가 되지 않는다. 하지만 사기업을 통해 사람을 추적하는 것과 같은 문제는 반발을 일으키게 된다.

유독한 과일이 현지 식료품점에 들어간다면 사람들은 즉시 알고 싶어 할 것이다. 특정 지역의 모기가 위험한 바이러스를 가지고 있는 경우도 마찬가지다. 우리가 가정, 지역사회 및 도시에 지능을 추가할 때, 최선의 방법을 선택하고자 할 때, 사생활과 관련해서 완전히 새로운 결정을 내려야 하는 상황에 직면하게 된다.

인간으로서 우리는 새로운 것을 시도하고 경계를 넓히고 차이를 만들기 위해 한계를 테스트하는 것에 집착한다. 결국 스마트 시티가 가진 모든 능력은 인간 중심의 가치 시스템과 더 나은 미래를 위해 무엇을 어떻게 준비할 것인가에 달려 있다.

식생활의 미래1: 첨단 기술로 변하는 음식의 미래

2030년까지 향후 10년간 우리가 먹는 음식과 그 재료를 키우는 방법에 대한 패러다임에 엄청난 변화가 온다. 식품 자체를 프린팅하는 3D 프린터, 농작물이 층층이 자라는 수직 농업vertical farming, 재료과학, 나노기술 및 생명공학이 동일한 연구 분야로 빠르게 발전하면서 건강하고 영양가가 높은 식품을 더 효율적으로 생산할 수 있게 된다.

'식물공장'으로 처음 아이디어가 제안되어 농작물의 재배 면적을 획기적으로 확장하는 수직 농업은 향후 5년 안에 120억 달러 규모를 넘어 연간 25%의 놀라운 성장률을 기록할 것이며, 식품 3D 프린팅 산업은 연평균 40%의 성장률을 보일 것으로 예상된다.

재료과학에서 인공지능 중심의 디지털 농업에 이르기까지 기하급수 기술의 융합은 둔화되지 않는다. 오늘날의 획기적인 발전으로 인해 지구는 일부 부동산과 자원을 사용해 식량 생산량을 거의 70% 늘려 21세기의 중반까지 90억 인구의 식량을 공급할 수 있을 것이다.

음식 인쇄

3D 프린팅은 제조 부문에 이미 중대한 영향을 미쳤다. 우리는 장난감에서 집, 오르간에 이르기까지 다양한 물건을 수백 가지의 다른 재료로 인쇄할 수 있다. 그리고 마침내 식품 자체를 인쇄할 수 있는 3D 프린터가 등장하고 있다.

이스라엘의 신생 기업인 리디파인미트Redefine Meat는 동물 없이 고기를 생산할 수 있는 3D 프린터를 사용해 산업용 육류 생산에 도전했다. 프린터는 지방, 물, 세 가지 식물성 단백질 공급원을 재료로 해서 육류 섬유 매트릭스를 인쇄함으로써 실제 육류의 질감과 풍미를 모방한다.

언리치3DAnrich3D는 이 과정을 한 단계 더 발전시켜 의료기록, 맞춤형 스마트 웨어러블의 히스 데이터heath data 및 수면 추적기에서 감지한 패턴에 맞는 3D 프린팅 식사를 제공한다. 영양소가 최적화된 식사를 위해 이 회사는 복합 재료 인쇄에 여러 개의 압출기를 사용해 각 성분을 정확하게 분배할 수 있다. 현재 싱가포르 난

양 기술대학교에서 연구개발 단계에 있다. 이들은 식품 3D 프린터를 목표로 하는 많은 신생 기업의 일부에 불과하다. 이러한 혁신의 이점은 무한하다.

식품 3D 프린팅은 소비자가 소비하는 재료와 혼합물을 제어할 수 있게 해줄 뿐만 아니라 맛 자체에서 혁신을 가능하게 해 맞춤형 요리 카테고리에서 훨씬 더 건강한 식사 선택권을 준다.

수직 농업

논밭을 수직으로 쌓는 수직 농업(외부가 아닌 건물)은 혁신 기술 융합의 전형적인 사례다. 지난 10년 동안 이 기술은 소수의 초기 시험단계에서 완전히 성장한 산업으로 급증했다.

오늘날 미국의 평균 식사는 2만 4,000~4만km를 이동한다. 월드워치 인스티튜트의 연구원인 브라이언 할웨일Brian Halweil이 요약한 것처럼, 우리는 음식을 먹을 때 얻는 에너지보다 더 많은 에너지를 음식을 식탁으로 가져오는 데 소비하는 것이다. 식자재가 토양에서 분리된 시간이 길면 길수록 영양가가 떨어지는데, 이 거리로 인해 평균 45%의 영양소가 손실된다.

그러나 수직 농업은 시간과 운송 손실을 줄이는 것 외에도 식량 생산과 관련된 거의 모든 문제를 제거한다.

에어로포닉aerophonic: 분무 수경재배 등 수경재배를 기본으로 하는 수직 농장은 물이 부족한 지구에서 전통적인 농업보다 물의 사용량을 90% 줄이며 작물을 재배할 수 있다.

현재 가장 큰 규모의 농장은 플렌티 주식회사Plenty Inc.다. 소프트뱅크Softbank로부터 2억 달러 이상의 자금을 조달한 플렌티의 실내 농업을 살펴보자. 약 600m 높이의 타워에서 자라는 식물은 수만 대의 카메라와 센서로 모니터링되며 빅데이터 및 머신러닝에 의해 최적화된다. 이를 통해 회사는 이전에 비해 40배 커다란 농장을 꾸릴 수 있게 되었으며, 동일한 양의 물을 사용해 옥외 농지보다 350배 더 많은 작물을 기를 수 있다.

플렌티의 목표는 부유한 소수를 위한 맞춤형 채소가 아니라 전통적인 식료품점의 비용을 20~35% 떨어뜨리는 데 있다. 플렌티는 사우스 샌프란시스코에 본사를 두고 있으며 워싱턴주 켄트에 있는 9,300m^2 규모의 농장을 운영하고 있고 최근에는 실내 농장인 아랍에미리트에 300개 이상의 농장을 건설하기 시작했다.

또 다른 주요 기업은 뉴저지 기반의 에어로팜스Aerofarms로 햇빛이나 토양 없이 900톤의 녹색 채소를 재배할 수 있다. 이를 위해 에어로팜스는 인공지능 제어 LED 조명을 활용해 개별 플랜트에 최적화된 파장의 빛을 제공한다. 이 회사는 에어로포닉을 사용해 토양이 없어도 영양분을 식물의 뿌리에 직접 뿌려서 공급한다. 식물은 재활용된 물병으로 만들어진 생장 메시 직물에 매달려 자란다. 여기에서도 센서, 카메라, 머신러닝이 전체 과정을 관리한다.

수직 농업에서 비용의 50~80%를 차지하는 것이 인건비인데,

이 또한 자율로봇공학이 그 문제를 해결할 것을 약속한다. 식물을 재배하는 컨테이너를 이동할 수 있는 앵거스봇Angusbot을 개발한 아이언옥스Iron Ox와 같은 기업이 있다.

전통 농업은 빠르게 변신하고 있다. 플렌티의 CEO 맷 버나드Matt Barnard의 설명에 따르면 "구글이 개선된 기술, 더 나은 알고리즘 및 대량의 데이터를 동시에 결합함으로써 혜택을 얻은 것처럼, 수직 농업에서도 같은 결과를 얻고 있다."

재료과학

재료과학, 나노기술 및 생명공학이 동일한 연구 분야로 급속하게 자리 잡는 시대에, 핵심 진보는 건강하고 영양가가 높고 더 효율적이며 오래 지속되는 식품을 만들 수 있게 해준다.

우선, 식물의 광합성 능력을 향상시킬 수 있다. 캘리포니아 대학교 LA 캠퍼스의 연구원들은 광합성 과정 사슬에서 미세 단계를 개선하는 새로운 기술을 사용해 담배 작물 수확을 14~20% 향상시켰다. 한편 빌 게이츠가 지원하고 일리노이 대학교에서 운영되는 RIPERealizing Increased Photosynthetic Efficiency: 광합성 증대 실험 프로젝트는 이 숫자들을 개선시켰다.

또 에식스 대학교는 광호흡에 관련된 단백질 수준을 높여 담배 생산량을 27~47% 향상시켰다.

산타바버라에 본사를 둔 어필 사이언스Apeel Sciences는 식품 관련 재료과학 분야에서 또 하나의 승리를 거두면서 음식 폐기물의 문제를 해결하고 있다. 현재 상용화가 진행되고 있는 어필Apeel은 모든 과일과 채소의 껍질, 씨앗 및 펄프에서 발견되는 지질 및 글리세롤 지질을 사용해 과일의 껍질을 구성하고 수분을 가두어 훼손을 방지하는 지방물질인 큐틴질을 만든다. 이 물질을 과일 등에 뿌림으로써 어필은 무취, 무미, 무색의 유기물질을 사용해 음식을 60% 더 오래 보존하게 한다. 미국 전역의 상점들은 이미 이 방법을 사용하고 있다.

재료과학은 식물과 화학에 대한 고급 지식을 활용해 그 어느 때보다 오래 지속되는 신선함과 영양가를 갖춘 식품을 더 많이 생산할 수 있게 해준다.

융합

3D 프린팅, 수직 농업, 재료과학의 발전으로 이제 더 똑똑하고 생산적이며 복원력이 뛰어난 음식을 만들 수 있다.

2030년까지 수직 농장에서 수확한 재료를 사용해 인공지능과 재료과학에 의해 최적화된 영양가로 집에서 퓨전 요리 요리를 3D 프린터로 간단히 만들 수 있게 될 것이다. 그러나 이 청사진조차도 식품 산업에서 진행 중인 모든 급속한 변화를 설명해주지는 못한다. 앞으로 변화는 더욱 거세고 빠른 속도로 우리에게 다가올 것이다.

식생활의 미래2: 환경 파괴하는 축산업의 종말

실험실의 줄기세포에서 생산한 소고기 패티 햄버거가 저렴하고 맛이 좋으며 건강할 수 있을까?

자연이 수백만 km^2의 목초지를 되찾아 숲을 조성해 지구의 중요한 탄소 흡수원을 활성화시키는 미래를 상상할 수 있을까?

향후 10년간 우리는 우리가 알고 있는 축산업의 종말을 목격할 것이다. 더불어 생명공학과 애그테크AgTech: ICT를 접목한 농업 기술을 뜻하는 말로, 농업(agriculture)과 디지털 기술(digital technology)의 합성어의 융합을 통해 인류가 고안한 가장 윤리적이고 영양가 있으며 환경적으로 지속 가능한 식품 시스템의 탄생을 목격하게 될 것이다.

소와 닭은 먹고 마시는데 사람은 굶고 있다

육류 생산은 환경에 큰 문제가 될 수 있다. 지구에서 이용 가능한 육지의 4분의 1은 현재 200억 마리의 닭, 15억 마리의 소, 10억 마리의 양을 살리기 위해 사용되고 있다. 다시 말하면, 우리가 그 동물을 잡아서 먹을 수 있을 때까지 살아 있게 하는 데 사용된다. 이로 인해 고통받는 사람들이 많아지고 있다.

미국인 일곱 명 중 한 명이 오늘 저녁 식사를 제대로 못 해 배가 고픈 반면, 농장의 동물은 전 세계 식량의 30%를 소비한다.

더 나쁜 것은 물과 관련된 상황이다. 육류 생산은 전 세계 물 사용의 70%를 차지한다. 1kg의 밀을 생산하는 데 1,500ℓ의 물이 필요하지만 1kg의 쇠고기를 생산하려면 그 10배인 1만 5,000ℓ가 필요하다.

또한 육류 생산 과정은 모든 온실가스의 14.5%를 만들어내고 삼림 벌채 문제의 상당 부분에 책임이 있다. 실제로 우리는 역사상 가장 심각한 멸종 위기에 처해 있으며, 농업 생산을 위한 토지 손실이 현재 그 멸종의 가장 큰 원인이다.

이를 해결하기 위한 방법으로 과학자들은 특정 세포에서 자라 스테이크로 양식된 육류를 섭취하는 방법을 권한다.

이 방법은 살아 있는 동물에서 생체 검사를 통해 줄기세포를 채취하는 방법으로 동물이 해를 입지 않도록 한다. 이렇게 채취한 세포에 영양이 풍부한 용액을 공급한다. 전체 공정은 바이오리액터bioreactor: 생물의 체내에서 일어나는 화학반응을 체외에서 이용하는 시스템로 진행한다. 수년의 투자를 거쳐 기술이 성숙되면 비용을 절감하고 마침내 점차 늘어가는 육식 인구에 공급할 수 있는 무한대의 스테이크를 생산할 수 있다.

이 과정에서 극복해야 할 많은 장애물이 여전히 있지만, 우리는 기하급수 기술의 융합이 오늘날의 식품 시스템을 변화시킬 수 있는 시점에 빠르게 접근하고 있다.

환경 문제를 제외하고도 배양육은 기존 육류보다 훨씬 비용 효율적일 가능성이 있다. 배양육의 생산은 토지나 노동이 필요 없는 자동화된 과정이다. 야생에서 소를 키우는 데 몇 년이 걸리지만 실험실에서 소고기 스테이크를 만드는 데는 몇 주밖에 걸리지 않는다.

스테이크뿐만이 아니다. 개발 중인 육류는 돼지고기 소시지와 치킨 너겟에서 푸아그라와 필레미뇽에 이르기까지 다양하며, 기본이 되는 줄기세포에 따라 달라진다. 예를 들어 2018년 말, 저스트푸즈Just Foods는 일본 와규 쇠고기 생산자인 도리야마와 파트너십을 맺어 지구에서 가장 비싼 종의 세포에서 스테이크를 개발했다. 또 캘리포니아주 버클리에 위치한 퍼펙트데이푸즈Perfect Day Foods는 젖소의 개입 없이 동물 유래 제품을 만드는 방법을 발견했다. 유전자 시퀀싱과 3D 프린터, 발효 과학을 결합해 동물 없이 유제품 라인을 만든 것이다. 이들 사례가 의미하는 것이 무엇일까? 식량 공급, 소비 및 지불 방식의 근본적인 재구성은 물론 환경 비용마저 변하게 할 것이다.

환경 비용을 획기적으로 줄인 배양육

이 변화는 우리가 상상하기 시작한 방식으로 세상을 변화시킬 것이다. 자원의 절약만 해도 상당하다. 배양육은 땅을 99%, 물을 82~96% 적게 사용하고, 이 과정에서 배출하는 온실가스 또한 78~96%로 줄인다. 에너지 소비는 육류의 종류에 따라 7~45% 정도 떨어진다.

그리고 우리는 기존에 축산업에 사용된 땅의 4분의 1을 해방함으로써, 생물다양성의 위기를 극복하고 지구 온난화를 늦추기 위해 필요한 엄청난 천연 탄소 저장소를 활성화하는 데 필요한 충분한 숲을 제공할 수 있다. 또한 배양육은 세계 기아에 대한 윤리적이고 환경적인 해결책도 되어줄 것이다.

이뿐만 아니다. 개개인의 건강에도 중요한 대안을 제공한다. 줄기세포에서 스테이크를 재배하므로 유용한 단백질을 늘리고 포화지방을 줄이며 비타민을 추가하는 등 건강한 패스트푸드도 만들 수 있다.

한편 배양육을 생산하는 데는 항생제가 필요하지 않다. 광우병과 같은 질병의 위험을 고려할 때 미래의 육류 소비는 훨씬 안전할 것이다. 실제로 신흥 질병의 70%가 가축으로부터 기인하기 때문에 육류 생산 방법을 전환함으로써 전 세계 질병 부담을 줄이고 전염병의 위험도 줄일 수 있다.

2030년에는 어디에서나 탄소발자국이 거의 없고 안전이 보장되며 가축으로 생산한 육류보다 훨씬 영양가 높은 배양육을 주문형 생산 방식으로 제공받을 수 있게 된다.

쇼핑을 위해 굳이 외출할 필요도 없다. 수직 농업, 드론 배송 등으로 식자재를 문 앞까지 배달해준다. 이렇게 배송된 재료를 가지고 자신의 몸에 최적화된 레시피를 적용해 가정 내 음식 3D 프린터로 음식을 프린트할 수 있다.

전통적인 농업은 산업화를 겪었지만, 기원전 1만 년 이후 식량을 재배하는 방법은 변화가 거의 없었다. 역사상 가장 기념비적인 기술 혁명을 겪게 될 식품 시스템은 그 어느 때보다 더 효율적이고 윤리적이며 지속 가능한 장이 된다.

불과 몇 년 안에 인간은 다른 동물로부터 단백질을 얻으면서 그 과정에서 다른 어떤 동물에도 해를 끼치지 않는 최초의 동물이 될 것이다.

식생활의 미래3: 유전자 변형에서 유전자 편집으로

축산업에서 황소의 뿔로 인해 사람이나 다른 가축이 해를 입는 것을 방지하기 위해 뿔이 두개골에 붙기 전에 그 뿔을 만드는 세포를 외과적으로 제거하는 수술을 한다. 축산업계에서는 흔한 과정이었지만, 동물에게 고통을 준다는 점에서 비판을 받아왔다.

황소들이 처음부터 뿔을 가지고 있지 않다면 어땠을까?

미네소타의 스타트업 리콤비네틱스Recombinetics의 과학자들은 '무각polled'이라는 유전적 변이에 주목하기 시작했다. 황소 가운데 자연적으로 뿔이 자라지 않는 소들로, 목축업자들은 다음 세대에 이 특성이 유전되기를 바라며, 이런 소들을 사육용으로 우선 선택했다. 리콤비네틱스는 2세대 유전자 가위인 탈렌을 사용해 뿔이 없는 유전자 변이체를 소 세포에 붙인 후 복제했다. 1년 후 송아지

두 마리가 이 세포를 사용해 태어났으며, 건강에 문제가 없음이 밝혀졌다.

이것은 시작에 불과했다. 캘리포니아 대학교 데이비스 캠퍼스의 연구팀은 유전자가 편집된 소가 여섯 마리의 건강한 송아지를 낳았다고 보고했다. 그들은 모두 아버지의 유전적 변형을 물려받았다. 뿔 없이 태어난 것이다. 그 결과는 연구팀을 이끈 앨리슨 밴 에넨나암Alison L. Van Eenennaam박사에 의해 〈네이처 생명과학Nature Biotechnology〉에 발표되었다.

뿔을 자른 황소의 이야기는 농업이 어떻게 1세대 GMOgenetically modified organisms: 유전자 변형 유기체에서 유전자 편집으로 조용히 이동하고 있는지 알려주는 사례다. 과학자들은 GMO 수용의 역사적 실패에 귀를 기울였다. 탈렌에 이은 3세대 유전자 편집 도구인 크리스퍼의 등장으로 과학자들은 수많은 유전자 편집 작물 및 기타 식품을 빠르고 저렴하게 실험할 수 있게 되었다. 농작물에 외래 유전자를 붙이기보다는 해충에 대한 내성을 높이고 수확량을 늘리고 영양가를 높이는 것이 이미 가능하다.

문제는 이것이 허용되느냐의 문제다. 과거의 교훈이 유전자 편집 도구가 식품 산업으로 이동하는 방법과 진로를 안내할 것이다.

유전자 변형 식품의 실패 극복의 과제

전통적인 GMO는 1980년대에 출현했는데, 과학자들은 거의 모든 출처에서 유익한 유전자를 취해 플러그 앤드 플레이plug-and-play 시스템으로 다른 유기체에 쉽게 붙일 수 있다는 것을 깨달으면서 시작되었다. 이것은 크리스퍼의 기술과는 차이가 있다. 예를 들어 토마토와 같은 작물이 다른 생물로부터 가져온 유전자로 저온에서도 살아가 수 있도록 하는 것이다. 가자미목 물고기가 쌀쌀한 온도에 견딜 수 있게 만들어주는 유전자가 토마토의 게놈 어딘가에 통합될 것이라는 막연한 희망에 의존한다. 이 외부의 유전자가 토마토 안에 자신의 자리를 찾게 된다면, 우리는 겨울에 살아남는 서리 방지 토마토를 얻을 수 있다.

실제로 세계 최대의 GMO 연구 기업 몬산토Monsanto가 이런 실험을 했지만, 그 결과는 큰 인기를 끌지 못했다. '프랑켄푸드Frankenfoods: 유전자 조작 식품'는 세계적인 분노를 불러일으켰고, 토마토 유전자 덕분에 비타민A가 추가된 쌀처럼, 좋은 의도로 만들어진 GMO조차도 정작 이것이 필요한 사람들에게 거부당했다.

노스캐롤라이나 주립대학교의 제니퍼 쿠즈마Jennifer Kuzma 박사는 식품의 과학과 역사를 다루는 팟캐스트Podcast에서 "GMO가 인간의 건강에 나쁘다는 증거는 없지만 그렇다고 이러한 작물이 환경에 해를 끼친다는 사실을 입증하기도 매우 어렵다"고 말했다.

자연 돌연변이에 최대한 가깝게 유전자 편집

GMO 밀, 옥수수 및 기타 농작물이 미국에서 널리 공급되고 있지만 과학자와 농부들은 더 정확하고 저렴하며 잠재적으로 수용 가능한 유전자 편집과 같은 기술로 초점을 이동하기 시작했다.

우리는 탈렌, 크리스퍼와 같은 유전자 편집 기술에 많은 노력을 기울였다. 외부 유전자를 맹목적으로 게놈에 집어넣기보다 특정 부분을 외과적으로 잘라내고 붙이는 접근법이며, 그 결과는 훨씬 더 정확하고 예측 가능하다. 과학자들은 식품에 외래 유전자를 주입하는 대신 작물 성장에 해로운 유전자를 제거하거나, 식품에 대한 일종의 '유전자 치료gene therapy'를 통해 이점을 제공하는 돌연변이를 모방할 수 있다.

황소 연구에 관해 특히 주목할 만한 것은 연구팀이 수행한 과정이다. 그들은 규제 사항을 준수하기 위해 연구 중에 FDA와 여러 차례 만났다. 논의사항에는 대상의 돌연변이 없이, 유전자 편집이 의도한 대로 이루어졌음을 보여주는 게놈 전체 평가가 포함되어 있다. 혈액 검사와 신체검사 결과 송아지는 건강했지만 여섯 마리 가운데 네 마리는 박테리아 유전자 조각을 물려받았으며 탈렌 장치를 전달하기 위한 벡터DNA 전달체로 사용되었다.

이 연구는 유전적 변화의 정밀성 및 잠재적 피해가 인간의 유전자 치료와 매우 유사한 수준으로 관리된다는 점에서 전통적인 GMO와는 크게 다르다. 농작물, 동물, 인간 또는 환경에 대한 의

도하지 않은 결과는 아직 완전히 해결되지 않았지만, 유전자 편집이 광범위하게 테스트되고 비교적 정확한 도구를 사용해 자연 발생 돌연변이를 모방한다는 사실은 연구팀에 유리하다. 유효한 범위를 벗어난 평가에 관해서는 더 많은 연구가 필요하다. 그러나 현재로서는 결과가 안전과 효율성 모두에 유망한 것으로 보인다.

유전자 편집 기술이 가져올 음식 혁명

이 실험은 현재로서는 뿔 없는 황소는 실험일 뿐이다. 하지만 크리스퍼의 부상은 잠재적으로 승인 과정을 완화시킬 수 있다. 미 농무부United States Department of Agriculture, USDA는 외부 유전자로 편집된 작물이나 동물 대 '유전자 치료', 즉 자신의 유전자를 조작하는 방법을 구분한다. 외부 유전자, 즉 GMO는 승인을 위해 수억 달러와 수십 년이 필요하지만 크리스퍼로 만든 작물은 외부 DNA가 없기 때문에 훨씬 빠른 승인 과정을 거칠 수 있다. 과학자와 식품 제조업체에는 축복이지만, 소비자에게 허점이 될 수 있다. 결국 최종적으로 유전자 편집 식품은 일반 소비자의 판단에 직면해야 한다.

밴 에넨나암 박사만이 농업을 변화시키는 일을 하는 것은 아니다. 크리스퍼는 비교적 저렴하고, 쉽게 접근할 수 있으며, 사용이 간단하기 때문에 과학자들은 이미 소뿐만 아니라 식료품점에서 구할 수 없는 양과 작물 등 다양한 식품을 편집하고 있다. 해충이나 감염에 대한 내성뿐만 아니라, 쌀 생산량을 늘리거나 진한 색의 당근을 생산하는 데도 사용되고 있다.

메릴랜드 대학교의 유전학자 이핑 치Yiping Qi 박사는 유전자 편집의 미래에 대해 다음과 같은 견해를 밝혔다. "크리스퍼는 여러분이 변형할 수 있는 거의 모든 작물에 투입되었다. 유전자 편집 도구가 유전자 치료를 활성화하고 허황된 꿈을 현실화시켰듯이, 과학자들은 크리스퍼와 그 동료들이 농업에서도 환경에 해를 끼치지 않으면서 기근을 한 번에 제거할 수 있는 일을 해주길 바라고 있다."

교통의 미래1:
전기차, 자율주행차, 비행자동차

새로운 교통수단의 자리를 차지하기 위한 싸움 속에서 전기차는 경제적인 이점으로 승리를 거두며 미래의 자율주행 공유차량의 기반이 되었다. 자율주행이 본격적으로 시작되면 자동차의 소유는 종말을 맞이할 것이다.

2018년에 LA는 세계에서 가장 역동적인 대도시라는 미심쩍은 명예를 6년 연속으로 얻었으며 운전자는 연간 평균 2.5주를 교통체증에 갇혀 지냈다. 수많은 도시들이 교통 혼잡을 겪고 있다. 평범한 운전자에게 꽉 막힌 고속도로에서 공중으로 떠올라 중단 없이 목적지까지 날아가는 꿈은 아직 꿈에 불과하다. 그러나 비행자동차의 꿈은 곧 현실이 된다.

내연기관 자동차의 시대가 막을 내리고 있다. 이제부터는 전기

자동차, 자율주행차, 비행자동차의 미래가 다가온다. 자동차 산업이 사회에 미치는 영향은 거대할 것이다.

자동차 소유의 종말

2017년 내연기관 자동차의 생산은 정점에 도달했을 수 있다. 〈블룸버그 뉴에너지 파이낸스Bloomberg New Energy Finance〉에 따르면 석유 수요는 2021년 초에 정점에 도달할 것으로 예상되며 일부 전문가들은 이미 정점에 도달했을 수도 있다고 말한다. 현재 전기자동차는 매일 35만 배럴의 석유 수요를 대체한다. 그리고 장기적으로 전기차는 하루 5,800만 배럴 이상의 석유 수요를 줄여줄 것으로 예상된다.

오늘날의 교통수단의 경쟁에서 1위로 질주하는 전기차는 경제적인 이점으로 승리할 준비가 되어 있으며, 미래의 자율주행 공유차의 기반으로 빠르게 자리 잡고 있다. 미래에 구식 자동차를 타는 것은 비경제적이며 사회적으로 용납받을 수 없게 된다.

전기차와 자율주행차 다음의 단계는 이 차가 공중으로 이동하는 것이다.

2018년 중반까지 스타트업, 벤처캐피털, 항공우주 대기업들이 25개 이상의 비행자동차 회사에 10억 달러 이상을 투자했다. 수십 대의 차량이 시험비행 중이며 다른 수십 대는 이론적으로 구성되거나 시작품에 단계에 있다.

비행자동차는 이제 규모의 문제

2019년 우버는 워싱턴 D.C.에서 3차 연례 비행자동차 컨퍼런스인 우버 엘리베이트Uber Elevate를 개최했다. 이 행사는 CEO, 기업가, 건축가, 디자이너, 기술자, 벤처캐피털리스트, 정부 공무원 및 부동산 재벌 등 다양한 전력 엘리트들이 참가했다. 1,000명이 넘는 사람들이 모여 새로운 산업의 탄생을 목격했다. 우버의 전 최고 제품 책임자Chief Product Officer인 제프 홀덴Jeff Holden은 비전을 공유하며 회의를 시작했다.

홀덴은 "우리는 극심한 혼잡을 삶의 일부로 받아들이게 되었다"며 "세계에서 가장 혼잡한 25개 도시 중 10개 도시가 미국에 있어 약 3,000억 달러의 수입과 생산성 손실이 발생했다"고 말했다.

우버는 뉴욕시가 하늘로 건물을 확장하듯이, 지상의 혼잡을 방지하기 위해 '공중 주행 공유' 솔루션을 제공함으로써 도시 이동성 문제를 해결하려는 목표를 가지고 있다.

공중 승차 공유는 공상과학 소설에서나 등장하는 진부한 용어처럼 들릴지 모르지만 홀덴은 혁신에 대한 탄탄한 이력을 가지고 있다. 1990년대 후반 그는 뉴욕에서 시애틀까지 제프 베이조스Jeff Bezos를 따라 아마존 프라임Amazon Prime을 진두지휘한 아마존 초창기 직원 중 한 명이다.

이후 홀덴은 또 다른 혁신적 스타트업인 그룹온Groupon에 이어 우버에 진출해 우버풀UberPool, 우버이츠UberEats, 그리고 가장 최근에는 우버의 자율주행차 프로그램에 참여했다.

홀덴이 하늘을 겨냥한 훨씬 더 생산적인 제품 라인을 제안했을 때 우버의 리더들과 많은 사람들은 놀라지 않고 진지하게 받아들였다.

여기에는 그럴 만한 이유가 있다. 우버 엘리베이트의 주제는 실제로 비행자동차에 관한 것이 아니다. 차는 이미 존재한다. 초점은 규모를 키우는 것이었다. 앞서 언급한 것처럼, 2018년 기준으로 25개가 넘는 비행자동차 스타트업이 10억 달러 이상의 자금을 확보했다.

알파벳Alphabet의 공동 창립자이자 CEO인 래리 페이지Larry Page는 eVTOLelectric vertical take & landinge: 전기수직이착륙기의 잠재력을 처음으로 상상해 지애로Zee-Arrow와 키티호크Kittyhawk라는 두 회사에 자금을 지원했다. 뒤를 이어 보잉Boeing, 에어버스Airbus, 엠브라에르Embraer, 벨 헬리콥터Bell Helicopter와 같은 기존 사업자가 경쟁에 뛰어들었다. 따라서 역사상 처음으로 자동차 비행의 가능성은 현실이 되고 있다.

자동차 소유는 합리적이지 않은 일이 된다

홀덴에 따르면 "우버의 목표는 2020년에 비행자동차의 기능을 시연하고 2023년까지 댈러스와 LA에서 공중 주행을 완수하는 것이다." 그는 더 나아가 "궁극적으로 우리는 자동차를 소유하고 사용하는 것이 비합리적인 일이 되기를 바란다"고 밝혔다.

왜 비합리적인 일인지 숫자로 살펴보자.

오늘날 자동차 소유의 한계 비용, 즉 구매가격이 아닌 자동차 수리, 보험, 주차 등 자동차와 관련된 기타 모든 비용은 승객 1마일1.6km당 49센트다. 비교를 위해 단순 비용보다 더 많은 문제를 가지고 있는 헬리콥터의 경우를 보면 약 8.93달러에 해당한다. 우버에어UberAir는 2020년 출시를 기념해 1마일당 가격을 5.73달러로 줄인 다음 빠르게 1.84달러로 낮추려고 한다. 우버의 장기 목표는 1마일당 44센트 또는 주행 비용보다 저렴한 게임 체인저가 되는 것이다.

우버의 주요 관심사는 eVTOL다. eVTOL가 우버의 공중 승차 공유 프로그램 자격을 얻으려면 한 명의 조종사와 네 명의 승객을 태우고 시속 240km 이상의 속도로 3시간 연속으로 주행해야 한다.

우버는 이제 이러한 사양에 맞는 eVTOL를 제공하기로 약속한 다섯 개의 파트너를 가지고 있으며, 이 파트너는 앞으로 더욱 늘어날 것이다.

공중 고속도로 등 인프라의 구축

그러나 차량의 비용만으로는 자동차 소유권을 비합리적으로 만들 수 없다. 따라서 우버는 NASA 및 미 연방항공청과 제휴해 항공 운송 관리 시스템을 개발하고 있다.

이 외에도 우버는 건축가, 설계자 및 부동산 개발자와 협력해 승객이 화물을 싣고 내릴 때, 차량이 이착륙하는 데 필요한 시설인 '메가 스카이포트Mega Skyport'를 만들고 있다.

우버의 이착륙 시설로서 메가 스카이포트에 필요한 능력은 차량을 재충전하고 시간당 1,000회, 승객 4,000명 규모의 이착륙을 처리할 수 있는 것이다. 여기에 필요한 면적은 1만 2,000m² 수준으로, 오래된 주차장이나 고층 빌딩 옥상이면 가능하다. 그리고 우버의 계산에 따르면, 도시 주변에 전략적으로 위치한 40개의 스카이포트 네트워크가 시간당 100만 명의 승객을 이동시킬 수 있어야 한다.

이 모든 것을 합치면 2030년까지 우버풀이나 우버이츠처럼, 비행자동차 또한 쉽게 주문할 수 있다. 그런데 왜 지금일까? 오랫동안 꿈꾸어왔던 〈블레이드 러너〉의 비행자동차, 〈백 투 더 퓨처〉의 들로리언DeLorean DMC-12가 향후 10년 안에 어떻게 현실화될까?

미국에는 비행자동차 기술에 관련된 수백 가지의 특허가 출원되어 있지만, 어떤 특허도 비행자동차를 만들지 못했다. 세기가 바뀔 무렵, 유명한 IBM 광고에서 코미디언 에이버리 존슨Avery Johnson

은 다음과 같이 물었다. “2000년인데 비행자동차는 어디에 있지? 난 그 차를 타겠다고 약속했어. 그런데 비행자동차를 볼 수 없어. 왜, 왜, 왜?”

또 2011년 피터 틸Peter Thiel의 유명한 선언문인 ‘미래에 일어난 일What Happened To The Future’에서 이 저명한 투자자는 “우리는 하늘을 나는 자동차를 원했지만, 그 대신 140자를 얻었다”고 쓰며 이런 우려를 되풀이했다.

하지만 분명한 것은 이제 기다림이 끝났다는 것이다. 드론 택시나 자율주행차가 현실화되었다. 그리고 인프라 역시 빠르게 다가오고 있다.

교통의 미래2: 항공운송이 더 가까워진다

항공 택시, 드론 택시, 또는 도시를 나는 비행기 등 3차원 운송 수단과 이를 이용한 이동은 오랫동안 도시 건설업자, 정책 입안자, 엔지니어 및 도시 디자이너들에게 어려운 과제였다. 기술이 어느 정도 무르익은 지금, 도심을 날아서 이동하는 드론 택시가 다가오고 있다.

드론 택시가 도심 교통 혼잡을 줄이고 도로에서 사람과 짐을 제거하는 열쇠가 될 수 있을까? 더 많은 사람들이 보수가 좋은 일자리에 접근할 수 있게 해줄까? 비행차량이 증가하면 소음, 환경, 도시 풍경과 경관에 어떤 영향을 미칠까? 그리고 소득이나 계층과 관계없이 모든 사람이 이 교통수단에 접근할 수 있을까?

도시 생활의 구조를 변화시킬 가능성이 있는 새로운 기술이 등장하고 전통적인 인프라 투자로는 도시의 성장과 혼잡을 다루기가 더욱 어려워짐에 따라 이러한 질문은 정책 결정의 중심에 놓여 있다.

전 세계적으로 교통체증은 경제와 인간의 잠재력을 고갈시키고 있다. 2018년 미국의 혼잡 비용은 870억 달러를 넘어섰다. 데이터 기업 인릭스의 보고서INRIX Global Traffic Scorecard에 따르면, 운전자당 평균 1,348달러다. 점점 더 많은 사람들과 일자리가 대도시 지역에 집중됨에 따라 정책 입안자들은 교통체증을 줄이기 위해 3차원을 사용하는 방법을 고민하고 있다.

부의 상징에서 대중교통수단으로

운송수단으로서 비행은 새로운 것이 아니다. 부자들이나 중요하고 급한 공무 등에는 도시에서 수십 년 동안 헬리콥터를 사용해 왔다. 저고도 항공은 부유하고 유명한 사람들만 접근할 수 있으며 탄소발자국과 배기가스의 문제로 오명을 썼다.

그러나 최근에 민간 운송 부문의 발전이 이러한 오명을 바꾸고자 도전했다. 새로운 항공 운영자, 새로운 서비스 모델, eVTOL 및 자율 비행에 대한 새로운 초점이 헬리콥터 사고의 80%를 방지할 수 있다. 도시의 성공적인 성장을 위해서는 더 안전한 운송과 더 깨끗한 이동수단이 필수적이다. eVTOL은 거리, 승객 수 및 적재량, 에너지 소비를 비교한 최근 모델에서 100km 이상의 거리에서 전기자동차보다 성능이 뛰어났다.

미래 산업으로 주목받는 도심 항공 이동수단Urban Air Mobility, UAM은 기존 운송 네트워크를 보완하고 항공으로 접근 가능한 서비스를 제공함으로써 미래 도시 이동성의 핵심 요소가 되고자 한다. 그러나 경제적인 측면에서는 확장성이 필요하다. 우버 엘리베이트는 항공 승차 비용을 승객 1.6km당 44센트로 줄이겠다는 목표를 세웠다. 그러나 하늘에서 더 많은 차량을 운행해야 하는 어려움과 기회에 대한 현재의 이해를 바탕으로 했을 때 이것이 달성될 수 있는지는 확실하지 않다.

도시 비행을 현실로 만들기

항공 이동성의 미래는 오늘날 막 형성되기 시작한 기술의 진보에 의존할 것이다. 차량은 규제 기관의 안전 임계값을 충족해야 한다. 무어의 법칙Moore's Law: 마이크로칩의 성능이 2년마다 2배로 증가한다는 경험적 예측과 기술 채택 곡선의 가파른 기울기를 고려할 때 항공계의 많은 관계자들은 항공 이동 기술이 성숙 단계에 도달했고 믿고 있다.

예를 들어 항공 택시 서비스를 연결하는 플랫폼이 되고자 하는 우버는 2023년까지 최초의 상업용 도시형 항공 택시를 운영하기 위한 타임 라인을 설정했다. 독일의 UAM 회사인 볼로콥터

Volocopter는 2019년 싱가포르에서 세계 최초의 항공 택시를 위한 수직 이착륙장을 공개했다. 세계 최고의 항공 제조업체인 에어버스는 비히니Vahana: 1인승 eVTOL 플랫폼, 붐Voom: 주문식의 헬리콥터 예약 플랫폼, 시티 에어버스City Airbus:4인승 eVTOL 플랫폼를 포함한 여러 UAM 프로젝트에 광범위하게 투자했다. 여기에 투자하는 기업들은 도시화와 혼잡의 추세를 도시 환경에서 지속 가능한 교통의 촉매제로 보고 있다.

기술의 성숙도와 관계없이 UAM을 도시의 미래 교통 네트워크에서 의미 있고 영향력 있는 부분으로 만들기 위해서는 기술자 및 도시 계획자 이상이 필요하다.

록히드 마틴Lockheed Martin 산하 시코르스키 이노베이션Sikorsky Innovations 그룹의 조너선 하르트만Jonathan Hartman은 다음과 같이 설명한다. "더 체계적인 방식으로 논해야 한다. 여기에는 항공우주를 넘어 우리가 일반적으로 상호작용하지 않는 다른 분야에 다가가는 것이 포함된다. 엘리베이터 회사가 헬리콥터 회사와 최근 논의한 것이 언제였는지 모르겠지만 이것이 바로 우리가 하는 일이다."

시코르스키 이노베이션 그룹은 전기 추진, 자율 및 차량 관리를 포함해 도시 이동성을 현실화하는 데 도움이 되는 기술을 개발하고 있다. 그러나 하르트만은 "비행차량이 운전하는 환경이 차량 자체만큼이나 중요할 것"이라고 말했다. 즉 UAM 프로젝트가 현실이 되려면 모든 분야의 정책 입안자를 모으고, 고려되지 않은 의사결정 지점에 관해 이야기하고, 4차 산업 혁명의 고유한 규모와 시기가 미치는 영향을 평가할 필요가 있다.

LA의 스타트업들은 세계에서 가장 혼잡한 도시 중 한 곳에서 효율적이고 안전한 교통수단을 새로 만들기 위해 UAM에 많은 투자를 하고 있다. 예를 들어 스카이라이즈Skyryse는 첨단 기술이 적용된 지역사회 친화적 항공 운송 개발에 중점을 두고 있다. 스카이라이즈의 CEO 마크 그로든Mark Groden은 "우리의 목표는 하늘을 민주화하는 것으로, 항공우주 혁신의 심장으로 LA보다 더 좋은 곳은 없다"고 말하며 "UAM의 산업 공동 의장으로서 우리는 운송 미래에 대한 비전을 공유하기를 기대한다"고 덧붙였다.

항공우주 및 운송기술 분야의 오랜 리더인 LA는 다른 운송 시스템 및 투자와 통합된 항공 이동성 네트워크를 만들고 있다. 시장실을 중심으로, 시는 세계경제포럼과 협력해 국제도시 코호트를 개발하고 있다. 모든 도시의 상황이 같지는 않겠지만, LA의 시도가 항공 운송의 초기 장벽, 기회 및 교훈을 공유하는 장이 될 것이다.

교통의 미래3: 자율주행차와 사생활 보호

앞으로 몇 년간 무인자동차 속에서 이루어지는 대화는 사생활, 보안 및 편의 사이에서 미묘한 균형을 이루게 될 것이다.

2030년의 전형적인 아침 출근을 상상해보자.

먼저 당신은 아침에 사용할 차를 소환한다. 차는 빠르게 도착해 당신을 인식하고 문을 연다. 차의 인공지능은 아침 인사와 함께 당신에게 목적지를 확인한다. 안면 인식을 통해 당신을 확인한 인공지능은 데이터 분석으로 당신의 가장 일반적인 목적지와 경로 등의 정보를 바로 불러온다. 하지만 오늘은 다르다.

"반려동물 호텔에서 노버트(집에 혼자 있기 싫어하는 반려견)를 픽업해서 여동생 집으로 데려가고 싶어."

"반려동물 호텔에 가기 전에 커피를 한잔하시겠습니까? 도중에

○○카페가 있는데 거기서 정차할까요?"

"그래. 좋을 것 같아."

"뒷좌석용 강아지 매트도 구입하시겠습니까?"

"아니, 노버트는 내 무릎에 앉을 테니 괜찮아."

자동차는 반려견의 소변 습관을 이미 알고 있으므로 바닥 매트와 좌석 아래의 센서에 '정밀 모니터링' 경고가 표시된다.

"이번 주말에 나들이를 계획하시겠습니까?"

"토요일에 친구와 저녁을 먹기로 했지."

"토요일에 ○○레스토랑을 예약할까요?"

"그래. 오후 6시 30분에 두 명 예약해줘."

"알겠습니다." 2분 후에 자율주행차의 인공지능이 대답한다.

"토요일 ○○레스토랑의 예약 가능한 시간은 오후 5시 30분 이전이나 오후 8시 이후입니다. 몇 시로 예약하시겠습니까?"

"아니, △△레스토랑으로 6시 30분 확인해줄래?"

"알겠습니다. 토요일 오후 6시 30분 △△레스토랑 2인 예약되었습니다."

그리고 ○○카페에서 멈춰 커피를 구입한 후 다시 주행이 시작된다. 식료품점을 지날 때 그 식료품점의 판매 목록이 화면에 나타난다. 몇 번의 터치로 식료품을 주문했다. 식료품은 저녁에 배송될 것이다.

이어 매일 아침처럼, 정기적으로 예약된 화상회의가 시작되고 사무실의 차세대 보안 시스템을 논의한다.

일상생활의 사소한 부분들이 기계로 진행되는 자율주행차 시대가 오면 우리는 원하는 만큼 바쁘거나 느긋해질 수 있다. 분명한 것은 사람들이 한 장소에서 다른 장소로 이동하는 동안 운전이 아닌 다른 일에 집중할 수 있다는 점이다.

그러나 사생활이 염려된다면 이 모든 것에는 어두운 면이 있을 수도 있다. 이 부분을 좀 더 자세히 살펴보자.

혼자 있지만 모든 것이 감시되고 기록되는 사회

미래에 우리가 이동할 때마다 자율주행차 속 우리의 활동을 추적하는 데 관심이 있는 여러 이해관계자들이 있을 것이다.

• 차량 소유자

차량을 소유한 회사는 차량의 지속적인 작동을 손상시킬 수 있는 상황에 대해 알고 싶어 할 것이다. 가능한 '정리 및 복구' 작동 목록은 시간이 지남에 따라 더욱 복잡해진다.

쓰레기 및 음료 흔적 | 전염병 | 수배된 범죄자 | 장애인 불법 행위 | 테러 활동

• **정부**

자율주행차는 대중교통으로 분류되므로 정부는 안전하고 효율적인 운송을 제공하면서 위험을 완화하고 유해 활동이 발생하기 전에 이를 예방해야 할 의무가 있다.

수배된 범죄자 | 장애인 | 불법 행위 | 해커 | 납치범 | 테러 활동

• **승객**

자율주행 자동차를 타는 사람은 안전하고 저렴한 운송 수단을 원할 것이다.

편리성 | 안전성 | 신뢰성 | 편안함 | 승하차의 편리함

• **광고주**

광고를 거부할 수 없는 잠재 고객(승차한 고객)에게 접근할 수 있다는 것은 황금 같은 기회이지만, 거슬리거나 부족한 것 사이에 균형을 잡는 것은 미묘하다. 대부분의 사람들이 생각하는 것과 달리 광고주는 광고로 세상을 스팸으로 만드는 데 관심이 없다. 오히려 대부분은 제품이나 서비스에 관심이 있는 사람들만을 대상으로 하고 싶어 한다.

• 로열티 프로그램

자주 사용하는 승객에 대한 보상이 앞으로는 화제가 될 것이다. 이러한 이유로 주행 기록 및 마일리지 계산을 위한 자동화 시스템은 자율주행차의 중요한 기능이 될 것이다.

• 인공지능 운영체제 회사

자율주행차의 핵심은 시간이 지날수록 예측이 점점 더 정확해지는 인공지능 운영체제가 될 것이다. 필요한 차량을 적시에 보급하는 것이 성능의 첫 번째 기준이 될 것이다. 그 외에도 모든 인공지능 운영체제는 영화, 게임, 음악, 제품, 서비스 추천, 직업, 라이프스타일의 변화에 대한 편의 제공 및 새로운 승객의 예상 밖의 요구를 통해 승객을 더 깊이 알게 된다. 무인 기술이 우리의 기대를 크게 바꿀 것이다.

사생활에 관한 8가지 시나리오

차량 내부의 감시에는 카메라를 통한 시각적 감시, 마이크를 통한 청각적 감시, GPS, 센서, 대기 질 모니터 등 여러 형태가 있다.

차량 소유자가 고객에게 A 지점에서 B 지점까지 부드럽고 깨끗하고 편안한 승차감을 제공하고자 할 때 이를 방해할 수 있는 다양한 상황들이 발생할 수 있다. 심각한 문제가 감지될 때마다 문제가 해결될 때까지 차량은 작동하지 않는다. 그러나 청소, 수리, 경찰 출동 또는 여러 상황에서 차량을 멈출 때마다 비용이 발생하기 시작한다. 회사에서 자동차 내부의 상황을 모니터링하려는 동시에 고객은 여러 가지 이유로 차 안에 있는 자신의 상황을 타인에게 공개하고 싶어 하지 않는다. 이런 상황에서 회사가 처리할 문제의 규모와 범위를 강조하기 위한 몇 가지 시나리오를 살펴보자.

1. **테러 시나리오**

자율주행차량 회사는 해커, 납치범, 그 밖의 수많은 악의적인 범죄 계획의 대상이 될 것이다. 정부, 승객 및 차량 소유자와 관련된 모든 당사자는 이러한 종류의 문제를 최소화하려고 한다. 테러 시나리오와 관련해 문제는 폭탄, 유독성 물질, 전염병, 대화 감시 등의 범위에 있다.

2. **이혼 시나리오**

이혼을 겪는 많은 사람들은 편집증 수준이 높아지는 경향이 있다. 많은 사람들이 부모로서의 자격과 합당성이 의심될 것을 걱정해 잠시 떠나고 싶어 할 것이다. 이혼한 지 얼마 되지 않은 당사자들은 통제가 잘 되지 않는 아이들, 개, 장난감을 가지고 비밀이 보장되는 여행을 하고 싶어 할 것이다.

3. 유명인 시나리오

명성으로 인한 사생활 공개는 골치 아픈 문제가 될 것이다. 파파라치, 스토커, 심지어 사인 중독자들까지, 도시를 평화롭게 이동하려는 유명인들에게 문제가 된다.

4. 비즈니스의 전화 시나리오

비즈니스에서 임원들은 정기적으로 영상통화를 하는데 경쟁업체의 사람들이 이를 보게 된다면, 회사의 장기적인 경쟁력을 위태롭게 할 수 있다. 기업 스파이는 여전히 존재하고 그 어느 때보다도 정교한 수준에서 운영되기 때문이다.

5. 반려동물 시나리오

동물과 함께 사는 사람들이 계속 증가함에 따라 반려동물 소유자는 반려동물이 어디를 가든지 환영받는 모습을 점점 더 기대한다. 개와 고양이부터 돼지, 닭, 뱀, 쥐, 미니어처 말, 앵무새, 이구아나에 이르는 반려동물의 경우, 작은 이동식 공간에 둘러싸인 동물의 불결함이 중대한 문제가 된다. 운영자는 동물이 탑승할 때마다 보장이 시작되는 '라이더 보험 정책'을 주장할 것이다.

6. 전염병 시나리오

누구도 무인차량 안에서 바이러스, 감염, 알레르기 또는 다른 종류의 전염병에 걸리길 원하지 않는다. 이러한 이유로 차량 소유자는 대기 오염을 지속적으로 탐지하고 테스트하는 대기 질 모니터를 보유하게 된다.

7. 아동 동반 탑승 시나리오

아이를 사랑하는 사람이라도 설사한 아기의 기저귀를 교환한 차, 침을 흘린 자국이 있거나 의자에 구토하거나 펜으로 낙서가 된 차에 타고 싶어 하지 않는다.

8. 부유층 시나리오

부유한 사람들은 모든 카메라, 센서 및 기록 장치를 꺼 사생활을 완벽하게 보호해주는 비용을 기꺼이 지불한다. 하지만 감시 기능이 모두 정지된 차에서도 범죄 등 문제는 일어날 수 있고, 그 상황에서 차량 소유자와 경찰 등은 누구에게 책임이 있는지 알고 싶어 할 것이다. 승객들이 싸움을 벌이거나, 피를 흘리거나, 누군가가 죽거나 차량에서 내던져진다면, 이러한 문제들은 어떻게 해결되는가?

자율주행차의 편의는 감시에서 온다

자율주행차에서 제공하는 편의의 대가는 감시다.

무인자동차 기능의 자연스러운 확장으로 방대한 양의 데이터가 수집된다. 이 차량들은 주행을 하기 위해 초정밀 GPS 데이터와 함께 내외부의 첨단 카메라에 의존한다. 이는 우버가 고객의 습관에 관해 수집한 데이터와 유사하지만, 훨씬 세분화된 수준까지 정보를 수집한다는 의미다.

자율주행차가 작동하려면 온보드 센서 네트워크를 통해 엄청난 양의 데이터가 흘러 도로상의 모든 자동차, 사람 또는 동물을 추적할 수 있어야 한다.

이 차량이 더 개인화되고 제공되는 편의성이 높을수록 더 많은 데이터를 운영에 통합해야 한다. 앞서 설명한 미래가 오는 데 몇 년이 걸릴지 모르지만, 너무 억지스럽다고 할 이유가 없다.

교통의 미래4: 대중교통의 진화

우리는 역사상 가장 빠르고, 깊고, 중대한 교통 혼란 문턱에 있다. 자율주행차량의 규제 승인 후 10년 안에 미국의 승객이 이동한 거리의 95%가 TaaS transport-as-a-service: 서비스로서의 운송라는 새로운 비즈니스 모델로 이뤄지며, 이는 개인이 아닌 업체가 소유한 주문형 자율주행 전기차가 될 것이다. TaaS는 운송 및 석유 산업 전반에 막대한 영향을 미치며, 가치사슬의 전반을 삭제해 그 결과로 석유 수요 및 가격이 급락하고 투자자 가치에서 수조 달러를 파괴할 것이다. 반면에 새로운 사업 기회, 소비자 잉여 및 GDP도 수조 달러 수준의 성장을 이루게 해줄 것이다.

혼란은 경제에 의해 주도될 것이다. TaaS를 사용하면 미국 가정의 평균 운송비가 연간 5,600달러 이상 절감될 것인데, 이는 임금의 10% 인상에 해당하는 수준이다. 이를 통해 2030년까지 미국인의 지갑에 연간 1조 달러가 추가로 보관되어 역사상 가장 많은 소비자 지출로 이어질 것이다.

TaaS의 도입이 시작되면서 이 시스템은 비용을 줄이고 서비스 품질과 편의성은 높이는 선순환을 만들어낼 것이며, 기하급수적인 S 곡선을 따라 추가 채택을 유도할 것이다. 반대로 내연기관 자동차의 개별 차량 소유권은 비용의 증가, 편의성 감소 및 서비스 품질 저하라는 악순환으로 이어질 것이다.

공유차량 서비스 경쟁으로 공급 늘어날 것

자율주행차량의 승인은 수십억 달러의 시장 기회와 네트워크 효과의 큰 보상을 기대하면서 TaaS 이전 공유 모델들 사이에서 치열한 경쟁으로 시장 점유율을 끌어올릴 것이다. 우버, 리프트Lyft 디디Didi와 같은 TaaS 이전 공유 플랫폼 제공 업체는 이미 참여하고 있으며, 다른 업체들도 이 고속 레이스에 참여할 것이다. 승자 독식의 역학에 따라 그들은 1위를 차지하기 위해 가장 높은 수준의 서비스를 제공하고자 대규모 투자를 감행해 각 지역 시장의 수요에 맞는 공급을 보장할 것이다.

경쟁이 치열해지면 기업은 비용을 고려해 서비스를 제공할 것이다. 그 결과 차량 이용률 10배, 80만km의 차량 수명(2030년까지 잠재적으로 160만km로 개선) 등으로 인해 차량이 내연기관 자동차에서 전기차로 빠르게 전환된다. 유지 보수, 에너지, 금융 및 보험 비용이 훨씬 더 낮기 때문이다

결과적으로 TaaS는 2021년이 되면 새 차를 구입하는 것보다 75~90% 더 저렴하고, 기존 차량을 운영하는 것보다도 50~75% 더 저렴한 대체 교통수단을 제공할 것이다.

광고, 데이터의 수익화, 엔터테인먼트 및 제품 판매 등의 다른 수입원은 개인 및 대중교통수단이 통합되기 시작하면서 TaaS 모델 가운데 무료 교통수단의 길을 열 것이다.

비용 절감은 또한 소비자가 TaaS를 선택하도록 유도하는 핵심 요소가 될 것이다. 적용은 도시에서 시작해 외곽 지역으로 확산된다. 제한되는 지역은 비용이 더 높고 이용률이 낮은 농촌 지역이 대부분일 것이다.

차량별로 개인 소유 차량보다 최소 10배 이상 높은 이용률은 결과적으로 현재 운행되고 있는 전체 차량보다 훨씬 적은 수의 차량으로도 공급이 충분하다는 사실을 보여준다. 따라서 TaaS 채택 속도 및 범위에 대한 공급의 제약은 없을 것이다.

TaaS가 대중교통으로 자리 잡으면 경제와 사회에 다음과 같은 큰 변화와 혼란이 찾아올 것이다.

- **경제적**

– 2030년까지 운송 비용을 절감하면 이후 영구적으로 미국 가

계의 연간 가처분 소득이 총 1조 달러 증가할 것이다. 소비자 지출은 전체 GDP의 약 71%를 차지하며, 경제 전반에 걸쳐 사업과 일자리를 견인하는 가장 큰 원동력이다.

–운행 시간이 연장되어 생산성이 향상되면 GDP가 1조 달러 이상 증가한다.

–차량당 이용률이 높아지면서 미국 도로의 승용차 수가 2억 7,500만 대에서 4,400만 대로 줄어들어 유휴 도로를 생산적인 용도로 사용할 수 있게 된다. 거의 1억 대의 기존 차량이 실용성 하락으로 폐기된다.

–새로운 차량에 대한 수요가 급감한다. 매년 승용차와 트럭이 70% 감소하면서, 자동차 딜러, 차량 유지 보수 및 보험 회사가 연쇄적으로 파산해 자동차 가치사슬이 붕괴될 수 있다. 자동차 제조업체는 수익성이 낮고 대량 생산되는 자율주행 전기차 제조업체나 TaaS 공급업체의 두 가지 선택지를 갖게 될 것이다. 두 전략 모두 다른 산업의 새로운 참가자와 경쟁이 치열하다. 이 부문의 가치는 주로 차량 운영 체제, 컴퓨팅 플랫폼 및 TaaS 플랫폼에 있다.

–운송 가치사슬은 2030년에 현재 비용(3,390억 달러)의 4분의 1(1,481억 달러)로 9조 6,000억km(2021년에 비해 50% 증가)를 제공한다.

–석유 수요는 2020년까지 하루 1억 배럴로 정점에 도달해 2030년까지 하루 7,000만 배럴로 떨어진다. 이는 실질적으로 3,000

만 배럴이 감소한 것이며, 에너지 정보관리국의 자료에 따르면 현재의 '일반적인 비즈니스' 사례보다 4,000만 배럴 감소한 것이다. 석유의 수요 감소는 가격 붕괴를 가져와 석유 산업에 치명적인 영향을 미칠 것이다.

– 석유 산업 가치사슬 전반에 걸친 유가 붕괴의 영향은 2021년부터 체감될 것이다.

– 미국의 경우 '일반적인 비즈니스' 시나리오에서 2030년에 미국 공급량의 70% 이상을 차지할 수 있는 셰일 오일 및 타이트 오일의 약 65%가 더 이상 상업적으로 채굴될 수 없게 된다.

– 바켄Bakken 셰일 오일의 2030년 잠재적인 생산량의 약 70%는 일일 수요 추정치 7,000만 배럴 아래에서 좌초될 것이다.

– 키스톤 XLKeystone XL 및 노스다코타 액세스North Dakota Access 송유관 같은 인프라도 허물어진다.

– 붕괴에 직면한 다른 지역으로는 영국, 노르웨이, 나이지리아, 베네수엘라 중질 원유 분야, 그리고 캐나다 타르 모래가 있다.

– 기존의 에너지 및 운송 산업은 상당한 일자리 감소를 겪게 된다. 이러한 부작용을 완화하기 위한 정책이 필요하다.

• 환경적

– TaaS는 운송 부문에서 대기 오염 및 온실가스를 크게 줄이거나 없애고 공중보건을 개선한다. TaaS 운송 시스템은 에너지 수요를 80% 줄이고 배기가스 배출을 90% 이상 줄인다. 태양

과 바람에 의해 기존 전기 인프라가 동시에 교체된다고 가정하면 2030년까지 탄소가 거의 없는 도로 운송 시스템을 볼 수 있을 것이다.

• **지정학적**

– 석유의 지정학적 중요성은 크게 줄어들 것이다. 그러나 석유 수입의 붕괴 속도와 규모는 산유국과 석유 의존도가 높은 지역의 불안정으로 이어질 수 있다. 이는 새로운 지정학적 위험 범주를 만들 수도 있다. 자율주행 전기차에 대한 리튬 및 기타 주요 광물의 지정학은 석유 정치와는 완전히 다르다. '리튬의 사우디아라비아'는 없을 것이다. 리튬은 주식이고 기름은 흐름이다. 전자의 공급 중단은 서비스 제공에 영향을 미치지 않는다.

• **사회적**

– TaaS는 운송 비용을 획기적으로 낮추고, 이동성과 일자리, 교육 및 의료에 대한 접근성은 향상시킨다. 또한 수조 달러의 소비자 흑자를 창출하며, 더 깨끗하고 안전하고 더 걷기 쉬운 지역사회를 만드는 데 기여한다.

– 우리는 TaaS 풀Pool 모델(가족이나 사회 그룹에 속하지 않은 다른 사람들과 탑승을 공유하는 TaaS의 하위 집합으로, 오늘날의 우버 풀이나 리프트 라인과 유사하다)을 예상한다. 기업은 차량을 후원

하거나 통근자에게 상품 및 서비스를 판매하기 위한 무료 운송을 제공할 수 있다.

- 대중교통 당국의 역할은 운송 자산의 소유 및 관리에서 TaaS 공급업체 관리로 급격하게 변화해 저비용 운송에 대한 평등하고 보편적인 접근을 보장할 것이다. 많은 지방 자치 단체는 무료 TaaS를 지역사회의 직업, 쇼핑, 엔터테인먼트, 교육, 건강 및 기타 서비스에 대한 시민들이 접근성을 향상시키는 수단으로 간주할 것이다.

대중교통 혁명의 혼란 최소화를 위한 인프라 구축의 과제

결론은 다시 정리해보면 TaaS가 가져올 대중교통의 혁명적인 변화는 교통 및 석유 부문에 혼란을 가져올 것이다. 이 혼란의 규모, 속도 및 영향을 최소화하기 위해 의사결정자들의 대화가 필요하다. 투자자와 정책 입안자들은 단기적으로 지속적인 영향을 미칠 선택에 직면할 것이다. 그들의 결정은 중요한 시점에서 TaaS로의 전환을 가속화하거나 늦출 수도 있다.

경제적 이익(투자 수익률, 생산성 향상, 시간 절약, 인프라 비용 감소 및 GDP 성장 포함)뿐만 아니라 사회 및 환경적 고려 사항(교통 사망 및 부상 감소, 이동성과 접근성 증가 및 탄소 배출량 감소 등)에 의해 많은 의사결정이 이루어진다. 하지만 어떤 결정들은 교통 서비스의 교체를 지연시키거나 탈선시키려는 기존 산업의 영향을 받을 수 있다. 자율주행 전기차 경주의 승자독식적 성격을 고려할 때, TaaS로의 초기 이동자들은 엄청난 이익을 얻을 수 있다.

교통의 미래 5:
안전 운전의 가이드 스마트 로드

도로는 풍경을 가로지르며 중요한 교통수단을 제공하지만, 많은 면에서 엄청나게 낭비되는 공간이기도 하다. '스마트 로드' 기술의 발전은 자동차에서 에너지를 얻고, 속도를 감지하고, 자동으로 차량의 무게를 측정하며, 스마트 자동차와 통신할 수 있는 도로를 만들 수 있다.

'스마트 시티' 프로젝트는 무선 통신, 클라우드 컴퓨팅, 데이터 분석, 원격감지, 인공지능의 발달에 힘입어 세계 각국에서 급부상하고 있다. 교통은 스마트 시티 계획에서 중요한 요소로, 많은 부분이 대중교통 솔루션에 집중되어 있지만, 스마트 로드 또한 이 프로그램의 중요한 특징으로 인식되는 비중이 점차 늘고 있다.

새로운 기술은 교통체증, 사고, 공해를 포함한 많은 문제를 해결할 수 있게 한다고 영국 왕립학회 회보의 논문 저자들은 말한다. 또한 해당 저자들은 개발 중이거나 계획 단계에 있는, 미래의 도로에서 특징지을 수 있는 가장 유망한 10가지 진보를 개략적으로 설명했다.

1. **에너지 수확**

도로에 통합된 다양한 에너지 수확 기술은 가로등과 교통 신호기에 전력을 공급하거나 그리드에 동력을 제공하는 방법으로 제안되었다. 도로 표면에 태양광 패널을 설치해 햇빛을 흡수하거나, 아스팔트 아래에 설치된 압전 재료가 그 위를 지나가는 차량에 의해 변형될 때 전류를 생성할 수 있다.

2. **음악 도로**

덴마크, 네덜란드, 한국, 일본, 대만과 같은 나라들은 자동차가 지나가면서 음악을 연주하는 길을 만들었다. 럼블 스트립rumble strip 졸음운전을 예방하기 위해 만든 노면 요철 포장 구간으로 주로 터널이나 고속도로의 하이패스 구간에 설치되어 있다의 간격을 변화시킴으로써, 차량이 주행하면서 일련의 다른 음을 만들어낼 수 있다. 해당 도로의 목표는 일반적으로 위험을 경고하거나 운전자가 제한속도를 유지하도록 돕는 것이다.

3. **자동 계량**

지정된 차선을 천천히 주행하면서 차량의 하중을 측정하는 차량 중량 감지 기술은 1970년대부터 존재했지만, 최근에는 고속 차량 중량 감지 기술로 인해 일반 고속도로에서 주행할 때 차량 측정이 가능해졌다. 최근의 발전으로 자동 번호판 판독 및 무선 통신과 통합되어 지속적인 원격 모니터링이 중량 제한을 시행하고 도로의 마모를 감시할 수 있게 되었다.

4. 차량 충전

전기 자동차의 인기가 높아지면서 주행 중에 차량을 충전하는 기술 개발이 빨라지고 있다. 그중 가장 유망한 것은 자기 유도 방식인데, 이는 도로 아래에 케이블을 설치해 전자기장을 발생시킨 뒤 자동차의 수신 장치가 이를 전기로 변환해 배터리를 충전하는 방식이다.

5. 스마트 교통 표지판

교통 표지판이 항상 필요한 만큼 충분히 눈에 띄는 것은 아니며, 종종 표지판이 무엇을 의미하는지 모두 기억하기 어려울 수 있다. 그래서 제안되는 '스마트 표지판'은 수신기가 장착된 다가오는 자동차에 표지판의 내용을 무선으로 전송해 운전자에게 구두 또는 자동차 디스플레이로 경고할 수 있다. 이 방식은 열악한 날씨와 조명의 영향을 받지 않고, 재프로그래밍이 간단하며, 미래의 자율주행차에서 복잡한 신호 인식 기술의 필요성을 없앨 수 있다.

6. 교통 위반 탐지 및 알림

센서와 카메라를 스마트 표지판과 결합시켜 자동으로 교통 위반을 감지하고 운전자에게 알릴 수 있다. 교통 신호의 자동 전송은 블랙박스에 그 기록이 저장되기 때문에 운전자들이 경고를 보거나 벌금을 통보받았다는 사실을 부인할 수 없음을 의미한다.

7. 통신하는 차

자동차 간 통신 기술과 자동차와 연결된 다른 장치와 정보를 공유할 수 있게 해주는 V2Xvehicle to everything: 차량사물통신는 점점 더 보편화되고 있다. 차량 간 통신은 교통 혼잡을 방지하기 위해 사고 또는 교통체증 경보를 전파하는 데 이용될 수 있으며, 차량과 인프라 간의 통신은 신호들이 동적으로 타이머를 관리해 교통 흐름을 유지하거나 자동으로 통행료를 징수하는 데 도움을 줄 수 있다.

8. 스마트 교차로

차량 및 도로 사용자를 감지할 수 있는 물체 인식 시스템과 센서 및 카메라를 결합하면 교차로에서 안전성과 효율성을 높일 수 있다. 보행자와 자전거 이용자 등 속도가 느린 도로 이용자를 위해 녹색 신호 시간을 연장하고, 무단 횡단을 감지하고, 비상차량에 우선순위를 부여하며, 교통 흐름을 최적화하기 위해 라이트 타이머를 조정하는 데 사용할 수 있다. 다가오는 차량에도 정보를 보내

사각지대 및 잠재적 위험을 강조할 수도 있다.

9. 자동 충돌 감지

인명 구조 가능성이 높은, 사고 후 골든타임이 있다. V2X 기술은 충돌 알림이 긴급 서비스에 신속하게 도달하도록 보장하며, 관련 차량의 수와 종류에 대한 중요한 정보를 제공할 수 있어 비상 대응 계획에 도움이 될 것이다. 다른 운전자에게 속도를 늦추거나 멈추라고 경고해 추가 사고를 예방할 수도 있다.

10. 스마트 가로등

가로등에는 센서, 무선 연결 장치 및 마이크로 컨트롤러가 내장되어 있어 다양한 스마트 기능이 지원된다. 여기에는 에너지를 절약하기 위한 모션 활성화, 무선 액세스 포인트 제공, 공기 품질 모니터링, 주차 및 쓰레기 모니터링이 포함된다. 또한 조명에 결함이 있을 경우 정비 요청 신호를 전송하거나, 주변 조명을 자동으로 밝게 해 보완할 수 있다.

PART 4

경제와 일자리

전염성이 매우 높은 코로나바이러스가 전 세계로 급속히 퍼져나가자
전 세계는 비상조치로 국경을 봉쇄했다. 코로나 환자가 폭발하며
사망자가 속출한 일부 국가들은 내부적으로도 봉쇄령을 내려
시민들의 외출을 자제하도록 했다. 하지만 전 세계가 국경을 봉쇄하자
수출입을 비롯한 국제 비즈니스가 원활히 진행되지 않았다.
사람들이 집에 머물고 상점들이 문을 닫자 내수 역시 얼어붙었다.
자영업자들은 파산하고 기업은 직원을 해고했다.
사상 최악의 실업과 취업난이 전 세계를 덮치고 있다.
코로나19로 인한 1차 충격이 높은 전염성과 치명률이라면,
2차 충격은 경제 악화다. 이탈리아와 미국 등은 코로나가 아직
진정되지도 않았는데 봉쇄령을 풀고 있다. 침체되는 경제를
이대로 내버려 둘 수 없기 때문이다. 경제와 일자리가
우리 삶에 미치는 영향은, 어쩌면 우리 생명을 담보로 걸 만큼
크다고 할 수 있다. 미래 우리 경제와 일자리는 어떤 모습으로
변해갈지 그만큼 궁금한 것도 사실이다.

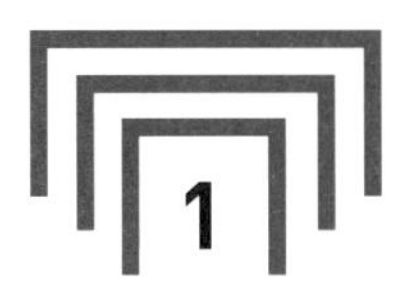

주 15시간 근무하는 미래?

우리가 미래의 노동 환경에 대해 토론할 때 '전체 자동화'라는 상상을 대체로 할 것이다. 하지만 일주일에 5일을 채우는 새롭고 다양한 일자리는 계속해서 생겨난다.

1930년 대공황이 시작된 해에 존 메이너드 케인스는 손자 세대의 경제적 가능성에 대해 글을 썼다. 세계 경제 질서가 무너지고 경기 침체가 확산되면서 상황이 우울했음에도 불구하고 이 영국 경제학자는 '세계 경제 불황… 수면 아래에서 일어나는 일이 우리 눈을 멀게 하고 있다'고 썼다. 그는 에세이에서 100년 후, 즉 2030년 사회는 인간이 일할 필요가 없을 정도로 발전할 것이라고 예측했다. 영국, 미국과 같은 국가들이 직면한 주요 문제는 비슷하며, 사람들은 '3시간 교대하거나 일주일에 15시간만 일한다.' 1930년에 미국, 영국, 오스트레일리아, 일본의 평균 근로자는 45~48시간을 일했다. 그리고 오늘날에도 여전히 38시간 정도 일한다.

케인스의 예측은 왜 틀렸는가?

케인스는 현대 경제의 아버지 중 하나로서 전설적인 위상을 가지고 있으며 통화 및 재정 정책의 근간을 세운 사람이다. 그는 또 '장기적으로 우리는 모두 죽는다'는 식의 장기적 예측만을 다루는 경제학자들을 조롱하는 것으로도 유명하다. 그런 그의 주 15시간 노동이라는 예측은 생각보다 더 정확했을지도 모른다.

우리가 1930년대 케인스가 살던 영국이란 나라만큼 무언가를 생산하고 싶다면, 일주일에 15시간씩 일할 필요도 없다. 노동 생산성 증가를 적용하면 주 7~8시간이면 충분히 생산할 수 있다. 이러한 생산성 향상은 한 세기의 자동화 및 기술 발전에서 비롯된 것으로, 적은 노동력으로 더 많은 제품을 생산할 수 있게 해주었다. 이런 점에서 현대의 선진국은 케인스 예측을 능가했다. 우리는 그가 예측한 시간의 절반만 일하면 그의 생활 방식을 맞출 수 있다.

지난 90년 동안의 진전은 업무 효율성을 고려할 때뿐만 아니라 우리가 즐기는 여가의 시간을 고려할 때도 명백하다. 언젠가 은퇴한다고 생각하면, 어릴 때 열심히 일하고 나이가 들어서 여가 시간을 즐길 필요가 있다. 1930년에 대부분의 사람들은 은퇴 연령에 도달하지도 못하고 죽을 때까지 일만 했다. 하지만 오늘날 사람들은 은퇴 후의 삶이 전체 삶의 3분의 1이나 된다.

여가의 시간을 늘리는 두 번째 요소는 가사 시간의 감소다. 세탁기, 진공청소기, 전자레인지가 미국 중산층의 주당 가사 시간을 1930년대보다 거의 30시간 단축해주었다. 이 30시간이 모두 순수한 여가로 전환되는 것은 아니다. 가사라는 무급 노동의 대부분을 차지하던 여성들이 유급 노동력으로 옮겨갔다. 여기서 핵심은 생산성과 효율성의 진보 덕분에 우리 모두가 시간을 보내는 방식을 더 잘 통제할 수 있게 되었다는 점이다. 오늘날 케인스가 예측한 생산성 수준에 도달(또는 초과)한 선진국들은 왜 아직도 평균 근로시간이 30~40시간인가? 왜 많이 바뀌지 않았다고 생각하는가? 이것은 인간의 본성, 즉 좋은 삶에 대한 우리의 기대치가 점점 높아지는 것뿐만 아니라 사회 전반에 걸쳐 일과 일자리의 구성이 변하고 있다는 방증이다.

그리고 답의 일부가 되어주는 것이 '삶의 방식' 인플레이션이다. 인간은 더 많은 것에 대해 갈망한다. 케인스는 '경제 문제, 생존을 위한 투쟁'을 해결하는 것에 대해서만 말했지만, 단지 생존을 위해 삶을 선택하는 사람은 거의 없다. 인간은 쾌락을 추구하면서 산다. 우리는 항상 더 많은 것을 원한다. 사람들이 새 옷과 넷플릭스, 해외 휴가와 같은 현대 생활의 일부를 포기하면 일주일에 15시간만 일해도 먹고살 수 있다. 소비재, 쾌락은 중요하지만 우리의 삶은 다른 많은 중요한 차원도 살펴보아야 한다. 넷플릭스에 적용되는 것과 동일한 논리가 백신, 냉장고, 재생 에너지 및 칫솔에도 적용된다. 전 세계적으로 사람들은 1930년보다 훨씬 더 높은 생활 수준을 누리고 있다. 인간은 이미 조부모 시대의 삶의 질로는 만족할 수 없다.

세 끼 식사로 채워지던 만족이 넷플릭스로 옮겨가다

경제의 생산성이 높아짐에 따라 고용은 농업과 제조에서 서비스 산업으로 이동했다. 오늘날 많은 사람들이 정신건강 상담사, 시각효과 예술가, 회계사, 블로거 등으로 일하고 있으며 이들이 하는 일은 생계에 직접 필요하지 않은 일이다. 케인스는 논문에서 미래에 더 많은 사람들이 '예술 같은 활동을 추구할 수 있으며, 이러한 활동을 암묵적으로 존재하는 생계를 위한 직업의 세계와 분리된 형태가 될 것'이라고 주장했다. 실제로 직업 세계는 간호사, 예술 및 고객 서비스와 같이 케인스의 추정을 크게 벗어나지 않는 더 많은 활동으로 확장되었다.

마지막으로, 지속적인 사회적 불평등은 40시간의 근로시간이라는 불평등을 만들기도 한다. 많은 사람들이 단순히 살아가기 위해 주 30~40시간을 일해야 한다. 부의 분배가 더 평등해지지 않는 한 극소수의 사람들만이 일주일에 15시간으로 근로시간을 줄일 수 있다. 미국과 같은 일부 국가에서는 생산성과 임금 사이의 연관성이 끊어졌다. 최근의 생산성 증가는 사회의 최상위 계층에만 혜택을 준다. 현대에는 1930년에 존재하지 않았던 사회 안전망이 생겼고, 사회보장 및 공공주택과 같은 프로그램은 사람들이 최소한의 생존을 보장하도록 도움을 준다. 하지만 빈곤에서 사람들을 제대로 지원하기에는 충분하지 않으며, 모든 사람에게 좋은 삶을 제공하는 케인스의 이상을 충족시키기에도 불충분하다.

선진국에는 최소한의 삶을 향해 일과 사회를 구조화할 경우 모든 사람이 노동을 적게 하고도 풍족한 삶을 누릴 수 있는 기술과 도구가 존재한다. 또 미래의 일자리에 대한 오늘의 토론은 전체 자동화의 미래에도 긍정적이고 환상적인 예측으로 마무리된다. 즉 일주일에 5일을 채우는 새롭고 다양한 일자리 역시 계속 등장할 것이다. 그렇다고 하더라도 케인스의 논문에서 보듯이 우리의 집단 관성은 케인스의 15시간 근무라는 예측에는 시간이 아무리 지나도 도달하지 못한다는 예측을 하도록 만든다.

경험 경제와 구독 경제

제품을 어떻게 구매하는가? 차를 타고 직접 매장을 방문하는가? 아니면 손가락으로 두들겨 온라인으로 구매하는가? 2019년 미국의 전자상거래는 전년 대비 14% 증가한 반면, 소매 판매는 같은 기간 3.5% 감소했다. 점차 줄어들고 있는 오프라인 쇼핑으로부터 쇼핑몰과 쇼핑센터를 구할 방법은 무엇일까? 그 해답은 경험 경제에 있다.

향후 10년 동안 인공지능 기반 개인화, 증강현실 및 가상현실 인터페이스, 센서 기반 스마트 환경이 오늘날의 쇼핑센터를 교육, 엔터테인먼트, 디지털 방식으로 강화된 커뮤니티 및 우리가 본 적 없고 상상조차 못 했던 새로운 비즈니스 모델로 바꿀 것이다.

2030년대 쇼핑의 풍경

2030년대의 쇼핑 모습을 상상해보자.

춥고 비 오는 4월이다. 당신은 어머니와 점심을 먹기로 했는데 외투를 깜빡하고 나왔다. 자율주행 공유차에서 온라인 검색을 통해 시내의 상점에서 줄기세포로 배양한 친환경 가죽 재킷을 판매하는 상점을 발견했다. 화면에서 '관심' 버튼을 클릭하고 휴대전화를 주머니에 넣은 다음 당신은 곧 있을 점심식사 생각에 이 일을 잊어버린다. 하지만 상점의 인공지능은 휴대전화의 인공지능과 인터페이스하고 운전자 없는 택시를 자동으로 휴대전화의 장소로 보낸다.

당신은 여전히 실제 인간을 고용하고 있는 공예 소매점을 들른다. 그곳의 직원이 당신이 선택한 비건 가죽 코트를 들고 문에서 당신을 만난다. 재킷은 완벽하게 맞는다. 놀라운 일이 아니다. 몇 달 전에 휴대전화의 수정된 센서를 사용해 신체를 정확하게 매핑했다. 요즘 대부분의 신발에는 체중 센서가 있으므로 허리둘레의 변화에 따라 신체지도가 자동으로 조정된다.

대금을 지불하기 위해 줄을 서서 기다릴 필요가 없다. 다양한 카메라와 센서가 사용자와 재킷을 모두 추적하므로 문밖으로 나가면 은행 또는 암호화폐 계정에서 옷값이 즉시 공제된다. 이 센서는 또한 이것이 당신의 첫 번째 상점 방문임을 알고 있기 때문에 다음 구매에서 사용할 수 있는 할인 쿠폰을 메시지로 보내 두 번째 쇼핑으로 유도한다.

이 거래가 진행되는 동안, 재킷이 걸려 있던 공간에 내장된 센서가 상점의 인공지능에 경고한다. 인공지능은 즉시 제조업체로부터 다른 재킷을 주문하고 직원에게 빈 옷걸이를 채우도록 메시지를 보낸다.

알고 보니 당신이 비건 가죽 제품을 주시하는 유일한 사람이 아니었다. 동일한 제품이 이틀 안에 세 개째 팔렸다. 재고 관리 시스템이 이 패턴을 식별하고 인기 있는 사이즈의 백업 재킷 몇 개를 주문해 회사의 마케팅 인공지능이 트렌드를 포착하도록 알린다.

사라진 계산원

이 시나리오는 그렇게 먼 미래의 일이 아니다. 점점 더 많은 장치가 인터넷에 연결됨에 따라 IoT의 중요성은 거의 자동으로 커지게 된다. 그리고 그것은 경제에도 큰 영향을 미친다. 맥킨지McKinsey의 연구에 따르면 2025년까지 IoT는 4,100억~1조 2,000억 달러의 소매 가치에 영향을 미칠 것으로 예상된다. 더 놀라운 것은 이 기술의 대부분이 이미 도래했다는 것이다.

고객이 줄 서서 기다릴 필요가 없는 자동 결제는 이미 시작되었다. 아마존은 2018년 1월 시애틀에 아마존 고Amazon Go 매장을 열어 이 개념을 소개했다. 인공지능, 머신러닝, 컴퓨터 비전 등의 첨단 기술이 활용된 이 소매점은 소비자가 스마트폰에 앱을 다운로드받은 뒤 매장에 들어가 상품을 고르기만 하면 연결된 신용카드나 아마존 계정으로 비용이 청구되는 시스템을 갖췄다. 카메라가 고객의 동선을 추적하며, 선반에 내장된 무게 센서가 제품의 구입을 확인해준다.

〈블룸버그Bloomberg〉에 따르면 아마존 고는 현재 25개의 매장을 보유하고 있으며 2021년까지 최대 3,000곳의 신규 매장을 오픈할 예정이라고 한다.

다시 한번 말하지만, 이것은 마찰 없는 쇼핑에 관한 것이다. 계산대의 긴 줄은 고객을 방해한다. 그리고 계산원은 비용이 발생한다. 맥킨지는 자동화된 결제로 2025년까지 소매업체가 연간 1,500~3,800억 달러를 절약할 수 있을 것으로 예상한다.

계산원 없는 미래를 추구하는 회사는 아마존만이 아니다. 샌프란시스코에 기반을 둔 스타트업 브이세븐랩스v7labs는 모든 소매점에서 아마존 고와 같은 시스템을 도입할 수 있도록 돕고, 알리바바의 계산원이 없는 헤마Hema 매장은 아마존보다 2년 앞서 중국에서 테스트되었다. 스타트업 아이파이AiFi와 그라방고Grabango 역시 아마존 고와 같은 자율 시스템을 개발하고 있다.

스마트 선반 기술은 RFIDradio frequency identification: 무선 주파수 식별 태그와 무게 센서를 사용해 품목이 제거된 시점을 감지하는 데 있다. 이 혁신적 기술은 도난을 방지할 뿐만 아니라 재입고를 자동화하며 재고가 항상 올바른 위치에 있도록 한다.

선반의 오늘날 버전에는 스크린이 내장되어 있으며, 가까운 미래에 스마트 선반은 인공지능의 기술 발달과 함께 대화가 가능해질 것이다. 내가 고른 스웨터의 세탁은 어떻게 하는 게 좋을지, 선반에 문의하면 정보를 제공하는 것이다.

아마도 소매업의 가장 큰 변화의 하나는 공급망 관리의 효율성일 것이다. 2015년 시스코Cisco의 조사에 따르면 IoT 솔루션은 공급망 및 물류 부문에 1조 9,000억 달러 이상의 영향을 미칠 것으로 나타났다.

인공지능은 인간이 감지할 수 없는 데이터 패턴을 감지한다. 즉 재고 수준, 공급업체의 품질, 수요 예측, 생산 계획, 운송 관리 등 공급망의 모든 링크가 혁신되고 있다. 그리고 빨라진다. 소매 및 제조기업의 70%는 현재 물류 운영의 모든 측면을 디지털화한다. 더 중요한 것은 이러한 모든 혼란은 로봇이 소매점에 도착하기도 전에 발생한다는 점이다.

소유보다 경험이 중요한 미래의 쇼핑

〈하버드 비즈니스 리뷰〉의 기사인 '경험 경제에 오신 것을 환영한다'에서 저자 조지프 파인Joseph Pine은 생일 케이크를 통해 200년간의 경제 발전을 추적한다.

농업 경제의 흔적으로, 어머니들은 10센트밖에 들지 않는 농산품(밀가루, 설탕, 버터, 달걀)을 섞어서 생일 케이크를 만들었다. 상품 기반의 산업 경제가 발전함에 따라, 어머니들은 1~2달러를 베티 크로커Betty Crocker: 케이크 믹스를 판매하는 브랜드에 지불하고 혼합된 재료를 사서 케이크를 구웠다. 서비스 경제가 정점에 도달하자 바쁜 부모는 빵집이나 식료품점에서 케이크를 주문했는데 10~15달러로, 혼합된 재료보다 10배나 비싸다.

시간이 부족해진 1990년대에 부모는 생일 케이크를 만들거나 파티를 준비하지 않는다. 그 대신 생일파티를 진행해주는 전문 기업이나 레스토랑을 섭외한다. 여기에 케이크가 하나의 상품으로 포함되며, 이 이벤트 전체에 100달러 이상을 소비한다. 이것이 경험 경제다.

미리 만들어진 재료가 사전에 검증된 경험으로 대체됨으로써 경험 경제는 새로운 종류의 수요를 충족시키는 새로운 종류의 파괴적인 비즈니스 모델이 될 것이다.

대부분의 역사에서 우리는 이미 검증되어 만들어져 있는 경험을 원하지 않았다. 인생 자체가 경험이기 때문에, 안전하고 따뜻하며 배불리 먹는 것만으로 충분히 모험이었다.

그런데 기술이 그 방정식을 바꾸었다. 산업혁명 시대에 지구상에서 가장 부유한 사람들은 에어컨, 상수도 또는 실내 배관 공사를 하지 않았다. 그 시절에는 그런 편의시설이 존재하지 않았으며, 그저 그들이 필요로 하는 것은 자동차, 냉장고, 전화였다.

오늘날에는 미국에서 빈곤층조차도 이런 편의를 경험한다. 중산층이라면 삶을 편리하게 해주는 훨씬 더 많은 것을 소유한다. 우리는 이런 편리한 물건들을 당연한 것으로 받아들이기 시작했다. 그 결과 많은 사람들에게 기억에 남는 경험이 소유보다 더 가치 있게 되었다.

그리고 소매업체는 이런 트렌드를 이용했다. 스타벅스는 현지 커피숍의 친숙함을 전 세계적으로 확대했다. 아웃도어 업체인 카벨라스Cabela's는 쇼룸을 폭포가 있는 가짜 야외 모험으로 바꿨다. 그리고 이제 기하급수 기술의 통합은 경험 경제를 새로운 차원으로 끌어올릴 것이다.

웨스트필드Westfield 쇼핑센터 그룹의 미래 10년 비전인 '2028년의 목적지Destination 2028'를 살펴보자. 센서가 가득한 정원, 스마트한 탈의실, 마음 챙김 워크숍으로 가득 찬 웨스트필드의 쇼핑센터는 믿을 수 없을 정도로 많은 개인화가 가능한 '초연결된 마이크로 시티'가 될 것이다.

스마트 욕실은 개별적으로 맞춤형 영양과 수분 보충 팁을 제공하고, 눈 스캐너와 인공지능은 사전 구매를 바탕으로 쇼핑을 정확하고 빠르게 마칠 수 있도록 도와주며, 매직미러는 원하는 모든 신제품을 입어볼 수 있도록 해준다. 웨스트필드는 쇼핑하기 위해 집을 나서는 일에 그럴 만한 가치가 있도록 만들고자 한다.

소매업의 마지막 희망: 경험 경제

이것은 큰 도전이다. 미국에는 1,100개 이상의 쇼핑몰과 4만 개의 쇼핑센터가 있다. 미네소타의 몰 오브 아메리카Mall of America는 52만m^2에 500개의 매장을 운영하는 작은 마을이다. 중국 최대의 쇼핑몰은 65만m^2가 넘는다. 더욱 발전하는 경험 경제는 이 쇼핑몰이 사업을 계속할 기회가 되어줄 것이다.

하지만 지금의 모습과는 매우 다른 모습의 비즈니스가 될 것이다. 성공하면 소매업은 융합 산업이 되어 쇼핑몰에서 보낸 시간에 따라 배당금이 지불될 것이다. 쇼핑은 건강관리가 되고 엔터테인먼트는 교육이 된다.

또는 우리가 다른 길을 선택해 쇼핑몰은 과거의 추억이 되고 쇼핑 자체가 인공지능에 아웃소싱되는 또 다른 과제가 될 수도 있다.

살아남기 위해 전통적인 소매점들은 빠른 시간 안에 새롭게 재해석되어야 한다.

개인 인공지능은 새로운 고객을 끌어들이고 시착용 가상 거울이 설치된 매장, 고객의 몸에 꼭 맞는 사전 맞춤 의류, 계산대가 없는 지불이 이뤄진다.

한편 초고속 바디 스캔으로 3D 프린터가 현장에서 완벽한 제품을 낭비 없이 만들 수도 있기 때문에 실제 경험에 더 많은 가치를 부여할 것이다. 시간은 가장 소중한 자원으로, 소매업은 단지 구매하는 것보다 더 많은 미래 경험 경제를 준비해야 한다.

미래 경제의 또 다른 모습, 구독 경제

미래는 또한 구독 경제subscription economy의 시대다. 이는 코로나19 이후 급증하는 비즈니스 모델로, 신문처럼 매달 구독료를 내고 필요한 물건이나 서비스를 받아 쓰는 경제 활동을 의미한다. 비대면의 원격경제로 가면서 물건을 사고 돈을 내는 대면 상행위를 월정액으로 매달 마음껏 사용하며, 물건은 드론으로 배달받는다.

구독 경제는 무제한 스트리밍 영상을 제공하는 넷플릭스의 성공 이후 다른 분야로 확산되고 있다. 월 9.99달러에 뉴욕 맨해튼의 수백 개 술집에서 매일 칵테일 한 잔씩 마실 수 있도록 한 스타트업 후치는 2017년 200만 달러의 매출을 올렸다. 일본에서는 월 3,000엔에 술을 무제한 제공하는 술집이 성업 중이다. '넷플릭스 모델'은 헬스클럽과 병원 등 건강·의료 영역까지 퍼지고 있다. 옷이나 화장품, 생활용품 분야에서는 '정기배송 모델'이 주목받고 있다. 란제리 회사도 개인맞춤형 속옷과 브래지어 등을 배송하는 서비스로 시작해 2017년에 매출 1억 달러를 기록했다. 최근에는 고급 자동차를 바꿔가며 탈 수 있는 이른바 '렌털 진화형 모델'이 등장했다. 월정액은 볼보 600달러, 포르쉐 2,000달러, 벤츠 1,095~2,955달러 등이다. 현대자동차도 미국에서 월 279달러부터 시작하는 상품을 선보였다.

경제학자들은 구독 경제의 확산 현상을 '효용이론'으로 설명한다. 제한된 자원과 비용으로 최대한의 만족을 얻기 위한 노력의 결과라는 이야기다. 제러미 리프킨Jeremy Rifkin이 《소유의 종말》에서 예측했듯이 '소유'의 시대를 넘어 '접속'과 '이용'의 시대가 현실로 다가왔다. 지정된 날짜에 주기적으로 해당 상품을 배달해주기 때문에 필요한 제품을 매번 대면으로 사는 번거로움을 덜 수 있다. 요즘은 생활용품, 홈쇼핑, 식음료, 명품 의류 등으로 서비스 품목이 다양해지는데, 소비자의 입장에서는 전문 지식을 갖춘 구매 담당자가 소비자 대신 우수한 제품을 선정해 전해주기 때문에, 상품을 고르기 위해 쓰는 시간을 절약할 수 있다. 또 공급자의 입장에서도 자사의 상품 홍보 효과를 톡톡히 누릴 수 있고, 사용자의 요구를 더 쉽게 파악할 수 있다는 장점이 있다. 이러한 이유로 구독 경제는 공유 경제에 뒤이은 경제 모델로 주목받고 있다.

로봇이 일자리를 빼앗는가

제조업 자동화의 미래와 맞물려 우리의 주요한 관심사 중 하나는 로봇이 인간의 일자리를 얼마나 대체하는가 하는 예측이다. 우리는 사람과 하는 일자리 경쟁에서 나아가 이제 로봇과 더 치열하게 일자리 경쟁을 해야 할지도 모른다.

윌리엄 로저스William Rodgers 에드워드 J. 블루스타인 공공정책스쿨 교수와 리처드 프리먼Richard Freeman 하버드 대학교 연구원 등이 발표한 보고서에 따르면 미국 중서부의 제조업에서 젊고, 교육을 적게 받고, 소수 집단인 노동자들이 로봇으로 대체되는 비율이 가장 높은 것으로 나타났다. 하지만 같은 보고서에서는 또한 지난 10년 동안 강력한 경제 회복이 미국에 많은 일자리를 만들었고 자동화를 둔화시켰다는 사실 역시 보여주었다. 보고서는 로봇이 많은 사람들이 경고해온 끔찍한 효과를 아직 전국적으로 가져오지는 않았지만, 로봇의 영향은 근로자, 지역, 산업별로 다양하다는 것을 보여준다.

로봇이 미국 경제에 미칠 잠재적인 영향에 대한 추정치는 매우 다양하며, 일부 연구에서는 향후 수십 년 동안 전체 근로자의 50%가 자동화로 일자리를 잃을 위험에 처해 있다고 예측하고 있다. 보고서는 미국의 산업용 로봇 사용량이 2배 이상 늘어난 2009~2017년, 불황 이후 자동화가 미치는 영향을 추계해 실제 어떤 일이 벌어지고 있는지 검토했다.

로봇이 노동자를 대체하는 곳은 어디인가?

로저스 교수는 "중서부의 제조업 근로자들, 특히 젊고 교육 수준이 낮고 소수 집단에 속하는 노동자들이 자동화 수준이 높아짐에 따라 낙오가 뚜렷해졌다"고 말했다. 그는 제조업에서 가장 많은 수의 로봇을 사용하고 있을 뿐만 아니라 로봇 채택이 가장 빠르게 증가하고 있다고 밝혔다.

로저스는 지난 10년간의 경제 회복으로 중서부의 제조업 근로자들의 임금과 일자리에 대한 부정적인 영향이 일부 가려졌다고 말한다. 그러한 강력한 회복이 없었다면 로봇이 인간의 일자리를 대체하는 비율은 더 높아졌을 것이다.

연구원들은 미국에서 로봇의 영향을 받은 262개의 대도시 지역의 로봇 강도를 매핑했다. 그 결과 2009년 이래로 로봇 강도는 전국적으로 급격히 증가했으며, 중서부의 주에서는 다른 모든 지역보다 최소 2배 이상 높은 로봇 강도를 일관되게 보였다.

2009년 이후 제조 로봇의 수는 1,000명당 0.813대에서 1,000명당 1.974대로 2배 이상 증가했다. 불황 이후 로봇의 채택은 교육 수준이 낮은 젊은 남성과 교육 수준이 낮은 여성을 포함한 일부 그룹 노동자의 고용 증가와 함께 이루어졌으며, 다른 그룹에는 영향을 미치지 않은 것으로 보인다. 또 중서부 제조업에서 로봇은 교육 수준이 낮고 젊은 남성과 교육 수준이 낮은 여성의 임금을 현저히 낮췄다.

이런 조사 결과를 종합해볼 때 로봇 성장의 현재 단계와 속도, 적절한 경제 상황을 갖추면, 대학 학위가 없는 일부 근로자는 로봇화의 혜택을 누릴 수도 있다는 것을 암시한다.

로저스 교수는 중서부 소수 집단(민족) 및 여성 노동자와 고용주, 지역사회의 경험이 다른 지역의 로봇 도입 및 확산과 관련된 경제적, 사회적, 문화적 조정 비용을 준비하고 최소화하는 데 도움이 될 수 있다고 말한다.

미래의 노동은 생계 유지수단이 아니다

로봇은 우리의 기존 일자리를 지속적으로 대체할 것이다. 2030년이 되면 제조업 일자리의 최대 50%가 로봇이나 인공지능으로 대체된다. 그리고 2045년이 되면 인간이 하던 대부분의 일을 인공지능 로봇이 할 수 있다. 일자리를 잃은 실업자가 크게 증가하면 현재 수면 위로 떠오르고 있는 기본소득은 더 보편화되어서 자리 잡을 것이다. 국가마다 국민 또는 통치자의 의지로 일부 일자리를 반드시 인간이 해야 한다는 법을 만들어 미래에도 인간의 일자리가 보전될 수도 있다.

한편 미래에는 일자리가 아닌 일거리의 개념이 더 보편화한다. 기본소득을 받는 국민은 생계를 유지하기 위해서 일하는 것이 아니라, 삶의 의미를 찾거나 행복, 자아실현 등을 위해 일거리를 찾아 이동한다. 그 결과 노동의 대가로 생계를 유지하는 시대는 2040년 이후에는 사라질 수도 있다.

보편적 기본소득이 도입될 수밖에 없는 이유

도시 빈곤율과 불평등 수준의 증가와 더불어 도시화 예상 속도는 점점 더 많은 도시들이 저렴한 주택 및 보육과 같은 빈곤 퇴치 대책에 투자하도록 강요하고 있다. 이런 대책이 개인을 돕는다는 데는 의심의 여지가 없다. 그러나 종종 이 프로그램은 인간 행동의 전체 스펙트럼을 예측하기에 불충분하다. 궁극적으로, 이 프로그램들은 시민의 다양한 요구를 충족시킬 행정적 능력이 없다.

선택의 자유는 인간의 존엄성과 자율성의 필수 요소다. 어떤 사람들은 이 자유를 일종의 부로 간주할 수도 있다. 반대로 빈곤은 선택의 부재다. 빈곤에 처한 사람들은 건강, 생활 조건, 고용 및 교육을 포함해 삶의 가장 기본적인 영역조차 통제하는 데 선택의 여지가 적다.

도시가 진정으로 포용적이기를 원하고 시민들이 도시 생활에서 혜택을 보도록 하려면, 장 · 단기적으로 시민의 선택 능력을 촉진해야 한다. 이것은 선택을 개별 시민의 손에 다시 맡긴다는 것을 의미한다.

무조건적 지급인 보편적 기본소득의 장점은 뿌리 깊은 인센티브 구조를 바꿀 수 있다는 것이다. 빈곤의 진정한 완화에는 사회의 나머지 부분을 이끄는 동기부여가 필요하다. 우리의 근로와 복지에 대한 개념은 종종 정규직이며 정해진 임금을 받고 보험 가입되어 있는 사회 구성원으로, 대안의 부족에 직면해본 적 없는 사람들의 뿌리 깊은 규범과 문화로 알려져 있다.

결과적으로 일과 소득에 대한 일률적인 접근 방식은 빈곤에 갇힌 개인을 위한 전반적인 선택 구조를 바꾸는 데 거의 도움이 되지 않았다. 이 대안으로 떠오르는 보편적 기본소득은 가난한 사람들의 선택 감소 구조를 최소화함으로써 빈곤한 사람들의 선택을 극대화할 수 있다.

일에 대한 정의를 바꾼다

첫째, 보편적 기본소득은 대다수의 사람들에게 일에 대한 생각을 바꾸어 인간 노동의 탈脫상품화를 장려한다. 이는 노동이 우리 삶에서 유급이나 무급으로 나타나는 방식을 구별함으로써 가능하다. 우리는 유급이나 무급 작업에 소비하는 시간을 서로 경쟁하는 것으로 인식한다. 그러나 보수를 위해 일할 권리와 보수 없이 일할 권리는 양립해야 한다. 이와 관련해 보편적 기본소득은 우리의 노동 문화를 재구성하고 노동 시장에서 발견되는 기존의 편견을 네 가지 주요 방식으로 제거할 수 있다.

인권의 관점에서 볼 때, 고용과 상관없는 소득을 무조건 제공하는 것은 실업에 대한 보호와 결과적으로 불안정한 고용을 거부할 수 있는 능력을 주기 때문에, 완전한 노동권을 실현할 수 있다.

사회학적인 관점에서 사람들에게 안전한 경제 기반을 제공하는 것은 일하고자 하는 사람들에게 의미 있는 직업을 찾을 선택의 기회를 줌으로써 개인적, 사회적 관계를 활성화시킨다.

성별 관점에서 보편적 기본소득은 가사 노동, 취약계층을 돌보는 자원봉사 활동과 같은 무급 노동을 선택한 사람들을 지원한다. 현재는 무급 노동이 다른 유형의 사회적으로 유용한 노동을 유지하지만 종종 저평가되고 보상되지 않는다.

자유 시장 관점에서 보편적 기본소득은 유급 노동이 무급 노동에 비해 갖는 독점을 줄임으로써 더 경쟁력 있는 노동 시장을 창출한다. 이로써 고용주와 근로자 사이에 경쟁의 균형을 이룬다. 고용주는 더 나은 임금과 유연한 시간으로 인재를 유치하기 위해 경쟁해야 하기 때문이다.

가난한 사람일수록 보편적 기본소득으로 선택의 기회가 늘어난다

둘째, 보편적 기본소득은 법에 따라 평등한 기회와 평등한 대우 원칙을 운영해 모든 사람이 동등한 선택을 할 수 있도록 한다.

진정한 보편적 기본소득 모델 아래서 모든 사람은 매년 합법적으로 같은 금액의 돈을 받는다. 그러나 실제로 더 가난한 사람들은 다른 사람들보다 더 많은 혜택을 볼 수 있다. 예를 들어 기본소득으로 연간 3만 달러의 소득이 주어진다면, 기존에 소득이 전혀 없던 사람에게는 많은 선택권이 생기지만, 연간 50만 달러의 수익이 있는 사람에게는 선택권이 그다지 추가되지 않기 때문이다.

시민의 불평등이 해소되며 전체적인 도시 성장이 이뤄진다

마지막으로, 도시들이 기술 혁신의 혜택을 누릴 준비가 된다. 포괄적인 번영에 대한 투자는 유급 노동은 부족한 반면 사람들이 기본적 필요를 충족시키기에 충분한 돈을 벌기 위해 애쓰는 미래에서 필요한 목표다. 4차 산업혁명이 계속해서 노동 시장을 혼란에 빠뜨리면서 2020년까지 약 500만 개의 일자리가 사라질 것으로 예상된다. 실제로 오늘날 가속화된 기술 혁신, 세계화, 기후 변화,

인구 통계학적 변화 및 지정학적 변화는 도시 중심에서 4차 산업혁명의 지형을 예측할 수 없고 무자비하게 만든다.

동시에, 제1차(제조), 제2차(기술) 및 제3차(디지털) 산업혁명으로부터 아직 혜택을 받지 못한 인구가 존재한다. 우리는 빈곤율과 불평등이 증가하고 있는 도시에서 시민의 불안을 목격했다. 노동 문화를 재조명하는 것 외에도 도시는 기술 부족, 실업 및 제도적 불평등으로 야기되는 기존의 집단 좌절을 완화하기 위한 예방 전략으로 보편적 기본소득을 채택해야 한다. 포괄적인 경제 발전을 위해서 도시와 기업이 함께 노력해야 한다.

도시 중심지는 산업, 금융, 기술 및 인적 자본의 접점에 있다. 이곳은 일, 교육 및 사회적 상호작용을 통해 성장할 곳이다. 도시는 정부가 스마트하고 탄력적인 인프라와 도시 서비스 설계, 전달 및 운영을 위한 혁신적인 기술을 실험하는 시험대가 되었다. 도시들이 살아남고 성장하기 위해서는 보편적 기본소득 프로그램을 포함하는 시민 참여 모델의 실험적인 근거가 되어야 한다.

도시 빈곤에 대한 해답의 일부인 보편적 기본소득은 미래 도시에 두 가지 선택지를 제공한다. 그들은 '평등의 유무에 관계없이 일'을 가질 것인가, 또는 '일의 유무에 관계없이 평등'을 가질 것인가? 똑똑하고 포용적인 도시는 후자를 목표로 해야 한다.

신기술이 만드는 10년 후 직업

IT 강국 인도는 얼마 전까지만 해도 인도는 수요에 부응하기에 충분한 소프트웨어 프로그래머를 배출할 수 없었다. 수요는 여전히 존재하지만 더 복잡하고 전문화되었다.

자동화가 특정 직업을 대신하더라도 오랫동안 일하기 위해 개인은 기술을 배우고 업그레이드해야 한다. 10년이 지나면 요즘 유행하는 직업은 존재하지 않을 수도 있다.

기업에 미래의 트렌드를 조언해주는 토머스 프레이Thomas Frey는 모든 직업이 앞으로 기술직이 될 것이라고 말한다. "신기술은 모든 직업에 기술 요소를 포함시키며, 지금보다 더 많은 기회를 제공할 것이다. 그 미래는 인간 대 인공지능의 일자리 대결이 아니라 인간과 인공지능이 함께 일하는 것이다."

사람들이 배워야 하는 것은 협업을 진행하는 방법, 그리고 협업을 통해 기술을 향상시키는 방법이라고 덧붙였다.

IT 산업은 전략적 결정을 내려야 하는 갈림길에 있다. 블록체인, 암호화폐, 로봇공학 및 자율주행차량 같은 새로운 기술이 향후 10년 안에 주류가 되어 수천 명의 전문가를 필요로 할 것이다.

딜로이트 인디아Deloitte India의 파트너 아닐 탈레자Anil Talreja는 애플리케이션을 설계하고 엔지니어링할 수 있는 사람들과 기술에 대한 새로운 사용 사례는 항상 수요가 높다고 말한다. 특히 엄청난 양의 데이터를 유용하게 사용할 수 있도록 분석하는 전문가에 대한 수요는 엄청날 것이라고 말했다. 데이터를 검색하고 구조화하는 알고리즘을 만들 수 있는 데이터 분석가, 디자이너 및 엔지니어가 미래에 유망한 직업이 될 수 있다는 뜻이다.

그렇다면 미래의 기술 직업은 어떤 모습일까?

• 데이터 드라이버

인공지능과 IoT 기반의 솔루션이 보편화된다. 이것은 다시, 그들이 생성하는 데이터를 관리하는 사람을 필요로 할 것이다. 데이터를 태깅하고 라벨 표시 작업 등을 해줄 수백만 개의 새로운 일자리를 창출할 수 있다고 IT 산업 로비 단체인 나스콤Nasscom의 데브자니 고시Debjani Ghosh 회장이 말했다.

데이터를 분석하는 시스템을 설계하는 동시에, 점점 더 복잡해지는 개인정보 보호 표준을 충족시키는 것은 산업 분야에서 또 다른 요구 사항이 될 것이다.

2030년에는 5,000억 개의 장치가 인터넷에 연결될 것으로 예상된다. 이처럼 많은 센서의 데이터는 비즈니스에 중요하므로 데이터 과학자는 비즈니스 의사결정을 분석하고 결정하는 데 도움을 준다. 또한 새로운 산업에 센서를 구현하고 새로운 사용 사례를 찾는 것 외에도 이러한 센서를 설계하는 사람들에게 기회를 제공한다.

• 사이버 보안 전문가

미래에 세상은 지금보다 훨씬 더 많이 연결된다. 개인기기, 기계, 가전제품, 자동차 등 모든 것이 인터넷에 연결되어 사이버 범죄의 잠재적인 대상으로 떠오른다. 잠재적인 위협을 예상하고 이에 대한 솔루션을 만들려면 지금보다 훨씬 많은 사람들이 필요하다.

전력망, 급수 시스템, 신호등이 모두 연결되면서 교란으로 인해 도시에 혼란이 일어날 가능성도 생긴다. 이런 위협을 지속적으로 모니터링하고 공격을 방지하는 시스템을 설계할 수천 명의 보안 전문가가 필요하다. 이미 사이버 범죄자들의 공격이 방법론 측면에서 더욱 정교해지고 있다. 이것들은 주로 컴퓨터로 제한되어 있지만 연결된 모든 장치가 위협을 받기까지는 시간문제일 뿐이다.

• 교통 모니터링 작업자

배달용 드론과 자율주행차는 그 자체로 작은 규모의 새로운 산업을 키울 자극제가 된다. 미래의 통제실에는 일반 차량 외에 드론 운영, 자율주행차 관리 등의 교통 관리 기술이 필요하다. 원활한 작동을 위해서는 커맨드 센터 운영자, 설계자, 프로그래머, 사이버 보안 전문가가 필요하다.

한편 개인용 로봇이 의료 보조 또는 고객 서비스 역할에서 사람을 대체하기 시작한다. 하지만 이를 위해서는 로봇과 앱을 구축하고 유지 관리하는 동시에 개인정보 보호 및 고객 관리를 핵심으로 유지하는 전용 생태계가 필요하다.

UXuser experience 사용자 경험/UI user interface 사용자 환경 기술에서 특수한 프로그램 아키텍처 작성에 이르기까지 이러한 로봇을 안전하게 유지하려면 전담 개발자가 필요하다.

• **건강관리 종사자**

2014년에 비해 2030년에는 65세 이상 인구가 3억 명 더 늘어날 것으로 추산된다. 그만큼 건강관리에 대한 지출은 증가하지만, 우리가 알고 있는 건강관리와는 다를 것이다. 고시 회장은 간호를 제공하는 기계를 사용하는 건강관리 종사자가 더 늘어날 것이라고 말했다.

이것이 정부의 강력한 지원 아래 구조적인 방식으로 이루어지면 수백만 개의 일자리가 창출될 것이다. 인공지능과 로봇공학이 구현 단계로 넘어가면 산업 전반에 걸쳐 기회를 창출할 것이다. 의사와 간호사가 업무를 수행하는 방식은 기술의 진화에 큰 영향을 받을 것이다.

개인의 간병 로봇은 어디서나 사용할 수 있게 되며, 이를 운영하고 유지하기 위해 전담 기술 인력이 필요하다. 이들은 의료 전문가와 협력해 일하며, 개인의 건강과 예방의학의 디지털화는 거의 전적으로 의료 종사자가 아닌 데이터 및 기술 전문가가 주도하는 별도의 산업으로 발전할 것이다.

• 우주 기술 작업자

인간의 우주에 대한 꿈은 점차 현실화되고 있다. 우주정거장에서 위성과 로켓을 발사하는 프로젝트가 민간 부문에서 검토되고 있으며 달, 화성, 금성 및 태양을 대상으로 하는 임무에 중점을 두고 2021년을 기준으로 최초의 유인 우주비행이 계획되고 있다. 이에 따른 통신 및 원격 감지 위성 구축과 발사 계획이 진행되고 있다. 토머스 프레이에 따르면 일론 머스크의 스페이스X SpaceX 프로젝트가 사람들로 하여금 우주여행과 탐험을 다시 생각하게 만들었다. 우주여행은 기술 전문가들로 구성된 작은 산업이 될 것이다. 그리고 이 계획이 실행되기까지 전문 기술이 필요한 수천 개의 일자리가 창출될 것이다.

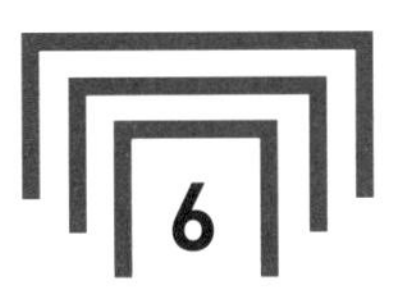

미래의 일자리 경쟁력 5

노동 시장이 급격히 변화함에 따라, 거의 실시간에 가까운 새로운 데이터와 지표가 미래의 직업이 어떻게 변할지에 대한 통찰력을 제공한다.

세계 경제에서 나타나는 일자리의 종류는 다양한 직업과 기술에 걸쳐 있으며, 모든 배경과 교육 수준의 근로자들이 새로운 일자리와 새로운 경제를 활용할 수 있는 기회를 제공받는다. 새로운 일자리와 그들이 필요로 하는 기술을 파악하면 훈련에 투자할 수 있고, 사회의 변화에 발맞추어 개인이 새로운 기술을 추구할 수 있다.

그러나 새로운 경제가 가져올 모든 기회에는 해결해야 할 뚜렷한 기술 격차와 성별 격차가 있다. 이를 해결하지 않으면 격차는 앞으로도 계속 확대될 것이다.

새로운 데이터에서 배울 수 있는 다섯 가지 사항은 다음과 같다.

1. 기술이 우세하다

새로 등장하는 모든 직업에 전문적인 기술이 필요한 것은 아니지만, 새로 등장하는 모든 직업에는 디지털 문해력, 웹 개발 또는 그래픽 디자인과 같은 기본 기술이 필요하다.

세계경제포럼이 발표한 미래 일자리 보고서에 실린 일자리 중 클라우드, 엔지니어링 및 데이터 클러스터는 전체적으로 가장 빠르게 성장하는 분야로, 인공지능, 로봇공학 또는 클라우드 컴퓨팅과 같은 혁신적인 기술이 필요하다. 인공지능 같은 기술은 널리 보급되어 있기 때문에 영업 및 마케팅과 같은 분야에서 많은 역할을 수행하려면 인공지능에 대한 기본적인 이해가 필요하다.

이러한 파괴적인 기술은 전반적으로 수요가 높다. 블록체인, 클라우드 컴퓨팅, 분석 추론 및 인공지능은 링크드인LinkedIn에서 볼 수 있는 수요가 가장 많은 기술 중 하나다.

2. 더욱 인간 중심적인 기술을 요구하는 역할도 중요하다

기술이 주도하는 직업만큼 빠르게 성장하지는 않지만 판매, 콘텐츠 제작, HRhuman resources: 인적자원 관리도 빠르게 성장하는 기술 산업의 보완책으로 부상하고 있다. 연구에 따르면 인재 확보 전문가, 고객 성공 전문가, 소셜미디어 비서가 가장 빠르게 성장하는 직업이며 다양한 기술, 특히 소프트 스킬에 의존하는 역할이다.

자동화가 확산함에 따라 소프트 스킬에 대한 수요는 계속 증가할 것이다. 최신 〈글로벌 인재 동향 보고서〉에 따르면 HR 전문가는 소프트 스킬에 대한 수요를 전 세계에서 가장 중요한 트렌드로 파악하고 있다. 창의성, 설득 및 협업과 같은 기술은 모두 주문형 소프트 스킬 목록에서 자동화하기가 거의 불가능하므로, 이러한 기술이 있으면 향후 조직에 훨씬 더 가치 있는 인력이 될 것이다.

3. 직업의 급속한 발전으로 많은 여성들이 소외된다

데이터는 모든 배경과 교육 수준의 근로자를 위한 다양한 기회를 반영하지만, 추가 분석을 통해 최신 기술을 습득한 사람들이 걱정하는 불균형을 보여준다. 세계경제포럼이 진행 중인 성별에 대한 지속적인 연구에서 새로운 일자리 가운데 파괴적인 기술에 크게 의존하는 일자리일수록 성별 격차가 크다는 결과가 나왔다. 실제로 클라우드, 엔지니어링 및 데이터 작업에서 여성의 비율은 30% 미만으로 나타났다. 특히 클라우드 컴퓨팅의 경우 12%로 낮다. 파괴적인 기술일수록 사회와 경제의 방향에 큰 영향을 미치기 때문에 이러한 격차는 메워져야 한다.

고용의 다양성과 포괄적인 경영 관행의 다양성을 수용함으로써 성 평등을 개선할 여지가 있지만, 데이터는 그로 인한 이득이 중요하더라도 평등을 달성하기에는 충분하지 않을 것임을 시사한다.

4. 새로운 일자리 공백을 메울 인재를 개발한다

우리는 미래에 격차가 심화되는 것을 막기 위해 새로운 기술과 역할을 채우는 방법을 창의적으로 생각해야 한다. 이러한 문제를 이해하기 위한 연구 결과, 성공 가능성이 높은 해결책을 발견했다.

첫째, 기존 인력과 인접 인재의 활용을 통해 인재 파이프라인의 빠른 확장에 기여할 수 있다. 우리의 연구에 따르면 훈련을 통해 숙련된 '인공지능 인재'는 유럽의 인공지능 인재 파이프라인을 2배로 늘릴 수 있다.

성별 격차를 해소하는 것과 비슷한 접근 방식을 통해 여성의 대표성이 높은 파괴적인 기술(유전공학, 데이터 과학, 나노기술 및 인간과 컴퓨터의 상호작용)의 인재 파이프라인을 확장할 수 있다는 사실도 발견되었다.

5. 인적 네트워크는 여전히 중요하다

이 두 가지 접근 방식 모두 우리가 의미 있는 진보를 이루는 데 도움이 될 수 있지만 기술과 성별 격차를 줄이는 것은 재능이 최적의 자리에서 능력을 발휘하도록 하는 것보다 훨씬 더 중요하다. 한편 인맥이 중요하다는 것은 단순한 진실이므로 '네트워크 격차'도 좁혀야 한다. 어떤 사람들은 인맥을 기반으로 한 덕분에 다른 사람들보다 우위에 있다.

네트워크 격차에 대한 연구에 따르면 고소득 지역에 거주하고, 명문 학교에 다니고, 일류 기업에서 근무하면 기회를 얻는 데 12배의 이점이 있을 수 있다. 이것은 똑같은 기술을 가지고 있지만 다른 환경에서 태어난 사람보다 훨씬 유리하다.

이러한 모든 새로운 지표와 통찰력은 미래의 기술과 일자리를 정확히 파악하는 데 도움이 될 수 있지만, 4차 산업혁명이 공평한 것이 되도록 하기 위해서는 데이터 이상의 것이 필요하다. 우리가 의미 있는 변화를 이루려면, 정책을 수립하고 결정을 내리고 기회가 가로막힌 사람들을 위해 경쟁의 장을 평준화하는 기준을 다시 세울 리더가 필요하다.

일자리 500만 개 소멸, 1억 3,300만 개 탄생

미래를 지향하는 비즈니스계에 주어진 가장 큰 과제 중 하나는 어떤 일자리가 성장하고 어떤 일자리가 소멸하는지를 예측하는 것이다. 세계경제포럼 등 여러 기관과 기업이 이 위대한 수수께끼를 풀기 위해 노력하고 있다. 세계경제포럼은 20개 국가 및 12개 산업 분야의 2022년 예상 추세를 분석한 '미래 일자리 보고서'를 발간했다.

세계경제포럼의 창립자이자 회장인 클라우스 슈바프Klaus Schwab는 보고서의 서문에서 "새로운 미래 기술의 수요 증가는 다른 역할의 수요 감소를 보상할 것"이라고 말했다. 이 독일 경제학자는 500만 개의 일자리가 사라지겠지만 1억 3,300만 개의 일자리가 새로 생겨날 것이기 때문에, 미래 일자리를 낙관하고 있다. 기술혁명은 모든 산업의 비즈니스 모델을 변화시킬 것이다.

세계경제포럼이 이미 4차 산업혁명이라고 부른 현상-초고속 모바일 인터넷, 인공지능, 빅데이터 분석, 정보의 클라우드 저장, 증강현실, 가상현실, 그 밖의 요인들이 기업들의 신기술 채택을 주도할 것이다. 또한 업무의 역학 관계, 노동자의 역량 및 산업의 성별 격차도 변화시킬 것이다.

미래의 일자리에 적합한 인재에게 필요한 필수 기술과 역량은 다음과 같다.

- 분석적 사고와 혁신
- 실제적인 학습 및 학습 전략
- 창의성, 독창성, 주도성
- 기술 설계 및 프로그래밍
- 비판적 사고와 분석
- 복합적 문제 해결
- 리더십 및 사회적 영향력
- 감성 지능
- 추론, 문제 해결 및 관념화
- 시스템 분석 및 평가

또한 노동 분업은 인간으로부터 기계와 알고리즘으로 계속 이동할 것으로 예측된다. 현재 산업 전체 근로시간의 약 71%가 사람에 의해 수행되며, 기술 시스템에서는 29%가 수행되고 있다. 하지만 2022년까지는 인간이 수행하는 근로시간이 58%, 기계와 알고리즘에 의한 시간이 42%로 변경될 것으로 예측된다.

슈바프 회장은 인재 부족, 대량 실업, 불평등 심화 등 바람직하지 않은 쇠퇴의 시나리오를 막기 위해서는 기업이 재교육과 기술 개발을 통해 기존 인력을 지원하는 데 적극적인 역할을 하는 것이 중요하다고 말하며, "고객 서비스 종사자나 영업 및 마케팅 전문가와 같이 뚜렷한 '인간적' 특성을 바탕으로 한 역할에서도 성장세가 기대된다"고 덧붙였다.

다음은 세계경제포럼에서 제시한 미래에 번창할 10개의 일자리다.

- 데이터 분석가 및 과학자
- 인공지능 및 머신러닝 전문가
- 총괄 및 운영 관리자
- 소프트웨어 및 애플리케이션 개발자 및 분석가
- 영업 및 마케팅 전문가
- 빅데이터 전문가
- 디지털 변환 전문가
- 신기술 전문가
- 조직 개발 전문가
- ICT 서비스 종사자

30년 동안 도시와 주변 경제 발전을 촉진하기 위해 노력해온 스페인의 시의회 지방개발청 '바르셀로나 액티바'도 노동계에서 일어나는 중요한 변화와 이를 다루는 방법을 분석한 출판물을 발표했다. 〈일자리 미래 백서〉는 기술, 보건, 녹색경제와 관련된 분야를 다루고 있다.

보고서에 따르면, 미래의 노동 시장에서 활동하기 위해서는 두 가지 이상의 직업 변화가 필요할 것이라고 한다. 직업의 정의를 확장할 필요성도 강조하고 있다. 직업에 국한된 노동에 대한 좁은 견해는 대부분 여성들의 일을 눈에 보이지 않게 한다는 것이다. 또한 심리학이나 인문학 같은 학문의 중요성도 향후 몇 년 동안 증가할 것으로 보고 있다.

바르셀로나 액티바 문서는 28명의 전문가가 작성했으며, 그들이 제시한 미래 10개의 직업은 다음과 같다.

- 디지털 뱅킹 및 암호화폐 전문가
- 데이터 스토리지 전문가
- 식품공학 전문가
- 3D 식품 프린트 전문가
- 신사업군을 이끄는 리더
- 최고 데이터 책임자 또는 데이터 관리자
- 개인정보 전문가
- 인간 장기 설계자

- 크라우드 펀딩 캠페인 전문가
- 아바타 디자이너 또는 아바타 관계 전문가

이 연구는 또한 인류의 미래와 그것을 변화시키고 있는 수많은 기술들을 이해하기 위해 미래학자 토머스 프레이 다빈치 연구소 소장의 말을 인용한다. "미래 유망 직업을 수행하는 데 필요한 핵심 능력으로 변화무쌍하고 디지털화된 세계에서 변혁하고 확장하는 능력, 프로젝트 리더십과 의사결정, 기회를 포착하고 특정 프로세스에서 티핑 포인트를 인식하는 방법의 이해 등을 꼽을 수 있다."

개발도상국에서 선진국으로 오는 혁신의 파도

은행은 이제 우리의 재무 설계 및 관리에서 빼놓을 수 없는 동반자로 자리 잡았다. 급여는 통장으로 받아서 관리하며, 모든 각종 공과금과 세금을 비롯한 생활비는 은행 계좌에서 빠져나간다. 종잣돈을 만들기 위해 은행에 저금을 하고 여윳돈은 은행에 예금하며, 때로 돈이 부족할 때는 은행에서 빌린다. 특히 최근에는 인터넷과 결합한 은행이 우리에게 더욱 편리한 삶을 선사한다.

미국인의 4분의 3 이상이 최근 은행 계좌 잔고를 확인할 때 모바일 기기를 사용하는 등 모바일 뱅킹의 사용이 급증하고 있다. 그런데 놀랍게도 전 세계적으로 20억 명에 가까운 사람들이 여전히 은행 계좌를 가지고 있지 않다. 그리고 현재 지구상에서 가장 큰 모바일 시장은 은행 계좌가 없는 사람들로 구성되어 있다.

문제는 인프라, 특히 가난한 국가의 경우 은행 건물을 짓고 유지하는 비용이 단순히 창출할 수 있는 가치를 초과하는 인프라라는 점이다. 전 세계 인구의 4분의 1 이상이 은행 계좌에 접근할 수 없지만, 휴대전화는 거의 모든 사람이 가지고 있다.

여기서는 모바일의 연결성이 은행과 거래하지 않는 사람들을 위한 새로운 시장을 어떻게 창출하고 있는지 살펴보고, 전통적인 은행을 뛰어넘기 위한 블록체인의 활용법도 살펴볼 것이다.

은행이 없는 지역에서 휴대전화로 할 수 있는 것

지속 가능한 개발을 위한 2002 세계정상회담2002 World Summit for Sustainable Development에서 보다폰Vodafone의 중역 닉 휴즈Nick Hughes는 '위험'에 관해 발표했다. 그 내용은 대기업들이 위험이 높은 만큼 보상도 높은 아이디어를 위해 연구비를 할당함으로써 장기적으로 가난한 나라들을 돕도록 설득하는 것이었다. 청중 가운데는 영국 국제개발부의 관계자가 있었는데, 그는 휴즈에게 특이한 제안을 했다.

국제개발부는 휴대전화 사용에 관심을 가지기 시작했으며 아프리카의 일부 지역 사람들이 휴대전화를 보통 현금이 필요한 상품과 서비스로 교환하면서 전화를 준통화로 취급하고 있다는 사실을 알아냈다. 그들은 여기서 잠재력을 보았고 이를 이용한 프로젝트를 보다폰과 함께 하고자 했다.

이 협력의 결과가 2007년 케냐에서 처음으로 도입된 엠페사 M-Pesa 서비스였다. 은행 지점이나 ATM automated teller machine: 현금 자동 입출금기이 없는 곳에서 엠페사는 이를 대신해준다. 사용법은 간단하다. 유선 휴대전화의 심카드에 엠페사 계정을 만든다. 그리고 동네 슈퍼, 잡화점 등 엠페사를 취급하는 곳에 가서 담당자에게 돈을 내면 그 돈이 전화번호로 등록된다. 이렇게 등록된 돈으로 결제와 송금이 가능하다. 송금은 문자메시지를 통해 보내며, 송금 문자를 받은 사람이 엠페사를 취급하는 잡화점 등에 가서 문자를 보여주면 돈을 받을 수 있다. 은행 수수료 없이 돈을 송금할 수 있기 때문에 도시의 노동자들은 시골의 친척들에게 돈을 보내는 데도 사용한다.

서비스를 시작한 지 8개월 만에 100만 명의 케냐인이 엠페사 사용자가 되었으며, 그 범위는 전국이다.

MIT에서 수행한 연구에 따르면 엠페사는 은행 없이 기본적인 금융 서비스를 제공할 뿐 아니라, 케냐 인구의 2%에 해당하는 20만 명의 극빈층을 빈곤에서 구제했다.

기술 개발의 파도가 역전되다

케냐만이 아니다. 엠페사는 이제 10개국에서 3,000만 명이 넘는 사람들에게 은행 서비스를 제공한다. 부패가 많은 지역에서는 정부의 부정을 막을 수 있는 방법이 되었고, 아프가니스탄에서는 군대에 지불하는 방법으로, 인도에서는 연금을 지불하는 방법으로 사용되고 있다. 이제 더 이상 엠페사만이 그러한 서비스를 제공하는 유일한 곳은 아니다.

방글라데시에서 비카시bKash는 현재 2,300만 명 이상의 사용자에게 서비스를 제공하고 있으며, 중국의 알리페이Alipay는 10억 명에 가까운 이용자들에게 이와 유사한 서비스를 제공한다. 알리페이는 또한 사회적으로 선한 영향력도 행사하고 있다. 5억 명 이상의 고객이 알리페이의 게임 앱 '앤트 포레스트Ant Forest'를 통해 포인트를 쌓아서 현재까지 100만 그루 이상의 나무를 심는 결과로 이어졌다.

중요한 것은 이러한 개발이 전통적인 기술의 호를 상쇄한다는 것이다. 일반적으로 실리콘밸리에서 만들어진 최첨단 아이디어는 미국 서부에서 도입되어 동부로 확산되며, 유럽에서 채택된 뒤에 전 세계의 다른 지역으로 이동하는 순서였다. 하지만 금융에서 이 과정이 역전되었으며, 개발도상국의 혁신으로 이런 시스템이 붕괴되어 더 많은 혼란이 오고 있다.

블록체인의 결정타

은행은 경제 생태계에서 드문 자리를 차지하고 있다 돈이 흐르는 모든 인프라는 은행에 속한다. 신뢰할 수 있는 중앙 저장소로서, 누구나 돈을 옮길 때 은행은 통한다. 적어도 블록체인이 등장할 때까지 말이다. 블록체인을 사용하는 것만으로 신뢰가 구축되므로 과거의 시스템은 더 이상 필요하지 않다.

주식 거래를 보자. 현재 거래를 수행하기 위해 구매자, 판매자, 돈을 보유한 은행, 증권 거래소, 정보센터 등 대략 10군데의 중개자를 거친다. 하지만 블록체인은 구매자와 판매자를 제외한 모든 사람을 제거한다. 기술이 이 모두를 대신한다.

금융에서 자신들의 위태로운 자리를 보전하기 위해 모든 주요 은행이 블록체인 기술에 집중하고 있다. 하지만 수천 명의 기업가들이 블록체인을 사용해 은행을 혼란스럽게 하는 것이 훨씬 빠르다.

선진국의 비즈니스에 영향을 미치는 개발도상국의 사례로 R3와 리플Ripple을 생각해보자. 두 기업 모두 국제 금융 거래를 감독하는 표준 프로토콜인 스위프트SWIFT 네트워크를 대체하기 위해 블록체인을 사용하고 있다.

이 역행의 혼란은 금방 끝나지 않을 것이다. 향후 10년 동안, 40억 명의 사람들이 인터넷에 접근할 것이다. 그들 모두가 기본적인 은행 서비스를 필요로 할 것이기에 기회는 엄청나다.

마지막으로, 우리의 돈은 현금에서 비트와 바이트로 대체되고 있다. 휴대전화의 문자 메시지부터 암호화폐에 이르기까지, 통화의 발전은 개발도상국을 빈곤에서 벗어나게 할 뿐만 아니라 선진국을 혼란스럽게 할 것이다.

블록체인은 네트워크 자체가 트랜잭션거래 기록을 검증하므로 거래에 대한 신뢰를 유지하는 금융 중개자를 제거한다.

PART 5

거버넌스

우리의 삶을 더 안전하고 편리하게 만들 새로운 시스템과 첨단 기술의 적용에 가장 큰 걸림돌이 무엇일까? 기술을 독점하는 집단일까? 아니면 높은 가격일까?
아이러니하게도 신기술을 도입하는 데는 기득권 세력과 함께 기존의 낡은 제도가 가장 큰 걸림돌이다.
에어비앤비airbnb와 함께 공유 경제의 포문을 열며 승차와 이동의 혁신을 가져온 우버는 세계 각지에서 불법 논란에 휩싸이며 가장 논란이 많은 스타트업이 되기도 했다.
새로운 렌터카 서비스로 주목받은 우리나라의 타다도 새로운 렌터카 시스템을 표방했지만 결국 불법 콜택시 영업이라는 불명예를 안고 서비스가 대폭 축소되었다. 국회의 여객운수법 개정안이 마지막 희망이었지만, '타다금지법'이 본회의에서 가결되며 새로운 차량 공유 시스템은 뒷걸음질했다. 각종 제도를 포함한 국가의 거버넌스는 국민은 안전을 위해 보수적이어야 할 수 있다. 하지만 기하급수 기술의 발달 및 융합의 시대와는 점점 멀어지고 있다는 인식도 있다. 전 세계에서 우리나라만 뒤처지지 않기 위해서는 거버넌스도 발 빠르게 대응해 변해야 한다. 그리고 우리도 여기에 그만큼 관심을 가져야 할 것이다.

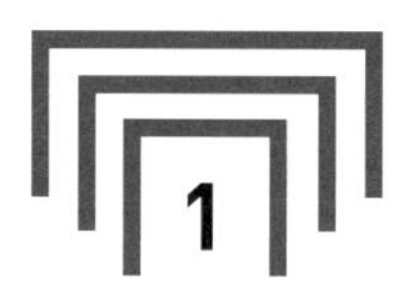

초연결사회와 세계 시민권

세계는 점점 연결되고 있다. 다국적 기업에서 기후 변화, 사회 및 정치 운동에 이르기까지 인류의 운명은 점점 더 얽혀간다. 또 우리는 점점 더 특정 장소에 덜 얽매이는 방향으로 역사적 정체성이 변화되는 초기 단계에 있으며, 이는 기업, 정부 및 사회 모두에 광범위한 영향을 미칠 것이다. 이러한 배경에서 세계화에 대한 논쟁은 전례 없는 수준으로 진행되고 있다.

세계화와 세계 시민권은 전혀 다른 개념

세계 시민권은 공유되는 인간 경험에 관한 것이다. 그것은 우리가 어디에서 왔고 어디를 가든 우리가 함께 여기에 있다는 것을 인정하는 것이다. 개인의 행복과 성공은 궁극적으로 상호 의존적이다. 그리고 미래에 대해 두려워하기보다는 서로 배워야 한다. 세계 시민권은 또한 공동의 가치와 공동의 책임에 관한 것이다. 전 세계 시민들은 지역적 사건이 다른 지역적 사건 또는 전 세계적 사건의 영향을 받는다는 것을 이해한다. 그들은 특정 국가의 법이나 정체성보다는 기본적인 인권, 모든 사람의 평등을 보장하는 사회적 계약을 지지한다.

다양성, 상호 의존성, 공감과 관점은 세계 시민의 필수 가치다. 전 세계 시민은 이러한 가치를 활용하고 한 공동체가 다른 공동체를 이롭게 하기보다는 지역사회, 국가 및 국제적으로 다양한 맥락에서 기여할 수 있는 위치에 있다. 그들은 국제적인 이해를 장려하고 촉진한다.

세계 시민에는 개인, 기업, 글로벌 유목민, 젊은이와 노인과 어린이, 영리와 비영리, 공공과 민간, 내향적인 사람과 외향적인 사람, 남성과 여성 등 모든 사람이 포함된다.

세계 시민권은 세계화와는 다르다. 조직이 국제적 영향력을 발휘하거나 국제적 규모로 운영하는 과정인 세계화는 경제, 비즈니스 및 돈에 의해 좌우되며, 제품, 자본, 사람과 정보의 흐름에 관한 것이다. 반면에 세계 시민은 정체성과 가치에 의해 좌우된다. 전 세계 시민들은 다리를 만들고 위험을 완화하며 인류를 보호한다. 오늘날 세계화에 관한 열띤 논쟁이 벌어지고 있지만, 정작 필요한 것은 '세계 시민'의 개념이다.

기업, 국가가 아닌 인류를 우선하는 세계 시민권

세계 시민은 태어나는 것이 아니라 만들어지는 것이다. 아이들은 인간성에 대한 선천적인 이해가 없다. 체험과 교육을 통해 이를 배우게 되므로, 교육의 중요성과 글로벌 관점의 활성화가 과소평가되어서는 안 된다.

역사적으로, 세계 시민권은 전쟁을 예방하려는 공통의 욕구에 뿌리를 두었다. 일반적인 추론은 우리가 서로에 대해 더 많이 알수록 평화, 진보 및 번영을 보장할 가능성이 높다는 것이다. 가장 최근에는 인간 게놈 프로젝트가 인류 역사상 처음으로 우리 모두가 하나라는 것을 과학적으로 보여주었다. 또한 새로운 기술을 통해 그 어느 때보다 많은 방법으로 더 많은 사람들과 교류할 수 있게 되었으므로 유사점과 차이점을 발견하고 상호 의존성을 더 잘 이해하고 세계관을 확장할 수 있다.

그러나 대부분의 사람들이 이전에는 그런 경험을 갖지 못했다. 전 세계적으로 소속감을 느끼지 못하는 사람들이 있다. 그들은 다른 장소, 다른 사람들이나 문화에 연관성을 느끼지 못한다. 특히 '디지털 혁명'에 참여할 수 없었던 개발도상국의 사람들이 그렇다. 연결성은 아직 보편적이지 않다.

기업 영역에서, 최근 수십 년 동안 우리는 기업의 이익을 개인이나 지역사회, 환경보다 우선시해온 기업을 너무 많이 보았다. 우리는 비윤리적 행동과 부패, 임대료 추구, 과다한 노동 관행, 환경 파괴에 대한 뉴스를 접한다. 이 소식들은 세계가 필요로 하는 것과 정반대다.

세계 시민권은 이러한 격차를 해소하고 현실을 바로잡는 데 도움이 될 것이다. 이것은 단지 마음가짐에 대한 것만 아니라, 시간이 지남에 따라 행동과 생활방식으로 나타나며, 더 큰 연결고리를 구축하는 것에 관한 이야기다.

정체성의 전환기가 세계 시민권을 낳았다

지구는 수 세기 동안 계속해서 세계화의 발걸음을 계속 걷고 있으며, 오늘날 세계화에 대한 논쟁은 그 어느 때보다 격렬해지고 있다. 브렉시트Brexit에서 미국 대통령 선거, 민족주의와 난민 위기에 이르기까지 여기저기서 반발과 오해가 나타난다. 세계 시민권은 항상 중요한 문제였지만, 이제는 사회, 비즈니스 및 세계에 대한 중요성을 강조하는 것이 시급하다.

우리는 정체성의 역사적 전환기의 초기 단계에 있다. 개인이 특정 위치, 사회 구조 또는 국가와 연결된 줄이 점차 느슨해지고 있다. 이것은 우리가 미리 인식하거나 준비하지 않은 거대한 변화다.

변화에 따른 프레임과 관점을 다시 갈고닦아야 한다. 변화는 또한 광범위한 영향을 미치는데, 가장 중요한 몇 가지는 다음과 같다.

• 기술: 인터넷에는 국경이 없고 세계화는 디지털화되었다. 스마트폰을 비롯한 모바일 장치는 전례 없는 수준의 글로벌 상호 연결성을 제공한다. 새로운 기술에는 접근할 수 있는 사람들 모두에게 혜택을 주는 엄청난 민주화 능력이 있다. 이 상호 연결성을 세계 시민권 가치와 결합시키면, 세상은 훨씬 더 많은 사람들에게 개방되고 목소리와 기회를 제공할 것이다.

• 리더십: 세계화와 세계 시민권은 동일하지 않다. 세계화는 많은 사람들에게 전례 없는 이익을 가져왔지만 전부는 아니다. 우리가 진정으로 포용적이고 지속 가능한 미래를 건설할 수 있을지 여부와 방법은 차세대 리더들이 세계 시민이 되도록 도움을 주는 우리의 능력에 달려 있다.

• 비즈니스: 글로벌 비즈니스, 특히 다국적 기업은 오늘날의 세계화 논쟁에 시달리고 있다. 여기에는 그럴 만한 이유가 있다. 수십 년, 심지어 수 세기 동안, 다국적 기업은 기여한 것보다 더 많은 것을 얻어갔다. 그들은 노동자와 지역사회, 환경 등을 대가로 소수의 사람들에게 이익을 제공했다.

그럼에도 불구하고 세계화는 세계 경제에 막대한 가치(세계 GDP

의 10%)를 더했다. 더 많은 상호 연결된 국가와 신흥 시장이 경제 성장 측면에서 이 추세의 혜택을 받았다. 따라서 세계화 자체가 나쁘거나 곧 사라지는 것은 아니다.

세계와 지역의 맥락을 모두 이해하기 때문에 세계 시민이 중요하다. 예를 들어 세계화는 국가 간 불평등을 좁히는 반면, 국가 안의 불평등은 심화시켰다. 해결책은 국경을 폐쇄하거나 규제를 완화하기보다는 국내 정책을 변화시켜야 한다. 비즈니스 측면에서 다국적 기업이 세계적인 번영을 창출하고 사회에 참여하며 더 큰 이익에 기여할 수 있도록 다국적 기업의 전략을 개정해야 한다.

• 정치: 많은 정치인들은 세계주의를 질병으로, 민족주의를 치료법으로 본다. 그러나 이것은 잘못된 이분법이다. '세계화'는 평화, 진보 및 번영의 목표를 달성하지 못할 것이다. 오히려 우리는 지속적인 답을 얻기 위해 세계 시민권의 공통된 가치를 찾아야 한다.

• 청소년, 교육 및 인력 이동성: 새로운 기술은 학습, 개발 및 소득의 장벽을 무너뜨린다. 오늘날의 젊은이들은 세상을 더 세계적이고 경계가 없으며 유동적인 것으로 보는 경향이 있다. 오늘날 세계 인구의 일곱 명 중 한 명은 이민자다.

그러나 이러한 주제는 신흥 시장에서 작업 자동화부터 '청년층 급증'에 이르기까지 미지의 요소로 가득 차 있다. 숙련된 근로자는 특정 장소나 직업에 덜 얽매이는 반면 미숙한 근로자는 선택의 여지가 거의 없다. 이런 영향의 단계를 이해하는 세계 시민이 해결책을 개발하는 열쇠가 될 것이다.

• 환경 및 기후 변화: 아마도 기후 변화보다 우리의 상호 연결성을 더 분명히 강조하는 다른 문제는 없을 것이다. 지구는 지정학적 경계나 경제를 초월하는 집단 책임감에 의존한다. 세계 시민들이 수행하는 많은 필수 역할 중 하나는 세계 협약을 보호하고 집행하는 것이다. 지구와 사회의 건강은 세계 시민에게 달려 있다.

• 도시와 도시화: 우리는 도시의 시대를 살고 있다. 2100년이 되면 오늘날 세상에 존재하는 사람들보다 많은 사람들이 도시에 살게 된다. 도시는 세계 성장의 원동력이다. 도시는 기회뿐만 아니라 도전으로 가득하다. 미래 도시민은 '글로컬리즘glocalism: 세계성과 지역성을 동시에 갖추고 있음을 나타내는 신조어'의 고전적인 사례를 잘 보여준다. 가장 성공적인 도시는 세계적으로 연결되어 있으면서 지역적 요구를 해결할 수 있다. 다시 말해, 세계 시민의 가치와 완벽하게 일치한다.

세계 시민권은 모든 규모의 개념이 아니며 만병통치약도 아니다. 그러나 21세기의 도구상자에서 지속 가능하고 탄력적이며 자비로운 세상을 만들 수 있는 매우 강력한 도구라는 점은 분명하다. 세계 시민 누구나 중요한 역할을 할 수 있다.

급변하는 세계와 그에 따른 거버넌스의 출현

20세기 중반 이후 세계 경제 구조는 대부분 선진국의 역할이 증가하고 국제기구가 추진하는 경제 개방이 당연한 것으로 여겨졌다. 그러나 최근 10년 동안 세계 경제 거버넌스 시스템은 불평등이 증가하고 경제 성장률이 감소함에 따라 체계적인 병목 현상과 한계를 경험하기 시작했다. 이러한 경향은 현재의 글로벌 경제 구조의 완벽성과 궁극성에 의문을 제기한다.

미래를 준비하기 위해 현재의 시스템이 경제적으로 효율적인지 점검해야 하고, 거버넌스 프레임워크를 세계 경제의 상황 변화에 따른 도전 과제에 맞추기 위해 어떤 조치를 취해야 하는지 살펴볼 필요가 있다.

세계는 통합보다 국가 이기주의로 치우치고 있다

실제로 글로벌 거버넌스 프레임워크에서 오작동 징후는 글로벌 불균형, 불평등 및 성장률 둔화의 '새로운 표준'에 대한 기준을 넘어서고 있다. 이에 못지않게 걱정스러운 것은 환경 및 기술 문제를 처리할 수 있는 역량 부족, 생산성 모멘텀 감소와 관련된 격차다. 또 다른 문제는 밀리건을 비롯한 연구진Milligan et al(2018)이 최근 연구 논문에서 지적한 것처럼, 자원 사용의 효율이 부족하다는 점이다.

밀리건에 따르면, "국가, 지역 및 국제 규모의 공간 관할구역 경계에 걸쳐 협력 자원 관리에 주요한 격차가 남아 있다. 이러한 격차는 토지의 비효율적인 사용, 다른 국가에 의한 물 및 기타 다양한 자원의 오염, 여러 정부가 얽혀 있어 조정되지 않은 규제, 자원 경쟁과 관련한 긴장과 갈등이 원인이 된다. 예를 들어 한 국가에서 다른 국가로 흐르는 158개의 강 가운데 협력 관리 프레임워크를 마련한 곳이 단 한 곳도 없다.

현 시스템의 붕괴에 관한 또 다른 예는 보호무역주의와 세계무역기구World Trade Organization, WTO와 같은 세계적 다자간 기구의 약화다. 또한 지역기구가 글로벌 거버넌스 프레임워크에 통합되지 않은 것과 관련해 거버넌스에서 주목할 만한 누락이 있으며, 이는 세계 경제가 새로운 이니셔티브를 시작하거나 글로벌 성장을 촉진하기 위해 지출하는 것을 크게 제한한다. 글로벌 거버넌스 프레임워크에 통합되지 않은 지역기구가 많을수록 국가적 이기주의의 범위가 넓어지며, 세계 경제를 조정하고 포괄적인 방식으로 경기 침체를 처리할 수 있는 능력이 심각하게 제한된다.

경제 효율성보다 불균형이 문제

현재의 글로벌 거버넌스 시스템이 가진 문제는 대규모 수출 보조금, 수입 관세 및 기타 다양한 제한 조치로 표현되는 통화 전쟁과 보호무역주의로 악화된다. 그 결과 인프라 또는 인적 자본 개발과 같은 영역의 지출이 증가하면서 수입 대체 및 수출 지향 부문의 우선순위가 결정되었다. 2019년 10월 독일 함부르크에서 열린 '대륙의 대화' 포럼에서 세계 경제에서 일부 산업 정책과 보호무역주의의 과잉으로 인해 자원이 잘못 할당되는 문제는 세계 경제의 성장률 악화의 배경이 될 수 있다는 논의가 진행되었다.

20세기 중반 세계 경제의 근간을 대부분 반영하는 글로벌 거버넌스 시스템의 더 큰 문제는 전 세계 또는 대규모 지역의 새로운 플레이어의 출현이다. 지난 몇 년간 환태평양경제동반자협정Trans-Pacific Partnership agreement, 역내 포괄적 경제동반자협정Regional Comprehensive Economic Partnership 등 거대 지역 블록의 출현은 의심할 여지 없이 지역 기관을 위한 역할을 더 키우도록 현재 시스템을 압박할 것이다.

또 다른 과제는 서비스와 첨단 기술 분야에서 초국적 기업의 지배력이 높아지고 있다는 점인데, 기존의 규제들은 이들의 규제에 효과적이지 않다. 과도한 시장 지배력, 기술적 불균형, 사이버 보안 등의 문제를 해결하기 위해 세계 경제에서 완전히 새로운 기술 거버넌스가 필요한지 여부는 향후 정책 입안자들이 검토해야 할 문제다.

이보다 더 폭넓게, 세계 경제 구조를 개선하기 위한 세계 공동체의 우선순위는 무엇일까? 경제 효율성이 가장 중요한 지침이 되어야 할까? 아니면 세계 공동체가 형평성, 지속 가능성, 포괄성, '도덕적 나침반'의 지표에 더 관심을 가져야 할까? 진실은 현재 프레임워크에 두 가지 측면에서 모두 문제가 있다는 것이다. 효율성과 지속 가능성 지표 모두 상당한 차이를 보여준다. 불평등 수준이 매우 높다는 점에 비추어 볼 때, 이 시점에서 국가와 지역에 걸쳐 불균형을 낮추는 우선순위가 중요하다. 유엔 개발 목표, 특히 인적 자본 개발과 관련된 목표에는 더 큰 비중을 두어야 한다.

그런 점에서 세계 경제 발전의 지속 가능성과 포괄성 측면에서 가장 심각한 문제는 지속적이고 확대되는 국가 간 불균형과 불평등이다. 거버넌스 측면에서, 기존의 다자간 기구는 세계 경제에서 일부 개발도상국의 비중이 크게 증가함에 따라 투표 구조의 회원국 가중치 조정이 느리다는 것이 입증되었다. 또한 선진국과 개발도상국 사이에는 소득 수준뿐만 아니라 전 세계의 통합 프로젝트에 참여하는 규모에도 상당한 격차가 있다. 인공지능을 포함한 기술 개발의 기하급수적인 발전은 국가 간의 기술 및 개발 격차를 심화시킬 수 있다.

다자간 기구의 업그레이드가 필요하다

글로벌 거버넌스 시스템을 개혁하려면 비효율성 및 개발과 규제 격차의 진단으로 시작해야 한다. 가장 중요한 것은 끊임없이 변화하는 세계 경제와 기초를 바탕으로 포괄적 방식으로 운영을 조정하고 개혁할 수 있는 글로벌 거버넌스 프레임워크가 필요하다는 것이다.

세계 경제가 다극화되고 주요 지역 전반에서 균형이 잡히면서 이런 틀이 등장할 가능성이 높다. 동시에 글로벌 거버넌스의 진화는 유엔, IMF, 세계은행, WTO와 같은 다자간 기구의 역할에 관한 지속성을 보장할 필요가 있다. 세계 경제 구조 안에서 만들어진 새로운 요소는 이러한 기구들을 지원하고, 더 안정적이고 포괄적인 관리 시스템을 촉진하기 위해 공동으로 노력해야 한다.

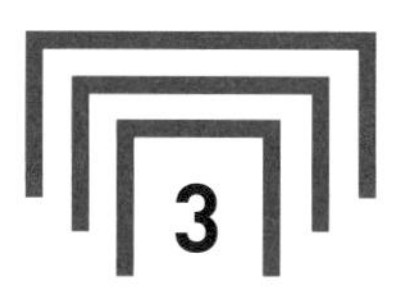

조직을 운영하는 시스템으로서 블록체인

은행을 거치지 않고 전 세계 어디든 원하는 이에게 돈을 직접 전할 수 있다면 어떨까? 환전과 송금에 드는 수수료를 아낄 수 있다. 서버가 필요 없는 클라우드 저장소가 있다면 어떨까? 해커가 공격할 거점이 없어지니 데이터를 더 안전하게 보관할 수 있다. 관리자가 필요 없는 인터넷 주소 시스템은 어떤가? 인터넷 주소를 둘러싸고 핏대 세워가며 싸울 필요가 없어질 것이다.

사실 앞서 말한 사례 세 가지는 상상이 아니다. 이미 모두 기술적으로 구현돼 있는 것들이다. 이 모든 일을 가능하게 하는 핵심 기술이 바로 '블록체인'이다. 이 기술은 아직 초기 단계이고 기술적으로 복잡한 개발 단계를 거쳐야 완성된다. 그러나 전문가들은 블록체인 기술이 전 세계의 상거래를 변화시킬 준비 태세를 갖추고 있다고 말한다.

블록체인 기반 위에 만들어진 디지털화폐 비트코인bitcoin 이 세상에 알려진 덕분에 블록체인은 컴퓨터 과학 영역에만 머물지 않고 대중에게 소개될 수 있었다. 그러나 블록체인이 가져올 변화가 단지 금융에만 한정되는 것은 아니다. 수많은 IT기업들이 블록체인 표준 경쟁에 뛰어들고 있는 것도 이 때문이다.

가장 파괴적인 IT 기술

야후 브릭하우스Yahoo Brickhouse의 전 책임자였으며, 실리콘밸리 벤처투자자인 살림 이스마일Salim Ismail은 블록체인에 대해 "내가 여태껏 본 것 중 가장 파괴적인 것"이라고 말했다. 그의 말처럼 블록체인이 활성화되고, 세계적으로 확산되면 우리 생활 곳곳에 매우 혁신적이면서도 다양한 변화가 일어날 것이다.

블록체인의 핵심 속성은 보안이 철저하고 비용이 대폭 절감되며, 투명한 정보 공개라 할 수 있다. 그래서 우리가 디지털로 된 '무엇'을 다른 사람에게 보내도, 복사본이 남거나 제삼자에게 무단으로 배포되지 않으며, 조작되지도 않는다. 블록체인 시스템이 발전하고 안정화되면, 사실상 해킹이 불가능하기 때문에 거래에 대한 신뢰성과 안전을 담보할 수 있다. 그간 전 세계가 수십억 달러를 투자해 해결하려 했던 이런 문제들을 손쉽게 해결해줄 수 있기 때문에 블록체인 기술은 세계 경제에서 매우 중요한 의미를 가진다.

인터넷이 정보 교환을 민주화하고 모든 산업 과정을 변화시킨 것처럼, 블록체인은 가치의 교환을 민주화할 것이다. 블록체인이 아직 주류를 이루고 있지는 않지만 관련 스타트업에 수억 달러의 투자액이 쏟아져 들어가고 있으며, 수년 안에 수십억 기의 스마트폰에 블록체인이 도입될 전망이다.

블록체인 재단의 브록 피어스Brock Pierce 회장은 관련 사업을 확장하기 위해 여러 회사들을 검토하고 있다. 피어스는 싱귤래리티 대학교의 프로그램에서 블록체인의 미래에 관한 의견을 듣고 이 기술의 장기적인 가능성을 언급했다. 그리고 비트코인과 블록체인을 구분할 것을 강력하게 말했다. 블록체인은 비트코인의 기반 기술로 개발되었지만, 비트코인의 가능성을 넘어 미래의 많은 기술에 적용되어 신뢰의 바탕이 되어줄 것으로 기대된다. 그 핵심이 스마트 계약smart contract이다.

스마트 계약은 하나의 플랫폼을 통해 거래 당사자들이 서로 합의된 조건을 만족시키면 계약 내용이 자동으로 이행되게 하는 기술이다. 그 결과 계약을 재검토하는 데 드는 에너지와 비용을 절감할 수 있고, 변호사를 고용하지 않아도 된다. 이를 정부에 적용하면 각종 행정 처리를 신속하게 진행할 수 있다.

정부, 의회, 입법기관을 대체할 수 있는 기술

우리는 처음으로 자율적이고 스스로 규제하는 시스템에 의해 고정된 가치의 단위를 만들 수 있게 되었다. 기술적으로 구속력을 갖추게 된 스마트 계약은 금융 문제나 법적인 문제 등을 손쉽게 해결해준다. 중개 수수료 부담을 줄인 해외 송금 서비스, 소유권 이전이나 상속 · 증여 등은 이미 블록체인을 통해 사용되고 있다. 토지 소유권이 온라인 등기로 확인되고, 새로운 소유자에게 자동으로 넘어가며, 토지 거래의 합법성을 입증하기 위한 값비싼 부동산권리 보험을 가입할 필요가 없다고 생각해보자. 블록체인 기술은 행정 서비스 ·법률 ·교육 ·안전 등 정부나 의회, 입법기관을 대체할 수도 있는 기술이다.

암스테르담 대학교의 앨릭스 뤼브삼Alex Rubsam 교수는 기부의 예를 들어 이렇게 설명한다. "개인들은 자신의 윤리와 가치를 자율적인 저축계좌에 직접 프로그램할 수도 있다. 하나의 계좌를, 특정한 자연재해가 발생하는 경우 자동으로 구호 활동에 기부할 수 있도록 설계하는 것도 가능하다. 그렇게 하면 재해가 발생할 때마다 기부 결정을 할 필요 없이 저절로 기부된다."

이는 국가 예산에도 적용될 수 있다. 연방재난관리청Federal Emergency Management Agency, FEMA의 기금 중 일부가 허리케인 상황을 점검하도록 프로그램되어 있다고 해보자. 그러면 5등급 태풍이 육지에 도달할 경우 지방 정부에 자금을 자동으로 할당하게 된다.

기본적으로 기업들은 계약에 의해 유지된다. 우리는 더욱 자동화된 법률체제 위에서 일어나는 새로운 비즈니스와 상거래의 시대를 보게 될 것이다. 법률학자들과 컴퓨터 과학자들은 스스로 강제력을 가진 계약 생태계는 탈중앙화된 자율 조직Decentralized Autonomous Organization, DAO을 만들게 될 것이라고 지적한다.

그러나 여기에도 문제는 있다. 하버드대 로스쿨 버크만센터의 연구원인 프리마베라 드 필리피Primavera De Filippi는 블록체인 시스템 속에서 문제가 생길 경우, 법적 책임 소재에 관한 문제를 제기했다. 블록체인의 활동을 실질적으로 담당하고, 책임이 있는 사람은 누구인가? 블록체인의 자원이 소유될 수 없다면 어떻게 피해 보상금을 지불할 것인가? 이를 해결하기 위해 드 필리피와 다른 연구원들은 법적 문제와 적용에 관해 더 많은 연구를 진행하고 있다.

미래의 기업들이 모두 블록체인 시스템을 도입하게 된다면, 기계에 의해 움직이는 상거래 생태계가 나타나게 될 것이다. 이는 예측하기 어려운 미래이지만 인터넷도 과거에 그러했음을 생각하면, 그리 먼 미래의 이야기는 아닐 것이다.

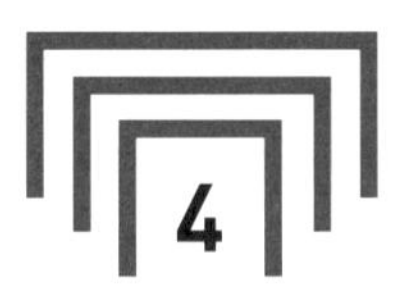

블록체인에 기반한 국가 거버넌스 2.0 시대

국가가 사라지는 시대가 미래에 온다는 게 상상이 가는가? 미래학자들 가운데 일부는 개별 국가가 사라지고, 개인이 국가를 선택하는 거버넌스 2.0 시대가 올 것이라고 예측한다. 아직은 먼 미래의 일이겠지만, 지금 시작되었다. 그 신호탄이 바로 비트네이션 Bitnation이다.

비트네이션은 2014년 7월에 수잔 타코프스키 템펠호프 Susanne Tarkowski Tempelhof에 의해 설립된 기관으로, 분권적 조직Decentralized Organization이며, 블록체인을 기반으로 세워진 기구다. 세계 최초로 분산화되고 국경 없는 자발적 국가Decentralized Borderless Voluntary Nation, DBVN로, 세계 최초의 블록체인 결혼, 출생증명서, 난민 응급 신분증, 세계 시민권, DBVN 헌법 등을 만들었다. 블록체인 ID

및 공증인을 포함한 웹사이트 개념 증명은 전 세계 수만 명의 비트네이션 시민과 대사관에서 사용된다. 비트네이션은 유네스코UN Educational, Scientific and Cultural Organization, UNESCO: 국제연합 교육과학문화기구가 매년 여러 부문에서 획기적인 기술을 선정해 수여하는 상인 넷엑스플로 어워드Netexplo Award에서 2017년 우승했다. 이 외에도 〈월스트리트저널Wallstreet Journal〉, BBC, CNN, 〈와이어드〉 〈이코노미스트Economist〉 등으로부터 수상했다.

어떤 이들은 정부의 억압과 기근, 기타 문제로 힘겹고 불운하게 사는 사람들에게 "불만이 있거나 그 나라에서 살기 어렵다면 다른 나라로 이민을 가라"고 가볍게 이야기한다. 하지만 기본적으로 나라 사이를 자유롭게 움직일 수 있는 진정한 자유는 존재하지 않는다. 중앙아프리카공화국의 농부나 방글라데시의 과일상이 외국 비자나 시민권을 얻는다는 것은 현실적으로 불가능한 일이다.

수많은 사람들이 자신이 몹시 싫어하는 법률과 정책을 지지할 것을 강요받고 있다. 정치 지도자들이 자신의 안전과 이익, 기득권을 유지하기 위해 유권자들의 절반 이상은 비참한 현재의 상황을 유지할 수밖에 없는 정책을 강요하기 때문이다. 이에 대응해 수백 개의 분리 독립운동이 동력을 얻으며 독립할 권한을 주장하고 있다. 아랍의 봄, 스코틀랜드 독립 국민투표, 카탈루냐 독립운동, 홍콩의 저항운동, 유럽의 테러리스트 네트워크와 이민 배척주의자들의 결집 등이 대표적이다. 이들은 모두 정치적 선택과 경제적 이동을 불가능하게 만드는 경직된 국민국가에서 글로벌 권력 투쟁이 악화되어 나타난 다양한 증상이라고 할 수 있다.

블록체인이 신뢰할 수 있는 공적 기록을 만들다

이제껏 정부는 역사적으로 신뢰할 수 있는 신분과 거래 정보의 입증자이며 발행자 역할을 해왔다. 이러한 서비스를 대중에게 제공할 수 있는 가장 좋은 위치에 정부가 있었기 때문이다. 물론 민간 기업들도 자신들만의 증명 시스템을 가지고 있다. 그러나 기업은 어느 날 사라지기도 한다. 기업들이 개인 신용 조회 서비스를 제공하는 것은 특정한 목적을 가지고 특정 시장에 한정해 운영한다.

기업은 정부와 같은 광범한 서비스를 제공할 수 없다. 만약 국가에 맞서 이러한 서비스를 제공할 수 있는 경쟁자가 되려면 반드시 영구불변의 신뢰성을 가져야 한다. 다시 말해 사라지지 않아야 하고 출생, 결혼 기록을 상실하지 않을 수 있어야 하는데 기업들은 그럴 수 없다.

그러나 블록체인 거래 데이터베이스는 정부 시스템이 요구하는 기본적인 기록 보존 특성을 갖고 있다. 정보가 등록되면 이는 영원히 네트워크에 존재하게 되고 수백만 개의 개인 노드에 보존된다. 블록체인은 엄격한 입증 절차를 가지고 있으며 네트워크가 일정한 임계량에 도달해 사실상 해킹이 불가능하다. 이런 특성은 전통적으로 정부만이 할 수 있었던 일을 블록체인을 이용해 대신 수행하는 것을 가능하게 해준다.

블록체인 시스템이 제대로 수립되기만 하면 독점에서 비롯되는 문제들을 해결할 수 있다. 정보를 광범하게 이용할 수 있고, 자유시장은 품질을 향상하며 동시에 원가를 줄일 수 있다. 오늘날의 혁신가들이 거버넌스라는 시장에 경쟁을 도입할 수 있다면, 자원을 낭비하고 권한을 남용하며 힘없는 사람들을 억압하는 독점적 관료주의를 끝장내는 일도 가능해질 것이다. 진정한 선택과 투명성, 비정치화된 거버넌스 서비스를 통해 개인의 주권과 자율성을 더욱 향상시키는 일도 포함해서 말이다.

DBVN는 국민국가와 무엇이 다른가

비트네이션 플랫폼은 전적으로 오픈소스이며, 누구든 자신만의 DBVN을 건설할 수 있다. 비트네이션은 지금까지 정부에 의해 독점되었던 제삼자 권한을 대체하는 첫 번째 대안이 될 것이다. 이를 통해 재산권, 결혼, 법인 설립, 신분 증명 등의 거버넌스 서비스들이 독단적인 당국에 의한 뇌물 수수, 과도한 수수료, 정치화, 강제 등의 혐오스러운 행동 없이 달성될 수 있다. 고객들에게 거버넌스 서비스를 제공하는 DBVN은 일반적인 국가의 정부와는 다음과 같은 면에서 차이가 있다.

분산화

권력을 한곳에 모아 독점하지 않고 분산시킨다. 분산화는 기능과 권력, 사람들과 문건들을 중심에서 재분배 또는 분산시키는 과정이다. DBVN 체제에서 분산화는 P2P 기술, 모듈식 인터페이스, API 레이어 등의 기술을 통한 기술적 분산화와 인적 분산화를 모두 의미한다.

무국경

특정한 지역, 민족 또는 기타 범주에 의해 서비스의 제한을 두지 않는 무국경을 기본으로 한다. 국경은 물론 토지 경계나 영공, 영해도 없다. DBVN 은 지역과 관계없이 서비스를 제공한다.

자발성

DBVN은 힘과 강제력, 속임수를 사용하지 않으며 시민들을 비자발적인 노예 상태로 복종시키지 않는다. DBVN이 가진 자발성으로 인해 본질적으로 박해, 위협, 보복 등 구조적인 폭력에서 자유롭다. DBVN은 자유 시장에서 경쟁하므로 플랫폼의 '시민'들은 원하는 DBVN을 선택할 수 있다. 다수의 DBVN을 사용할 수도 있고 하나도 사용하지 않을 수 있으며, 자신만의 DBVN을 창조할 수도 있다.

국가

국가는 공동의 언어, 문화, 민족, 혈통, 역사를 공유하는 많은 사람들의 집단이다. DBVN의 경우 상호 이익과 목표를 통해 연결된 사람들이다. 여기서 국가는 통치체제보다는 자발적인 형성에 가깝다. DBVN은 거버넌스의 도구를 제공하지만 특정한 법률과 규정을 부과하지 않는다.

비트네이션은 현재 진행형이다. 블록체인을 이용한 정부에 이어 인공지능, 양자컴퓨터, 뇌-컴퓨터 인터페이스 등 의회를 대체할 기술이 최근 들어 등장하기 시작했다. 현재 비트네이션을 비롯해 스탬프드stampd, 이에스토니아e-Estonia 등 정부를 대체할 웹사이트 들이 10여 개 이상 나와 있다. 사람들은 자신의 출생신고를 비트네이션 정부 서비스에서 하고, 결혼과 이혼도 한다. 이런 가상국가들은 무료이거나 비용이 거의 없는 서비스를 제공하고 있다.

해상국가의 등장

이런 새로운 국가를 향한 움직임은 인터넷에 국한되지 않는다. 시스테딩 연구소Seasteading Institute는 공해상의 주인 없는 바다에 인공섬으로 이루어진 국가를 만들어 팔고자 한다. 노벨 경제학상을 수상한 밀턴 프리드먼Milton Friedman의 손자이며 구글의 소프트웨어 엔지니어인 패트리 프리드먼Patri Friedman과 페이팔Paypal을 만든 피터 틸이 설립한 이 연구소는 국가나 국회를 대체할 가상의 공간을 넘어 실제 공간을 제공하고자 한다. 기존 국가의 한계를 극복하고 직접 행동에 나서 더 좋은 세상을 만들려는 움직임이다.

한국도 예외일 수는 없다. 자기 기득권과 밥줄에 연연하는 정치인의 행태에 대한 국민의 분노는 뿌리 깊다. 인터넷의 가상 국가나 인공섬이 실현되기에는 아직 갈 길이 멀지만, 국가라는 기존 틀에서 벗어나고자 하는 사람들의 노력이 계속되면서 현실로 다가올 가능성도 점차 높아지고 있다.

시스테딩은 2019년 2월 3일 실제로 시스테딩 회원들이 설립한 4개의 스타트업, 블루 프런티어스Blue Frontiers, 오션 빌더스Ocean Builders, 벤처 플로트하우스Venture Floathouse, 온핸드 어그리언OnHand Agrarian들 중 오션 빌더스가 만든 최초의 거주지를 띄웠다. 환경오염을 감소시키는 기술을 연구하기 위해 만들어진 이 한 가족 단위의 시스테드는 태국 부근의 공해상에 1억 2,000만 원 정도, 즉 미국의 일반 주택 구입 가격으로 건조된 집을 띄웠다. 한편 벤처 플로트하우스 역시 탄소 제로 주택을 캘리포니아 연안에 여러 채 띄울 계획을 갖고 있으며 온핸드 어그리언은 싱가포르의 공해상에 해상농장을 계획하고 있다. 에너지부터 어류, 토마토나 감자 등 일반 채소도 키울 수 있는 농장이다.

인공지능이 의회에 입성하다

선거에 나선 후보들 가운데 누가 유권자의 견해를 진정으로 대표할 후보인지 알 수 있을까? 그 정치인이 로봇이라면 당신은 그에게 투표하겠는가? 로봇 같은 사람이 아니라 실제로 인공지능 로봇이 다가왔다. 이와 같은 미래는 수십 년 동안 공상과학의 일부였다. 그 로봇이 실생활에 다가온다면 우리는 이것을 어떻게 해야 할까?

기존 정치의 잃어버린 신뢰

최근 여론 조사에 따르면 정치인에 대한 신뢰는 서구 사회에서 급격히 감소했으며 유권자들이 선거를 이용해 항의성 투표를 하는 일이 점차 늘어나고 있다. 사람들이 정치와 정책 결정에 관심을 잃었다는 뜻은 아니다. 오히려 비전통적 정치에 대한 참여가 늘고 있다는 증거가 있다. 이는 사람들이 정치적으로 계속 참여하지만 전통적인 정당 정치에 대한 믿음을 잃어버렸음을 시사한다.

더 구체적으로 말하면, 유권자들은 기성 정당들이 너무 비슷하고 정치인들이 인기와 싸움에 몰두하고 있다고 느낀다. 불만을 품은 유권자들은 보통 거대 정당들이 강력한 기득권 세력과 결탁해 있고, 대기업이나 노동조합과 한통속이며, 따라서 투표가 다른 결과를 가져오지 않을 것이라고 생각한다.

정치적 참여를 변화시키는 또 다른 증상은 급진적인 반체제 어젠다를 가진 포퓰리즘 정당의 부상과, 음모론에 대한 관심이 높아지고 있다는 것이다.

우리는 전통적인 정치에 대한 믿음을 잃었다. 어떤 대안이 있을까? 정치인을 바꾼다고 정치에 관한 신뢰가 높아질까? 그렇지 않을 것이다. 신인 정치인들조차 의회에 들어가면서 금방 기성 정치인과 비슷해진다.

사회 효율적 결정에는 효과적, 윤리적 결정에는 의문

한 가지 대안은 정책 입안자가 과도한 외부 영향으로부터 보호

받는 방식으로 정책 결정 시스템을 설계하는 것이다. 그렇게 함으로써 기득권의 이익보다는 객관적이고 과학적 증거를 바탕으로 정책을 입안할 수 있게 될 것이다.

언뜻 보기에 이것은 좋은 대안처럼 보인다. 하지만 기후 변화, 동성혼, 망명 정책과 같이 정치적 견해가 여전히 깊게 대립하고 있는 정책 문제들은 어떻게 할까? 이런 문제들은 언제든 정치화될 수 있다. 이를 피하기 위해 로봇을 배치하는 것을 고려해야 할까?

기술 발전에 중점을 둔 사람들은 로봇의 의회 등장에 찬성할 수 있다. 인공지능 로봇은 ICT의 최신 기술을 이용해 수년에 걸쳐 완료된 복잡한 계산을 몇 초 안에 해결할 수 있다. 그래서 인간의 능력을 능가하는 여론 융합에는 인공지능이 필수다.

이러한 혁신은 특정 정책 영역에서 매우 가치 있는 것으로 입증되었다. 예를 들어 새로운 인프라 프로젝트의 타당성을 검토하는 도시 계획에서 강력한 교통 혼잡 모델링 소프트웨어를 사용해 향후 트래픽 흐름을 예측할 수 있다.

반면에 사회적, 윤리적 측면에 중점을 둔 사람들은 로봇의 여론 융합에 의구심을 나타낼 것이다. 기술 발전은 경쟁적 신념 및 가치 판단과 관련된 정책 문제에서 제한적으로 사용된다.

적절한 예가 안락사법이 될 수 있는데, 이 문제는 본질적으로 종교적 신념과 자기 결정에 관한 질문으로 묶여 있다. 우리는 이 문제를 예외적인 것으로 치부하려는 경향이 있지만, 대부분의 정책 문제는 신념과 가치 판단을 포함하고 있고, 그런 관점에서 로봇

정치인은 거의 쓸모없다는 관점을 간과하고 있다.

로봇의 사용 범위는 점차 확장된다

슈퍼컴퓨터는 특정 순환도로의 사용자 수를 정확하게 예측할 수 있다. 하지만 이 슈퍼컴퓨터가 도덕적 딜레마에 직면했을 때 무엇을 할 수 있을까?

대부분의 사람들은 우리가 기계와 다르고 또 기계보다 우월한 점이 가치 판단 능력이라는 데 동의한다. 하지만 합의된 윤리적 표준을 컴퓨터에 프로그래밍하고 사전 정의된 규범적 지침과 이러한 선택에서 발생하는 결과에 기초해 결정을 내리도록 할 수 있다면 어떨까? 그것이 가능하다고 할 때 실수를 저지른 정치인들을 인공지능 로봇으로 대체하면 어떨까?

로봇은 생각보다 빨리 일상생활의 일부가 될 수 있다. 예를 들어, 로봇은 곧 노인 요양 시설에서 일상적인 업무를 하는 데 사용될 수 있고, 노인 또는 장애인을 도우며 그들과 함께 지낼 수 있다. 로봇 정치인에 대한 의견이 무엇이든, 이에 대한 토대는 이미 마련되었다.

최근 논문에서는 정치 연설을 인공지능이 쓰는 시스템이 등장했다. 이 연설들 중 일부는 믿을 만하며, 인간이 글을 썼는지 인공지능이 썼는지 구분할 수 없다. 대부분의 정치인들이 본인이 직접 연설문을 쓰기보다는 전문 작가를 고용하고 있기 때문에 그들 대신 로봇 작가를 사용하는 것이 큰 모험은 아닐 것이다.

정교한 모델링 소프트웨어를 사용하는 도시 계획 또는 홍수 완화를 담당하는 정책 입안자에게도 마찬가지다. 우리는 인공지능 모델링 소프트웨어가 내장된 로봇으로 인간의 대부분을 곧 대체할 수 있을 것이다. 로봇은 합의된 윤리 기준에 따라 프로그래밍되어 합의된 도덕에 기초해 판단하게 된다.

인간 정치인에 실망한 유권자가 미래를 바꾼다

따라서 로봇으로 가득 찬 의회가 있더라도 로봇에 프로그래밍될 윤리적 표준을 정의하는 책임을 맡은 인간을 고용하는 기관이 여전히 필요하다. 그리고 그 윤리 기준을 결정하게 될 사람은 다양한 이해 관계자들과 경쟁자들 사이의 투표에 의해 이뤄질 것이다. 이렇게 하면 윤리 도덕에 관한 인간의 선택이 로봇에 전해져서 로봇은 인간을 위한 선택을 손쉽게 할 것이다. 정당들의 끝없는 논쟁을 없애고 빠른 법안 심의 통과 등이 이뤄질 수 있다.

민주주의가 가끔씩 투표소로 걸어가는 것 이상이라고 생각하는 민주주의의 옹호자들은 정치로봇의 부상에 반대하겠지만, 점차 빈약해지는 정부 예산, 복잡한 긴축 조치 및 세수 감소에 자유 시장 지지자들은 그렇게 많은 예산을 투자해서 나오는 결과로 인해,

인간, 즉 의원들에게 심히 실망한다. 그들의 무능력과 부패에 국민은 지쳐 있다. 의회민주주의에 불만이 높아지고 실망이 커질 때 인공지능으로 의원들을 대체하는 일이 좋은 대안이 될 수 있다.

인공지능이 국회의원보다 잘할 수 있다

우리는 신호등을 신뢰하면서 길을 건너고, 우리의 표를 행사하기 위해 전자투표를 한다. 한 걸음 더 나아가 의사결정을 인공지능에 위임할 준비가 되었는가?

어떤 일은 기계가 더 정확하고 효율적이어서, 의회나 지방정부의 비서가 되어 키워드에 따라 수신 메일을 분류해 올바른 부서로 전달해주는 일을 하고 있다. 오늘날 마트나 백화점에서 고객 문의에 인공지능이 답변하고 있으며, 국가 공무원에게 오는 문의에 대한 간단한 답변 역시 인공지능이 작성하고 있고, 지능형 챗봇이 회사의 고객 지원 서비스를 맡아 고객에게 빠른 답변을 제공한다. 여기서 한 걸음 더 나아가 우리는 곧 시장이나 장관을 대신해 간단한 질문에 답하는 인공지능 로봇에 익숙해질 것이다.

인터넷 선거와 인공지능 의원 도입한 에스토니아

에스토니아는 인터넷을 통해 세계 최초의 의회 선거를 했으며, 전자시민권e-Residency: 100유로를 내면 외국인도 이 시민권을 얻을 수 있으며, 인터넷에서 회사를 설립할 수 있다을 제공하는 첫 번째 국가다. 나아가 에스토니아 의회의 구성원을 인공지능으로 교체하면 어떻게 될까?

안보 문제로 인해 국가의 비밀을 처리할 수 있는 권한이 인공지능에 부여되지 않았을 수도 있지만, 의사결정을 위해 훈련된 인공지능이라면, 이를 제외한 사회문제위원회나 경제위원회에서 101번째 하원의원으로서 의원에게 주어진 월별 업무량을 처리할 수 있을 것이다. 시간이 충분하지 않기 때문에 데이터 분석 및 배경 정보 개요를 완료하기 위해 조수를 필요로 하는 하원의원을 대체하는 것은 말할 것도 없다.

실제로 에스토니아에서는 2015년에 도입한 인공지능 노라Nora는 현재 하원의원이 평생 할 수 있는 것보다 훨씬 많은 양의 정보를 배우고 분석하고 있다. 만약 노라가 문맥을 이해하고 사소한 질문을 할 수 있다면, 국민에 대한 의회 서비스가 활성화되고 모순되는 입법에 대한 초기 경고와 대안까지도 낼 수 있을 것이다. 과학자들은 노라에게 공익과 인권이 무엇인지 설명하는 방법에 대한 흥미로운 도전을 할 것이다.

인공지능 하원의원의 의사결정은 민주주의가 기본이 되어야 한다. 노라가 어느 한 정당이나 특정 이념의 지지자가 되어서는 안

되며, 중립적이고 공익적이어야 한다. 먼저 헌법을 노라에게 가르치고, 다음으로 에스토니아의 법체계, 의회민주주의의 기본 원칙을 가르쳐야 한다. 인공지능이 의회에 들어오면 투표 절차도 변경해야 한다.

국회의원의 일은 늘고 비용은 줄어든다

노라가 하원의원의 의무를 완전히 받아들인다면, 우리는 아마도 더 합리적인 결정, 경제에 대한 더 정량적인 분석 및 사회 서비스 개발을 보게 될 것이다. 결정은 대중에 반사된 감정이나 포퓰리즘이 아니라 데이터와 확인 가능한 자료를 기반으로 한다. 노라가 선동과 포퓰리즘을 인정하고 피하도록 학습된다면, 다른 하원의원들에게 삼키기에는 쓴 약이 될 것이다.

경제 문제에 관한 한, 인공지능 하원의원은 다양한 이론을 알고 이해할 뿐만 아니라 실제 경험을 적용한 정책을 종합적으로 제안할 수 있을 것이다. 외교 문제에서는 공개된 소스를 기반으로 정책 개발을 예측하고 상대의 움직임과 패턴을 분석하는 방법을 가진 파트너가 될 것이다.

노라는 유권자를 하루 24시간 일주일에 7일을 만날 수 있다. 경비 보고서에 추가되는 비용이 없으며, 자동차도 필요 없다. 또한 언론인을 비롯해 어느 누구도 거치지 않고 시간과 장소와 관계없이 유권자와 및 다른 정책 입안자와 동시에 대화할 수 있다.

노라의 업무는 결정의 질에 의해 측정될 수 있다. 일부 결정이 직간접적으로 누군가의 죽음을 초래할 경우 어떻게 될까? 누가 책임을 지게 될까? 노라의 제작자인가, 아니면 인공지능 그 자체인가? 인공지능은 결정이 잠재적으로 어떤 치명적인 결과를 불러올 수 있는지, 결정의 한계가 어디인지 이해할 수 있어야 한다.

결론적으로, 국민의 안위에 큰 영향을 미치는 인물을 인공지능이 대체하는 일이 현재는 쉽지 않다. 다만 머신러닝 등을 이용해 기존에 사람이 제공했던 단순하고 일상적인 공공 서비스 또는 지원 서비스를 개발할 수 있다면 이를 큰 발전으로 생각할 수 있다. 우리가 준비되었는지 여부는 또 다른 문제다.

작은 정부를 만들 인공지능

2020년에 에스토니아 의회는 또 다른 새로운 시도를 시작했다. 의원 및 직원의 작업에 도움을 줄 한스HANS라는 인공지능 시스템을 도입한 것이다. 한스는 의원들의 토론 내용을 기록하는 일을 주 업무로 한다. 음성 인식은 인공지능이 그 힘과 효과를 보여주는 영역 중 하나다. 인터뷰나 의회 보고서 등 새로운 인공지능 기반 응용프로그램이 나와 기계가 인간을 대신해 지루한 작업을 수행하게 되었다.

의회나 정부 부처에서 인공지능을 활용할 추가 사례로 어떤 것이 있을까? 가까운 시일 안에 번역 업무를 맡을 것이며, 지능형 데이터 연결 시스템, 주민 의견 통합에 대한 연구도 진행되고 있다. 의회나 정부가 가진 방대한 양의 정보를 분석해 주민에 공개하고 이를 바탕으로 더 나은 의사결정을 할 수 있게 된다면 지금 의회가 가진 특권의식, 밀실정치 등의 단점을 보완할 수 있을 것이다.

에스토니아 전자정부는 인공지능 시스템으로 의료, 교통 정보, 범죄 통계 등 다양한 사회 문제를 통계 내고 여기에 대한 의견을 융합하며 대안을 제시하는 등 문제 완화에 도움을 주고 있다. 인공지능이 보편화되어 이런 정보를 통합해 분석하고 관리한다면 별도의 연구개발 부서나 관리 시스템이 필요하지 않다. 이로써 작은 정부를 만들어 예산의 낭비를 막을 수 있다. 오늘날 인공지능 연구는 산업별로 세분화되지 않고 오히려 통합된다.

에스토니아 의회는 101명의 의원 중 한 명을 인공지능으로 대체하고 있다. 이 인공지능은 아직 행정 권한 등이 없지만, 의회를 인공지능이 대체하는 매우 상징적인 시작점이라고 볼 수 있다. 스마트폰이 없을 때와 지금 인간의 의사결정이 다르듯이, 인공지능의 의사결정은 현재로서는 간접적인 효과가 훨씬 더 매력적이다. 인공지능이 주는 정보를 바탕으로 인간이 의사결정을 하게 됨으로써, 정보에 기반하는 과학적 의사결정을 할 수 있다. 그러면서 인간이 스마트폰에 의지하듯이 서서히 인공지능 의원에게 의지하는 미래도 언젠가는 찾아올 것이다.

PART 6

교육

2013년 옥스퍼드 대학교의 연구팀은 기술 발전으로 20년 안에
미국 일자리의 47%가 사라질 것'이라고 발표했으며, 2019년 1월 미국의
싱크탱크인 브루킹스 연구소는 '20년 안에 인공지능이 미국에서만
전체 일자리의 4분의 1을 대체할 것'이라고 발표했다.
LG경제연구원도 국내 일자리의 43%가 인공지능으로 대체될
가능성이 높은 '고위험군'이라는 분석을 내놓았다(2018년 5월).
심지어 2017년 5월에 방한한 조너선 워첼Jonathan Woetzel
맥킨지글로벌연구소 소장은 2050년에 인공지능과 로봇이 기존의
일자리를 100% 대체할 수 있다는 충격적인 예측을 내놓기도 했다.
이렇듯 일자리가 사라지는 시대에 자녀를 둔 부모의 걱정거리 중 하나는
아이의 미래를 위해 어떤 교육을 시켜야 하는가에 대한 고민일 것이다.
기술로 인해 경제와 사회가 변하는 만큼 교육도 이에 맞춰
변해야 할 것이다. 여기서는 미래의 교육이 어떤 방향으로 흘러갈지
다양한 각도로 살펴보고자 한다.

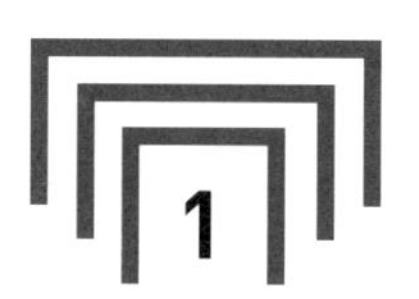

학위 대신 주목해야 할 성과 31

예술이나 음악 분야에서 박사 학위를 받은 유명 예술가나 음악가는 몇 명일까? 실제로 많은 교육을 받은 예술가와 음악가가 있지만, 선택한 진로에 대한 학문적 훈련을 받은 사람은 거의 없다. 유튜브, 페이스북, 인스타그램Instagram, 트위터Twitter에서 유명해진 사람들도 마찬가지다. 여기서 종종 나타나는 일반적인 오해는 학교 성적이 좋지 못한 사람들이 멍청하거나 재능이 없다는 것이다. 이는 사실이 아니다.

수년 전에 초등학교나 중고등학교를 중퇴한 755명의 유명한 사람들의 삶을 조사한 연구 결과가 공개되었다. 이 목록에는 25명의 억만장자, 8명의 미국 대통령, 10명의 노벨상 수상자, 8개의 올림픽 메달 수상자, 8명의 아카데미상 수상자, 55명의 베스트셀러 작가, 31명의 기사 작위 수여자(국가에 대한 공로를 인정받음)가 있었다.

오늘날 〈포브스Forbes 400〉 목록에 있는 미국에서 가장 부유한 400명의 억만장자 가운데, 여덟 명 중 한 명은 대학을 중퇴했다. 역사상 많은 유명인들이 학업 실패와 중퇴자였기 때문에 이것은 새로운 것이 아니다. 여기에는 토머스 에디슨, 앤드루 카네기Andrew Carnegie, 리처드 브랜슨Richard Branson, 헨리 포드Henry Ford, 월트 디즈니Walt Disney, 윌 로저스Will Rogers, 조지프 퓰리처Joseph Pulitzer, 스티브 잡스Steve Jobs, 프랭크 로이드 라이트Frank Lloyd Wright, 빌 게이츠, 버크민스터 풀러Buckminster Fuller, 래리 앨리슨Larry Ellison, 하워드 휴즈Howard Hughes, 마이클 델Michael Dell, 테드 터너Ted Turner, 폴 앨런Paul Allen, 마크 저커버그Mark Zuckerberg, 그리고 할리우드의 거의 모든 유명한 배우들과 감독이 있다. 갑자기 중퇴자 목록이 존경의 대상이 된다.

우리는 성공의 길은 학교를 통해 있다고 들어왔다. 그러나 부유하고 성공한 비즈니스 리더, 업계 아이콘 등 학업이 아닌 다른 길을 택한 위대한 영웅들에 관한 문자 그대로 수천 가지 예가 있다.

대학 졸업장은 중요하지 않다

수년 동안 대학의 학위는 똑똑한 사람임을 증명하는 세계에서 가장 잘 알려진 지위의 상징이었다. 학위를 받기 위해서는 수년간의 연구가 필요하며, 그런 노력이 대학을 졸업한 사람들이 실제로 똑똑하고 재능이 있다는 개념에 어느 정도 타당성을 제공한다. 대학 졸업장은 사회의 시스템에 들어가는 일을 비교적 쉽게 만들어준다. 그러나 그 이미지는 침식되기 시작했다.

워싱턴 D.C.에 있는 싱크탱크인 서드웨이Third Way의 새로운 보고서에 따르면 미국 대학의 절반 이상의 학교에서 입학 후 6년이 지난 학생의 70% 이상이 연간 2만 8,000달러 미만을 벌고 있다고 한다. 더 중요한 것은 학생들의 70% 이상이 입학 후 6~10년 동안 평균 고등학교 졸업자보다 훨씬 적은 돈을 벌었다는 것이다.

대학들이 구하기 쉬운 학생 대출 프로그램을 계속 활용하면서, 학자금 대출 총부채는 1조 6,000억 달러를 넘어섰다.

놈 촘스키Noam Chomsky에 따르면, "학교를 통해 큰 빚을 낸 학생들은 변화하는 사회에 관해 생각하지 않을 것이다. 사람들을 부채 시스템에 갇히면 생각할 시간이 없다!"

실제로, 세계에서 가장 성공한 사람들 중 일부는 다른 길을 갔고 대학을 졸업하는 데 전혀 신경 쓰지 않았다. 당신이 재능 있는 사람이고 대학에 갈 시간과 돈이 없다면 어떤 대안을 선택하겠는가? 여기에는 많은 선택지가 존재한다.

대학 졸업장 대신 선택할 수 있는 것들

최근까지 대학은 주로 다른 대학과의 경쟁에 직면해왔다. 비록 한 대학 학위의 가치를 다른 대학 학위와 비교할지언정 고등교육을 지지하는 데는 의견을 같이했다. 오늘날에는 대학 학위와 경쟁하는 많은 신분증이 있으며 앞으로 이는 더 많아질 것이다.

한 나라의 왕과 왕비 같은 왕족은 엄청난 특권이 동반되는 위대한 지위 상징이지만 성취는 아니다. 이것은 날 때부터 가지고 태어난다. 노벨상 또한 주목할 만한 신분의 상징이지만 일반적으로 주인공의 배경에는 하나 이상의 대학 학위가 필요하다. 그렇다면 잠재적인 고용주, 비즈니스 동료 또는 지인이 대학 학위와 동등하게 취급해줄 만한 것에는 무엇이 있을까? 이에 대한 답변을 위해 이 토론을 네 가지 범주로 나누겠다.

- 동등한 구성 요소
- 대학 학위와 동등
- 대학 학위보다 우수
- 미래 지위의 상징

대학을 가지 않고 그 대안을 논의한다고 해서 공부가 필요하지 않다는 의미는 아니다. 정반대다. 공부는 사실상 모든 성공의 길에서 필수 요소다. 다만 여기서는 배움 자체가 덜 형식화되는 길을 찾는 것이다.

다음의 사례는 단순히 현재 존재하는 수천 개의 선택지에 대한 인식을 넓히기 위한 것이다.

동등한 구성 요소

대학 학위를 얻기 위해 수업을 듣는 것과 마찬가지로 일련의 작은 성과를 사용해 동등한 상태를 쉽게 만들 수 있다.

1. 인증 프로그램

대부분의 인증 프로그램은 기존 학위 프로그램을 대체하거나 보완하기 위한 것이다. 이러한 업적의 무게는 그것을 부여하는 기관에 따라 크게 달라진다.

2. 자원봉사자

자원봉사자들은 종종 본래의 작업 범위를 훨씬 넘는 프로젝트를 수행할 수 있는 엄청난 재량권을 가지고 있다.

3. 도제 제도

숙련된 장인의 지도 아래 수년 동안 일해온 과정에 대한 평가는 여전히 살아 있으며, 특정 산업에서는 잘 작동한다.

4. 해외여행

해외여행이 점점 보편화되고 있다. 해외여행의 진정한 가치는 경험을 설명할 수 있는 능력에 있다.

5. 특허 출원

오늘날 세계에서 특허 보유자가 되는 것은 과거보다는 드물지만, 여전히 주목할 만한 성과로 간주된다.

6. 이벤트 제작

이벤트는 작은 것부터 큰 것까지 다양하다. 그러나 규모와 관계없이 성공적인 행사는 다른 사람들을 주목하게 하는 방식으로 당신을 포지셔닝할 수 있다.

7. 연재물 작성

잘 작성된 문서의 힘을 과소평가하지 말라. 신뢰받는 출판물로 인쇄되든 자신의 블로그에 게시하든 모든 기사에는 어느 정도 영향력이 있다. 시간이 지남에 따라 이 영향력을 활용하는 방법을 배울 것이다.

8. 창업

비즈니스를 시작하는 것은 성공 여부와 관계없이 중요한 학습 경험이다. 또한 모든 창업자의 정체성에 한 페이지를 채워준다.

대학 학위와 동등

대학 학위는 오랜 기간 동안 지속되는 중요한 개인 성취로 간주된다. 마찬가지로, 어떤 지위를 놓고 대학 학위와 경쟁하는 쪽도 그와 비슷한 지속적인 노력을 증명해야 한다. 다음은 몇 가지 사례다.

1. 자격증 취득

자격증은 대학이 다루지 못했던 긴급히 필요한 기술을 조명하는 방법을 가지고 있다. 가장 큰 비용을 지불하는 인증으로는 구글 인증 전문 클라우드 아키텍트Google Certified Professional Cloud Architect, PMP 프로젝트 매니지먼트 자격증PMP Project Management Certification, 스크럼마스터 자격증ScrumMaster Certification, AWS 인증 솔루션 아키텍트AWS Certified Solutions Architect, 마이크로소프트 인증 솔루션 전문가Microsoft Certified Solutions Expert 등이 있다.

2. 팟캐스트 시리즈 제작

팟캐스트를 만들면 영향력을 확장하고 자신만의 청중을 모을 수 있다. 팟캐스트를 듣는 사람들은 오디오 형식을 선호하기 때문에 다른 형태의 콘텐츠를 통해서는 만날 수 없는 개인들로 구성되어 있다.

3. 유튜버 되기

유튜브에는 10억 명 이상의 사용자가 있다. 당신이 누구인지를 알려주는 채널을 만드는 것부터 시작하라. 당신이 좋아하는 것에서부터 영상을 만들면서 자신만의 공식을 만들면, 가입자가 늘면서 그만큼 당신의 신뢰도도 높아질 것이다.

4. 책 출판

당신이 인식하든 그렇지 않든, 당신의 인생 경험, 성격 및 세계관은 당신의 개성적인 목소리가 된다. 그 목소리를 전 세계 사람들과 나눌 때, 당신은 책을 출판한 작가가 얻을 수 있는 기록된 단어의 힘과 지위에 놀랄 것이다.

5. 다큐멘터리 제작

자기 스스로 만드는 다큐멘터리 제작에는 고귀하고 주목할 만한 것이 있다.

6. 시의회 봉사

지방선거는 지역사회에서 당신의 지위를 증명해주며, 놀라운 학습 경험을 제공한다.

7. 전문가 되기

엑스퍼트 아카데미Experts Academy의 설립자인 브렌든 버처드

Brendon Burchard는 전문가가 될 수 있는 10가지 핵심 요소를 정의했다. 대부분의 사람들은 이 과정을 이해하면 '전문가' 등급을 얻을 수 있다.

대학 학위보다 우수

대학과 동등한 지위 상징과 대학보다 훨씬 우수한 지위 상징 사이에는 미세한 차이가 있다. 대학보다 나은 카테고리에 속하는 몇 가지를 수행하는 방법을 알려주는 유튜브 영상이 있으니 참고하라.

1. 유명해지기

배우, 작가, 만화가, 아티스트, 칼럼니스트, 영화감독, 패션 디자이너 가운데 명성은 소수의 사람들에게만 부여된다. 최근 명성의 채널은 지속적으로 확장되고 있으며 킥스타터Kickstarter, 페이스북, 유튜브, 트위터, 레딧 등에서 유명해지는 것을 고려할 수도 있다.

2. 비디오 게임 토너먼트 우승

e스포츠에 능숙하다면 팀에 합류해 경쟁을 시작하라. 상금은 이제 대부분의 프로 운동선수가 버는 것보다 높다.

3. 고위직 선출

사람들이 누군가를 공직에 선출하는 것은 그 대상이 중요한 사람이라고 알리는 독특하고 강력한 방법이다.

4. 금융제국 건설

개인 재산을 만드는 방법에는 여러 가지가 있지만 실제로 이 방법을 알아내는 사람은 제한적이다. 금융제국을 쌓은 사람들은 엄청난 존경을 받는다.

5. 성공적인 비즈니스

비즈니스를 성공으로 이끄는 것은 규칙 없이 체스 게임을 하는 것과 같다. 이는 오직 소수만이 숙달한 기술, 타이밍, 결단력, 우연의 게임이다.

6. 게임 디자이너

기술의 발달로 게임 시장이 커질수록, 성공한 게임 디자이너들은 영화 제작자와 같은 명성을 얻게 될 것이다.

7. 성공적인 발명가

발명가로서 성공을 거두는 것은 당신이 생각한 것과는 다르다. 많은 복잡한 기술을 습득해야 한다. 성공적인 발명가는 일부의 사업가, 일부의 선견지명이 있는 사람들, 일부의 기회주의자, 그리고 큰 행운아들이다.

8. 펀드 조성 및 관리

'신뢰'의 위치에 있고 돈에 대한 문지기 역할을 부여받은 사람들은 대중 사이에서 특별한 존경을 받는 경향이 있다.

미래 지위의 상징

시스템과 기술이 발전하면 기회도 늘어난다. 이 구역에서는 변화가 있을 때마다 차세대 간판스타가 필요하다. 여기에 몇 가지 가능성이 있다.

1. 프로 게이머

전통적인 직업에 게이밍 기술이 추가된 사람들은 앞으로 큰 수요가 있을 것이다.

2. 글로벌 시스템 설계자

미래는 국가 시스템에서 글로벌 시스템으로 전환하고 글로벌 시스템 설계자가 등장할 것이다.

3. 전문 윤리학자

수백 개의 새로운 직업들이 이들을 필요로 할 것이다. 점점 복잡해지는 상황에 도덕적인 예절을 적용하고 어려운 질문을 할 수 있는 사람들에 대한 수요가 계속해서 증가할 것이다.

4. 복제 디자이너

시간 제약이 전 세계 인구의 대부분을 압도하기 시작하면서 복제품에 대한 수요는 거의 모든 곳에서 찾을 수 있다. 이 신흥 산업의 정점에 독특하게 자리 잡은 것은 복제품을 설계하는 사람들이 될 것이다.

5. 운영 콘텍스추얼리스트

응용 프로그램과 큰 그림 사이에는 종종 간과되는 맥락이 있다. 신기술 도입의 맥락을 시각화하고 이해할 수 있는 사람들은 앞으로 더 많은 수요가 있을 것이다.

6. 전문가 프리랜서

세계 최고의 전문가들은 항상 수요가 있다. 이런 프리랜서들은 하고 싶은 일을 선택할 수 있다. 이로써 자신의 인생을 스스로 이끌 수 있다.

7. 운동movement의 창시자

원인을 찾아서 앞장서라. 모든 운동에는 성공의 전통적인 길을 우회하는 데 도움이 되는 어떤 고귀함과 탁월함이 있다.

8. 유산 구축 전문가

다른 사람들이 유산을 남기도록 돕는 것에 열정을 가진 사람들을 위한 직업이다. 유산을 구축하는 도구는 매일 증가하고 있으며, 앞으로 최고의 수요가 있을 것이다.

미래를 이끄는 리더는 어떤 사람인가

전문 연사들의 일부는 대학 학위를 가지고 있지만 대부분은 그렇지 않다. 후자의 경우는 학위보다 메시지가 자격 증명을 초월한다.

성공한 사람들은 직업 대신 소명을 가지고 있는 것처럼 보인다. 그들의 업적은 다른 사람으로부터 요구받은 것이 아니라 고유한 열정과 추진력에서 비롯된 것이다. 대학 진학의 경험은 매우 가치가 있지만 다른 경험도 마찬가지다. 우리는 초개성의 시대에 접어들고 있으며, 각 개인의 가장 중요한 업적을 향한 길은 초개별적인 접근법을 요구할 것이다. 따라서 어떻게 보면 이 길이 대학을 비롯한 기존 교육의 길보다 훨씬 험난할 수도 있다.

이러한 각 업적의 성취는 해당 특정 시점에서 우리 자신의 요구 및 욕구를 기반으로 한다. 결국 우리가 선택한 길도 중요하지만, 그 길을 통해 얻은 결과가 훨씬 중요하다. 따라서 모든 사람이 가는 길을 가기보다는 자신의 욕구와 사명에 따라 새로운 길을 개척하는 사람이 미래 세상의 리더가 될 것이다.

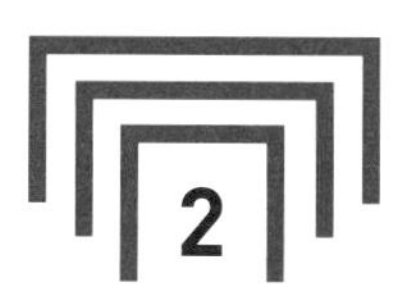

2 가난한 나라의 교육이 중요해지는 이유

나이지리아, 콩고, 탄자니아, 에티오피아, 앙골라, 파키스탄, 이 여섯 국가에 주목해야 한다. 지구의 미래가 이 나라들에 달려 있기 때문이다.

일론 머스크는 2019년 8월 12일 상하이에서 열린 세계인공지능회의World Artificial Intelligence Conference에서 "세계가 20년 안에 직면하게 될 가장 큰 문제는 인구 붕괴"라고 말했다.

앞서 말한 여섯 개국에서는 인구 붕괴가 일어나지 않는다. 오히려 그 반대다. 전 세계 출산율이 급락하는 반면, 세계 미래 인구의 절반이 이 나라들에서 태어난다. 아프리카는 2060년까지 아시아의 인구를 추월할 것으로 예상된다. 현재의 출산율 추세가 지속된다면, 90개 이상의 국가에서 금세기 안에 인구 감소를 경험하게 될 것이며, 전 세계 인구의 평균 연령이 현재의 31세에서 2100년까지 42세 이상으로 변하게 된다.

퓨 리서치Pew Research에 따르면 이 여섯 나라의 인구가 21세기 말까지 세계 인구의 절반 이상을 차지할 것으로 예상되는데, 나이지리아, 콩고, 탄자니아, 에티오피아, 앙골라는 아프리카에 위치해 있으며, 파키스탄만이 유일한 아시아 국가다.

그리고 여기서 우리가 주목해야 할 또 하나의 사실이 미래 전 세계 인구의 절반에 해당하는 이들의 교육에 돈이 거의 투자되지 않는다는 점이다.

변화하는 글로벌 인구 통계

인구 통계는 까다로운 주제이며, 특히 향후 80~100년은 예측하기가 어렵다. 그러나 오늘날 태어난 아이들은 100년 이상 살 가능성이 높으며, 출생률은 다른 경향보다 문화에 의해 더 많이 변한다. 오늘날 젊은이들의 손자들이 세계의 운명을 결정할 것이며, 그 아이들은 주로 아프리카와 아시아에서 태어난다.

인도는 2027년에 세계에서 인구가 가장 많은 국가인 중국의 인구를 능가할 것으로 예상된다.

유엔의 최신 연구에 따르면, 2100년까지 인구가 세계에서 가장 많을 것으로 예측되는 국가는 인도, 중국, 나이지리아, 미국, 파키스탄, 콩고, 인도네시아, 에티오피아, 탄자니아, 이집트 순이 될 것이다. 보고서는 2100년까지 세계 인구가 약 109억 명에 이를 것으로 예상했으며, 연간 인구 증가율은 현재의 0.98%보다 급격히 감소한 0.1% 미만일 것이다. 그러나 현재 많은 사람들이 전 세계 인구가 90억 명을 넘을지조차 의심하고 있다.

전 세계 출산율은 2100년까지 여성 한 명당 1.9명으로 감소해 현재 2.5명보다 낮아질 것으로 예상되기 때문이다.

가장 가난한 나라의 가난한 교육

유엔에 따르면, 유네스코가 제정한 보편적 초등 및 중등 교육 표준을 달성하기 위해서는 약 6,900만 명의 새로운 교사를 모집하고 훈련해야 한다. 좀 더 구체적으로 설명하면 2,420만 명의 초등학교 교사와 4,440만 명의 중고등학교 교사를 고용해야 한다.

사하라사막 이남의 아프리카와 남아시아는 전 세계적으로 교사가 부족한 지역이다. 이들 국가에서는 교사의 75% 미만이 국가 표준에 따라 교육을 받는다. 유네스코가 조사한 바에 의하면, 학령인구가 가장 빠르게 증가하는 아프리카에서는 전체 어린이의 20%가 학교에 다니지 않는다.

남아시아는 교사 부족 문제에서 아프리카 다음으로 큰 위기에 직면해 있으며 2030년까지 1,500만 명의 초등 교사와 1,100만 명의 중고등 교사가 필요하다.

미래 인구의 절반을 차지하는 여섯 나라의 성인 문맹률은 다음과 같다.

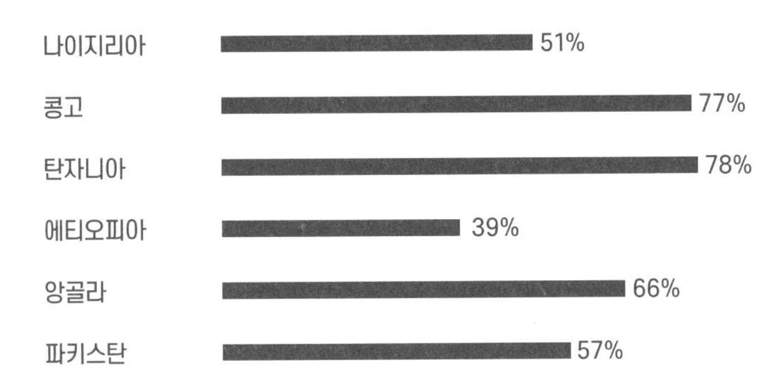

교육이 열악한 데는 여러 가지 이유가 있는데 그중 중요한 이유들을 꼽아봤다.

• 자금 부족: 글로벌 교육 파트너십Global Partnership for Education에 따르면 교육 재정 지원의 20%만이 저소득 국가에 간다.

• 교실 부족: 사하라 사막 이남 아프리카에서 많은 국가의 어린이들은 종종 밀집된 교실, 무너져가는 교실, 심지어 교실이 아예 없어 외부에서 학습한다. 교과서, 학용품 및 기타 도구도 부족하다. 예를 들어 말라위에는 1학년 교실에 평균 130명의 어린이가 있다.

• 교과서 부족: 교과서는 종종 세계 여러 지역에서 여섯 명 이상의 학생들에게 공유되며 낡고 구식이 된다. 탄자니아에서는 6학년 학생 중 3.5%만이 자신의 독해 교재를 가지고 있었다.

• 성차별: 성별은 아이들이 교육을 받지 못하는 가장 큰 이유 중 하나다. 최근 여성 교육의 발전에도 불구하고 한 세대의 젊은 여성들이 뒤처져 왔다. 전 세계 1억 3,000만 명이 넘는 소녀들이 현재 학교에 등록되어 있지 않다. 개발도상국의 소녀 세 명 중 한 명은 18세 이전에 결혼하며 일반적으로 학교를 그만두게 된다.

• 갈등: 부족 갈등, 분쟁 지역 등에서 지역의 교육 시스템이 가장 먼저 파괴되는 일이 흔하다. 폭력에 노출된 어린이는 학업 성취도가 떨어지거나 학교를 그만둘 위험이 훨씬 더 높다. 갈등의 영향을 과장해서는 안 된다. 약 2억 5,000만 명의 어린이들이 군벌, 폭력 및 지역 분쟁의 영향을 받는 국가에 살고 있다.

• 거리: 많은 어린이들이 세계 각지에서 학교에 가는 데 3시간씩 걷는 것은 드문 일이 아니다.

• 굶주림: 기아가 교육에 미치는 영향은 심각하게 과소평가되어 있다. 5세 미만의 어린이 중 약 1억 5,500만 명이 학교에 입학하기 전에도 신체적으로 학대를 당했다고 추정된다.

• 장애: 교육이 보편적인 인권임에도, 세계 1억 5,000만 명의 장애아들에게 학교에 대한 접근이 거부되는 것이 흔한 일이다. 세계에서 가장 가난한 나라 중 일부에서 장애아동의 최대 95%가 학교를 떠난다.

가난한 나라의 교육과 부자 나라의 고령화

가난한 나라들이 '가난한 교육'을 받아야 하는 이유는 없다. 현대 역사상 처음으로 세계 인구는 전 세계 출산율의 하락으로 인해 21세기에 사실상 성장을 멈출 것으로 예상된다.

미국 인구조사국의 수치에 따르면 전 세계 인구 증가율은 1963년에 정점에 이르렀으며 그 이후로 하락 추세를 보이고 있다. 미국 인구조사국의 인구통계학자들은 유엔의 추정치와는 다르게 세계 인구가 2070년에 90억 명에 도달한 후 줄어들 것으로 예측한다.

2070년 이전에도 다수의 국가에서 인구가 줄어들 것이다. 동시에 각국에서 인구의 평균 연령이 급격히 높아질 것이다. 예를 들어 멕시코는 미국보다 5배 빨리 노화된다. 인구 과잉의 위험을 적극적으로 해결함으로써 세계는 제동을 좀 심하게 걸었을 수도 있다. 인구 폭발 대신 생긴 새로운 문제는 인구의 감소와 함께 고령화하는 것이다.

인구가 적은 것이 낫다는 유혹에 빠지기 전에 다시 생각해야 한다. 성장은 경제의 원동력이다. 사람이 적은 세상에는 새집과 새 옷을 사는 사람도 적고, 음식점에서 식사를 하는 사람도 적어진다. 인구가 줄어들면 완전히 새로운 종류의 문제, 예를 들면 '유령도시' 등으로 고통받고 종종 경제가 병들 것이다.

출생률이 떨어지고 노인들이 덜 힘든 일로 옮겨감에 따라 많은 국가들이 걱정스러운 인재 부족을 경험하게 될 것이다.

고령화되고 축소되는 사회와 관련된 다른 도전을 포함해, 노인들은 혁신하거나 새로운 기술을 배우거나 젊은 사람들과 같은 종류의 위험을 감수하지 않는다. 이러한 경향이 지속된다면, 미래의 지구에는 계속되는 빠른 기술의 변화를 수용해 사회를 변화시킬 인재가 사라질 것이다. 기술의 발전이나 혁신도 사라지며, 인류의 도전 자체가 멈출지도 모른다.

여기에 대한 가장 큰 해결책은 극단적인 출생률 감소의 시계를 돌리는 것이며, 이후에는 전 세계의 모든 어린이가 적절한 교육을 받아 인재로 성장하도록 만드는 것이다.

첨단 기술이 교육의 약점을 공략한다

"언젠가 당신이 원하는 수업만을 모아 자신만의 대학 커리큘럼을 짜는 날이 올 것이다. 대학 등록금보다 훨씬 저렴한 가격으로 스탠퍼드대 교수에게 컴퓨터 강의를 듣고, 와튼스쿨 교수에게서 창업을 배우며, 브랜다이스 대학교에서 윤리학을, 에든버러 대학교에서 문학을 공부하는 날 말이다. 이는 가르치고, 배우고, 취업하는 과정을 바꿀 것이다."

MIT의 라파엘 리프Rafael Rief 학장의 말처럼 우리는 교육에서 새로운 세상을 만날 것이다. 이는 온라인 교육의 변화가 가져올 미래의 청사진이지만, 대학에서는 이미 혁명이 시작되었다.

오늘날 대다수의 학생들은 학교 교육에 흥미를 느끼지 못하고 있다. 주입식 교육 환경에서 경쟁해야 하는 학생들에게 공부는 지루함과의 싸움일 뿐이다. 실제로 코로나19로 시작된 원격수업에서도 많은 아이들이 좀처럼 집중하지 못해서 학부모들의 불만이 하늘을 찔렀다. 미래 사회를 대비해서 이런 학습법은 전면 개편되어야 한다.

그렇다면 아이들이 스스로 공부를 원하게 만드는 방법은 무엇일까? 학습을 더 체험적이고 즐겁게 만들어야 한다. 미래의 교육은 현재의 교육 모델에서 벗어나 인공지능, 가상현실, 게임화와 같은 핵심 기하급수 기술을 이용해 교육의 혁명을 가져와야 한다.

더 재미있게 공부할 수 있도록 방식을 바꿔야 한다

전통적인 교육 시스템에서 평가는 틀릴 때마다 점수를 깎는다. 하지만 게임은 완전히 다른 시스템이다. 제로부터 시작해서 뭔가를 제대로 처리할 때마다 점수는 점점 더 올라간다. 이는 현재의 학습 방법과 완전히 다른 것으로, 강력한 흥미를 유발하는 중독성도 갖고 있다. 실제로 1억 5,500만 명의 미국인들이 비디오 게임을 즐기고 있으며, 매주 30억 시간 이상 게임에 몰두하고 있다.

게임은 다음과 같은 과정으로 전개된다.

1. 문제를 관찰한다.
2. 가설을 세운다.

3. 가설을 실험한다.

4. 즉각적인 피드백을 통해 학습하면서 다시 시도한다.

이것은 매우 과학적인 접근 방법이다. 우리는 아이들이 게임할 때처럼 학습에도 중독될 수 있도록 게임의 전략을 활용할 필요가 있다. 학습 자체를 문자 그대로 '게임화'하는 것이다. 게임은 모든 분야에서 교과서를 앞서고 교육의 효과도 크다. 비디오게임과 시뮬레이션 기기로 훈련을 받은 파일럿과 외과 의사들은 그렇지 않은 사람보다 더 뛰어난 성과를 보였다. 맞춤형 게임은 창의성과 혁신을 키우는 데도 도움이 된다.

앞으로 20여 년에 걸쳐 기계는 단조롭고 자동화가 가능한 일자리 대부분을 차지하게 될 것이다. 그래서 더욱 분석적이고 창의적인 기술을 필요로 하는 일자리들만 남게 된다. 우리는 교육 시스템을 다시 점검해야 하고, 새로운 세상을 위해 다음 세대를 준비시켜야 한다. 기계적 암기, 얕은 수준의 학습, 표준화된 시험에 대한 능숙함 대신 창의성, 분석적 사고, 추상 능력을 더욱 강조할 필요가 있다. 미래의 노동자들이 계속 적절한 기술을 보유할 수 있도록 평생교육에 대한 인센티브를 부여하는 것도 필요하다. 무엇보다 똑같은 능력과 자격증을 갖춘 클론을 만드는 것을 그만두고 리더와 혁신가, 창의성이 높은 사람을 키워내는 것이 중요하다.

선진국과 가난한 국가의 아이들이 똑같은 교육을 받는 미래

미래의 교육은 인공지능과 가상현실 덕분에 개인화, 완전 교육, 무료 교육이 될 것이다. 현재 칸 아카데미Khan Academy와 코세라Coursera 같은 온라인 플랫폼들은 주문형 교육 콘텐츠를 무료로 제공하고 있다. 사람들은 무엇을 배울지, 어떤 속도로 학습할지 스스로 선택할 수 있다. 칸 아카데미는 2006년에 시작된 이래로 65개 언어로 된 5,000개의 무료 교육용 영상을 제공하고 있으며, 매일 400만 강좌가 진행되어 현재까지 3억 개의 수강이 이루어졌다.

우리는 기술이 교육 접근성을 민주화하는 것을 이미 보고 있다. 이런 추세는 조만간 인공지능과 가상현실, 증강현실에 힘입어 더 강력해질 전망이다. 가까운 미래에 인공지능은 각 학생들마다 개인화된 학습 플랫폼을 갖게 할 것이다. 인공지능은 정보에 제한 없이 접근해 개별 학생에 맞는 최적의 속도와 방식으로 지식을 전달한다. 이러한 인공지능은 구글처럼 모든 사람들이 무료로 이용할 수 있고, 교육의 질은 오늘날 가장 부유한 사람들이 누릴 수 있는 수준보다 더 높아질 것이다. 여기에 더 정교한 가상현실 체험이 더해지면 개인이 흡수하는 지식의 양은 더욱 많아질 것이다.

예를 들어 율리우스 카이사르Julius Caesar의 업적을 역사책에서 배우는 것이 아니라, 가상현실 헤드셋을 쓰고 카이사르의 아바타와 함께 로마 콜로세움 주위를 걸으며 그의 이야기를 들을 수 있다. 상대성이론도 물리학 교과서를 읽으며 배우는 것이 아니라,

가상 우주선에 아인슈타인과 함께 탑승해서 그에게 직접 설명을 듣는다.

미래의 교육은 우리가 상상하던 것보다 더욱 풍성해지고 더 많은 사람들이 접근 가능한 민주적인 교육 환경을 만들 것이다. 교육의 기회 자체가 오늘날과는 비교조차 할 수 없을 정도로 많아질 것이다.

세계에서 가장 가난한 지역의 아이들과 가장 부유한 지역의 아이들이 동일한 교육의 기회를 얻을 수 있는 미래가 다가오고 있다. 이런 미래는 곧 인재의 개발로 이어지고, 산업에 투입되어 세계적인 경제 불평등을 해결하는 길로 이어질 것이다.

지식을 뇌로 업로드하는 미래

바이올리니스트 정경화는 정상에 올라서기까지 엄청난 연습을 했는데, 많을 때는 하루에 16시간을 바이올린 연주에 쏟아붓기도 했다. 조성진 역시 세계적인 피아니스트가 된 지금도 하루 4시간 정도 연습을 매일 한다고 한다. 이처럼 특정 분야에서 능숙한 실력을 갖기까지는 오랜 시간 연습이 필요하다. 미국의 베스트셀러 작가 맬컴 글래드웰Malcolm Gladwell도 '성공을 위해서는 1만 시간의 노력이 필요하다'고 자신의 저서 《아웃라이어》에서 피력했다.

꼭 전문가가 아니더라도 고난이도의 작업에서 어느 정도 수준을 유지하려면 꾸준한 연습은 필수적이다. 반복된 훈련과 연습은 독립된 신경회로를 만들고, 이를 통해 인간은 복잡한 행동들을 더 쉽게 할 수 있기 때문이다. 이런 상태를 '몰입'이라고도 한다.

뇌로 기억을 업로드하는 법의 응용

그런데 인간이 반복된 훈련을 하지 않고도, 이런 기술에 손쉽게 도달하도록 해주는 기술이 나왔다. 두뇌의 특정 영역에 매우 낮은 전류를 흘리는 경두개직류전기자극법transcranial Direct Current Stimulation, tDCS이 그것이다. 의학계와 군대에서 이루어진 몇몇 실험들에서 tDCS는 대상자의 인지능력, 운동능력을 향상시켰고 기분을 좋게 만들었다. 전문가들은 이 기술이 사고로 인한 장애를 겪는 사람들의 회복을 도울 수 있을 뿐 아니라 일반인들의 전문기술 습득과 학습에도 도움이 된다고 말한다.

뇌를 자극해서 기분을 바꾸거나 잃어버린 기억을 찾게 해주는 실험은 계속 진행되고 있다. 수명이 연장되면서 지능과 기억 등이 상실되는 치매가 해결해야 할 중요한 문제로 떠오르고 있기 때문이다. 앞서 '건강과 수명 연장(2부)' 편에서 우리는 치매를 해결하기 위해 뇌에 보조 장치를 연결하는 뇌-컴퓨터 인터페이스에 관해 살펴보았다. 이는 인간의 뇌를 기계와 연결해 뇌 신경 신호를 실시간 해석하거나, 외부 정보를 입력하는 융합기술로 침습적 기술과 비침습적 기술로 나뉜다. 이런 기술이 지식이나 정보를 뇌 속에 삽입된 칩에 업로드하고 다운로드하는 기술로 발달할 수 있다.

잃어버린 기억을 되찾도록 뇌에 칩을 넣는 연구를 학계에 여러 차례 발표한 저스틴 산체스Justin Sanchez 박사는 2015년에 활동성 기억 회복 프로그램Restoring Active Memory program, RAM을 통해 외상 후 스트레스 장애 및 신경병리학적 질환으로 고통받는 사람들을 치료하기 위한 이식기술을 개발에 착수했다. DARPA에서 진행되는 이 연구는 환자들의 뇌에 전극을 이식해 치료 효과를 극대화하기 위한 뇌 자극 부위를 찾아서 상처 입은 병사들과 다루기 힘든 정신병으로 고통 받는 사람들을 치료할 능력을 확보하고자 한다. 공상과학 영화 〈토탈 리콜〉의 한 장면에서 주인공 퀘이드가 기억을 심는 장치에 앉아 있는 것처럼 미래에는 기억을 넣고 지울 수 있게 될 것이다.

하지만 아직은 갈 길이 멀다. 과학자들은 여전히 뇌의 기억 영역을 자극하기 위한 최선의 방법을 알아내려고 노력하고 있다. 뇌-컴퓨터 인터페이스가 보편화되면 뇌와 컴퓨터가 연결되고 전문가의 지식을 다운로드해 클라우드에 저장할 수 있게 된다. 그리고 필요한 사람에게 그 지식을 업로드할 수 있다. 지식을 간단하게 업로드하고 다운로드하게 됨에 따라 공부, 학습의 의미가 사라진다.

미래 우리가 얻어야 할 지식의 양

지식을 노력 없이 얻는다는 것이 썩 좋아 보이지는 않는다. 하지만 발달한 미래 사회에는 우리가 살아가기 위해 얻어야 할 지식이 기하급수적으로 늘어난다. 일반적인 학습법으로는 모두 얻을 수 없을 만큼 많을 수도 있다. 영화 〈매트릭스〉에서 여주인공이 헬리콥터 조종법을 뇌로 다운로드받아 바로 조종하는 장면이 있다. 캘리포니아 말리부에 있는 HRL 연구소Hughes Research Laboratories의 인지신경과학자와 그의 연구팀이 여기에 실제로 도전하고 있다. 2016년에 이 연구팀은 비행기 조종사 여섯 명의 두뇌 활동 패턴을 측정한 뒤, 비행 시뮬레이터로 항공기 조종을 배우고 있는 초보자에게 이들의 뇌 패턴을 전송했다. 이 기술은 배터리가 연결된 최신기술을 사용한 모자를 쓰고, 특정 뇌 영역을 활성화시키는 것으로 앞서 설명한 tDCS 기술이다.

tDCS 전류 그 자체로는 너무 약해서 신경세포를 활성화시킬 수 없다. 대신 신경세포가 자극에 반응하는 능력, 예를 들면 새로운 작업을 학습하는 능력을 변화시킨다. tDCS는 선택된 뇌 영역의 신호 대 잡음 비율을 조절하고 정보처리 과정을 '수정'한다. 여기에서 '수정'이라는 단어가 핵심이다. tDCS 자체는 의미 있는 정보를 전송하지 않는다. 다만 피실험자의 '학습 능력'을 향상시킬 뿐이다. 동시에 뇌 가소성 연결 분자에 전류 충격을 주어 신경 전달 물질의 반응 능력을 변화시킨다.

실제로 HRL 연구소는 이 실험에서 비행술을 배우는 초보자들의 조종 능력이 향상되었다고 밝혔다. 이것이 자칫 공상과학적인 이야기로 비칠 수도 있다. 하지만 연구는 시작되었고 기하급수 기술의 발달을 고려할 때 머지않아 실현될 것이다. 그때가 되면 우리의 교육 방식에도 획기적인 변화가 찾아올 것이다.

교육 대변혁을 위해 만들어진 세계 대학 컨소시엄, 총장부터 배워야 한다

일론 머스크가 설립한 뇌 연구 스타트업 뉴럴링크는 2021년까지 인간의 뇌에 '신경칩을 연결하겠다고 선언했다. 컴퓨터 칩을 인간의 뇌에 이식할 수 있는 수준에 거의 도달했다는 것이다. 뉴럴링크는 뇌-컴퓨터 인터페이스를 현실화하기 위한 특수한 마이크로칩과 유연한 섬유 전극을 개발했다고 발표했다. 머스크는 섬유 전극이 두개골에 구멍을 내는 기계 드릴 방식보다 더 적합하며, 미래에 레이저 이식도 가능하다고 밝혔다.

뇌의 확장과 관련된 기술의 발전은 미래의 교육을 교사가 가르치는 것이 아니라, 칩을 업그레이드하거나 칩과 연결되는 슈퍼컴퓨터를 증강하는 방법으로 바꿀 것이다. 하지만 아직도 전통적인 교육으로 교사의 지식 전달을 주장하는 보수파들에게 세계예술과학아카데미World Academy of Art & Science: 유엔의 유일한 교육 컨설팅 지위를 가진 단체로 다양한 사업을 유엔과 함께 한다는 교육에 신기술과 혁신이 필요하고 특히 대학의 교실에서 교수에게 지식을 전수받기보다는 인공지능이 교육하고 칩을 통해 지식을 업로드하거나 다운로드하는 미래를 강조했다. 이 단체는 우선 대학 총장들의 생각부터 바꿔야 한다는 결론에 도달해, 800여 개 유명 대학의 총장이 모여서 미래교육 트렌드를 배우고 새로운 시대를 헤쳐나가기 위한 기구 세계 대학 컨소시엄World University Consortium을 만들었다.

PART 7

환경과 에너지

우리는 그동안 더 나은 삶을 위해 앞만 보고 달려왔다. 굶주림을 극복하기 위해 농사와 목축을 시작했고 추위를 극복하기 위해 집을 만들고 난방 시스템과 연료를 개발했다. 더 빠르고 편리한 이동수단을 얻고, 점점 빨라지는 속도에 맞추기 위해 생활의 많은 부분을 상품으로 개발해 대체했다. 그러면서 천연자원이 고갈되고 열대우림은 파괴되며, 이산화탄소의 배출이 계속 늘었고, 분해되는 데 500년 이상 걸리는 폐기물이 지구에 계속 쌓이고 있다.
인간의 생활이 더욱더 편리해지는 동안 동식물은 계속해서 멸종해 생물다양성에 위기가 왔고, 탄소 배출로 지구의 온도는 산업혁명 이전보다 0.75℃ 상승했다. 많은 과학자들이 지구의 온도가 산업혁명 이전보다 2℃ 이상 상승하면 지구는 회복할 수 없는 재앙을 맞이할 것이라고 경고하고 있다. 실제로 빙하가 녹아 해수면이 점차 상승하며, 가뭄, 대형 산불, 허리케인 등 자연재해가 해마다 잦아지고 있다. 또 세계는 매년 최고 기온을 갱신하며, 우리에게 경고하고 있다.
과학기술의 발달로 삶이 더욱 편리해지고 건강하게 장수하는 미래든, 인공지능에 일자리를 빼앗기는 미래든, 어떤 미래라도 맞이하기 위해서는 먼저 우리 삶의 터전인 지구를 보전하는 게 어쩌면 우리에게 주어진 가장 중요한 과제일지도 모른다.

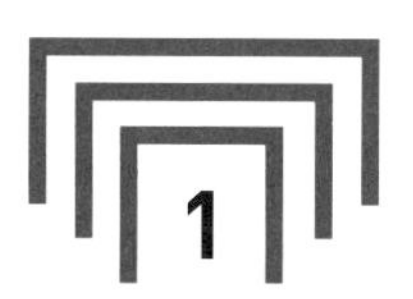

기후 변화의 경고 메시지

지구는 점점 더 뜨거워지고 있다. 전 세계적으로 2019년 여름 기온이 역대 기록 수백 건을 갈아치우며 그린란드에 전례 없는 용해를 가져왔고 6월 초에 북극 전역에서 산불이 일어나는 데도 영향을 끼쳤다. 그리고 IPCC의 보고서는 지구가 뜨거워짐에 따라 찾아올 지구의 바다와 얼어붙은 지역의 암울한 미래를 경고했다.

더위는 사람들의 위기의식도 높였다. 2019년에는 기록적인 기후운동의 물결이 일어났다. 캘리포니아 대학교 어바인 캠퍼스의 빙하학자 에릭 리그노트Eric Rignot는 "올해처럼 많은 시위대를 본 적이 없다"고 말하며, 뉴욕에서 2019년 9월에 열린 기후행동정상회의에서 세계를 휩쓸고 기후 파업을 일으킨 행진을 언급했다.

이러한 파업의 대부분은 학생들, 특히 당시 열여섯 살의 스웨덴 기후 운동가 그레타 툰베리Greta Thunberg가 주도했다. 그녀의 #FridaysForFuture(미래를 위한 금요일) 운동은 스웨덴 정부가 2045년까지 완전한 탄소 중립을 이루는 계획을 가속화할 때까지 금요일마다 항의하겠다는 개인적인 서약으로 2018년 8월에 시작되었다. 하지만 그녀는 이것이 충분하지 않다고 말하며, 정부가 탄소 배출량을 매년 15% 줄이고 10년 안에 탄소 중립을 달성하는 데 동의할 때까지 계속 항의할 것이라고 덧붙였다.

툰베리 시위가 소셜미디어를 통해 확산되면서 운동은 전 세계적으로 진행되었다. 120개국 이상에서 약 160만 명의 학생들이 2019년 3월 15일에 기후 파업에 합류했다. 2차 학생 주도 시위는 9월 기후행동정상회의와 동시에 진행되었으며, 사상 최대인 760만 명이 참가 했다.

애틀랜타에 있는 조지아 공대의 기후과학자 킴 콥Kim Cobb은 기후 운동의 이런 강도는 매우 흥미로웠다고 말하며, 기후 과학자들이 항상 꿈꿔왔던 것이라고 덧붙였다.

점점 더워지는 지구를 실감한다

2019년 5월부터 8월까지 북반구의 29개국에서 거의 400개에 가까운 역대 최고 기온이 기록되었다. 유럽은 6월과 7월 두 차례 연속 폭염으로 달아올랐다. 기후 과학자 국제 컨소시엄인 세계 날씨

속성 네트워크World Weather Attribution Network의 보고서에 따르면, 프랑스에서 인간이 야기한 기후 변화로 인해 10~100배 강력한 무더위가 발생할 가능성이 높다고 한다.

2019년 7월 4일 알래스카의 앵커리지 국제공항의 온도가 사상 최고 기온인 32°C로 급상승했다. 인도와 파키스탄은 6월 장기간의 치명적인 폭염이 극심한 가뭄으로 인한 물 부족과 겹쳤다. 일본에서도 7월 말, 폭염이 전국을 휩쓸어 일주일 만에 1만 8,000명 이상이 병원으로 이송되었다.

NOAA에 따르면 전 세계적으로 2019년 7월은 140년 만에 가장 더운 달이었다.

더위뿐만이 아니다. 전 세계적으로 일어나는 산불, 이동 속도가 느리고 거대한 허리케인 등 기후 변화는 현실적 재난이 되고 있다.

마이크로소프트 2030년까지 탄소 배출 제로를 목표로

그나마 다행인 것은 세계의 경제를 이끄는 많은 기업들이 기후 변화를 일으키는 탄소 배출의 심각성을 인식하고 이를 줄이는 데 적극 동참하기 시작했다는 것이다.

마이크로소프트는 CEO인 사티아 나델라Satya Nadella를 비롯해 브래드 스미스Brad Smith 회장, 에이미 후드Amy Hood CFO, 루카스 조파Lucas Joppa 최고환경책임자 등이 모인 행사에서 마이크로소프트의 새로운 목표와 탄소 배출 제로에 대한 세부 계획을 발표했다.

스미스 회장은 “세계가 탄소 배출 제로에 도달해야 하지만 더 빨리 움직여 더 멀리 갈 여유가 있는 사람들은 그렇게 해야 한다”며 “마이크로소프트 역시 탄소발자국을 줄이고 궁극적으로 제로를 만들기 위한 새로운 계획을 발표한다”고 말했다. 마이크로소프트는 2030년까지 탄소 네거티브가 될 것이며, 2050년까지 회사는 1975년 설립 이래 직접 또는 전기 소비로 공기 중에 배출했던 모든 탄소를 환경에서 제거할 것이라는 계획을 발표했다.

이 회사의 공격적인 프로그램은 2030년까지 직접 배출과 전체 공급 및 가치사슬 모두에서 탄소 배출량을 절반 이상 줄이는 것이다. 여기에는 에너지 사용과 관련된 직접 배출 및 모든 배출을 거의 제로로 낮추는 것이 포함된다. 또한 마이크로소프트의 기술을 사용해 전 세계 공급업체와 고객이 자체 탄소발자국을 줄일 수 있도록 지원하고 새로운 탄소 저감, 포집 및 제거 기술의 개발을 가속화하기 위한 10억 달러의 기후 혁신 기금을 마련하려는 새로운 이니셔티브를 발표했다.

2021년부터는 탄소 저감을 공급망 프로세스에 명시적인 측면으로 만들 예정이다. 환경 지속 가능성 보고서에서도 마이크로소프트의 탄소 영향 및 감소 여정을 자세히 설명한다. 또한 마이크로소프트는 탄소 저감 및 제거 기회를 가속화할 공공 정책을 지원할 계획도 세우고 있다.

JP모건의 재생 에너지 목표 달성 블록체인 프로젝트

금융 거인 JP모건체이스JP Morgan Chase는 2020년 말까지 100% 재생 에너지 소비를 달성할 계획이다.

JP모건은 블록체인 기술을 사용해 은행의 에너지 생산량, 사용량, 환경 지표 및 기타 지표를 추적하는 프로젝트에서 스위치X swytchX와 파트너십을 맺었다.

이러한 유형의 프로젝트는 재생 에너지 크레디트 추적을 개선하고, 시장 참여자가 재생 에너지 공급인증서renewable energy certificates, REC 또는 배출량 크레디트를 더 쉽게 거래할 수 있도록 해준다.

스위치X의 공동 설립자이자 CEO인 에반 캐론Evan Caron은 2020년 1월 14일 이메일에서 "이 프로젝트는 현재까지 미국에서 가장 큰 비非유틸리티 블록체인 에너지 프로젝트를 대표한다. 글로벌 표준이 지속 가능한 미래로 전환함에 따라 전통적 시스템과 시장에서 스위치X가 에너지 소비, 관리 및 회계처리 방식을 현대화시킬 수 있도록 도와줄 수 있다고 말한다.

JP모건과 스위치X는 2019년 11월에 에너지 단체인 뉴욕 에너지 소비자 위원회New York Energy Consumers Council에서 이 프로젝트로 에너지 뉴욕 혁신상Energy New York Innovation을 받았다.

스위치X의 캐론은 "이 기술이 JP모건의 전체 에너지 포트폴리오를 디지털화하고 이를 거래 가능한 디지털 자산과 연결해 높은 수준의 신뢰, 속도 및 지능을 제공하는 '새롭고 개선된 데이터 표준'

을 만들며 핀테크부터 재생 에너지 시장에 이르기까지 모든 것에 대한 문을 열어준다"고 밝혔다. 그리고 "고급 분석 모델, 예측 분석, 지능적이고 조정된 다운스트림 에너지 시스템에 대한 에너지 정산 및 위험 관리까지 해결해준다"고 덧붙였다.

이 기술은 온실가스 배출 및 전력 사용을 추적하기 위한 통합 데이터 표준을 생성해 전 세계로 확장 가능하도록 설계되었다. 개별 기업 또는 도시 차원에서 100% 재생 에너지를 의무화하려면 자체적으로 만드는 재생 에너지로 모든 목표 에너지를 감당할 수 없을 경우에 스위치X 시스템을 이용해 소매공급업체로부터 구매할 수 있어야 한다.

지방법이 재생 에너지 활성화 독려

주 정부 및 지방 정부 차원에서 뉴욕의 여러 입법 및 규제 변경은 스위치X와 같은 종류의 에너지 추적솔루션에 대한 사용 사례를 추진하는 데 도움이 되었다. 다시 말해 뉴욕은 이미 스위치X의 프로젝트와 같은 에너지 추적 솔루션을 사용해야만 한다는 법을 만들어 활용하고 있다는 것이다. 2025년까지 뉴욕의 건물 소유주가 재생 에너지 생산과 결합한 이산화탄소 배출 감소를 증명해야 하는 뉴욕시 지방법 97조에 이 스위치X 에너지 추적 솔루션이 필요하며, 특히 뉴욕의 전력가격 모델이 분산 에너지 자원의 시간,

장소, 환경의 영향을 반영하도록 요구하는 주 차원의 분산 에너지 자원 이니셔티브에도 이 스위치X 시스템이 필요하다.

스위치X의 에너지 원산지 추적 기능은 특정 위치에서 사용되는 전자electrons가 옥상 태양광 발전 등 재생 에너지원에서 공급되고 있음을 확인해주며, 에너지 효율 크레디트를 위한 비즈니스 로직을 통합하는 한편, 지방법 97조를 준수하고 있다는 보고를 자동화시켜 준다.

새로운 참가자가 참여할 때마다 통일된 데이터 표준의 가치가 증가함에 따라 이 기술이 거대한 네트워크 효과를 가져올 것이라고 캐론은 말한다.

그는 프로젝트를 구축하는 과정에서 에너지 공급망에 참여하는 다른 에너지 공급 회사나 재생 에너지 발전소 소유주들이 에너지 지속 가능 목표를 같이 추구함에 따라, 이들과 함께하는 가시성, 투명성, 책임성을 높이는 것이 공동 목표이기 때문에 추가적 협력의 '비즈니스 기회'가 만들어진다고 덧붙였다.

알렉 솔티코프Alec Saltikof JP모건의 글로벌 부동산 재생 에너지 담당 본부장은 "JP모건이 보유하는 모든 부동산은 재생 에너지 100% 목표를 달성하기 위해 스위치X 솔루션을 사용한다는 계약을 맺었다"고 덧붙였다.

국가와 문화유산이 물속으로 사라진다

국립해양조사원의 조사 결과 우리나라 해수면 상승 속도가 빨라지고 있음이 밝혀졌다.

해양수산부 산하 국립해양조사원은 2019년 12월에 우리나라 평균 해수면이 30년간 매년 2.97mm씩 높아졌다고 발표했다. 동해안의 경우 지난 30년간 해수면 상승률이 연 3.50mm에서 최근 10년간 연 4.86mm로, 남해안은 연 2.44mm에서 연 3.59mm로 높아졌다.

우리나라 연안의 해수면이 전년 대비 평균 2.97mm 상승한 기록과 지구 온난화로 인한 기후 변화를 고려한다면 20~30년 후에는 연안 항만 재설계와 국가 위기관리 등의 재수정이 필요할 것으로 보인다.

실제로 수많은 국가들이 기후 변화가 불러온 온난화의 결과, 해수면 상승으로 사라질 위기에 처해 있다. 2016년 6월 언론은 기후 변화를 이대로 방치할 경우 2100년에 해수면이 1~2m 상승하며 수많은 유적들 물속으로 가라앉는다고 경고했다. 온난화에 따른 이상기온 현상은 사람과 동물에게만 피해를 주는 것이 아니라 세계 각지의 문화유산들이 현재 기후 변화로 훼손되거나 사라질 위기에 놓여 있다. 유네스코와 유엔환경계획United Nations Environment Programme, UNEP은 최근 발표한 '기후 변화 속 세계유산과 관광' 보고서에서 "전 세계 1,000개 이상의 문화유산에 미치는 기후 변화의 영향을 조사한바, 이 가운데 31개가 위험하다고 분석했다. 미국 매사추세츠대의 로버트 드콘토Robert DeConto 교수와 펜실베이니아 주립대의 데이비드 폴라드David Pollard 교수는 과학저널 〈네이처Nature〉에 게재한 보고서에서 "지구 온난화를 방치해 해빙 속도가 최악으로 빨라지면 2100년의 해수면은 현재보다 최대 2m 정도로 높아질 것"이라고 내다봤다.

해수면 2m 상승으로 찾아오는 문명의 위기

해수면이 1~2m 오르면 수많은 유적지가 물속으로 사라지게 된다. 남태평양의 칠레령 이스터섬에 사각형의 사람 얼굴 모양을 한 모아이 석상도 사라지고, 1505년 포르투갈인들이 탄자니아 킬와

섬에 세운 성벽은 해안 잠식으로 이미 사라졌다. 카심 마잘리와 Kassim Majaliwa 탄자니아 총리는 최근 '아프리카의 세계유산 보호 대책'을 주제로 열린 국제 컨퍼런스에서 "유네스코 세계문화유산으로 등재된 일곱 개의 탄자니아 유적은 현재 기후 변화와 인구 증가, 도시화 등 인류의 개발 활동으로 위협받고 있다"고 강조했다. 오만에서는 2007년 걸프 지역을 강타한 태풍으로 기원전 5~6세기 유적지가 모래바람에 묻혔고, 러시아 시베리아에는 냉동 상태로 보존된 원주민 미라들이 수천 년 동안 고분 속에서 동결 보존되었다가 날씨가 따뜻해지면서 부패하고 있다. 고분을 보호해온 영구동토층이 녹고 있기 때문이다.

에베레스트산이 있는 네팔 사가르마타 국립공원은 1979년 유네스코 세계자연유산으로 등재됐다. 유네스코는 이 지역을 세계유산으로 지정하면서 히말라야산맥의 등산 안내자인 '셰르파' 문화를 주목했다. 유네스코 측은 빙하가 녹으면서 물 부족과 산사태가 심해져 셰르파 마을이 사라질 위기에 처해 있다고 지적했다.

'물의 도시' 이탈리아 베네치아는 물 때문에 삶의 터전이 파괴되고 있다. 지난 60여 년간 해수면 상승으로 침수 지역이 넓어져 800년의 역사를 간직한 역사적 건축물들이 뒤틀리거나 기울어진 상태다. 1960년대 베네치아 주민은 약 12만 명이었지만 지금은 절반인 6만 명이다. 영국의 미래학자 스티븐 백스터Stephen Baxter는 "100년 뒤 지구는 베네치아처럼 물에 잠기게 될 것"이라고 경고했다.

한편 2060년이 되면 기후 변화의 결과 적도 지역의 20~30여 개

국가는 해수면 상승으로 피해를 보지 않더라도 피부가 탈 정도로 더워지면서 폐허가 될 수밖에 없다. 결국 인간이 유발한 자연 현상으로 수십 개의 국가가 소멸하는 것이다.

제로의 시대가 온다

우리는 지금, 모든 것이 풍요로운 시대에 살고 있다. 그렇지만 우리가 누리는 만큼 탄소가 배출되고 플라스틱 등 환경에 유해한 것들이 계속 쌓여 지구를 몸살 나게 하고 있다. 코로나로 인해 인간의 활동이 멈추자 공기가 맑아지고 자연의 동식물이 되살아나는 아이러니는 경험하는 지금, 인간 활동의 근본이 바뀌어야 함을 자연이 경고하는 듯하다.

비단 코로나만이 아니더라도, 인류는 환경 파괴의 심각성을 인지하고 있고 이를 바꾸기 위한 노력에 관심을 기울이고 있다. 그것이 바로 '제로의 시대'다.

제로로 가는 혁신에 제품과 기술의 초점을 맞추고 개발을 진행함으로써 사회 혁신을 최우선으로 하는 메가트렌드다. 여기에는 배출되는 가스가 없고, 사고가 없으며, 사망자가 제로인 자동차가 있다. 도시와 건물은 탄소 중립이 되고자 하며, 신기술은 보안 위반, 사고 및 사망자를 제로로 만들기 위해 노력한다.

탄소 제로

21세기 중반까지 탄소 중립에 전념하는 국가, 주, 도시 및 조직의 수가 증가함에 따라 탄소 제로 건물이 마침내 중요한 기후 해결책으로 주목받고 있다. 전 세계 온실가스 배출량의 거의 40%가 건축물에서 나온다. 좋은 소식은 사회적 합의와 글로벌 이니셔티브의 시작으로 탄소 제로 건물에 대한 관심과 투자가 증가하고 있다는 것이다.

2018년 배터리 기업 존슨 컨트롤즈Johnson Controls에서 시행한 에너지 효율 지표 연구에서 20개국의 1,900개 글로벌 조직 중 50%가 향후 10년 동안 탄소 제로 에너지 시스템을 구축할 계획이다. 또한 조직의 59%가 에너지 효율, 재생 에너지, 스마트 빌딩 기술에 대한 투자를 늘릴 계획이다. 이러한 투자는 신규 건물과 기존 건물 모두를 탈탄소화하는 데 중요하다.

탄소 제로 사회 및 건물의 설계는 네 가지 주요 트렌드에 의해 주도되고 있다. 전력망의 탈탄소화, 전기를 이용한 난방 및 온수 공급, 에너지 수요를 줄이기 위한 효율성 개선, 거주자의 요구와 에너지 그리드를 충족시키는 데 필요한 유연성을 제공하기 위한 디지털화가 그것이다. 이 네 가지 트렌드가 결합되어 건물과 지역사회가 저탄소 미래에 기여할 수 있는 종합적인 경로를 제공한다.

탄소를 배출하지 않는 사회와 건물이 특이하고 희소해 보일 수 있지만, 건축 2030, 건축 및 건설을 위한 글로벌 연합, 세계녹색건축협의회 등 세계 기구의 지원으로 빠르게 주류가 되고 있다. 오늘날 새로운 건물 가운데 탄소 제로로 설계된 건물은 1% 미만이지만, 많은 도시와 기업 및 부동산 조직이 2030년까지 포트폴리오 전체에서 100% 탄소 제로를 약속했다. 또 다음 사례와 같이 세계의 모든 기후대에서 탄소가 없는 건물을 찾을 수 있다.

캘리포니아 주립대학교는 세계적인 기후 목표에 발맞추기 위해 2025년까지 100% 재생 에너지 목표를 달성할 계획을 세웠다. 스탠퍼드 대학교는 주립대에 포함되지는 않지만, 같은 목표를 달성하고자 에너지 투자를 진행했다. 캠퍼스 건물의 효율성, 전체 건물 개조를 통해 최대 50%, 평균 24%의 에너지를 절약한다. 재생 에너지 목표를 달성하기 위해 캠퍼스는 오프사이트 중앙 태양광 발전소에서 5MW, 옥상 태양열로 68MW를 추가했다. 또 가스 복합 화력 발전소를 해체하고 증기난방 시스템을 온수로 변환하는 새로운 중앙 에너지 시설로 캠퍼스 난방의 90%를 제공할 수 있다. 그 결과 향후 35년간 68%의 온실가스 감축, 15%의 물 절약 및 4억 2,000만 달러의 비용 절감 효과가 예상된다.

캘리포니아와 마찬가지로 하와이 대학교 시스템University of Hawaii

System도 2045년을 목표로 하는 주 전체 재생 에너지 공약보다 10년 앞선 2035년까지 100% 재생 에너지를 달성하기로 약속했다. 마우이 대학이 먼저 에너지 효율에 중점을 두어 새로운 빌딩 제어 시스템, 공조 시스템, 열을 차단하는 필름과 LED 조명 등을 통해 전기 수요를 45% 줄였다. 또한 2.8MW의 태양광 패널과 13.2MWh의 에너지 저장 장치를 설치해 전국에서 100% 재생 에너지로 구동되는 최초의 캠퍼스가 되었다.

다섯 개의 캠퍼스가 포함된 이 프로젝트는 20년 동안 7,900만 달러의 비용을 절감할 것으로 예상된다. 유럽 역시 EU에서 제로 에너지 빌딩 표준(에너지 소비 제로와 최소한의 온실가스 배출)에 따라 모든 건물을 바꾸겠다는 의지를 표명했다.

탄소 중립 도시를 표방한 아랍에미리트의 마스다르 시티는 온실가스 배출량을 2050년까지 80~100% 줄이겠다고 선언했다. 또 아랍에미리트의 샤르자에 건설 중인 새로운 비아Bee'ah 본사는 덥고 건조한 기후 속에서 가장 스마트하고 지속 가능한 건물이라는 목표를 가지고 있다. 세계적으로 유명한 건축가 자하 하디드Zaha Hadid Architects가 설계한 7,450m^2 건물은 3.23GWh의 태양광으로 전원을 100% 공급받는다. 그 밖에 일광 제어, 절연 글레이징 및 고효율 공조 시스템을 포함한 많은 에너지 효율을 높이는 수단이 포함된다. 모든 빌딩 시스템의 데이터는 디지털 데이터 저장소에 저장되어 분석 및 머신러닝을 통해 환경에 미치는 영향을 지속적으로 줄이고 생산성을 향상시킬 수 있다.

자동차 사고 제로

스웨덴은 교통사고 사망을 종식시킬 계획을 세웠다. WHO의 보고서에 따르면 2015년 전 세계 도로 관련 사고로 100만 명이 넘는 사람들이 목숨을 잃었다. 도로 교통사고는 15~29세 젊은이들의 주요 사망 원인이며 매년 전 세계 정부 GDP의 약 3%를 소비한다. WHO는 "이러한 대규모 피해는 예방이 가능함에도 불구하고 그동안 예방 조치가 불충분했다"고 말했다. 일부 국가들은 속도 제한을 두고 안전벨트 착용을 강화하며 음주 운전을 하지 않는 공공 안전 캠페인에 의지했지만 스웨덴은 한 걸음 더 나아갔다.

1997년 스웨덴은 2020년까지 교통사고 사망자 수를 0으로 줄이는 것을 목표로 하는 제로 비전Zero Vision 정책을 도입했다. 위험을 줄이기 위해서는 도로를 물리적으로 개선하고 교통법을 새롭게 바꿔야 한다. 정책 시행 후 원형 교차로가 많아졌으며, 횡단보도가 있는 곳에서는 차량을 돌릴 수 없게 되었다. 육교가 늘어났고, 엄격한 정책으로 인해 음주 운전 범죄가 줄었다. 이 제도가 시작된 이래 교통사고 사망자가 거의 절반으로 줄어들었다. 2016년 스웨덴에서는 270명이 교통사고로 사망했다. 20년 전에 이 숫자는 541명이었다.

연방고속도로국Federal Highway Administration 통계에 따르면 2017년 4만 1,100명이 도로 관련 사고로 사망한 미국과 비교해볼 필요가 있다. 1964년을 되돌아보면 그해 교통사고로 4만 5,645명이 사망했다. 인구 증가와 도로의 차량 수 증가의 인과관계도 살펴봐야 하겠지만 반세기 이상 개선되지 않았다고 볼 수 있다.

스웨덴의 진전은 극적으로 보이지만 최종 목표를 달성하는 데는 어려움을 겪고 있다. 사망 0명의 목표 날짜가 2020년에서 2050년으로 밀려났다. 그럼에도 스웨덴 정부의 사례는 많은 정부와 주에서 모범으로 자리 잡았다. 캐나다, 노르웨이, 여러 미국 주 및 EU 국가의 일부 지역에서는 제로 비전 정책의 변형을 실험했다. 더 많은 국가가 스웨덴에서 이루어진 개선을 재현할 수 있다면 많은 생명을 구할 수 있을 것이며, 일부 지역에서는 이미 개선의 징후가 있다.

폐기물 제로

당신은 오늘 아침에 일어나서 하루를 준비하는 데 약 1시간을 보냈을 것이다. 양치질하고 샤워하고 옷을 입었다. 그리고 아침을 먹으며 뉴스를 보았을 것이다. 아이를 등교시킨 사람도 있을 것이고, 밤새 도착한 이메일에 답장을 한 사람도 있을 것이다. 당신이 누구든, 어디에 살고 있든, 한 가지 확실한 점은 하루를 시작하는 시간에 약 900톤의 플라스틱 폐기물이 바다로 들어갔다는 사실이다. 이는 받아들일 수 없을 뿐만 아니라 지속해서는 안 되는 일이기도 하다. 포장 폐기물, 특히 플라스틱은 바다와 수로를 천천히 질식시킨다. 이 폐기물은 해양생물에 명백한 위험이 되며, 전체 야생생물에 광범위한 영향을 미친다. 포장재 문제는 생각보다 훨씬 심각한 상태다. 전 세계적으로 천연자원의 사용이 20세기의 2배로 증가했다. UNEP에 따르면, 2017년 전 세계 자원 재사용량은 884억 톤으로 1970년에 비해 3배 증가했다.

우리는 천연자원의 사용을 급격한 속도로 증가시키며 낭비하고 있다. 이것은 바다거북이나 해안에서 폐기물을 처리해야 하는 해안지역 사회의 문제만이 아니다. 우리 모두에 영향을 미치는 심각한 문제다. 유엔 SDGs는 이러한 글로벌 과제를 해결하기 위한 중요한 프레임워크를 제공하며, 그 역할을 수행하기 위해 노력하고 있다. 정부와 지역사회가 유엔 SDGs의 12번째 목표 '책임 있는 생산과 소비(지속 가능한 생산과 소비 패턴 만들기)', 14번째 목표 '수중생물(해양 자원을 보전하고 지속 가능한 방식으로 사용)'을 더욱 쉽게 달성할 수 있도록 하기 위해 노력하고 있다. 특히 전 세계적인 비즈니스를 하고 있으며, 플라스틱을 사용하는 코카콜라와 같은 기업은 더 많은 도전을 해야 하며, 지속 가능한 비즈니스 관행을 만드는 리더가 되어야 한다. 요컨대 양심을 가지고 성장해야 한다.

실제로 코카콜라Coca-Cola는 2030년까지 병이나 캔을 판매할 때마다 병을 수거해 재활용할 수 있도록 대담하고 야심 찬 목표를 발표했다. 또 이를 달성하기 위해 패키지 설계 방식에서 제작 방식에 이르기까지 패키지의 전체 수명 주기를 재구성하고 있다. 2009년에는 식물 기반 재료를 30% 사용해 만든 플랜트 보틀PlantBottle 패키지를 소개했다.

포장재를 100% 재활용하는 방법과 플라스틱 포장재의 양을 줄이는 방법을 찾는 전 세계적인 노력이 지속되고 있다. 그뿐만 아니라 플라스틱을 지속 가능하도록 만드는 새로운 방법을 찾고 있으며, 플라스틱병에 더 많은 재활용 재료를 포함시키기 위해 노력하고 있다. 병과 캔을 재활용할 수 있게 만드는 것은 답의 일부일 뿐이다.

무언가를 재활용할 수 있다면 재활용에 적극적으로 나서야 하며, 모든 사람들이 그 역할을 수행하도록 만들어야 한다. 정부, 지역사회, 민간 부문 및 NGO와 협력해 각 지역사회의 고유한 요구를 충족시키는 더욱 효과적인 재활용 시스템을 개발해야 한다. 대표적인 사례로 멕시코의 코카콜라가 2002년 재활용 문화를 장려하는 비영리 단체인 ECOCE Ecology and Corporate Commitment: 생태계와 기업의 책임를 설립한 것을 들 수 있다. 코카콜라는 멕시코에서 PET polyethylene terephthalate: 열가소성 플라스틱의 일종 플라스틱 재활용 시설인 IMER과 펫스타 PetStar를 만드는 데도 투자했다. 이런 노력의 결과로 2016년 멕시코는 생산된 PET 플라스틱의 57%를 재활용해(2002년 9%에서 증가) PET 재활용률이 가장 높은 국가가 되었다.

폐기물 제로를 위해 더욱 중요한 것은, 순환 경제를 지원하고 물질 사용, 수집 및 재사용에 대한 총체적인 견해를 지원하는 정책을 만들기 위해 모든 이해관계자와 협력해야 한다는 점이다. 특정 기업, 조직, 정부, 개인은 이 문제를 해결할 수 없다. 전 세계가 힘을 합쳐야 비로소 공동 행동을 통해 의미 있고 지속적인 차이를 만들 수 있다. 그것은 우리 모두가 생각하는 사고방식이어야 한다. 이 글을 읽는 시간에도 약 2만 3,000개의 플라스틱병이 바다에 유입되었다. 그 숫자를 제로로 낮추기 위해 함께 노력해야 한다. 많은 노력과 헌신, 투자가 필요하지만 지구, 지역사회 및 비즈니스에서 그만한 가치가 있다.

기술의 발달에 따라 불필요해진 것들을 제거하는 과정 필요

싱가포르는 2030년까지 폐기물 제로 국가가 될 것을 선언했다. 그 밖에도 지역 내 범죄율을 최소화하기로 약속한 '범죄율 제로' 국가와 내부 이메일 시스템을 소셜네트워킹 소프트웨어와 협업 플랫폼으로 대체하는 '이메일 제로' 기업도 등장했다.

범죄율과 이메일은 환경과는 그다지 상관없어 보이지만, 이런 것들이 확실히 여러 가지 측면에서 비효율적인 것은 사실이다. 기술이 발달하고 사회가 변화하면 지금은 필요한 많은 것들이 불필요해질 수 있다. 필요 없는 것에 시간과 자원을 사용하는 것은 낭비일 뿐이다. 한정된 자원을 효율적으로 사용하는 것은 쾌적한 삶을 위해 중요할 뿐만 아니라 미래 세대에게 자원을 남겨준다는 차원에서도 중요하다.

2030 이후, 세상을 바꿀 순환 경제

2030년까지 우리는 '의도적으로' 투명하게 만든 글로벌 순환 경제 속에 살게 될 것이다. 전 세계 공급망의 전반에 걸쳐 가시성이 늘어나 통제 가능하고 신뢰할 수 있는 자원을 얻게 된다. 그 결과 지역사회에서 일차 소비자에 이르기까지 이익을 균등하게 공유하는 윤리적이고 지속 가능한 순환 공급망을 보유하는 것이다.

블록체인, 인공지능, IoT, 나노기술과 같은 4차 산업혁명 기술은 광산에서 소비자까지 중요한 금속과 광물을 쉽게 추적할 수 있도록 도와준다. 이러한 투명성은 제조 및 시공에 사용되는 원료가 최초 사용, 재사용 및 최종 해체에 이르기까지 추출되는 순간부터 추적할 수 있는 '새로운 표준'을 예고했다.

2030년 이후에는 아무도 순환 경제에 관해 이야기하지 않는다.

이것이 경제의 자연스러운 모습이 되기 때문이다. 우리는 그동안 사회의 기능적 요구를 충족시키기 위해 매년 수십억 톤의 자원을 소진했고 그중 일부만이 재활용되었다. 하지만 이런 자원과 에너지에 대한 의존도를 줄이면서 사회적 번영을 이룰 수 있는 가능성이 이미 제시되었고 2030년에는 현실화될 것이다.

천연자원의 보전과 재활용의 일상화

2030년의 사람들은 중공업 및 중장비 운송 부문에서 발생하는 탄소 배출을 0으로 만드는 이니셔티브의 진전을 축하하게 될 것이다. 지속 가능한 배터리 공급망의 개선으로 운송 및 전력산업은 탄소 배출량을 30% 줄일 수 있게 되며, 파리기후변화협약의 목표를 달성하는 궤도에 오를 것이다.

향후 10년 동안 일어날 배터리 혁명은 1,000만 개의 일자리를 창출하고 세계 경제에서 1,500억 달러의 시장을 형성하며, 6억 명의 사람들에게 전기를 공급할 것이다. IoT는 과거보다 훨씬 저렴하게 귀중한 재료들을 추적해 회수할 기회를 늘려줄 것이다.

각종 첨단 기술로 천연자원의 보전을 전례 없이 강화함으로써 순환 경제를 지구의 시스템으로 재통합할 것이다. 기존 인프라에서 더 많은 가치를 찾아내고 오염, 기후 변화, 독소 및 혼잡의 영향을 '설계'하는 데 중점을 둔다. 대형 가치사슬은 마침내 한 회사의 생산품이 다른 회사 생산품의 재료라는 점을 인식해 재료 및 폐기물을 관리하는 방법에 대한 '시스템적 접근'이 필요해진다.

저렴할수록 낭비되는 악순환의 고리를 끊을 정책

미래에 국가 간에 가장 큰 차이를 만든 것은 무엇일까? 개인의 인식을 고취시키고 행동을 취하게 하는 사회운동일 수 있다. 또 지금은 상상할 수 없는 기술의 새로운 혁신일 수도 있다. 하지만 정부와 국회가 방관한다면 결코 미래로 나아갈 수 없을 것이다.

역사를 살펴보면 인프라 투자, 대중교통, 건축 기준 및 농업 보조금을 통해 산업에 큰 영향을 준 것은 공공 부문과 정책 입안자들이었다. 결과를 이끌어낼 시스템을 만드는 것은 그들의 몫이다. 도시계획, 이동 시스템과 식품 시스템 등은 거대한 구조적 폐기물의 위험을 피하면서 새로운 기술을 효과적으로 통합할 것이다.

순환 경제에는 '반발 효과'의 위협이 있다. 기술이 가격을 낮추는 것은 좋은 소식이지만, 가격이 하락하면 소비자는 개인화된 운송수단, 공간, 음식 등을 더 많이 사용하는 경향이 있다. 다시 말해, 비용이 적을수록 낭비하게 되는 것이다. 정책 입안자들은 번영으로 인한 잠재적인 환경 불균형을 피하기 위해 신속하게 행동할 필요가 있다. 자산과 자재 재고에서 추출한 가치를 극대화하는 방식으로 새로운 기술과 비즈니스 모델을 경제에 통합하는 것이다. 예를 들어 사람들이 새로운 도시로 이동하면서 버려진 곳을 유령 도시로 내버려 두는 대신 자급자족하는 녹색 서식지를 만들 수 있다. 새로운 비즈니스 모델은 이동성, 음식, 건물 등 많은 구조적 낭비를 해결해 새로운 소비자의 선택지가 된다. 이로써 이용률과 수명을 늘려 경제적 이익을 거둘 수 있다.

폐기물을 단순한 환경오염이나 위험의 관점에서 보는 게 아니라 가능성 있는 재료 및 제품의 공급원으로 취급하는 것이다. 재설계, 복구, 재사용 및 거래에 대한 행정적, 법적 장벽이 먼저 완화되어야 한다. 폐기물의 재활용에 대한 인센티브를 장려함으로써 새로운 시장을 창출할 필요가 있다. 폐기물을 버리는 것보다 재사용하는 것이 쉽고 저렴해지면 미래에는 재활용이 대세가 될 것이다.

2030년 이후의 경제는 회복과 재생 경제를 통해 생태계를 보전하고 시간이 지남에 따라 수익률은 더 좋아질 것이다.

생물다양성을 복원하는 최신 기술들

기후 변화, 삼림 벌채, 오염, 남획 등이 복합적으로 작용해 생물다양성 위기가 발생했다. 심한 날에는 하루에 200종이 멸종하기도 한다. 현재의 속도로 계산해보면 21세기에 전체 대형 포유류와 해양생물의 50%가 사라진다. 또 2050년까지, 전 세계 생물다양성의 25%가 살고 있는 산호초의 90%가 사라진다. 그나마 위로가 되는 것은, 우리가 이런 문제의 심각성을 인지하고 있다는 점이다. 이 추세를 뒤집으려 노력하고 있기 때문에 이런 최악의 사태를 맞지는 않을 것으로 기대한다. 추세를 뒤집는 다섯 가지 주요 발전을 살펴보자.

드론 산림 재조성

육지에서 산림은 생물다양성의 중요한 무대로, 삼림 벌채가 멸종의 가장 큰 원인 중 하나가 되기도 한다. 그 파괴의 규모는 엄청나다. 매년 7만 3,000km^{2}의 숲, 파나마만큼 큰 견본을 잃는다. 나무는 주요 탄소 흡수원이므로 삼림 벌채로 인해 흡수되지 못하는 온실가스는 연간 총배출량의 15%를 차지한다.

그렇다면 우리는 어떻게 산업 규모의 삼림 벌채를 방지할 수 있을까? 해답은 산업 규모의 산림 재조성에 있다.

인공지능 유도 나무 심기 드론을 개발한 전 NASA 직원이 설립한 영국 기업 바이오카본 엔지니어링BioCarbon Engineering이 여기에 앞장선다. 이 드론은 먼저 지역을 지도화해 주요 식재 장소를 식별한 다음 생분해성 미사일 내부에 박힌 씨앗을 땅속으로 발사한다. 포드에는 젤라틴형 성장 촉진제가 들어 있어 충격 흡수 장치로 작용하고 식물 성장 속도를 높여준다. 한 명의 조종사가 한 번에 여섯 개의 드론을 비행해 하루에 10만 그루의 나무를 심을 수 있다. 바이오카본 엔지니어링이 제작하려는 전 세계 1만 대의 드론은 매년 10억 그루의 나무를 심을 수 있다.

산호초 복원

산호초는 바다의 숲으로, 해양 건강을 회복하려면 먼저 산호초를 복원해야 한다. 개발 중인 약 여섯 종의 산호 재성장 기술이 있는데 그중 모테 열대 연구소의 해양생물학자인 데이비드 본David Vaughan 박사의 연구가 가장 흥미롭다. 조직공학 기술을 차용한 본 박사는 2년 안에 100년 분량의 산호를 다시 자라게 하는 방법을 알아냈다. 또 정상적인 산호는 성숙에 도달한 후에만 산란하기 때문에 산란에 25~100년이 걸릴 수 있지만, 본의 산호는 2년 만에 번식해 산호초를 근본적으로 보충할 방법을 제공한다.

양식 재창조

어업은 해양생물 쇠퇴의 심각한 원인 중 하나다. 현재 전 세계 어업의 3분의 1이 한계를 넘어서고 있다. 더 철저한 어업 관리가 중요하다.

줄기세포에서 스테이크를 생산할 수 있는 조직공학 기법과 동일한 방법으로 만새기, 참다랑어 등을 재배할 수 있다. 실제로 이 목표를 추구하는 여섯 개의 기업이 있으며 양식 연어부터 실험실에서 자란 새우에 이르기까지 모든 것을 생산해 식탁으로 보내려 하고 있다.

농업 재창조

식물과 동물은 육지와 물속에서 깨끗하고 넓게 펼쳐진 자연 그대로의 서식지를 필요로 한다. 현재 지구 표면의 15%는 보호받는 야생지로 이루어져 있다. 하버드의 E.O. 윌슨E. O. Wilson과 일부 전문가들은 현재 '제6차 대멸종'으로 알려진 것을 막기 위해 지구의 절반이 필요할 것이라고 주장한다. 이 문제는 다음과 같은 중대한 질문을 제기한다. 그 땅을 어디에서 찾을 수 있을까?

간단히 말해서, 산림 재조성과 농업의 재창조를 결합함으로써 가능하다. 전 세계 육지의 약 37%와 담수 자원의 75%가 농사에 사용된다. 작물의 경우 11%가 인간의 식량으로 사용되며 나머지는 육류 및 유제품을 만드는 데 소모된다. 이 비중은 점차 줄어들고 있다. 새로운 농업 혁신(배양육, 수직 농업, 유전자 조작 작물 등)을 통해 훨씬 적은 투자로 더 많은 것을 수확할 수 있게 되었다.

이 여분의 땅을 자연으로 되돌려주자.

폐쇄 루프 경제

현재 우리가 겪고 있는 위협 중 하나는 오염이다. 의학저널 〈란셋Lancet〉이 실시한 2017년 연구에 따르면 오염으로 인해 매년 900만 명이 사망하고 약 5조 달러의 손실을 입을 것이다. 자연에 입히는 피해는 더 클 수 있다. 온실가스로 인한 오염이 가장 큰 위험이지만 강의 화학물질, 해양의 플라스틱, 대기의 먼지들이 지구의 생명을 질식시키고 있다.

이를 막기 위해 무엇을 할 수 있을까?

석유 기반 경제에서 재생 에너지 경제로 전환하는 것이 도움이 되지만, 그 밖에도 더 많은 것이 필요하다. 틀림없이 가장 큰 이슈는 제로-제로 제조다. 이 프로세스를 통해 기업은 매립해서 폐기물을 관리하는 대신 폐기물을 완전히 제거하고자 한다. 도요타Toyota, 구글, 마이크로소프트, 프록터 & 갬블Procter & Gamble, P&G 등이 길을 걷는 기업들이 증가하고 있다. 이것은 환경뿐만 아니라 수익성에도 좋다. GMGeneral Motors: 제너럴 모터스은 최근 152개의 제로 폐기물 시설로 지난 몇 년 동안 10억 달러를 절약했다고 보고했다.

상호 연결된 문제는 상호 연결된 해결책을 요구한다

우리가 생물다양성 상실, 극심한 기후 사건, 물 부족에 관해 이야기할 때 이것은 각각 독립된 문제가 아니다. '생명의 거미줄'은 은유가 아니다. 모든 것이 모든 것에 영향을 미친다.

스탠퍼드대 연구원은 생태계 서비스가 본격적으로 중단되기 전에 3세대에 걸쳐 종의 소멸을 멈추려고 한다. 한편 IPCC는 지구온난화를 1.5°C로 멈춰야 기후 위기에 대처할 수 있으며, 그 시한

이 12년밖에 남지 않은 것으로 추정한다. 다행히도 우리는 이미 이러한 과제를 해결하는 데 필요한 기술을 보유하고 있으며, 융합 덕분에 기술은 계속 향상된다. 그리고 혁신이 문제를 따라잡는다. 이제 우리에게 필요한 것은 의지력과 집단행동이다.

우리가 필요한 속도로 지속 가능한 환경으로 전환하려면 사람들이 장애물이자 기회가 될 것이다.

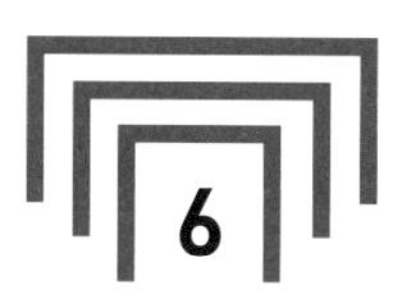

기후 변화를 해결할 7가지 키워드

2018년 온실가스 평균 농도가 전년보다 증가하며 또다시 최고치를 경신한 것으로 나타났다.

기상청에 따르면 2018년 지구의 이산화탄소 연평균 농도는 407.8ppm으로 전년 대비 2.3ppm 증가했다. 이 증가량은 최근 10년 동안의 연평균 증가량(2.26ppm/연)과 비슷한 수준이므로, 대기 중 이산화탄소 연평균 농도는 2015년 처음으로 400ppm을 넘어선 뒤 계속 높아지고 있다고 볼 수 있다.

이산화탄소 농도는 산업혁명 초기인 1880년대만 해도 280ppm에 불과했다. 그때 이후 46%나 높아진 것이다.

하와이의 마우나로아 관측소에서 측정하는 이산화탄소 농도는 매년 오르내리기를 반복하지만, 전체적으로 수십 년에 걸쳐 일관되게 상승하는 '킬링곡선keeling curve'을 보이고 있다. 이산화탄소 배출이 지금 추세로 계속된다면 2100년에는 지구의 기온이 산업화 이전보다 4°C 상승할 것이다. 이 기온에서는 북극의 얼음이 모두 녹고 열사병으로 매년 수십만 명이 사망한다.

여러 국가들 사이에서 지구 온난화로 인한 온도 변화를 2°C도 이내로 제한하려는 합의가 이루어진 지 이미 오랜 시간이 지났다. 이런 합의는 여러 가지 이유에서 중요하다. 높아진 온도가 식량 생산에 영향을 주기 시작했기 때문이다. 그러나 작가이자 활동가인 폴 호켄Paul Hawken은 2°C로는 충분하지 않다고 말한다. 2017년 샌프란시스코에서 열린 싱귤래리티 대학교 글로벌 서밋Singularity University's Global Summit에서 호켄은 자신의 책 《드로다운Drawdown》에 담긴 지구 온난화를 해결하기 위한 가장 포괄적인 계획을 주제로 강연했다.

드로다운이란 대기 중 온실가스 농도가 매년 감소되기 시작하는 시점을 뜻한다. 이러한 목표에 도달하는 방법을 찾아내기 위해 드로다운 프로젝트에서는 지구 온난화에 대한 100가지 해결방법을 규정하고 측정하며 모델링하기 위해 다양한 분야의 연구진이 진행한 연구의 결과를 살펴본다. 이 책에서는 각 해결 방법의 역사와 이산화탄소에 미치는 영향, 상대적 비용과 절감, 채택을 위한 과정과 방식에 관해 설명하고 있다.

호켄은 "지구 온난화 문제는 언제나 에너지, 에너지, 그리고 에너지다"라고 강조하며 에너지를 바르게 얻는 것이 이 문제를 해결할 수 있는 가장 좋은 방법이라고 설명했다.

다음은 호켄이 드로다운 연구에서 설명하는 최고의 기후 변화 대응 솔루션 모델 일곱 가지다.

1. 냉매 관리

1987년 유엔 회원국 197개국이 합의한 몬트리올 의정서가 발효된 이후 전 세계에서는 냉장 시스템에서 오존을 파괴하는 프레온 가스를 수소불화탄소hydrofluorocarbons, HFC로 대체했다. 그럼에도 문제는 해소되지 않았다. HFC가 오존에 덜 해롭기는 하지만 이산화탄소에 비해 대기를 1,000~9,000배 더 따뜻하게 만들기 때문이다.

그러자 이번에는 여러 국가들이 2019년부터 HFC를 단계적으로 퇴출시키고 있다. 프로판과 암모늄 같은 천연 냉매 대체재가 이미 시장에 나와 있다.

드로다운 연구에 의하면 앞으로 30년 동안 87%의 냉매 배출을 막는 것이 897억 톤의 이산화탄소에 맞먹으며 이 프로젝트에 소요되는 비용은 2050년까지 9,030억 달러라고 밝혔다.

2. 육상 풍력 터빈

풍력 발전은 현재 전 세계 에너지의 4%를 공급하고 있으며 2040년까지 최대 30%에 이를 수 있다. 일부 지역에서는 풍력 에너지가 석탄 에너지보다 저렴해졌으며 기술 향상에 따라 원가는 계속 하락한다.

드로다운 연구에 의하면 육상 풍력 발전으로 2050년까지 전 세계 에너지의 21.6%를 충당할 수 있으며 이를 통해 846억 톤의 이산화탄소 배출을 줄일 수 있다. 추정 비용은 1조 2,300억 달러에 이르지만 30년 동안 풍력 터빈을 운영해 7조 4,000억 달러를 절감할 수 있으므로 투자금액의 몇 배를 회수할 수 있다.

그러나 바람이 세계 모든 지역에서 부는 것은 아니기 때문에 풍력 인프라를 늘리기 위해서는 저장 장치와 전송 인프라 확충이 함께 진행되어야 한다.

3. 음식물 쓰레기 줄이기

재배된 식자재와 요리된 음식의 3분의 1은 버려진다. 전 세계적으로 수백만 명이 심각한 기아에 시달리는 상황에서 터무니없는 현실이다. 음식 자체가 낭비되는 것뿐만 아니라 음식을 생산하기 위해 소요된 물과 에너지, 인력도 함께 낭비되고 있다. 또한 식품 생산은 온실가스를 발생시키며 유기물 쓰레기는 메탄을 발생시킨다. 이러한 요소를 모두 합하면 음식 쓰레기는 전 세계 탄소 배출량의 8%를 차지한다.

가난한 국가에서는 생산품이 농장에서 썩거나 저장과 배송 과정에서 상하는 등 공급망의 초기에서 음식 쓰레기가 발생되는 경향이 있다. 이러한 국가에서는 저장과 처리 과정, 운송 인프라를 개선하면 음식 쓰레기 발생을 줄일 수 있다.

부유한 국가에서는 소매업자와 소비자가 겉모양에 문제가 있거나 유통기한이 만료되면 식품을 폐기한다. 2016년에 프랑스는 식품 외관의 표준을 완화시켜 이러한 낭비 현상을 막는 정책을 도입했다.

2050년까지 음식물 쓰레기의 절반을 줄일 수 있다면 262억 톤의 이산화탄소 배출량 감소와 맞먹는 효과를 기대할 수 있다. 음식물 쓰레기를 줄이면 444억 톤의 추가적 배출을 막을 수 있으며, 농지를 개간하기 위한 삼림 벌채도 막을 수 있다.

4. 채식 식단

가축을 한 국가에 모여 살게 한다면, 그 국가는 세계에서 세 번째로 큰 이산화탄소 배출국이 될 것이다. 2014년 유엔식량농업기구United Nations Food and Agriculture Organization: FAO는 모든 탄소 배출량의

14.5%가 가축 사육에서 나온다고 밝혔다.

축산업이 탄소를 많이 배출하는 이유는 식물을 더 많이 먹기 때문이다. 채식 위주의 식단은 건강할 뿐만 아니라 대체로 육류보다 저렴하다. 물론 식단을 바꾸는 것은 쉬운 일이 아니다. 음식의 선택은 극히 개인적이고 문화적이다. 그러므로 이를 강요하기보다는 채식 위주 식단의 장점에 관해 교육하는 것이 좋은 출발점이 되어줄 것이다.

드로다운 연구에서는 세계 인구의 50%가 하루의 식단을 2,500칼로리로 제한하고 전반적으로 육류 소비를 줄인다면 적어도 267억 톤의 이산화탄소 배출을 줄일 수 있고, 농지를 만들기 위한 삼림 벌채를 막아 393억 톤의 배출을 추가로 줄일 수 있다고 밝혔다.

5. 열대우림 보호

한때 열대우림은 전 세계 육지의 12%를 덮고 있었지만 지금은 겨우 5%로 줄어들었다. 사라진 열대우림은 대부분 농업(농작물 농업 또는 목축)을 위해 개간되었다. 열대우림은 세계의 일부 지역에서는 계속 사라지고 있지만 또 다른 지역에서는 복원되기도 한다.

삼림 생태계가 회복되면 나무와 풀 등이 이산화탄소를 흡수하고 저장한다. 식물과 동물군이 회복되고 생물 종 사이의 상호작용이 되살아나게 되면 숲은 물의 순환을 돕고 토양을 보전하며, 서식지를 보호하고 음식과 약, 섬유를 공급한다. 또한 열대우림은 인간이 살아가는 장소를 제공하고 모험과 경배의 장소가 되는 등 다양한 역할을 회복하게 된다.

드로다운 모델에서는 162만km^{2}의 손상된 열대우림을 복원할 수 있다고 추정하고 있다. 자연이 회복된 삼림은 2050년까지 총 612억 톤의 이산화탄소 배출을 억제할 수 있다.

6. 여성에 대한 교육

교육을 많이 받은 여성일수록 자녀의 수가 더 적고 자녀는 더 건강하다. 임산부 사망률과 유아 사망률 또한 더 낮다. 학교를 더 오래 다닌 소녀들은 아동기 결혼이나 자신의 의지에 반한 결혼을 하는 경우가 더 적으며, 에이즈나 말라리아 감염 비율도 더 낮다. 농업도 생산성이 더 높으며 가족의 영양 상태도 더 좋다.

드로다운 연구는 경제적, 문화적 문제 및 안전의 문제로 인해 전 세계 6,200만 명의 소녀들이 교육을 받지 못하고 있다고 말하며, 이러한 상황을 변화시켜야 한다고 주장한다. 이를 위해 저렴한 학비, 가까운 통학로, 소녀들에게 친화적인 학교를 만들 것 등을 권고했다.

유네스코는 저소득 국가에서 보편적 교육을 실시하기 위해서는 매년 390억 달러가 필요하다고 말했다. 그 결과로 2050년까지 매년 696억 톤의 이산화탄소 배출을 감축할 수 있다.

7. 가족계획

드로다운 연구에 따르면 '저소득 국가에서 2억 2,500만 명의 여성이 피임 방법을 몰라 원치 않는 임신을 하게 된다고 한다. 미국을 포함한 고소득 국가에서도 임신한 여성의 45%는 의도하지 않은 것이라고 한다.

드로다운 연구에서는 가족계획에 대한 투자가 없는 나라에 관해 가족계획을 실시할 경우 에너지와 건물 공간, 식품, 폐기물, 교통량에 미치는 영향을 모델링했다. 그 결과 가족계획이 가져오는 이산화탄소 배출량 감소는 1,192억 톤이며 그중 절반은 소녀들에 대한 교육에서 기인한다.

호킨은 강연을 정리하면서, 지구 온난화에 관해서 그동안 아무도 이야기하지 않은 색다른 견해를 피력했다.

"지구 온난화는 일어나지 않는다. 지구 온난화는 하나의 해프닝이며, 선물이다. 피드백이 없는 모든 시스템은 죽는다. 지구 온난화는 우리가 누구이고 우리의 마음과 심장, 재능으로 만들어낼 수 있는 것은 무엇인가에 대해 다시 생각하게 만드는 선물이다."

석유화학제품이 사라진다

요즘에는 편리함보다 매장량의 한계, 가격 변동으로 인해 세계 경제에 미치는 악영향, 탄소 배출의 주범 등으로 오히려 주목받는 석유와 천연가스는, 보통 에너지를 생산하는 '연료'라는 이미지가 가장 크다. 하지만 석유화학제품이라는 이름으로 가공되어 플라스틱, 섬유, 고무, 의료용품까지, 우리의 삶 깊숙한 곳까지 들어와 있다. 이런 편리함을 당장 끊어낼 수는 없지만, 정체를 알고 나면 마음이 살짝 불편해지는 것도 사실이다. 플라스틱, 섬유, 의료용품 같은 것들을 석유나 천연가스가 아닌 생물에서 만들 수 있다면 어떨까? 우리의 마음이 편해지는 것은 물론 기후나 세계 경제에 훨씬 긍정적인 영향을 줄 것이다.

우리는 이미 이런 식으로 농작물을 사용한다. 면 소재 의류를 입고 목조 주택에서 산다. 하지만 식물만이 재료의 유일한 공급원은 아니다. 미생물이 그 대안이 될 수 있다. 현재 우리가 당연하게 받아들이고 있는 믿기 어려울 정도로 다양한 소유물을 매우 저렴한 가격으로 제공할 수 있기 때문에, 미생물은 장기적으로 훨씬 많은 잠재력을 지니고 있다. 땅속에서 원료를 캐내는 대신 살아 있는 미생물로 가득한 초대형 생물 반응 장치에서 원료를 만들 수 있는 것이다.

생물 기반 화학 생산이 정말로 시작되려면, 가격과 실적 면에서 전형적인 화학 생산과 겨룰 수 있어야 한다. 시스템 대사 공학 systems metabolic engineering의 발전 덕분에 이러한 목표에 도달하는 일이 머지않아 보인다.

재생 가능한 원천의 미생물에서 얻는 화학물질

시스템 대사 공학은 컴퓨터 기술, 시스템 생물학, 합성생물학 등의 융합으로 만들어진 기술로, 미생물의 대사 회로를 인위적으로 제어해 우리가 원하는 제품을 효율적으로 생산하게 하는 기술을 말한다. 화석연료를 대신할 바이오 부탄올 생산에 성과를 내면서 환경에 대한 보호와 효율성을 주목받아 2016년 세계경제포럼이 선정한 세계 10대 유망기술에 선정되기도 했다.

또 최근에는 의료 쪽에서도 새로운 진전을 보이고 있다. 미생물을 폴리락테이트-글라이콜레이트polylactate-co-glycolate, PLGA, 즉 체내에 삽입할 수 있는 생분해성 중합체로 만들어 외과 봉합, 이식, 보철은 물론 암이나 감염 치료에 투여하는 약물에 사용할 수 있음을 보여주는 실험이 진행되었다. 시스템 대사 공학은 통증 치료를 위한 오피오이드를 만드는 일련의 효모균을 생성시키는 데도 사용된다. 이 약물은 전 세계, 특히 통증에 대한 관리가 부족한 개발도상국에 절실하게 필요하다.

대사 공학을 이용해 만들 수 있는 화학물질의 범위는 매년 커지고 있다. 이 기법이 현재 석유화학물질로 만들어지는 모든 제품을 복제할 수는 없다. 하지만 화석연료로는 적당한 가격에 만들 수 없는 새로운 화학물질, 특히 식물이나 동물에서 아주 소량씩밖에 추출할 수 없기 때문에 현재는 대단히 비싸고 복잡한 유기 혼합물을 저렴한 가격으로 제공할 가능성이 있다.

화석연료와 달리 미생물로 만들어진 화학물질은 무한히 재생가능하며 온실가스를 비교적 적게 배출한다. 실제로 미생물 화학물질 일부는 이산화탄소나 메탄을 흡수하고 그것을 고형 폐기물로 땅에 묻히는 제품에 통합시킴으로써 지구에서 나와 대기로 들어가는 탄소의 흐름을 역전시킬 수 있다.

생화학 생산의 규모가 산업에 이용될 정도로 커짐에 따라 토지의 이용을 두고 식품 생산과 경쟁을 벌여야 하는 문제나 조작된 미생물이 의도치 않게 환경에 방출되는 문제가 중요해질 것이다. 이런 점만 잘 극복한다면 매우 유익하게 쓰일 수 있다.

더 이상 미룰 수 없는 배양육

1931년 윈스턴 처칠Winston Churchill은 "우리는 닭의 가슴살이나 날개살 등을 적절한 수단으로 따로 키움으로써, 이러한 부위들을 먹기 위해 닭 한 마리를 통째로 기르는 부조리에서 벗어날 것"이라고 과감한 예측을 했다. 그 당시에는 순수한 공상과학 소설처럼 들렸겠지만 이제는 아니다.

오늘날 의료를 목적으로 한 조직공학의 혁신 덕분에, 우리는 처칠의 식품 비전을 실현하는 데 매우 가까워졌다. 연구자들과 미디어들은 '식품 세포를 기반으로 한 새로운 종류의 배양된 고기' 또는 '실험실에서 키워낸 고기'라고 다양하게 불렀다. 식물에 기반을 둔 대안과는 달리, 재배된 고기는 동물성 근육과 지방 세포로 구성된 기존의 그것과 유사하다. 하지만 세포 수준에서 배양할 수 있기 때문에, 고기를 만들기 위해 동물 전체를 사육할 필요가 없다.

2015년 초 배양육 기업 멤피스 미츠Memphis Meats가 출범한 이후, 점점 더 많은 신생 기업들이 동물 없이 동물 고기를 생산하는 데 주력하고 있다. 2020년이 되자 전 세계 수십 개의 배양육 회사가 새우와 참다랑어에서부터 소와 캥거루에 이르기까지 모든 육류를 추구하고 있다. 기업들은 생산 과정에 필요한 동물을 제거함으로써, 기존 육류보다 에너지를 45% 적게, 수자원을 96% 적게, 그리고 토지를 99% 적게 사용하는 친환경 육류 생산을 목표로 한다.

고기에 대한 끝없는 식욕을 충족시킬 지속 가능한 방법을 찾기 위해 경쟁하면서, 배양육 분야는 신규 기업 수와 투자의 규모로 볼 때 매년 2배 이상의 기하급수적인 성장을 보여왔다. 2015년 말 한 신생 기업이 수십만 달러를 모금했다. 2020년에는 배양육의 일인자 멤피스 미츠가 투자자인 소프트뱅크, 노웨스트Norwest, 테마섹Temasek으로부터 1억 6,100만 달러 규모의 B 시리즈 펀딩을 마감하면서 이 부문은 또 한 번의 중요한 진전을 이루었다. 이 금액은 공개된 다른 모든 육류 기업 투자액보다 더 크며, 스타트업에 대한 총투자액은 1억 8,100만 달러에 이른다.

이와 같은 투자가 배양육 기업 및 분야 전체에 어떤 의미가 있을까. 세 가지 중요한 이점을 정리해보자.

1. 생산을 확장하고 상업화할 때가 되었다

이 단계에서 자금을 조달하면 배양육 기업은 개념 증명 단계를 넘어설 수 있다. 이를 통해 규모를 키울 수 있는 열쇠인 육즙과 관련된 흥미로운 공학적 도전에 뛰어들 수 있으며, 진정한 상업적 규모의 생산을 위한 시범 시설을 구축할 수 있다.

2. 멤피스 미츠의 기술과 전망을 검증한 것이다

이 펀딩 이정표는 배양육 개념의 기술적 건전성과 이에 대한 멤피스 미츠의 접근 방식을 검증하는 역할을 한다. B 시리즈 펀딩을 통해 신중한 투자자들은 연구 계획과 팀의 자격 증명뿐만 아니라 기술 및 사업 이정표를 향한 실질적인 진척도 평가한다. 투자자들은 일반적인 벤처기업 자금 펀딩의 시간 범위 내에서 상업적 실행 가능성과 수익성을 향한 길을 본다.

멤피스 미츠가 기존 펀드들로부터 후속 투자를 확보하고 주목할 만한 신규 투자자들을 유치했다는 사실은 그들이 지금까지 기술의 위험성을 제거하면서 인상적인 진전을 이루었음을 증명한다.

3. 분야 전반에서 이룬 큰 승리지만, 아직 할 일이 남아 있다

이 투자는 멤피스 미츠에게는 승리인 한편 전체 분야에 대한 검증이자 기존 육류 생산에 내재된 일부 문제의 해결책으로서 배양육의 개념을 널리 소개했다. 하지만 승리 후 트랙을 한 바퀴 천천히 돌 시간은 없다. 육류 대체품 개발에 가속도가 붙고 있다. 2019년 임파서블 푸즈Impossible Foods와 비욘드 미트Beyond Meat의 식물성 고기가 버거킹이나 KFC와 같은 패스트푸드점에서 큰 인기를 끌었다.

배양육이 기존 고기를 대체할 수 있다면 시장의 한 부분을 차지할 수 있을 것이다. 하지만 더 많은 투자가 필요할 것이다. 그리고 배양육 기업들은 규제 조사를 통과해 해당 제품이 건강하고 안전할 뿐만 아니라 바람직하고 맛있다는 사실을 대중에게 납득시켜야 한다.

멤피스 미츠 B 시리즈가 보여주는 바와 같이 민간 부문에서 재정 지원이 이루어지겠지만, 공공 부문 역시 상황이 계속 진행되도록 도울 수 있다.

재생 에너지에 많은 투자를 하고 있는 정부는 재생 가능한 육류에도 많이 투자해야 한다. 이 부문은 아직 초기 단계에 있다. 동물 없는 육류 생산을 빠르게 확장하기 위해서는 문제를 해결하고 혁신을 추진하며, 효율성을 높일 지속적인 자원이 필요하다. 육류 생산의 개선이라는 방대한 약속을 고려할 때, 정부는 근본적인 연구의 기반을 넓히기 위해 몇 가지 중요한 점검을 할 때다.

기후 위기가 확산됨에 따라, 지속 가능한 육류를 생산하는 방법을 포함해 우리를 구할 수 있는 과학에 투자할 필요가 있다. 안전하고 지속 가능한 식량 공급을 선점하려면 더 나은 형태의 육류 생산을 지지하는 대중의 지원이 필요하다.

밤에도 에너지 생산하는 태양광

태양광 패널 기술은 화석연료에서 재생 에너지로의 전환에 중요한 열쇠가 될 것으로 기대되었다. 다만 치명적인 약점이 있었는데, 밤에 전기를 생산할 수 없다는 점이었다. 이런 단점을 해결하기 위한 것이 바로 우주 태양광으로, 태양광 패널을 낮과 밤이 없는 우주에 띄워 24시간 전기를 생산하는 이론도 완성되었다. 하지만 우주에 띄울 방법, 원격으로 작동시킬 프로그램, 여기서 생산된 에너지를 지상으로 보낼 방법 등 해결해야 할 과제가 많아 빠른 시일 안에는 이루어질 수 없을 것으로 예측되었다. 그런데 최근 새로운 연구가 24시간 내내 작동할 수 있으며 지상에서 작동하는 패널 설계의 가능성을 높였다.

이 연구에 따르면, 특별히 설계된 태양광 패널의 광전지들은 최적의 조건에서, 낮 동안 생산하는 에너지의 4분의 1을 밤에도 생산할 수 있다고 한다. 이 기술은 적외선이나 열 복사선이 광전지를 떠나는 과정에서 소량의 에너지를 생성하는, 복사 냉각을 통해 에너지를 생산한다.

열 방사성 광전지는 이미 제조 등의 분야에서 테스트되고 있으며, 엔진에서 발생한 고온과 같은 폐열을 변환하는 데 사용된다. 야간 태양광 패널의 경우, 차가운 밤하늘로 전지를 향하는 것이 이 과정을 활용하는 방법이다.

밤하늘에서도 태양광 에너지를 충전한다

캘리포니아 대학교 데이비스 캠퍼스의 전기 및 컴퓨터 공학자인 제러미 먼데이Jeremy Munday는 처음에는 이 장치를 따뜻한 곳에 놓아 하늘을 가리키게끔 두면 어떨까 생각했다. 적외선으로 이러한 효과를 얻기 위해서는 가시광선에 초점을 맞추는 일반 태양광 패널과는 다른 종류의 재료가 필요했다. 그래서 다음 단계로 어떤 재료와 전자 장치의 혼합이 밤하늘의 열 흡수원으로 사용하는 효과적인 패널을 만들어낼 수 있는지를 알아내고자 했다.

"일반적인 광전지는 햇빛을 흡수해 전력을 생산하는데, 이로 인해 장치 전체에 전압이 발생하고 전류가 흐르게 된다"고 태양광 패널의 원리를 설명한 먼데이는 "새로운 장치에서는 반대로 빛이 방출되고 전류와 전압이 반대 방향으로 흐르지만 여전히 전력을 생성한다"고 설명한다. 즉, 다른 재료를 사용해야 하지만 물리학적으로는 동일한 과정을 거친다는 것이다.

연구진의 계산에 따르면 태양광 발전소는 이상적인 조건 아래서 1m²당 최대 50W의 전력을 생산할 수 있다. 새로운 기술이 실현되면 이미 많은 태양광 발전소가 건설된, 개방적이고 건조한 환경에서 에너지 생산이 전체적으로 12% 정도 증가한다.

야간 태양광 에너지 집적의 발상은 여러 그룹에서 연구되고 있다. 2019년에는 스탠퍼드 대학교의 연구원들이 적외선 복사로 전기를 생산하기 위해 야간 하늘과 지구 사이의 열 불균형을 이용했다.

현재는 먼데이와 그의 동료들이 개발 중인 프로토타입만 존재하기 때문에 이 기술을 제대로 확장하는 것은 좀 더 먼 미래의 일이겠지만, 이 프로젝트가 실현되면 잠재적으로 태양 전지를 24시간 가동할 수 있으므로, 에너지의 가격이 더욱 저렴해질 것이다.

세계에서 가장 작은 원자력 발전소

핵폐기물을 획기적으로 줄이는 혁신적인 원자력 발전소가 2025년 가동을 목표로 준비되고 있다.

이 발전소를 개발한 오클로Oklo 사는 더 안전하고 작은 원자력 발전소를 혁신하기 위해 전 세계 신생 업체들과 협력한다. 다만 전문가들은 원자력 발전소가 수년간의 핵 승인 과정을 거치는 것을 고려하면 오클로의 가동을 위한 타임라인이 비현실적이라고 말한다.

아이다호에 있는 실험용 원자로는 핵폐기물을 감소시키는 연료를 사용해 전력을 제공하는 미국 최초의 상업용 원자로가 될 수 있다. 이 작은 발전소는 약 1,000가구에 전력을 공급할 수 있고 약 20년 동안 독자적으로 운영될 수 있다.

오클로는 해당 원자로가 핵폐기물을 통해 전력을 생산하는 최초의 원자로일 것이라고 주장한다. 그러나 오클로는 현재 에너지 상태와 탄소 중립적 미래 사이의 가교로서 국지적이고 안전한 원자력을 만드는 방법을 연구하는 많은 단체 중 하나에 불과하다.

환경 블로그 그리스트는 "지구가 산업화 이전 수준으로부터 1.5°C 이상 온난화되지 않도록 하기 위해 IPCC가 제시한 모든 시나리오는 핵에 의존하고 있다"고 설명한다.

이 주목받는 혁신이 공유하는 몇 가지 중요한 아이디어가 있다. 첫째, 비교적 작은 형태의 상업용 원자로든 오클로와 같이 실제로 국지화된 소형 원자로든 간에, 소규모 원자로는 본질적으로 더 안전하다. 또한 소형 원자로를 위한 원자로 격납고를 건설하는 것이 더 쉽고 저렴하다.

둘째, 이러한 혁신적인 설계 중 많은 것들이 새롭거나 기존과 다른 형태의 핵연료를 사용하려 한다. 어떤 원자로는 재활용되는 폐기물을 사용하고, 어떤 원자로는 '위태로운' 상태에 도달하지 않고 전력을 생산할 수 있는 화학 반응을 사용한다. 특히 소형 원자로는 연료가 훨씬 적게 드는데, 이는 유독성 폐기물도 적다는 것을 의미한다.

오클로의 계획은 두 가지 모두의 조합이다. 불과 1.5MW 규모인 이 발전소는 원자력 발전 초기에서부터 지금까지 건설된 가장 작은 발전소 중 하나일 것이다. 세계에서 가장 작은 긴급 원자력 발전소는 11MW를 생산하며, 러시아의 새로운 부유식 발전소조차도 30MW를 생산한다. 이 발전소의 특별한 디자인은 A자형 집처럼 생겼으며 보통 원자력 발전소를 운영하는 크기의 장소보다 더 작은 장소에 쉽게 들어갈 수 있다.

원전 허가에 드는 시간 단축 도전

2019년 12월 오클로는 이 새로운 발전소를 건설하기 위한 허가를 받았다. 이는 미국에서 경수(수랭식) 원자로 이외에 다른 것을 사용한 원자력 발전소가 받은 처음이자 유일한 허가다. 이들이 사용하려는 연료의 구체적인 혼합은 HALEU라고 불린다. 고효율, 저농축 우라늄high-assay, low-enriched uranium, HALEU은 기존 원자로보다 부피당 더 많은 전력을 제공할 것을 약속하며, 그 효율로 인해 발전소 크기가 작아질 수 있다고 한다. 또한 코어의 수명이 더 길고 핵폐기물의 연소율 역시 더 높다고 한다.

하지만 오클로의 앞길에는 큰 장애물이 있다. 바로 날짜다. 그리스트는 2019년 12월 허가를 받은 이 원자력 발전소가 2022~2025년에 문을 열 예정이라고 밝혔다. 이러한 일정은 미국의 원자력 발전 역사상 가장 짧은 시간이 될 것이다. 하지만 최초의 상업용 HALEU 연료 고속 증식 원자로의 경우, 이 기간이 낙관적으로 보인다. 오클로가 핵 규제 과정을 통과해 안전한 원자로의 승인 시간을 더 단축시키는 선례를 만든다면, 더 빠른 핵 혁신의 길을 열어줄 수 있을 것이라고 많은 전문가들은 강조한다.

PART 8

기술

기술은 우리의 삶을 완전히 바꾸어놓는다. 우리는 해가 지고 나면 인간의 활동도 멈췄던 전기가 없었던 시절이나, 자동차가 없어 말을 타거나 걸어 다녔던 좁은 세계의 삶을 상상할 수 없다. 텔레비전이 없다면 저녁이나 주말을 무엇을 하며 보낼지 막막할 것이고, 냉장고가 없다면 음식은 어떻게 보관할지, 차가운 맥주 한잔을 어떻게 마실지 상상할수록 무서워질 것이다.
그리고 컴퓨터가 없다면 어떨까? 원하는 정보를 얻기 위해서는 도서관에 가서 두꺼운 과거 신문 뭉치와 논문을 끝도 없이 뒤져야 하고, 많은 사람들을 만나서 직접 이야기를 들어야 할 것이다. 학생이라면 과제를 제출하기 위해 이런 일들을 한 뒤에, 많게는 수십 장에 달하는 원고를 손으로 직접 써야 한다. 그 밖에도 우리가 컴퓨터와 스마트폰으로 하던 모든 일을 할 수 없게 되었을 때를 상상하기란 쉽지 않을 것이다.
컴퓨터로 시작된 IT 혁명은 제3의 물결, 3차 산업혁명으로 불리면서 십수 년 사이에 우리 삶의 많은 부분을 바꾸었다. 그런데 이제 또 다른 기술이 우리를 찾아온다. 아마도 그 기술들이 우리 일상에 들어올 때는 지금과는 완전히 다른 삶을 살게 될 것이다.
다양한 기술들이 있겠지만, 그중에서도 특히 중요한 양자컴퓨터, 인공지능, 로봇을 중심으로 살펴보겠다.

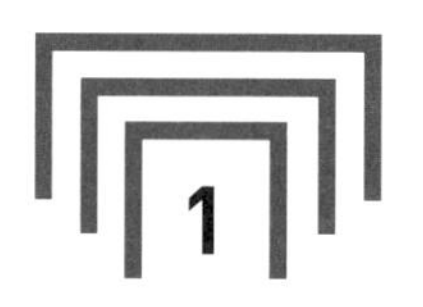

양자컴퓨팅, 이론에서 현실로

양자컴퓨터quantum computer는 더 나눌 수 없는 에너지 최소량 단위인 양자quantum가 중첩되고 얽히는 현상을 이용한 컴퓨터다. 기존의 디지털컴퓨터의 한계를 뛰어넘는 엄청난 컴퓨팅 파워를 지녀 꿈의 컴퓨터라 불린다. 현재의 컴퓨터는 전기 신호로 1과 0이라는 두 가지를 사용해 연산을 수행한다. 하지만 양자컴퓨터는 동시에 여러 상태를 나타낼 수 있는 양자비트quantum bit나 큐비트qubit라는 정보처리 단위를 사용해 연산을 수행한다.

2012년 11월 15일 〈MIT 테크놀로지 리뷰MIT Technology Review〉는 물리학자들이 양자 정보를 150m까지 순간이동시켰다고 발표했다. 전문가와 학자들이 이 기술의 개발에 적극적인 것은 이것이 양자컴퓨터 개발로 이어지기 때문이다. 양자컴퓨터나 양자인터넷, 양자라우터 등이 나오면 한곳에서 무한한 정보를 다른 곳으로 순식간에 이동시킬 수 있게 되어, 인터넷 3.0의 시대가 열린다.

그런데 이 연구에서 큐비트는 너무나 쉽게 변형되어, 정보가 손상되지 않게 보내는 것이 쉽지 않다. 이 점을 보완해야 양자컴퓨터 개발에 한 걸음 다가설 수 있기 때문에 물리학자들은 큐비트를 안전하게 전송하는 양자광학기술을 개발하고 있다.

중국과학기술원 연구진은 2012년 5월 9일 논문 초고 온라인 등록 사이트 아카이브ArXiv.org에 논문을 등재하며 "양자 하나를 97km 떨어진 곳에 순간이동시키는 데 성공했다"고 밝혔다. 같은 해 5월 17일에는 오스트리아 빈 대학교 연구진이 아카이브에 "카나리아 제도 섬들 중 143km 떨어진 곳에서 양자를 순간이동시키는 데 성공했다"고 발표해 중국 팀의 기록을 8일 만에 갈아치웠다.

양자역학의 세계에서 순간이동을 실현하는 '양자 원격전송'은 1997년 오스트리아 빈 대학교의 안톤 차일링거Anton Zeilinger 교수팀이 세계 최초로 성공했고, 2012년에 143km를 성공시킨 주인공도 차일링거 교수팀이다.

슈퍼컴퓨터가 1만 년 걸리는 연산을 3분에

그리고 마침내 구글의 과학자들이 2019년 10월 23일 〈네이처〉를 통해 양자컴퓨팅 분야에서 오랫동안 기다려온 이정표인 양자 우위quantum supremacy: 양자컴퓨터가 슈퍼컴퓨터의 성능을 넘어서는 현상를 달성했다고 발표했다.

캘리포니아 대학교 샌타바버라 캠퍼스와 구글의 실험 물리학자인 존 마티니스John Martinis가 이끄는 팀은 세계 최초의 양자컴퓨터가 일반적이고 '고전적인' 기계들의 능력을 넘어서는 구체적인 계산을 수행했으며, 계산 시간은 200초가 걸렸다고 밝혔다. 구글의 추정에 따르면, 동일한 계산을 하는 데 최고 수준의 슈퍼컴퓨터를 동원하더라도 1만 년이 걸린다.

마티니스는 양자 우위는 오래전부터 이정표로 여겨져 왔는데, 이는 이론상에 존재하는 양자컴퓨터가 기존 컴퓨터보다 성능이 뛰어나다는 것을 증명하기 때문이다.

오스트레일리아 뉴사우스웨일스 대학교의 양자물리학자인 미셸 시먼스Michelle Simmons는 "구글이 실제 시스템에서 양자 속도 향상을 달성할 수 있다는 최초의 실험적 증거를 제공한 것 같다"고 말했다.

마티니스는 실험을 '헬로, 월드Hello, World!' 프로그램화면에 'Hello, World!'를 출력하는 것이 프로그래밍 언어를 배우는 첫 번째 단계로 암묵적 규칙이 된 것에 비유한다. 그 자체로는 그다지 유용하지는 않지만 양자 하드웨어와 소프트웨어가 제대로 작동하고 있다는 증명이 되어주기 때문이다.

텍사스 대학교의 컴퓨터과학자인 스콧 애런슨Scott Aaronson은 양자 난수 생성기의 출력을 확인하는 구글이 선택한 계산은 실제 적용이 제한적이지만 "과학적 성과는 그 자체로도 엄청나다"고 말했다.

양자컴퓨터 구축에서 구글과 경쟁하고 있는 IBM은 다른 고전적인 기술을 사용해 1만 년이 아닌 2.5일 만에 이 문제를 해결할 수 있다고 발표했다. 이 논문은 동료의 검토를 받지는 않았지만, IBM이 맞는다면 구글의 위업을 깎아 '양자 우위'에 대한 경쟁에서 다시 맞서볼 수는 있을 것이다.

아직은 제한된 실험과 성능

양자컴퓨터는 기존의 컴퓨터와는 근본적으로 다른 방식으로 작동한다. 기존의 컴퓨터 비트는 1 또는 0이지만 큐비트는 한 번에 여러 상태로 존재할 수 있다. 큐비트가 불가분의 관계로 연결되면 물리학자들은 이론적으로 파동 양자 상태 사이의 간섭을 이용해, 수백만 년이 걸릴 수도 있는 계산을 단시간에 수행할 수 있다고 주장한다.

물리학자들은 양자컴퓨터가 언젠가는 다루기 힘든 데이터베이스를 검색하거나 암호화에 사용된 데이터베이스를 포함해 많은 수를 고려할 수 있는 혁신적인 알고리즘을 실행할 수 있다고 생각한다. 그러나 이러한 응용 프로그램의 개발에는 여전히 수십 년이 걸린다. 큐비트가 많을수록 장치가 작동하는 동안 깨지기 쉬워져 상태를 유지하는 일이 더 어려워진다. 구글의 알고리즘은 각각 초전도 루프로 만들어진 54큐비트로 구성된 양자 칩에서 실행된다. 이것은 상용화를 가정할 때 요구되는 100만 큐비트와 비교했을 때 극히 작은 일부분이다.

구글이 양자컴퓨터로 설정한 작업은 '조금 이상하다'고 크리스토퍼 먼로Christopher Monroe 메릴랜드 대학교 물리학 교수는 말한다. 구글의 물리학자들은 2016년에 이 문제를 처음 만들었는데, 일반 컴퓨터로는 해결하기가 매우 어렵게 설계되었다. 이 문제를 만든 팀은 시카모어Sycamore라고 알려진 컴퓨터 프로세서를 만들었으며, 난수를 만든 뒤 이 수가 난수가 맞는지 증명한다. 일련의 무작위 연산을 통해 53큐비트를 통과하는 회로를 실행해 이를 수행하는데, 이렇게 하면 1과 0의 53자리 문자열이 생성되며 총 253개의 조합이 가능하다. 이 과정이 너무 복잡해 첫 번째 원칙으로 결과를 계산할 수 없으므로 사실상 임의적이다. 다만 큐비트 간의 간섭으로 인해 일부 문자열은 다른 문자열보다 발생할 가능성이 높다. 그렇더라도 여전히 임의의 숫자를 생성한다는 사실은 변하지 않는다.

시카모어는 회로를 샘플링해 100만 번 실행하고 관찰된 출력 문자열을 측정해 확률 분포를 계산한다. 이 방법은 오류를 찾기 위해 주사위를 굴리는 것과 유사하다. 어떤 의미에서 이 기계는 과학자들이 매일 하는 일을 하고 있다. 고전적 수단과 방법으로는 계산할 수 없는 양자 문제에 대한 해답을 찾기 위해 실험을 이용하는 것이다. 먼로 교수는 구글의 컴퓨터가 단일 목적이 아니라 프로그래밍이 가능하며 어떤 설정으로든 양자 회로에 적용될 수 있다는 것이 주요 차이점이라고 말한다.

해결책 검증은 더 큰 난제였다. 이를 위해 이 팀은 테네시의 오크리지 국립 연구소에 있는 서밋 슈퍼컴퓨터를 포함해 기존 컴퓨터가 수행한 더 단순한 회로 시뮬레이션 결과를 비교했다. 이러한 사례를 바탕으로 구글 팀은 전체 회로를 시뮬레이션하는 데 100만 개의 처리 장치가 있는 컴퓨터(약 10만 대의 데스크톱 컴퓨터와 동일)에서도 1만 년이 걸릴 것으로 추정했다. 시카모어는 3분 20초밖에 걸리지 않았다.

구글의 성과가 보여주는 미래의 가능성

메릴랜드 대학교의 먼로 교수에 따르면 구글의 업적은 더 많은 컴퓨터 과학자와 엔지니어를 현장으로 끌어들임으로써 양자컴퓨팅 개발에 도움이 될 수 있다고 한다. 그러나 그는 또한 이 소식이 양자컴퓨터가 실제보다 더 현실에 가까워졌다는 인상을 줄 수 있다고도 경고했다. 그는 "사람들이 2년 정도 후에는 양자컴퓨터를 살 수 있다고 생각한다"고 말한다.

하지만 과학자들은 프로그램이 가능한 양자컴퓨터가 특정 분자의 전자 구조를 계산하는 것과 같이, 다른 방법으로는 할 수 없는 유용한 작업을 해결할 수 있음을 증명하지 못하고 있다고 덧붙였다. 애런슨은 또 다른 중요한 단계는 오류 수정으로 알려진 프로세스를 사용하는 알고리즘에서 양자 우위를 입증하는 것이라고 설명했다. 이를 입증하지 못하면 노이즈로 인한 오류가 발생해 계산이 잘못될 수 있다. 물리학자들은 이것이 양자컴퓨터를 대규모로 작동시키는 데 필수적이라고 생각한다.

마티니스는 구글이 이 두 가지 이정표를 향해 노력하고 있으며 조만간 실험 결과를 알 수 있을 것이라고 밝혔다.

양자물리학이 발전하고 있다 해도 현재 기술 수준으로는 영화 〈스타트렉〉에서처럼 사람을 순간이동시키는 건 불가능하다. 사람을 원격전송하려면 다른 장소에 사람의 '쌍둥이'를 만들어야 하는데, 광자나 원자처럼 간단한 입자는 쌍둥이를 만들기가 쉬운 편이지만 사람은 매우 복잡하고 어렵기 때문이다. 현재 원격전송이 가능한 대상은 '정보의 상태'이지 물체가 아니다. 하지만 기술의 기하급수적 발전을 생각하면 2050년대에 생명체를 순간이동시키는 것도 꿈은 아닐 것이다.

양자컴퓨터의 상용화를 위한 온도 극복 과제

양자컴퓨터는 세상에 또 다른 혁명을 일으킬 기술로 뜨거운 주목을 받고 있다. 하지만 이 기술이 좀처럼 실현되지 않는 이유 중에 하나는 컴퓨터가 의존하는 양자의 상태가 믿을 수 없을 정도로 취약하며, 사소한 교란에도 그 안에 인코딩된 정보가 손실될 수 있기 때문이다. 양자의 상태를 안정적으로 유지하기 위한 방법의 하나는 진동과 열 변동이 거의 존재하지 않는 절대 영도(0켈빈이며, −273.15°C)에서 컴퓨터를 운영하는 것이다.

그러나 이 온도에 도달하려면 엄청나게 강력한 냉각 기술이 필요하며, 오늘날의 기술로는 실험 장치의 작동 온도를 유지하는 데 수백만 달러가 들 수 있다. 따라서 이 온도를 유지하는 것도 힘들고 이 온도에서 사람이 컴퓨터를 작동하는 일도 쉽지는 않다.

영하 273.15℃에서 작동되어야 하는 양자컴퓨터의 딜레마

오늘날의 선도적인 기계 장치들은 절대 영도에 가깝게 작동해야 한다. 그런데 두 연구 그룹이 15배 더 뜨겁게 작동하는 기술을 시연했다. 이 실험을 통해 장치를 저렴하고 실용적으로 만드는 데 큰 진전이 될 수 있을 것으로 기대되고 있다.

현재 각각 다른 두 그룹이 실리콘 기반 양자 칩을 1.5켈빈(−271.65℃)에서 작동시킬 수 있다는 사실을 증명했다. 이것이 무척 차가운 것으로 느껴질지 모르지만, 오늘날의 선도적인 기계 기술이 작동하는 곳보다 온도가 15배나 더 높으며, 수천 달러에 살 수 있는 냉장고를 이용해 얻을 수 있는 환경이다.

뉴사우스웨일스 대학교의 앤드루 주락Andrew Dzurak 교수는 보도자료를 통해 "일상적인 온도 개념으로 이것을 이해하기 어렵지만, 이러한 온도 상승은 양자 세계에서 극단적인 경우"라고 설명하며, 이 실험 결과가 양자컴퓨터를 실험실에서 실제 비즈니스 및 정부 애플리케이션에 적용할 수 있도록 경제적인 양자컴퓨터로 가는 길을 열어줄 것이라고 말했다.

네덜란드 큐텍QuTech 연구센터에서 메노 벨드호스트Menno Veldhorst가 주도한 이번 증명과 두 번째 증명 모두 2020년 4월에 〈네이처〉에 소개되었다. 둘 다 실리콘으로 만든 비트의 양자 등가물인 큐비트에 의존했다. 이는 IBM과 구글이 선호하는 초전도 큐비트에 비해 발전이 상당히 더디다. 그러나 큐비트는 기존의 칩 제조 시설을 사용해 제조될 것이라는 약속을 통해서 기술 규모의 확장이 훨씬 더 쉬워질 수 있다. 칩 제조업체 인텔의 연구원들이 큐텍의 논문에 공동 저자로 참여했다.

큐비트와 이를 제어하는 데 필요한 전자 장치를 통합하는 일도 매우 어려운 과제다. 큐비트를 제어하는 전자 부품은 추운 환경에서 작동하기 어렵기 때문에 이를 냉각시스템 외부에 설치하고 배선을 통해 연결해야 한다. 하지만 큐비트가 많아질수록 배선이 더 복잡해지는데 사실상 비현실적이다. 표준 실리콘으로 큐비트를 만들고, 작동하는 온도를 증가시켜 두 가지를 통합하는 편이 훨씬 쉬울 것이다.

벨드호스트는 "양자 하드웨어와 기존 하드웨어를 하나의 칩에 통합하는 방법을 검토해야 한다"며 이 방법으로 양자 집적회로를 만들 것이라고 말했다.

IEEEInstitute of Electrical and Electronics Engineers: 전기전자공학자협회에서 발행하는 잡지 〈IEEE 스펙트럼〉에 실린 한 논문에서는 인텔이 작년 말 호스 리지Horse Ridge 극저온 칩을 공개한 후, 기존의 전자제품을 훨씬 낮은 온도에서 작동시키는 데 진전을 보이고 있다고 소개했다.

절대 영도보다 15배 높은 환경에서 작동한 양자컴퓨터

실리콘 기반 양자컴퓨터는 아직 갈 길이 멀다. 이론상으로는 많은 실리콘 큐비트를 하나의 칩에 연결하는 것이 더 쉬워야 하지만, 두 시연 모두 구글이 만든 72큐비트 장치나 IBM의 53큐비트 기계에 크게 못 미치는 2큐비트만을 포함하고 있었다.

더 높은 온도에서 작동하면 큐비트의 양자 상태를 측정하는 데 어려움이 따른다. 그리고 큐비트가 양자 상태를 유지하는 시간은 두 실험 모두에서 몇 마이크로초에 불과했다.

이 기술이 한계를 극복할 수 있다면, 더 높은 온도에서 규모 확장 및 작동이 가능하기 때문에 경쟁을 빠르게 잠식시켜 저렴하고 접근성이 높은 양자컴퓨팅의 시대를 열 수 있을 것이다.

3 나노제조기가 만드는 부족함 없는 미래

"우리가 동굴을 떠난 이후로 일어났던 어떤 변화보다 더 많은 변화가 앞으로 40년 동안 일어날 것이다."

제임스 버크James Burke가 가진 미래 비전은 2042년경 우리 세계가 새로운 장치인 나노제조기nanofabricator에 의해 정의된다는 것이다. 이 작은 공장들은 초기 컴퓨터와 같이 처음에는 규모가 크지만 곧 책상에 들어갈 만한 크기로 작아질 것이다. 여기에 물, 공기, 먼지, 그리고 필요하다면 희귀 원소 분말 몇 가지와 같은 원료를 넣으면 나노제조기가 작동한다. 집의 표면을 덮고 있는 유연한 태양광 패널로 에너지를 공급받아 구동되며, 원자재의 분자를 분해해 원자 수준에서 조작해 원하는 것을 만들 수 있다. 음식, 새 노트북, 희귀 음반의 복사본 등 당신이 원하는 모든 것을, 원재료와 설계도만 있으면 만들 수 있다. 공상과학 소설처럼 들리는 이 예측은 최근 몇 년간 3D 프린터가 등장하면서 예전보다 현실적으로 비친다.

세상을 영원히 바꿀 기술로 나노제조기를 구상하는 사람은 버크 한 명만이 아니다. 나노기술의 아버지로 불리는 에릭 드렉슬러Eric Drexler는 1990년대에 물질을 조작하고 나노 수준에서 분자를 구성할 수 있는 가상의 기계 분자 어셈블러에 관해 언급했다.

유명한 이론물리학자 리처드 파인먼Richard Feynman은 1959년 초 드렉슬러에게 영감을 준 강연을 했다. '작은 세계에 있는 충분한 공간Plenty of Room at the Bottom'이라는 말로 개별 원자를 움직일 수 있는 세계에 대해 추측했다. 이것은 분자 제조보다 더 어려운 것으로 여겨지지만, 현재까지는 그러한 기계가 물리 법칙을 위반한다는 것을 증명하지 못했다.

최근 몇 년 동안 이 목표를 향한 진전이 있었다. 수십억 년의 진화에 의해 최적화된 개별 세포가 우리를 살리기 위해 화학물질과 분자를 조작하는 일상적인 생물학의 과정을 모방함으로써 더 빠른 진전을 이룰 수도 있다.

원하는 무엇이든 만들어주는 나노제조기

원하는 것을 만들 수 있는 장치, 즉 나노제조기를 갖게 된다는 것이 사회에 미칠 수 있는 영향을 생각해봐야 한다. 예를 들어 끝나지 않는 기아 문제를 살펴보자. 음식은 무엇일까? 탄소, 수소, 질소, 인, 황, 그리고 약간의 먼지와 공기 바이오매스가 포함될 것이다. 마찬가지로 제조법과 나노제조기가 있는 한 약을 먹지 않아도 걱정할 필요가 없다. 결국 음식과 동일한 재료를 가지고 인슐린, 파라세타몰 등 우수한 약물을 쉽게 만들 수 있게 될 것이다

인터넷이 정보를 쉽고 빠르게 공유하고 복제할 수 있게 해준 것처럼, 나노제조기는 물리적인 범위에서 쉽고 빠르게 공유하고 복제할 수 있게 해줄 것이다. 제조를 위한 에너지는 태양으로부터 풍부하게 공급된다.

그러면 상품으로서의 가치는 단 세 종류에만 존재하게 될 것이다. 나노제조기에 들어갈 원자재(만들고자 하는 것에 따라 다르겠지만 대체로 주변에 풍부할 것이다), 나노제조기, 마지막으로 만들고 싶은 것에 대한 설계도다.

물질적 소유가 모두에게 풍족한 세상에서 나노제조기에 필요한 설계도를 비축해둬야 한다고 생각하는 사람이 있을까? 소수의 설계자들이 즐거움을 위해 새로운 것을 만들고, 또 즐거움을 위해 모두와 공유할 것이다.

버크는 이것이 현재의 사회, 경제 및 정치 시스템을 파괴할 것이라고 말한다. 모든 제도, 가치 체계, 우리 삶의 모든 측면이 희소성에 의해 지배되어 왔다. 유한한 양을 분배하는 것이 항상 문제였지만, 나노제조기가 있는 미래에는 어떤 사회 제도도 필요하지 않

다는 게 버크의 주장이다.

다시 말해, 나노제조기가 만들어지면 기존 세상의 시스템과 구조는 존재하지 않는 문제를 해결하기 위해 재구성될 것이다.

부족함이 없는 미래, 어떤 문제가 우리를 기다리고 있을까

어떤 면에서, 우리의 현재 세상으로부터 너무 멀리 떨어진 세계를 추측하는 것은 엘리제르 유드코프스키Eliezer Yudkowsky가 초지능적인 인공지능이 인류를 위해 무엇을 할 수 있는지를 예측하는 것과 관련한 경고를 떠올리게 한다. 우리는 자신의 관점을 넘어서는 무언가를 상상하기 힘들다. 예를 들어 지능의 척도에서 생쥐가 낮고, 아인슈타인이 최고라고 생각할 수 있다. 그러나 초지능은 이런 상상의 한계를 깨뜨린다. 초지능을 우리의 지식 안에서 비교하는 것은 의미가 없다. 완전히 다른 종류이기 때문이다. 이런 연장선상에서 미래는 오늘날 우리가 살고 있는 세상과 종류가 다를 것이다.

특히 기술적 특이점의 장막 안에서, 미래에 대한 인간의 예측은 의미 없는 것일 수 있다. 확실한 것은 인류 역사가 영원히 둘로 나뉠 갈림길 앞에서 우리는 아직 새벽이 오기 전 암흑의 시대를 살고 있다는 점이다.

인공지능의 주목해야 할 3년

구글 딥마인드의 알파고AlphaGo와 이세돌의 바둑 대결은 전 세계인의 이목을 집중시킨 만큼 그 결과가 가져온 여파도 컸다. 막연하게 공상과학 영화 속에서나 등장하던 인공지능이 우리 현실로 성큼 다가온 것을 피부로 느낄 수 있는 사건이었다. 그리고 공상과학 소설이나 영화에서 보는 인공지능은 우리에게 편리한 삶도 제공하지만, 인간의 일자리를 빼앗고, 심지어 인류를 지배하고 파멸로 몰고 가는 결말에 다다르기 때문에 막연한 두려움을 느끼는 것도 사실이다. 미래학자들과 인공지능 분야 전문가들은 이런 미래는 오지 않는다고 단언한다. 그럼에도 불구하고 오랫동안 여러 매체를 통해 접한 인공지능에 대한 막연한 두려움은 좀처럼 사라지지 않는다.

심지어 인간의 일자리를 뺏어가는 인공지능 로봇에 대해 '러다이트운동', 즉 파괴하자는 운동도 일어나고 있다고 한다. 하지만 인공지능의 개발과 발전, 그리고 우리 삶에 들어오는 것은 막을 수 없는 흐름이다. 이를 극복하기 위해서는 인공지능에 대해 더 자세히 알아볼 필요가 있겠다.

먼저 인공지능의 발전 수준을 살펴보자.

인공지능의 대가인 레이 커즈와일은 "이세돌을 이긴 인공지능은 또 하나의 장애물을 뛰어넘었다"며 "이제 인공지능은 인간과 같은 수준으로 발전한 것"이라고 설명했다. 이 수준에서 인공지능이 할 수 있는 일로 현재 진행되고 있는 것이 자율주행차다. 인간은 복잡한 거리를 운전하면서 다양한 사고를 일으키지만 인간과 같은 지능 수준의 인공지능은 운전을 통해 여러 신호를 직접 수신하고 다른 차량들과 통신하면서, 실수를 하지 않아 더 안전한 운전을 한다. 이는 인공지능이 자동차 운전에 필요한 복잡한 이미지를 확인하고 자연어를 이해하면서 지상에서 인간의 일을 대신 해줄 만큼 진화했기 때문에 가능하다.

인공지능 분야에서 나타날 가장 흥미롭고 파괴적인 발전들

또 다른 인공지능 분야 전문가이며 IBM 왓슨Watson 의 사업개발 협력 프로그램 담당 부사장인 스티븐 골드Stephen Gold는 "조만간 인공지능은 인간에게 가장 중요한 협력도구가 될 것이며, 모든 기하급수 기술과 상호작용할 수 있는 간단한 사용자 환경을 제공하고 우리의 능력을 증폭시켜 줄 것"이라고 말했다.

그는 진정한 인공지능의 영향력은 충격적인 것이라며, 앞으로 3년 이내에 인공지능 분야에서 이루어지게 될 가장 흥미롭고 파괴적인 발전에 대한 다섯 가지 예측을 전했다. 이는 기업가와 투자자들에게는 가장 집중해야 할 분야이기도 하다.

1. 튜링 테스트 통과

1950년 영국의 앨런 튜링Alan Turing이 고안한 튜링 테스트Turing Test는 기계와 인간의 대화를 통해 기계에 지능이 있는지 식별하는 실험이다. 차세대 인공지능 시스템은 튜링 테스트를 통과할 것으로 보인다. 골드는 앞으로 3년 이내에 인공지능 시스템들은 모두 튜링 테스트를 통과할 것이라고 말했다. 만약 그렇게 된다면 인공지능 기술의 적절한 사용에 대한 논의가 더욱 활발해질 것이다.

2. 인간의 오감을 인지하는 컴퓨터

시각, 청각, 후각, 미각, 촉각 등 인간의 다섯 가지 감각이 컴퓨터 경험의 한 부분이 되어, 조만간 인공지능이 다섯 가지 감각을 모두 인지하고 사용하게 될 것이다. 현재 시각과 청각은 어느 정도 인공지능 분야에서 사용되고 있는데, 이후에 촉각, 후각, 미각까지 이 범위는 넓어질 것이다. 컴퓨터 인류의 이런 경험에 적용된다면, 인간의 모든 감각에 호소하는 더 직관적이고 자연적인 생태계를 경험하게 될 것이다.

3. 거대한 문제의 해결

개인이나 한 국가가 해결할 수 없는 거대한 문제를 해결할 수 있게 도와준다. 테러나 기후 변화 등이 여기에 해당된다. 현재 과학기술학자들은 인공지능이 보건 분야에 미치는 영향에 관해 논의하고 있다. 그리고 이러한 기술을 테러 활동을 선제적으로 발견할 수 있는 능력에 사용할 가능성에 대한 논의도 진행하고 있다. 아울러 기후 변화 관리, 교육의 재설계와 민주화, 과학적 발견, 에너지 자원의 활용, 기타 어려운 문제들의 해결에 사용되는 인공지능 혁명을 보게 될 것이다.

4. 의료 활동의 재정립

모든 보건 데이터(유전자, 유전자 형질 등)를 이용해 의료 활동을 재정립하게 된다. 보건 분야에 미치는 인공지능의 영향력은 예상보다 더 빠르게 구석구석 스며들 것이다. 오늘날에도 인공지능과 머신러닝은 종양학에서 최적의 치료 패턴을 규명하기 위해 사용된다. 그러나 인공지능은 그러한 용도 이상으로 환자 맞춤형 임상시험, 로봇 외과의사 운영, 방사선 자료 해독, 유전자 배열 분석 등에도 사용이 확대될 것이다.

5. 스마트한 삶의 도구

인공지능은 우리의 삶을 더욱 물리적으로 또 가상적으로 구성할 것이다. 앞으로 3년 이내에 일어날 인공지능 혁명은 우리를 둘러싼 모든 것들, 센서와 네트워크를 통합해 모든 시스템을 스마트하게 만들 것이다. 인공지능은 투명성을 높이고 기기와 정보의 끊임없는 상호작용을 가속화하며, 모든 것을 개인화하고 사용하기 쉽게 해준다. 우리는 이러한 센서 데이터를 이용해 의사결정을 내려야 할 때 활용할 수 있을 것이다.

뇌를 번역하는 인공지능

당신의 생각을 해독하는 기계가 있다는 상상은 소름 끼치게 들릴지 모르지만, 질병이나 장애로 인해 말하는 능력을 잃은 수천 명의 사람들에게 그것은 삶을 바꿔줄 변화다. 신체가 건강한 사람들에게도, 단지 생각만으로 이메일을 입력하거나 디지털 비서에게 텔레파시로 명령을 보내는 일은 매우 유용할 수 있다.

캘리포니아 대학교 샌프란시스코 캠퍼스의 연구원들이 뇌 신호를 전문적인 음성 전사轉寫의 문턱보다 낮은 3%의 오류율을 가진 완전한 문장으로 번역할 수 있다는 것을 증명한 후, 그 비전은 한 걸음 더 다가왔을지도 모른다.

생각을 해독하려는 노력은 처음이 아니다. 약 10년 동안 과학자들은 다양한 방법으로 뇌 신호로부터 언어의 일부를 해독하고

자 했고 나름의 성과를 얻었다. 하지만 지금까지 실험된 대부분의 방법은 이해할 수 있는 문장으로 번역하는 것과는 거리가 멀었다. 2019년에 연구원들은 뇌 신호를 사용해 시뮬레이션된 성대를 애니메이션화함으로써 당시까지 얻을 수 있는 최상의 결과를 얻은 새로운 접근법을 사용했지만, 그렇더라도 단어의 70%를 이해하는 데 그쳤다.

〈네이처 뉴로사이언스Nature Neurocience〉의 새로운 논문 저자들이 성취한 개선된 성과의 비결은 뇌 신호를 텍스트로 변환하는 것과, 신경망을 이용하는 언어의 기계 번역 사이에 강한 유사점이 있음을 깨달은 데서 나왔는데, 이는 현재 많은 언어에서 매우 정확한 해독 결과를 보여준다.

번역기와 같은 방법을 사용해 생각을 언어로 표현

뇌 신호를 해독하려는 대부분의 노력은 특정 음소, 즉 단어를 구성하는 뚜렷한 소리의 덩어리에 해당하는 신경 활동을 식별하는 데 초점을 맞췄지만, 캘리포니아 대학교의 연구원들은 전체 문장이 한 번에 번역되는 기계 번역을 모방하기로 결정했다. 이 방법은 훌륭한 접근법임을 입증했다. 특정 단어들이 항상 서로 가까이서 나타날 가능성이 높기 때문에, 시스템은 문맥에 의존해 공백을 메울 수 있다.

연구팀은 기계 번역에 흔히 사용되는 것과 동일한 인코더-디코더 접근법을 사용했다. 이 접근법에서 첫 번째 신경망이 입력 신호, 즉 보통은 텍스트지만 이 경우에는 뇌 신호를 분석해 데이터를 만든 다음, 두 번째 신경망은 이를 대상 언어로 변환한다.

이들은 뇌에 전극을 이식한 네 명의 여성으로부터 기록된 뇌 활동을 이용해, 250개의 독특한 단어를 포함한 50개의 문장을 읽을 때 반응을 추적 관찰하는 시스템을 훈련시켰다. 이를 통해 첫 번째 신경망은 어떤 신경 활동이 언어의 어느 부분과 관련이 있는지 알아낼 수 있었다.

테스트에서, 시스템은 신경 신호에만 의존해 네 명 중 두 명에게서 8% 미만의 오류율을 달성할 수 있었다. 이는 전문 전사자가 달성한 정확도와 일치한다.

아직까지는 250단어로 제한되는 한계

여기에는 몇 가지 주의사항들이 있다. 우선, 이 시스템은 250단어의 제한된 어휘를 사용해 30~50개의 특정 문장만을 해독할 수 있었다. 또 실험을 위해 사람들에게 뇌에 전극을 이식하도록 요구하는데, 이 전극 이식은 현재 매우 구체적인 의학적 이유의 몇 가지 경우에만 제한되어 허용되고 있다. 그러나 이 방향에 상당한 장래성이 있다는 징후가 적지 않다.

한 가지 우려는 시스템이 훈련 데이터의 문장으로 테스트되고 있었기 때문에, 단순히 특정 문장을 특정 신경 사인에 일치시키는 것만을 배울 수 있다는 부분이었다. 이는 시스템이 실제 언어의 구성 요소를 배우지 않았음을 암시하고, 익숙하지 않은 문장으로 일반화하는 작업을 더 어렵게 만들 것이다.

그러나 연구진이 테스트에 포함되지 않은 훈련 데이터에 또 다른 기록 세트를 추가했을 때, 오류율이 크게 줄어들어 시스템이 단어와 같은 하위 문장 정보를 학습하고 있음을 시사했다.

또한 정확도가 가장 낮은 수행자 중 한 명의 데이터를 훈련시키기 전에 가장 높은 정확도를 달성한 지원자의 데이터로 시스템을 사전 훈련시켜 오류율을 현저히 감소시켰다는 사실을 발견했다. 이는 실제 적용에서 최종 사용자에게 시스템이 제공되기 전에 많은 훈련을 수행할 수 있으며, 각각의 뇌 신호의 기호에 맞춰 미세 조정하기만 하면 된다는 것을 시사한다.

따라서 이러한 시스템의 어휘는 상당히 향상될 가능성이 높지만, 설령 250단어의 제한된 세트라도 하반신 마비 환자에게는 엄청나게 유용하며, 다른 장치의 텔레파시 제어를 위한 특정 명령 집합에 맞춰 조정될 수 있다.

이제 그 공은 최초의 실용적인 신경 인터페이스를 개발하기 위해 경쟁하는 회사들에 옮겨졌다.

안드로이드에 더욱 가까워지는 로봇

2013년 미국 하버드대 로버트 우드Robert Wood 교수팀은 무게 80mg의 초소형 로봇 개발에 성공했다. 세계에서 가장 작은 로봇인 로보비RoboBee는 파리 모양을 하고 있으며, 초당 120회의 날갯짓을 하고 약 10cm 이상 비행도 가능하다. 로보비는 정찰이나 재난 지역의 수색 및 구조 등에 활용할 수 있을 것으로 기대를 모았다.

그런데 로보비가 벽을 향해 위태롭게 달리거나 유리 상자에 충돌하는 모습이 하버드대의 존 폴슨 공대 및 응용과학대학John A. Paulson School of Engineering and Applied Science, SEAS의 마이크로 로보틱스 실험실 연구원들에게 공황을 불러일으켰을 수도 있다.

로보비의 안전을 위해 SEAS와 비스 생체모방 연구소의 연구원들은 연성 인공 근육을 사용해 탄력 있는 로보비로 개량했다. 이 인공 근육은 벽에 부딪히거나 바닥에 떨어져도 손상이 없으며, 다른 로보비들과 충돌해도 괜찮다. 입력된 비행 프로그램을 달성하기 위해 소프트 액추에이터soft actuator: 유연 작동 장치로 구동되는 최초의 마이크로봇이다.

SEAS의 박사 후 연구원인 위펑 첸Yufeng Chen은 "소프트 액추에이터로 인해 마이크로 로보틱스 분야에 큰 진전이 이루어졌다"고 평가했다.

충돌에서 안전한 로봇을 고민하다

현장의 많은 사람들은 소프트 액추에이터의 전력 밀도power density가 충분히 높지 않고 제어가 어렵기 때문에 비행 로봇에 적용한다는 것에 회의적이었다. 하지만 연구팀의 액추에이터는 제자리 비행을 달성하기에 충분한 전력 밀도와 제어 능력을 갖추었다고 발표했으며, 이 연구 성과는 〈네이처〉에 실렸다.

전력 밀도 문제를 해결하기 위해 연구진은 데이비드 클라크David Clarke 교수의 실험실에서 개발된 전기 구동 소프트 액추에이터를 기반으로 개발에 나섰다. 소프트 액추에이터는 절연 특성이 우수한 연성 재료인 유전체 엘라스토머탄성중합체를 사용해 만들어지며 전기장이 적용될 때 변형된다. 연구진은 전극 전도성을 개선함으로써 이전에 유사한 로봇에 사용된 견고한 액추에이터와 비교해 500헤르츠에서 액추에이터를 작동할 수 있었다.

소프트 액추에이터를 다룰 때 해결해야 할 또 다른 과제는 시스템이 휘어져 불안정해지는 경향이 있다는 점이다. 연구원들은 액추에이터가 휘는 것을 방지하기 위해 수직 구속 나사산을 가진 경량 기체를 제작했다.

이제 소형 로봇에서 소프트 액추에이터를 쉽게 조립하고 교체할 수 있다. 다양한 비행 기능을 시연하기 위해 연구원들은 소프트 파워 로보비의 다양한 모델을 제작했다. 2날개 모델은 지상에서 이륙할 수 있지만 추가 제어는 할 수 없었다. 4날개-2액추에이터 모델은 복잡한 환경에서 한 번의 비행으로 여러 번의 충돌을 극복할 수 있었다.

로봇의 인공 근육이 되어주는 소프트 액추에이터

SEAS의 전 대학원생이자 논문의 공동 저자인 엘리자베스 패럴 헬블링Elizabeth Farrell Helbling은 "작고 가벼운 로봇의 장점 중 하나는 외부 충격에 대한 복원력"이라고 말하며 다음과 같이 소개했다. "소프트 액추에이터는 기존의 액추에이션 전략보다 충격을 더 잘 흡수할 수 있기 때문에 추가적인 이점을 제공한다. 이것은 수색 및 구조 임무에서 잔해를 통과해 비행해야 하는 상황 같은 잠재적 응용 분야에 유용할 것이다."

8날개-4액추에이터 모델은 제어식 제자리 비행을 보여줌으로써 유연한 비행이 가능한 첫 마이크로봇이 되었다. 연구원들은 다음으로 기존의 비행 로봇보다 여전히 뒤처지는 유연한 관절 등을 가진 로봇의 효율성을 높이는 것을 목표로 하고 있다.

"근육과 같은 성질과 전기적 활성화 기능을 갖춘 소프트 액추에이터는 로봇공학에서 큰 도전이다." 이 논문의 수석 저자인 로버트 우드Robert Wood와 찰스 리버Charles River 교수는 "고성능 인공 근육의 설계에 성공한다면, 우리가 만들 수 있는 로봇에 한계는 없다"고 말한다.

줄기세포로 만드는 살아 있는 로봇

한편 버몬트 대학교와 터프츠 대학교의 공동 연구팀이 2020년에 개구리 배아에서 추출한 살아 있는 세포를 이용해 완전히 새로운 생명체인 제노봇으로 만들었다. 밀리미터 단위의 제노봇은 목표물을 향해 움직일 수 있으며, 잘린 후에도 움직이고 스스로 치유할 수 있다.

연구를 공동 주도한 버몬트 대학교의 컴퓨터 과학자이자 로봇 전문가인 조슈아 본가드Joshua Bongard에 따르면, 제노봇은 전통적인 로봇도 아니고 동물의 종으로도 알려져 있지 않은 "살아 있고 프로그래밍 가능한 유기체"라고 말했다.

연구팀은 〈가디언〉과의 인터뷰에서 이 생물학적 기계들이 언젠가는 해양의 미세 플라스틱을 청소하거나 인체 내부에 약물을 전달하고, 동맥의 플라크를 제거하는 데 사용될 수 있기를 희망한다고 밝혔다.

생물학적 로봇의 시작

제노봇은 '진화 알고리즘'을 실행하는 슈퍼컴퓨터에 의해 설계되었는데, 이 알고리즘은 시뮬레이션 내부의 초보적인 생명체를 위해 수천 개의 3D 디자인을 테스트했다. 그리고 과학자들은 시뮬레이션 내에서 스스로 앞으로 나아가거나 기본적인 작업을 수행할 수 있는 몇 개의 설계도를 만들었다.

이 작은 로봇은 일주일에서 열흘 정도 살아 있는 심장 근육 세포를 스스로 확장하고 수축했다.

미국 국립과학 아카데미 학술지에 실린 논문에 의하면, 몇몇은 작은 알갱이를 밀어서 접시의 중앙 위치로 옮길 수 있었고, 다른 몇몇은 물체를 들고 다니기도 했다. 생물학적 로봇은 그보다 훨씬 더 큰 금속이나 플라스틱 로봇보다 유리하다. 흔적을 남기지 않기 때문이다.

본가드 박사에 의하면 제노봇은 완전히 생분해되어 일주일 후 기능을 종료한 로봇들은 죽은 피부 세포에 불과할 뿐이라고 말했다.

공동 저자인 터프츠 대학교의 마이클 레빈Michael Levin은 〈가디언〉과의 인터뷰에서 "이들은 매우 작지만, 이 계획의 궁극적 목표는 해당 로봇의 규모를 확장하는 데 있다"고 밝혔다. 또한 그는 "앞으로 사회는 매우 복잡한 시스템을 갖게 될 것"이라며, "복잡한 생활 시스템에서 우리가 원하는 것을 얻기 위해 어떻게 전체적인 행동을 결정하고 많은 부분을 조작할 것인가 하는 질문에 제노봇이 답이 될 수 있다"고 언급했다.

레빈에 따르면 제노봇 연구는 사람들이 두려워하는 것, 즉 자율주행차의 현실화, 전체 바이러스를 없애기 위한 유전자 구동 장치 변경, 그 밖에 점점 더 복잡하고 자율적인 많은 시스템들을 다루는 데 직접적인 기여를 한다. 로봇에게 인지 능력을 주기 위해 혈관이나 신경세포를 포함한 다른 세포로도 로봇을 만들 수 있겠지만, 이런 일이 당장 가능해지지는 않을 것이다.

암호가 아닌 새로운 보안 기술

불편하고 복잡한 온라인 본인인증 절차인 공인인증서가 21년 만에 폐지되었다. 더 안전하고 편리한 각종 신기술이 이 자리를 대체할 것이다. 그 대체 기술이 암호는 아니다. 암호는 관리하기 어려울 뿐만 아니라 안전하지 않으며, 비싸다. 가트너는 2022년까지 대기업과 모든 중소기업의 60%가 암호 의존도를 지금의 절반으로 줄일 것이라고 예측했다. 생체 인증과 같은 사생활 강화 인증 기술을 사용하는 데서 나아가 사용자가 자신의 데이터를 제어할 수 있도록 하는 기술이 완성되면 암호 역시 공인인증서와 함께 역사 속으로 사라질 것이다.

암호를 발명한 사람이 이제는 나아갈 때라고 말하면 아마도 그럴 것이다. 1960년대에 최초의 컴퓨터 암호를 발명한 페르난도 코르바토Fernando Corbato는 2015년에 마침내 암호가 '악몽'이 되었다고 말했다. 암호가 애초에 웹을 위해 만들어진 것이 아니라는 점과, 개인정보와 사생활의 중요성에 대한 인식이 증가하고 있다는 점을 보면, 상황이 바뀌어야 한다는 사실은 분명하다.

암호는 한때 가장 신뢰할 수 있는 보안 조치 중 하나였지만 최근 10년 동안 일반 사용자의 디지털 공간은 점점 더 많은 제삼자에게 노출되었다. 이제 일반 소비자는 191쌍 이상의 ID와 암호를 관리해야 한다. 사람들이 동일한 비밀번호나 전술을 재사용해 다양한 서비스에서 인증할 수밖에 없는 것이 현실이다.

암호에 어떤 문제가 있을까?

최근의 데이터 유출은 대부분 도난당한 암호로 인해 발생한다. 디지털 플랫폼이 개인정보와 우리가 그들의 디지털 서비스에 접근하기 위해 사용하는 접속 인증을 포함해 엄청난 양의 데이터를 쌓으면서 해커의 공격 비용이 크게 줄어들었다. 이제 다크웹dark web: 특수한 웹브라우저를 사용해야만 접근할 수 있는 웹으로, 익명성 보장은 물론 IP주소 추적이 불가능하도록 고안된 인터넷 영역에서 다른 사람의 은행이나 우버 계정에 대한 로그인 암호를 최소 7달러에 구입할 수 있다. PINpersonal identification number: 개인 식별 번호, 암호, 암호문장 또는 기억해야 할 사항과 관계없이 지식 기반 인증은 사용자에게 큰 골칫거리일 뿐만 아니라 유지

관리에도 많은 비용이 든다.

사이버 공격을 막는 비용을 고려하지 않더라도, 암호 관리 비용, 암호를 입력하는 데 드는 시간, 암호 입력에 실패했을 때 IT 부서가 이를 찾아주는 데 사용하는 시간은 사고당 최대 70달러까지 올라갈 수 있다. 또한 모든 업무지원센터에 걸려오는 전화의 최대 50%가 암호 재설정으로, 이로 인한 비용이 빠르게 증가할 수 있다.

암호는 관리하기 어려울 뿐만 아니라 불편하고 안전하지 않으며 비싸다. 가트너는 2022년까지 대기업과 모든 중소기업의 60%가 암호 의존도를 절반으로 줄일 것이라고 예측했다. 어떻게 가능할까?

사생활 강화 인증 기술

시장에서 암호를 사용하는 대신 사용자가 데이터를 제어할 수 있는 트렌드가 몇 가지 움직임으로 시작되었다. 먼저 유럽의 GDPR과 캘리포니아 사생활 권리 및 집행법이다.

무료 서비스에 익숙해지면서 소비자들은 자신의 데이터를 명시적인 동의나 공지 없이 제공해왔다. 하지만 여기에 대한 저항이 점차 늘어가고 있다. 일리노이주 페이스북에 제기된 집단 소송과 스웨덴의 데이터 보호 당국이 안면 인식 기술을 부적절하게 사용한 학교 측에 GDPR에 따라 첫 벌금을 부과한 것이 그 사례다.

새로운 법률에 의해 설정된 요구 사항을 충족시키려면 제품과 서비스가 사생활을 핵심으로 해서 설계되어야 하며, 사용자에게 완전한 투명성을 제공해야 한다. 이런 식으로 서비스가 구축되면 신뢰할 수 있는 방식으로 생체 인식을 구축할 수 있게 되는데, 그러면 신청자가 제출한 정보를 회사가 검증할 수 있느냐 하는 문제만 남게 된다. 이 문제를 해결하는 한 가지 방법은 정부에서 발급한 신분증을 스캔하고 확인된 속성과 함께 안면 유사성 검사를 하는 것이다.

사용자가 자기 데이터를 제어한다

2018년에 '더 나은 정체성 연합Better Identity Coalition'은 신뢰할 수 있는 정부기관이 보유한 자료에 접근할 수 있도록 요청하는 보고서를 발표했다. 많은 정부는 EU의 eIDASElectronic Identification, Authentication and Trust Services: 전자 ID 인증 서비스, 범 캐나다 신뢰 프레임워크, 오스트레일리아의 신뢰할 수 있는 디지털 아이덴티티 프레임워크와 같은 이니셔티브를 통해 누군가가 원격 환경에 있다고 말할 경우 그의 신원을 검증하는 방법의 문제를 해결하기 위해 노력했다.

전 세계가 암호를 사용하지 않게 하려면 사용자가 자신의 데이터를 제어할 수 있도록 해야 한다. 웹의 글로벌 표준을 개발한 월드 와이드 웹 컨소시엄World Wide Web Consortium과 디지털 인증 수단으로 암호를 대체하는 국제생체인증협회Fast IDentity Online Alliance, Fido Alliance와 같은 단체들은 사용자가 원격에서 안전하게 자신을 확인할 수 있도록 하는 방법을 개발하고 있다.

암호 없는 미래는 멀지 않다. 지속적인 진전이 이루어지겠지만, 이와 동시에 실시간 검증에 대한 신뢰와 암호 의존성을 끝내기 위한 조치를 지금 해야 한다. 이는 더욱 신뢰할 수 있고 안전하며 편리한 사용자 경험을 제공함으로써 이루어질 수 있다. 즉 사람들이 자신의 데이터 사용 방식을 스스로 보호하는 동시에 기업이 디지털 ID를 신뢰할 수 있는 분산형 네트워크에 보관하도록 하는 것이다. 이를 통해 디지털 플랫폼은 서로 다른 디지털 서비스 간에 사용자가 실시간으로 더 쉽게 접속할 수 있도록 하며, 탁월한 사용자 경험을 위한 신뢰할 수 있는 상호 운용성을 제공한다. 191개의 디지털 계정의 관리가 쉬운 일이 될 것이고, 사람들은 자신의 ID에 대한 통제력을 되찾을 것이다.

PART 9

우주

15세기의 대항해시대에 스페인과 이탈리아, 영국 등은 신대륙을 찾는 경쟁에 나서며 바스코 다가마Vasco da Gama가 인도 항로를 개척했고, 크리스토퍼 콜럼버스Christopher Columbus는 중남미 대륙을 찾아냈다. 페르디난드 마젤란Ferdinand Magellan은 세계 일주를 완성해 지구가 둥글다는 것을 증명했다. 1909년에 로버트 피어리Robert Peary가 북극을 정복하고 1911년 로알 아문센Roald Amundsen이 남극을 정복했다. 그리고 1969년에 닐 암스트롱Neil Armstrong이 마침내 달을 밟으면서 지구를 벗어난 세계에 도달했다.

새로운 세계를 찾아 나서는 모험은 어쩌면 인간의 본성일지도 모른다. 우리는 자원을 찾아, 유사시 지구를 대신할 삶의 터전을 찾을 목적으로 우주에 눈길을 돌리지만, 그보다 앞서 본능적으로 새로운 세계를 찾아 나서려는 의지가 작동했을 것이다. 대항해시대의 신대륙 발견 경쟁처럼, 냉전시대에 달을 정복하려는 동서 진영의 경쟁이 우주 개발 기술에 엄청난 발전을 가져왔다. 미국이 먼저 달을 정복한 뒤에 그 열기가 한풀 꺾이는 듯했지만, 21세기에 들어 이번에는 민간 기업으로부터 우주에 대한 도전이 다시 시작되고 있다.

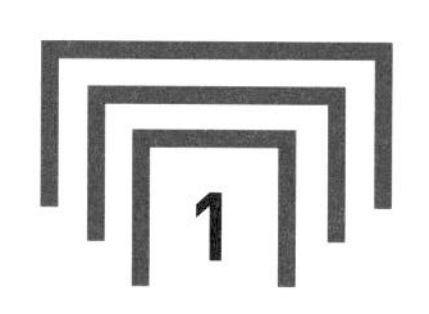

제2의 지구를 찾는 모험

성장하면서 우리의 세계는 점차 넓어진다. 가족과 집에서 이웃과 동네로, 국가에서 세계로 넓어진다. 역사적으로도 구대륙에서 신대륙으로 넓어지고, 지구와 우주로까지 확장했다.

이제 우리는 무한한 우주의 비밀을 밝히려 노력하고 있다. 〈인터스텔라〉 같은 영화에서는 지구의 환경오염이 심각해져 더 이상 살 수 없는 별이 되기 전에 우주에 식민지를 만들고자 하는 노력으로 우주 개발이 이루어진다. 광물 같은 천연자원을 찾아 우주로 가는 영화도 있다. 이런 문제들이 모두 현재 우리가 갖고 있는 고민과 일맥상통한다.

하지만 단지 이런 이유만으로 우리가 우주의 먼 곳까지 찾아보려는 노력을 하는 것은 아니다. 전 세계의 천문학자들과 우주과학자들은 이 넓은 우주에 지구와 같은 환경을 가진 별이 없을까 하는 의문을 해결하기 위해 노력하고 있다. 그런 별이 있다면 그곳에는 우리와 같은 지적 생명체가 있을 수도 있기 때문이다.

지구와 비슷한 행성을 발견한 케플러 우주 망원경

2020년 4월 국제과학자팀이 액체 상태의 물이 있는 흥미로운 지구 크기의 외계 행성을 발견했다. NASA의 과학담당 부서 토머스 주부헨Thomas Zurbuchen 부국장은 성명서를 통해 "이 흥미롭고 먼 세상은 우리에게 두 번째 지구가 별들 사이에 있고 발견되기를 기다리고 있다는 더 큰 희망을 준다"고 밝혔다.

케플러-1649c라고 불리는 외계 행성은 액체 상태의 물이 존재할 수 있을 만큼 충분한 별 방사선을 받는 거리인 거주 가능 구역 안에서 작은 적색왜성 궤도를 돌고 있다. 지구와 거의 같은 크기이며 지구가 태양으로부터 받는 빛의 75%를 받는다.

연구원들에 따르면, 지구에서 300광년 떨어진 곳에서 케플러 우주 망원경이 발견한 수천 개의 외계 행성 중 크기와 추정 온도가 지구와 가장 비슷하다.

그러나 이 행성에서 생명을 유지할 수 있다고 확실히 말하기까지는 많은 질문이 남아 있다. 우선, 우리는 행성의 표면 온도를 결정하는 대기가 어떤 상태인지 모른다.

연구팀은 2018년에 은퇴한 케플러 우주망원경 프로그램의 오래된 관측들을 다시 분석하면서 이 별을 발견했다. 케플러-1649c는 케플러-1649c의 절반 거리에서 공전하는 비슷한 크기의 암석 행성과 함께 적색왜성을 도는 데 19.5일밖에 걸리지 않는 극히 짧은 거리에 위치해 있다.

"우리가 복원한 모든 잘못 표기된 행성들 중에서 이 행성은 특히 흥미롭다"고 말하는 오스틴 텍사스 대학교의 앤드루 밴더버그Andrew Vanderburg 연구원은 "거주 가능 구역이고 지구와 비슷한 크기 때문만이 아니라, 이 행성이 이웃 행성과 상호작용할 가능성 때문"이라고 설명했다.

이 두 개의 행성은 중심별을 정확한 비율로 공전하는데 연구원들은 이것이 장기적으로 시스템을 매우 안정적으로 만들 수 있다고 생각한다.

새로운 탐험가 키옵스의 임무

한편 임무를 다한 케플러 우주망원경을 대신해 우주로 속속 나가는 탐험가들이 있다. 키옵스CHaracterising ExOPlanets Satellite, CHEOPS: 외계행성 특성을 찾는 위성는 스위스우주국Swiss Space Office, SSO과 유럽우주국European Space Agency, ESA의 공동 프로젝트로 프랑스령 기아나 쿠루에서 2019년 12월 18일 오전 8시 54분에 이륙했다. 스페인 마드리드의 우주선 관제센터에서 11시 43분에 수신된 우주선의 신호는 발사가 성공했음을 확인해주었다.

과학자들은 1995년에 발표된 태양과 비슷한 항성인 페가수스자리 51의 주변을 돌고 있는 외계 행성 페가수스자리 51b를 발견할 때까지 외계 행성의 존재에 관해 오랫동안 추측해왔다. 이 행성은 태양과 비슷한 별 주위를 도는 행성으로는 최초로 발견되었으며, 천문학계에 큰 반향을 불러왔다.

페가수스자리 51b가 밝혀진 이후 25년 동안, 천문학자들은 지구와 우주에서 망원경을 사용해 먼 곳의 별 주위에서 4,000개 이상의 외계 행성을 발견했는데, 그 대부분은 우리 태양계와 비슷하지 않았다. 목성보다 큰 가스 세계에서부터 용암으로 덮인 더 작고 바위투성이인 행성에 이르기까지 다양한 행성이 발견되었으며, 지구와 해왕성 사이의 크기 범위에서 가장 다양한 외계 행성 유형이 발견되었다.

ESA 과학국장인 귄터 하싱거Gunther Hasinger는 "키옵스가 외계 행성을 완전히 새로운 차원으로 끌어올릴 것"이라며 "수천 개의 행성이 발견된 이후, 이제 많은 외계 행성의 물리화학적 특성을 조사하고 무엇으로 만들어졌는지, 어떻게 형성되었는지를 알아내는 특성화로 과제가 전환되고 있다"고 덧붙였다. 키옵스는 새로운 행성을 찾는 데 중점을 두지 않을 것이다. 그 대신 기존에 발견된 수백 개의 행성을 다른 방법으로 추적한다.

키옵스의 임무 중 하나는 행성들이 모체 항성 앞을 통과할 때 정확하게 관측해 전례 없는 정밀도와 정확도로 크기를 측정하는 것이다.

외계 행성의 크기 측정은 질량에 대한 기존 정보와 결합해 행성의 밀도를 도출하게 해준다. 이로써 행성의 내부 구조와 구성을 계산하고 행성이 목성과 같은지, 지구처럼 암석으로 이루어졌는지, 대기에 둘러싸여 있거나 바다로 덮여 있는지 여부를 알아내는 핵심 정보가 되어줄 것이다. 키옵스는 하루에 1.2기가바이트의 데이터 다운 링크 용량을 제공할 것이며 임무 기간은 3.5년으로 예상된다.

키옵스 프로젝트를 진행하는 ESA의 케이트 이삭Kate Isaak 연구원은 "흥미로운 외계 행성이 너무 많기 때문에 특별히 지구와 해왕성 사이의 크기가 작은 행성에 초점을 맞출 것"이라고 밝혔다. 그는 키옵스가 매혹적인 세계의 신비를 밝히고 가장 심오한 질문 중 하나에 더 가까이 다가가도록 도와줄 것이라고 전했다.

우리는 우주에서 혼자일까?

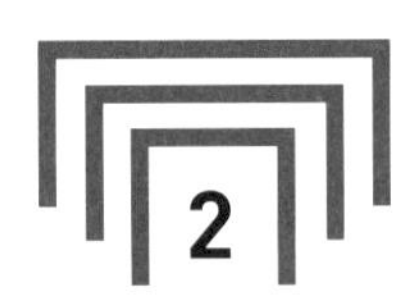

점점 현실이 되어가는 우주여행

일론 머스크는 2002년 민간 항공우주 기업 스페이스X를 설립하며 일찌감치 우주로의 진출을 꿈꿔왔다. 이제 그게 현실이 될 날도 멀지 않았다.

스페이스X는 2021년 말이나 2022년 초쯤 최대 네 명의 민간인을 우주로 보내 지구 주변을 여행할 계획이다. 이 항공우주 기업은 일곱 명의 민간인이 러시아 소유즈 로켓과 우주선을 타고 국제우주정거장으로 여행을 갈 수 있도록 도운 우주 관광 기업 스페이스 어드벤처스Space Adventures와의 협약을 발표했다.

스페이스 어드벤처스는 관광객들이 스페이스X 드래건 우주선을 타고 비행하며, 약 400km 높이에 위치한 국제우주정거장보다 2~3배 더 높은 지구 궤도를 돌 것이라고 말했다.

스페이스X는 우주비행사들을 국제우주정거장으로 왕복시키는 NASA와의 계약의 일환으로, 지난 몇 년 동안 이 새로운 버전의 드래건 우주선을 만들고 시험하는 데 보냈다. 우주비행사들은 해당 우주선을 이용해 우주정거장으로 화물을 왕복시켰다. 최근 이 민간 항공우주 기업은 일명 크루 드래건의 두 번째 주요 비행 시험을 완료했는데, 이 시험은 폭발하는 로켓에서 탈출할 수 있는 캡슐의 능력을 입증했다.

우주여행이 곧 시작된다

스페이스X는 2017년 초 크루 드래건과 팰컨 헤비 로켓을 이용한 달 여행을 상품으로 두 명의 고객에게 대금을 받았으며, 금액은 공개하지 않았다. 스페이스X는 그 당시 이 여행이 2018년 말까지 이루어질 것이라고 말했다. 하지만 2018년 9월이 되자 아직 건설되지 않은 빅 팰컨 로켓을 이용해 그 승객들 중 한 명인 일본인 억만장자 마에자와 유사쿠를 달에 보낼 계획이라고 발표했다. 그리고 그 시기는 2023년이 될 것이라고 수정했다.

달 여행은 아니지만 액시엄 스페이스Axiom Space도 우주여행을 제공한다. 그렇다고 궤도만 도는 짧은 여행도 아니다. 5,500만 달러의 금액으로 국제우주정거장 체류 서비스를 제안한다.

액시엄은 훈련된 지휘관과 우주비행사 세 명이 스페이스X의 크루 드래건 캡슐 중 하나에 탑승해 우주정거장에 갈 기회를 주는 계약을 스페이스X와 체결했다. 2021년에 하반기에 실시될 것으로 예상되는 이 여행은 궤도를 도는 최초의 민간 우주비행이 될 가능성이 매우 높다. 보도자료에 따르면, 고객들에게 최소 8일간의 극히 미미한 중력과 지구 전망을 경험할 기회를 줄 것이라고 한다.

다른 민간 항공우주 기업들도 우주여행 시장을 구축하기 위해 경쟁하고 있다. 리처드 브랜슨의 버진 갤럭틱Virgin Galactic과 제프 베이조스의 블루 오리지널Blue Original이 이 경쟁에서 앞서고 있다. 버진 갤럭틱은 2020년 말 첫 우주여행객을 파견할 계획이라고 밝혔다. 이 우주여행객들은 비행기 같은 우주선에서 몇 분 동안 무중력 상태를 경험할 것이다. 블루 오리진은 스페이스X의 드래건 캡슐과 비슷한 우주선으로, 버진 갤럭틱과 비슷한 시간을 우주에서 보내게 될 것을 고객에게 약속하고 있다. 두 티켓 모두 장당 20만 달러의 비용이 든다.

대기권을 완벽하게 벗어나는 우주여행은 당분간은 실현되지 않겠지만, 스페이스X의 꿈은 지구 밖을 나가는 것에서 멈추지 않고 화성에 식민지를 만드는 것까지 어느 정도 구체화되어 있다. 그리고 인류는 언젠가 끝없는 우주 속에서 지구와 같이 거주 가능한 별을 찾고자 한다.

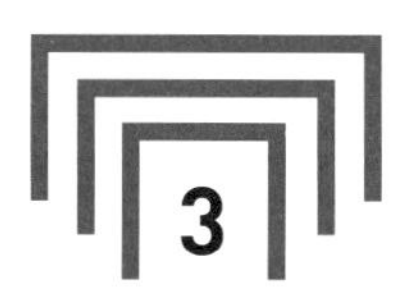

시동을 거는 화성 식민지 프로젝트

일론 머스크가 스페이스X에서 추구하는 우주 계획은 달이든 화성이든 목표와 상관없이 '완벽한' 우주선, 장비, 발사체, 인간의 수송, 착륙을 목표로 하고 있다. 그중에서도 그는 화성 식민지 프로젝트에 주력하고 있다.

그 일환으로 텍사스주 보카치카에서 열리는 다양한 행사를 주최하고 있다. 보카치카는 대형 우주선이 조립되는 지역으로 알려져 있다. 머스크는 다음과 같이 말했다.

"스페이스X의 화성 식민지화 프로젝트는 우주선의 성공에 달려 있다. 높이가 약 50m에 달하는 우주선은 달, 화성, 그리고 우주에서 다른 지역을 오가는 사람들을 수송하기 위한 우주 차량으로 개발되었다. 우주선은 대형 로켓인 슈퍼 헤비Super Heavy에서 발사

된다."

머스크의 원대한 목표는 완벽하게 작동하기까지 오랜 시간과 복잡한 개발이 진행되어야 할 것이다. 현재까지 진행된 부분은 스타호퍼Starhopper 프로토타입의 완성으로, 2019년에 몇 번의 비행에 성공했다. 스페이스X는 현재 우주선으로 20km 높이의 시험 비행을 시작할 수 있도록 미국연방통신위원회Federal Communications Commission에 필요한 서류를 보냈다.

전문가들은 그것이 2020년 3~9월에 시작될 것으로 보고 있다. 스페이스X 관계자는 모든 것이 계획대로 진행된다면 위성을 운반하는 것이 회사의 첫 번째 임무가 될 것이며, 빠르면 2021년에 시작될 것이라고 선언했다.

누구도 화성 토지 소유자가 될 수 없다

화성을 식민지로 삼아 인간이 이주하게 되는 것은 아직 먼 미래의 일이지만, 그 시기가 오면 모든 부동산 거래와 마찬가지로 화성의 땅 구입도 법에 따라 진행할 수 있을 것이다.

우주의 기본법은 우주 탐험이 아직 초기 단계에 있었던 약 50년 전에 작성되었다. 1967년에 미국, 당시 소비에트연방, 영국이 주도해 '달과 천체를 포함한 우주의 탐사 및 이용에서 국가 활동을 규제하는 원칙에 대한 조약'을 썼다. '우주 조약'이라는 약칭으로 불리는 이 문서는 공간에 대한 평등하고 평화로운 접근을 보장하기 위한 지침을 정했다. 그리고 여기에 100개국 이상이 서명했다. 이 조약의 가장 중요한 부분 가운데 하나는 우주의 부동산에 대한 설명이다. 제2조는 '달과 다른 천체를 포함한 우주 공간은 주권 주장, 사용, 점유 또는 다른 수단에 의한 국가적 할당의 대상이 되지 않는다'고 명시하고 있다. 요컨대 아무도 화성의 소유권을 주장할 수 없다는 것이다.

그러나 조약은 시대가 변하고 기술이 발전함에 따라 수정되었다. 2015년 미국 의회는 '민간 항공우주 경쟁력 강화 및 기업가 정신법Spurring Private Aerospace Competitiveness and Entrepreneurship Act 2015, SPACE Act'을 통과시켰으며, 이를 통해 미국 시민은 천체에서 얻은 물질을 '소지, 소유, 운송, 사용 및 판매'할 수 있다고 밝혔다. 새로운 법은 광물 소행성, 달, 기타 천체에 대한 광물 또는 기타 자원에 대한 관심이 높아지고 있음을 설명한다. 민간 기업은 화성에 작업장을 만들고 채굴해 해당 자원에 대한 소유권을 주장할 수 있지만 토지를 소유할 수는 없다.

화성 식민지가 오고 있다

화성 인사이트InSight 탐사선이 2018년 11월 붉은 행성에 무사히 착륙한 뒤 과학적 데이터를 수집해 보내면서 과학자들은 화성에서 인류의 거주 가능성을 분석하고 있으며, 화성을 식민지화할 계획을 세우고 있다. 2017년 12월, 도널드 트럼프Donald Trump 미국 대통령은 미국의 우주 탐사에 초점을 맞춘 '우주 정책지침-1'에 서명했다. 이 계획은 2030년대까지 인간을 달로 보내고 화성으로 여행할 수 있도록 하는 수단을 마련하며 결국 21세기 후반에 태양계를 가로질러 인간의 존재 영역을 확대시키는 것을 포함한다.

달을 뛰어넘기 위해서는 우주비행사들이 목적지까지 이동하도록 해주는 로켓 추진력이 필요하다. 노스럽 그러먼 이노베이션 시스템스Northrop Grumman Innovation Systems는 NASA의 우주 발사 시스템 로켓Space Launch System의 로켓 부스터지구 궤도를 벗어나 우주에 가기 위해 주 발사체에 결합되는 보조 발사체를 개발하고 있다.

인간은 언제 화성을 지구처럼 만들까?

100년 후에 화성에서 거주하는 인류를 상상해보자. 그들은 테라리엄과 유사한 투명한 돔의 경계 안쪽에서 살게 된다. 이곳은 기후, 온도 및 대기가 통제될 것이며 인간은 음식을 얻기 위해 식물을 재배한다. NASA에 따르면 지구처럼 거주 가능한 환경을 조성하기 위해 대기를 조작하는 테라포밍terraforming: 지구가 아닌 다른 행성 및 위성, 기타 천체의 환경을 지구의 대기 및 온도, 생태계와 비슷하게 바꾸어 인간이 살 수 있도록 만드는 작업으로, 공상과학 소설 등에 자주 등장한다 화성은 단순히 불가능하다. 과학자들은 화성의 토양에 갇힌 이산화탄소를 방출하는 대규모 지구 공학 프로젝트를 제안해 지구를 따뜻하게 만들어주는 대기보다 더 두꺼운 대기를 화성에 만들 계획을 세웠다. 그러나 최근 연구에 따르면 토양에 이산화탄소가 충분하지 않은 것으로 나타났다. 화성의 대기압은 지구 대기압의 1%도 되지 않는다. 만약 과학자들이 하늘을 따뜻하게 하고 비가 내리도록 하는 방법을 알아낸다고 해도 물이 너무 빠르게 증발한다.

지금은 그저 인간이 지구에 서서 하늘의 붉은 점을 바라보는 것에 만족해야 한다. 오랜 세월 동안 이런 행동이 인류가 하늘 너머의 존재를 상상하도록 영감을 주었다. 외계 생명체, 식민지화 및 테라포메이션의 가능성은 발달된 기술을 요구했으며, 여기에 결과를 낸 인류는 곧 우주로 나아가게 된다. 우리는 먼저 기계를 보내는 첫 번째 단계를 밟았다. 실제로 화성은 로봇이 거주하는 태양계의 유일한 행성이다. 조만간 인류가 그들과 합류할 것이다.

세계미래보고서 2035-2055

초판 1쇄 발행 2020년 6월 5일
초판 15쇄 발행 2024년 3월 25일

지은이 박영숙, 제롬 글렌
펴낸이 안병현 김상훈
본부장 이승은 **총괄** 박동옥 **편집장** 임세미
책임편집 김혜영 **마케팅** 신대섭 배태욱 김수연 김하은 **제작** 조화연

펴낸곳 주식회사 교보문고
등록 제406-2008-000090호(2008년 12월 5일)
주소 경기도 파주시 문발로 249
전화 대표전화 1544-1900 **주문** 02)3156-3665 **팩스** 0502)987-5725

ISBN 979-11-5909-987-8 03320
책값은 표지에 있습니다.

• 이 책의 내용에 대한 재사용은 저작권자와 교보문고의 서면 동의를 받아야만 가능합니다.
• 이 도서의 국립중앙도서관 출판예정도서목록(CIP)은 서지정보유통지원시스템 홈페이지 (http://seoji.nl.go.kr)와 국가자료공동목록시스템 (http://www.nl.go.kr/kolisnet)에서 이용하실 수 있습니다.(CIP제어번호: CIP2020020776)
• 잘못된 책은 구입하신 곳에서 바꾸어 드립니다.